Mit den besten Empfehlungen

Angewandte Diabetologie

UNI-MED

UNI-MED Verlag AG
Bremen - London - Boston

Die Deutsche Bibliothek - CIP-Einheitsaufnahme

Rosak, Christoph:
Angewandte Diabetologie/Christoph Rosak.-
1. Auflage - Bremen: UNI-MED, 2000
(UNI-MED SCIENCE)
ISBN 3-89599-486-3

Printed in Germany

UNI-MED. Die beste Medizin.

In der Reihe UNI-MED SCIENCE werden aktuelle Forschungsergebnisse zur Diagnostik und Therapie wichtiger Erkrankungen "state of the art" dargestellt. Die Publikationen zeichnen sich durch höchste wissenschaftliche Kompetenz und anspruchsvolle Präsentation aus. Die Autoren sind Meinungsbildner auf ihren Fachgebieten.

Vorwort

Was die Diabetologen als "Mahner in der Wüste" über Jahrzehnte nicht erreichen konnten, wird im Rahmen der Kostendiskussion im Gesundheitswesen offenkundig.

Die Volkskrankheit Diabetes mellitus ist ein gesundheitspolitisches Problem. Eine zunehmend wachsende Zahl von Menschen mit Diabetes, mehr als 5 % der Bevölkerung, verbraucht weit mehr als 10 % sämtlicher Gesundheitsausgaben der Krankenkassen. Die hohen Kosten summieren sich aus der Behandlung der Primärerkrankung, besonders aber auch der Folge- und Begleiterkrankungen als Ergebnis einer unzureichenden, manchmal sogar leichtfertigen Therapie. Zwei große Studien haben für alle offenkundig gemacht, daß nur die optimale Stoffwechseleinstellung sowohl individuelles Leid als auch Kosten für die Gesamtheit der Versicherten verhindern kann.

Für den Typ 1-Diabetes wurde dies durch die DCCT-Studie (Diabetes Control and Complication Trial) und für den Typ 2-Diabetes durch die UKPD-Studie (United Kingdom Prospective Diabetes Study) bewiesen. Diese Langzeituntersuchungen wurden 1993 bzw. 1998 publiziert. Beide Studien belegen ganz eindeutig, daß nur eine gute Stoffwechseleinstellung Folgeerkrankungen vermindern bzw. verhindern kann. Der therapeutische Imperativ einer "guten" Einstellung gilt aber nicht nur für den primär gestörten Glukosestoffwechsel, sondern vor allem bei Typ 2-Diabetikern, mit häufig zusätzlich vorhandenen Risikofaktoren für die Entwicklung von kardiovaskulären Begleiterkrankungen wie Hypertonie, Adipositas und Dyslipoproteinämie.

Im Gegensatz dazu steht die Umsetzung der Fünf-Jahres-Ziele der St. Vincent-Deklaration (1989). Auch im Jahre 2000 sind diese durchaus nicht zu hoch gesteckten Ziele bei weitem nicht erreicht worden. Es muß in manchen Bereichen sogar von einer Verschlechterung der Situation gesprochen werden, wie es z. B. die erhöhte Amputationsrate bei diabetischem Fußsyndrom zeigt.

Gegenwärtig konzentriert sich die Behandlung von Diabetikern zunehmend in den ambulanten Bereich. Der Hausarzt muß im Mittelpunkt der Versorgung gesehen werden, aber es gibt nahezu keinen Facharztbereich, der nicht mit einbezogen wäre. Das Erkennen der anwachsenden "Patienten- und Kostenlawine" hat zu zunehmender Spezialisierung mit dem Ziel der Qualitätsverbesserung bei Ärzten und ärztlichem Hilfspersonal, aber auch häufig zu hektisch etablierten Versorgungsplänen zwischen ärztlichen Institutionen, Krankenkassen, Politik und Trägerschaften geführt. Strukturverbesserungen bei den unterschiedlichen Versorgungsebenen sind u.a. auch bei der Vergütung von Leistungen dringend erforderlich. Die Deutsche Diabetes-Gesellschaft hat mit der Ausbildung von Diabetologen, Diabetesberaterinnen und Diabetesassistentinnen erhebliche Vorleistungen erbracht. Um den notwendigen Stand einer qualitativ ausreichenden Betreuung aller Diabetiker zu gewährleisten, muß jeder Arzt in der Lage sein, die von den Fachgesellschaften geforderten Qualitätskriterien umzusetzen.

Trotzdem - der Diabetes mellitus ist immer noch eine Erkrankung mit "Ecken und Kanten". Vieles ist noch unbekannt, Bekanntes wird durch Experten unterschiedlich interpretiert. Dazu einige Beispiele:

- Die Tatsache, daß zum Zeitpunkt der Diagnosestellung Diabetes mellitus schon bei einem Großteil der Typ 2-Diabetiker Folgeerkrankungen vorliegen, läßt an den Diagnosekriterien zweifeln. Wann ist der Blutzucker erhöht, wann führt dieser zu Komplikationen? Von der amerikanischen Diabetesgesellschaft wurden kürzlich neue Kriterien zur früheren Erfassung des Diabetes und zur Erfassung von möglichen Lücken der bisherigen Diagnostik vorgeschlagen
- Wann soll die Therapie des Diabetes mellitus begonnen werden? Ist bereits die Vorstufe der pathologischen Glukosetoleranz zu behandeln, ist sie schließlich als kardiovaskuläres Risiko anzusehen!

- Mit welchem Medikament kann, muß begonnen werden? In der UKPDS sind, bezogen auf das Stoffwechselergebnis, alle untersuchten Medikamente gleich gut (schlecht). Die Heterogenität des Typ 2-Diabetes erlaubt keine einheitlichen therapeutischen Schemata, individuelle Differentialtherapie ist gefordert, aber auch schwierig
- Die Patienten mit Diabetes mellitus werden immer älter, sowohl zum Zeitpunkt der Diagnosestellung als auch mit ihrer Erkrankung. Welche Therapie ist dem älteren Patienten noch zuzumuten, welche Zielkriterien sind tolerabel, wie ist die medikamentöse Behandlung des multimorbiden Menschen?

Viele solcher Punkte ließen sich noch benennen, die Mehrzahl bezieht sich auf den Typ 2-Diabetes.

Aus den angesprochenen Fragen ergeben sich therapeutische Unsicherheiten, die nur durch klare Antworten nach dem heutigen Stand der Wissenschaft gelöst werden können, und nicht, wie so häufig getan, durch "Glaubensbekundigungen"!

Das Autorenteam dieses Buches hat sich deshalb die Aufgabe gestellt, den diabetesinteressierten, weniger spezialisierten, vor allem aber auch den jüngeren Ärzten in Klinik wie Praxis in kurzer und prägnanter Form über den Stand sowie die Problematik in der Diagnostik und der Therapie des Diabetes mellitus aktuell zu informieren.

Frei nach Lukrez wünschen wir uns: "Ne ventis verba profundamus" ("Laßt unsere Worte nicht in den Wind gesprochen sein")!

Frankfurt, im Mai 2000

W. Bachmann
D. Grüneklee
E. Haupt
R. Petzoldt
C. Rosak
D. Sailer
U. Schwedes
E. Tögel

Autoren

Prof. Dr. med. Werner Bachmann
Frankenwaldklinik Kronach
Abteilung für Innere Medizin
Friesener Str. 41
96317 Kronach

Kap. 6.

Prof. Dr. med. Dieter Grüneklee
Evangelisches Krankenhaus St. Johannisstift
Abteilung für Innere Medizin
Reumontstr. 28
33102 Paderborn

Kap. 2.

Prof. Dr. med. Ekke Haupt
Saale-Klinik der BfA
Pfaffstr. 10
97688 Bad Kissingen

Kap. 7., 9.

Univ.-Prof. Dr. med. Rüdiger Petzoldt
Herz- und Diabeteszentrum Nordrhein-Westfalen
Universitätsklinik der Ruhr-Universität Bochum
Georgstr. 11
32545 Bad Oeynhausen

Kap. 8.

Prof. Dr. med. Christoph Rosak
Stoffwechselabteilung (C. v. Noorden Klinik)
Krankenhaus Sachsenhausen
Schulstr. 31
60594 Frankfurt/Main

Kap. 5.

Prof. Dr. med. Dietmar Sailer
Diabeteszentrum Bad Neustadt
Salzburger Leite 1
97616 Bad Neustadt/Saale

Kap. 4.

Prof. Dr. med. Ulrich Schwedes
Allgemeines Krankenhaus Barmbek
II. Medizinische Abteilung Endokrinologie/Diabetologie
Rübenkamp 148
22291 Hamburg

Kap. 1.

Dr. med. Erhard Tögel
Chefarzt der Medizinischen Klinik Haunstetten
Krankenhauszweckverband Augsburg
Sauerbruchstr. 6
86179 Augsburg

Kap. 3.

Inhaltsverzeichnis

Epidemiologie und Pathogenese der unterschiedlichen Diabetesformen

U. Schwedes

1. Epidemiologie und Pathogenese der unterschiedlichen Diabetesformen

1.1. Vorbemerkungen - Definition

Der Diabetes mellitus stellt kein einheitliches Krankheitsbild dar, sondern ist vielmehr ein Syndrom mit unterschiedlicher genetischer Grundlage, Ätiologie, Epidemiologie und Pathogenese. Er ist gekennzeichnet durch eine Hyperglykämie, die durch Defekte in der Insulinsekretion, der Insulinwirkung oder beiden zusammen hervorgerufen wird. Bei Überschreiten der "Nierenschwelle" führt die Hyperglykämie zu einer Polyurie mit **Ausscheiden von Glukose im Urin**. Daher kommt auch die Bezeichnung "süße Harnflut" (Diabetes = Harnflut, mellitus = süß).

Das klinische Bild ist nicht nur durch Veränderungen im Kohlenhydratstoffwechsel geprägt, es werden fast alle Stoffwechselvorgänge im Bereich der Lipide und Proteine beeinflußt. Daneben kommt es zu Fehlfunktionen bis hin zum Versagen verschiedener Organe, speziell der Augen, Nieren, Nerven, Herz und Blutgefäße. Gerade diese Folgeerkrankungen schränken das Befinden der Patienten ein und führen zu einer Verringerung der Lebenserwartung.

Bereits 1550 Jahre v. Christus wurde in einem ägyptischen Papyrus eine Beschreibung gegeben, die dem Diabetes mellitus entspricht. "Zucker" im Urin wurde im 5. Jahrhundert n.Christus in Indien und im 10. Jahrhundert in Arabien erwähnt. Im 17. Jahrhundert beschrieb der Engländer Willis den süßen Geschmack des Urins von Diabetikern. Im 19. und Anfang des 20.Jahrhunderts wurden dann die Grundsteine für unsere heutigen Erkenntnisse gelegt.

- Claude Bernard wies 1849 Glykogen in der Leber nach
- Paul Langerhans beschrieb die 1869 nach ihm benannten Inseln im Pankreas
- Minkowski und von Mering erzeugten 1889 durch eine Pankreatektomie beim Hund einen Diabetes
- Mit der Isolierung von Insulin durch Banting und Best 1921 wurde erstmals eine kausale Therapie des durch Insulinmangel bedingten Diabetes möglich

In Deutschland beträgt die Prävalenz für einen Diabetes mellitus 5 - 8 % der Gesamtbevölkerung. Davon leiden mehr als 90 % an einem Typ 2- Diabetes (14).

1.2. Klassifikation des Diabetes mellitus

Aufgrund der Heterogenität des Syndroms Diabetes mellitus sind eine Klassifikation für den klinischen Gebrauch ebenso wie Richtlinien für die Diagnose erforderlich.

1.2.1. Frühere Klassifikationen

Eine Einteilung in einen "Jugendlichen Diabetes" und "Erwachsenen-Diabetes" richtet sich nur nach dem Zeitpunkt der Manifestation und läßt keine ätiologische Zuordnung zu.

Eine erste international anerkannte Klassifikation und Diagnoserichtlinien wurden 1979 von der National Diabetes Data Group (NDDG) herausgegeben und in Erklärungen der Weltgesundheitsorganisation (WHO) 1985 und 1994 ergänzt (13).

Es erfolgte eine übergeordnete Einteilung in drei Gruppen:
A: Diabetes mellitus
B: Gestörte Glukosetoleranz
C: Gestationsdiabetes

Die Gruppe A wurde unterteilt in:

➤ 1. Typ I = insulinabhängiger Diabetes mellitus (IDDM = Insulin-Dependent-Diabetes-Mellitus)
Insulinmangel aufgrund von Inselzellverlust

➤ 2. Typ II = nicht insulinabhängiger Diabetes mellitus (NIDDM = Non-Insulin-Dependent-Diabetes-Mellitus)

Teilweise erfolgte eine weitere Unterteilung in
a) ohne Adipositas
b) mit Adipositas

➤ 3. aufgrund besonderer Ursachen oder Syndrome, z.B.
- pankreopriver Diabetes
- sekundäre Formen in Verbindung mit anderen endokrinen Erkrankungen
- chemisch induzierte Formen.

Nachteile dieser Klassifikation

Die Bezeichnungen "insulinabhängig" und "nichtinsulinabhängig" als Teil einer Klassifikation führten häufig zu Mißverständnissen und wurde in Deutschland auch wenig verwendet. So kann ein Typ II-Diabetiker durchaus im Laufe seiner Erkankung Insulin in der Therapie bedürfen. Die Erkrankung wechselt dann aber nicht von einem NIDDM zu einem IDDM.

1.2.2. Neue ätiologische Klassifikation des Diabetes mellitus

Von 1995 bis 1997 wurde von einem internationalen Expertenkommitee unter der Schirmherrschaft der American Diabetes Association (ADA) eine neue ätiologisch begründete Klassifikation des Diabetes mellitus erarbeitet (6,15; ☞ Tab. 1.1). Gleichzeitig wurden neue, an der Schadensentwicklung orientierte Diagnoserichtlinien herausgegeben (☞ hierzu Kapitel 2. dieses Buches).

Diese ADA-Klassifikation von 1997 ist zur Zeit noch nicht in allen Teilen von der WHO anerkannt worden, auch haben noch nicht alle nationalen Gesellschaften eindeutige Voten der Akzeptanz abgegeben. Es erscheint uns aber dennoch sinnvoll und richtig, diese Klassifikation für den Alltag und als Grundlage für dieses Buch zu übernehmen.

Es ergaben sich folgende entscheidende Veränderungen zur vorher üblichen Klassifikation:

1. Die Begriffe IDDM und NIDDM wurden ersatzlos gestrichen.

2. Typ 1 und Typ 2 sollen in arabischen Ziffern geschrieben werden, um Verwechslungen zu vermeiden. Die ätiologische Basis für den **Typ 1-Diabetes** stellen **Veränderungen mit β-Zellzerstörung** dar, für den **Typ 2-Diabetes** sind **Insulinresistenz und Insulinsekretionsstörung** entscheidend.

3. Die frühere Gruppe "Diabetes aufgrund besonderer Ursachen oder Syndrome" wird weitgehend differenziert aufgeschlüsselt. Sie nimmt in der Symptomatik einen großen Raum ein, auch wenn die Gesamtzahl der Diabetiker, die zu dieser ätiologischen Gruppe gehören, sehr klein ist.

4. Der Begriff "**gestörte Glukosetoleranz**" (IGT = **impaired glucose tolerance**) wird durch den neu eingeführten Begriff der "**gestörten Nüchternglukose**" (IFG = **impaired fasting glucose**) oder "**gestörte Glukose-Homöostase**" ergänzt. Der Begriff IGT stellt kein eigenes Krankheitsbild mehr dar, sondern beschreibt das Ausmaß der Hyperglykämie bzw. des Stadiums der Erkrankung.

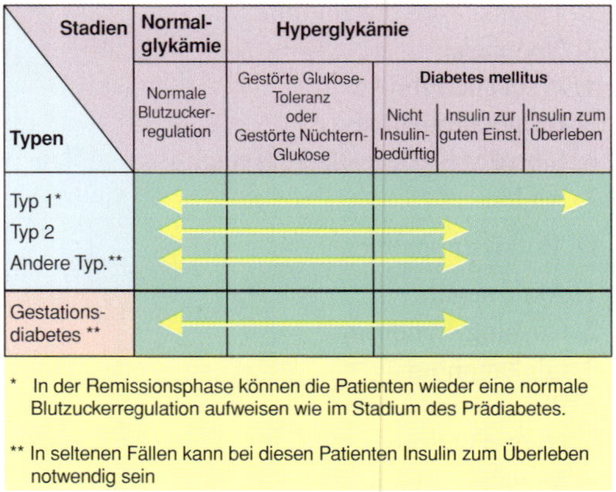

Abb. 1.1: Ausmaß der Hyperglykämie in Korrelation zu den ätiologisch begründeten Diabetestypen (15).

Ätiologische Klassifikation des Diabetes mellitus
I. **Typ 1-Diabetes** * (B-Zellzerstörung, welche üblicherweise zu absolutem Insulinmangel führt)
A. immunologisch bedingt B. idiopathisch
II. **Typ 2-Diabetes*** (reicht von einer vorwiegenden Insulinresistenz mit relativem Insulinmangel bis zu einem vorwiegenden sekretorischen Defekt mit Insulinresistenz)
III. **Andere spezifische Typen**
A. Genetische Defekte der B-Zellfunktion
1. Chromosom 12, HNF-1α (früher MODY 3) 2. Chromosom 7, Glukokinase (früher MODY 2) 3. Chromosom 20, HNF-4α (früher MODY 1) 4. Mitochondriale DNA 5. Andere
B. Genetische Defekte der Insulinwirkung
1. Typ A-Insulinresistenz 2. Leprechaunismus 3. Rapson-Medenhall-Syndrom 4. Lipatrophischer Diabetes 5. Andere
C. Erkrankungen des exokrinen Pankreas
1. Pankreatitis 2. Trauma/Pankreatektomie 3. Neoplasie 4. zystische Fibrose 5. Hämochromatose 6. Fibrokalzifizierende Pankreatitis 7. Andere
D. Endokrinopathien
1. Akromegalie 2. Cushing-Syndrom 3. Glukagonom 4. Phäochromozytom 5. Hyperthyreose 6. Somatostatinom 7. Aldosteronom 8. Andere
E. Medikamenten- oder Chemikalien-induziert
1. Vacor 2. Pentamidin 3. Nikotinsäure 4. Glukokortikoide 5. Schilddrüsenhormone 6. Diazoxid 7. β-adrenerge Agonisten 8. Thiazide 9. Dilantin 10.α-Interferon 11.Andere
F. Infektionen
1. Kongenitale Röteln 2. Zytomegalievirus 3. Andere
G. Seltene Formen eines immunologisch bedingten Diabetes
1. "Stiff-man"-Syndrom 2. Anti-Insulin-Rezeptor-Antikörper 3. Andere
H. Andere gelegentlich mit Diabetes assoziierte genetische Syndrome
1. Down-Syndrom 2. Klinefelter-Syndrom 3. Turner-Syndrom 4. Wolfram-Syndrom 5. Friedreich-Ataxie 6. Chorea Huntington 7. Lawrence-Moon-Biedel-Syndrom 8. Myotone Dystrophie 9. Porphyrie 10. Prader-Willi-Syndrom 11. Andere
IV. **Gestationsdiabetes**
* Patienten mit irgendeiner Form eines Diabetes können in manchen Phasen ihrer Erkrankung eine Insulintherapie benötigen. Ein solcher Gebrauch von Insulin klassifiziert durch sich alleine nicht den Patienten

Tab. 1.1: Neue ätiologische Klassifikation des Diabetes mellitus nach der Amerikanischen Diabetesgesellschaft (ADA) 1997.

Die Höhe der Hyperglykämie kann entsprechend dem zugrundeliegenden Prozeß eines jeden Diabetes-Typs innerhalb der Klassifikation stark variieren (☞ Abb. 1.1). Die Erkrankung kann bereits erkennbar sein, z.B. durch positiven Nachweis von betazellspezifischen Antikörpern bei Typ 1-Diabetes, ohne daß es schon zu einer gestörten Glukosehomöostase oder gar Hyperglykämie gekommen ist (**Prädiabetes**). Auf der anderen Seite können sich auch erhöhte Blutzuckerwerte bei Typ 2-Diabetikern normalisieren. Trotzdem ist in beiden Fällen ein Typ 1- bzw. Typ 2 -Diabetes vorhanden und bleibt auch bestehen.

Bei einigen Typ 2-Diabetikern kann eine gute oder sogar normale Blutzuckereinstellung durch Gewichtsreduktion, körperliche Aktivität und/oder orale Antidiabetika erzielt werden, ohne daß sie jemals Insulin benötigen. Andere brauchen zusätzlich Insulin für eine gute Einstellung, würden aber auch ohne dies überleben, da sie noch über eine ausreichende Restsekretion verfügen. Nur Diabetiker mit einem exzessiven Betazellverlust und somit fehlender endogener Insulinsekretion benötigen exogenes Insulin zum Überleben.

Der Schweregrad einer metabolischen Entgleisung kann voranschreiten, gleichbleiben oder gar zurückgehen. Die Höhe des Blutzuckers ist ausschließlich ein Zeichen der Stoffwechselentgleisung und gibt keinen Hinweis auf den ätiologisch zugrundeliegenden Prozeß.

1.3. Typ 1-Diabetes mellitus

1.3.1. Ätiologische Klassifikation

Typ 1-Diabetes mellitus
B-Zellzerstörung, welche üblicherweise zu absolutem Insulinmangel führt:

A: immunologisch vermittelt

B: idiopathisch

Die alten Bezeichnungen *insulinabhängiger Diabetes mellitus* (IDDM) oder *jugendlicher Diabetes mellitus* sollten nicht mehr angewendet werden, da sie nicht ätiologisch begründet sind.

Im folgenden soll nur über die immunologisch vermittelte Form gesprochen werden.

Die idiopathische Form ist sehr selten und kommt fast nur bei Afrikanern oder Asiaten vor. Die Ätiologie dieser Form ist unbekannt. Es finden sich keine Zeichen eines autoimmunologischen Geschehens und keine HLA-Abhängigkeit. Die Patienten leiden an einem Insulinmangel unterschiedlicher Ausprägung mit Neigung zur Ketoazidose. Die Notwendigkeit einer Insulintherapie kann variieren.

1.3.2. Epidemiologie

Weltweit betrug 1994 die Gesamtzahl von an Typ 1-Diabetes Erkrankten 11,5 Mill. Es wird mit einer Steigerung auf 18,1 Mill. im Jahr 2000 und auf 23,7 Mill. im Jahr 2010 gerechnet (8).

Diese Zunahme beruht z.T. auf einer gesteigerten Inzidenz von Krankheitsmanifestationen, hauptsächlich aber auf einer höheren Lebenserwartung von Typ 1-Diabetikern.

Die altersbezogene Inzidenz ist am höchsten bei Kindern zwischen 11 und 13 Jahren. Die Manifestation zeigt eine Abhängigkeit von der Jahreszeit mit niedrigsten Werten im Frühling und Sommer. Neuerkrankungen treten aber auch bei Erwachsenen auf, wobei mit zunehmendem Alter die Wahrscheinlichkeit, an einem Typ 1-Diabetes zu erkranken, abnimmt (☞ Kap. 1.3.6.)

Die Inzidenzraten variieren zwischen den Ländern erheblich. In Europa zeigt sich ein deutliches Nord-Süd-Gefälle mit höchsten Werten in Finnland um 30/100.000 (Erkrankte/Einwohner) im Vergleich zu etwa 10/100.000 in Katalonien. Sardinien bildet mit 25/100.000 in Südeuropa eine Ausnahme. Die Inzidenz liegt in den USA um 15/100.000 bei der weißen und um 10/100.000 bei der schwarzen Bevölkerung. Niedrigste Raten finden sich im Fernen Osten mit etwa 0,8/100.000 in Japan.

Als Ursachen für diese unterschiedlichen Inzidenzen in den Ländern und ethnischen Gruppen werden eine Variation genetischer Risikomarker und differierende Umwelteinflüsse (Virusinfektionen, Noxen, Ernährungsgewohnheiten) diskutiert.

In einer Studie konnte gezeigt werden, daß ein höherer Lebensstandard zu einer niedrigeren Inzidenz führte. Kinder, die länger gestillt wurden, erkrankten in Finnland weniger an Typ 1-Diabetes, nicht aber in Sardinien.

Zahlen für Deutschland sind nur für Kinder und Jugendliche erhältlich. In den neuen Bundesländern errechneten Michaelis und Mitarbeiter für 1988 eine Inzidenz von 8,17/100.000 für Kinder und Jugendliche im Alter von 0 - 19 Jahren (11). Die Inzidenzraten variierten zwischen den einzelnen Bundesländern zwischen 6,0/100.000 (Brandenburg) und 10,4/100.00 (vormals Berlin-Ost).

Eine Hochrechnung auf Gesamtdeutschland ergab für 1988 eine zu erwartende Anzahl von etwa 1.450 Neuerkrankungen/Jahr bei Kindern und Jungendlichen.

Eine Trendanalyse über 30 Jahre (1960 - 1989) ergab bei den 0 - 9-jährigen im Zeitraum von 1960 - 1975 eine jährliche Steigerungsrate von 12 %, danach stagnierte die Rate in dieser Altersgruppe. Bei den 10 - 19-jährigen zeigte sich eine jährliche Steigerung von 3,8 % im gesamten Zeitraum.

Eine Untersuchung in Baden-Württemberg (12) ließ in den Jahren 1987 bis 1993 eine Inzidenz von 11,6/100.000 bei Kindern im Alter von 0-14 Jahren erkennen. Ob dies eine weitere Zunahme der Inzidenz bedeutet oder aber die Bedingungen in den einzelnen Bundesländern (auch zwischen alt und neu) zu unterschiedlich sind, ist Sache der Diskussion. Zu bedenken sind z.B. der Einfluß verschiedener Impfregime mit früher oder später BCG-Impfung.

1.3.3. Genetik

Die Prävalenz, an einem Typ 1-Diabetes zu erkranken, beträgt in Mitteleuropa 0,3 - 0,6 %. Das Risiko ist abhängig von dem Herkunftsland und dem Vorkommen von Typ 1-Diabetes in der Familie.

Prävalenz, an einem Typ 1-Diabetes zu erkranken	
mitteleuropäische Bevölkerung	0,3-0,6%
Geschwister eines Typ 1-Diabetikers	ca. 3%
monozygote Zwillinge	ca. 30%
Kinder von Müttern mit Typ 1-Diabetes	ca. 4%
Kinder von Vätern mit Typ 1-Diabetes	ca. 5%
Kinder von Eltern beide mit Typ 1-Diabetes	7-8%

Tab. 1.2: Prävalenz, an einem Typ 1-Diabetes zu erkranken.

Auch wenn diese Daten nicht direkt auf eine unmittelbare Vererbbarkeit des Typ 1-Diabetes mellitus schließen lassen, kann aufgrund der hohen Prävalenz bei Verwandten I. Grades davon ausgegangen werden, daß eine wesentliche genetische Grundlage besteht.

So konnte nachgewiesen werden, daß bei den sogenannten HLA-Klasse-2-Merkmalen auf dem Chromosom 6 die Allele HLA-DR 3 und -DR 4 eine starke Assoziation zum Typ 1-Diabetes mellitus zeigen. Das Merkmal HLA - DR 2 hat dagegen eine protektive Bedeutung. Ebenso wirkt das Vorhandensein der Aminosäure Aspartat in Position 57 der HLA-DQ-beta-Kette protektiv.

Weitere epidemiologische Analyseverfahren und genetische Typisierungen haben dazu geführt, daß die Genetik des Typ 1-Diabetes mellitus zunehmend als Prototyp einer polygenen Erkrankung verstanden wird.

1.3.4. Pathogenese

Der Typ 1-Diabetes mellitus gilt heute als chronische Autoimmunerkrankung mit Zerstörung der B-Zellen des Pankreas auf genetischer Grundlage. Anders ausgedrückt bedeutet dies, daß ein verändertes individuelles Immunsystem die eigenen B-Zellen zunehmend zerstört und dadurch ein Insulinmangeldiabetes entsteht, wenn mehr als 80-85 % der B-Zellen keine Funktion mehr aufweisen.

Für die Immunpathogenese des Typ 1-Diabetes mellitus sprechen mehrere Fakten, die in Tabelle 1.3 zusammengefaßt sind.

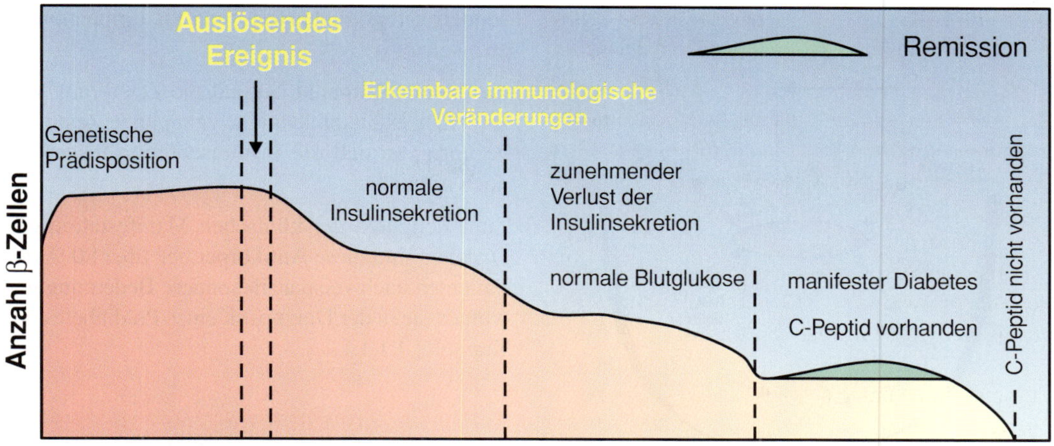

Abb. 1.2: Phasen in der Entwicklung des Typ 1-Diabetes mellitus (modif. nach Eisenbarth, 3).

Beweise für eine Immunpathogenese des Typ 1-Diabetes mellitus
• *Morphologisch*: Chronisch-entzündliche Infiltrate in den Pankreasinseln (Insulitis) zum Zeitpunkt der Manifestation des Diabetes • *Genetik*: Assoziation zum HLA-System, speziell zu bestimmten HLA-DR- und DQ-Allelen • *Humorale Immunität*: Auftreten von zirkulierenden Antikörpern gegen Inselzelloberflächen, Zytoplasmabestandteile oder Insulin. • *Zelluläre Immunität*: Veränderungen in der zirkulierenden Immunozytenpopulation • *Klinische Assoziation des Typ 1-Diabetes zu anderen Autoimmunerkrankungen* • *Immunsuppression*: Die Möglichkeit durch eine immunsuppressive Therapie (z.B. Cyclosporin A) den Verlauf der Erkrankung zu beeinflussen • *Krankheitsrezidiv*: Wiederauftreten des Diabetes nach Pankreastransplantation bei monozygoten Zwillingen mod. nach 16

Tab. 1.3: Beweise für eine Immunpathogenese des Typ 1-Diabetes mellitus (16).

Der Zerstörungsprozeß beginnt in der Regel Jahre bis Jahrzehnte vor der klinischen Manifestation. Es gibt erste Hinweise, daß die Autoimmunprozesse ihren Anfang bereits in den ersten fünf Lebensjahren nehmen.

Die zeitliche Entwicklung kann nach Eisenbarth (3) in sechs Phasen eingeteilt werden (☞ Abb. 1.2).

1. Phase: Genetische Prädisposition

Eine genetische Grundlage ist erforderlich, damit das Immunsystem des einzelnen Individuums mit einer Autoimmunerkrankung so reagieren kann, daß sich ein Typ 1-Diabetes mellitus entwickelt (siehe Kap. 1.3.3.).

2. Phase: Auslösendes Ereignis

Durch einen bzw. mehrere, bisher nicht geklärte Triggermechanismen wird der immunologische Prozeß bei den positiven Merkmalsträgern in Gang gesetzt. Mögliche Kandidaten hierfür sind Infektionen (Coxsackie-Viren, Röteln), Noxen und Umweltbedingungen einschl. Ernährung (☞ Abb. 1.3).

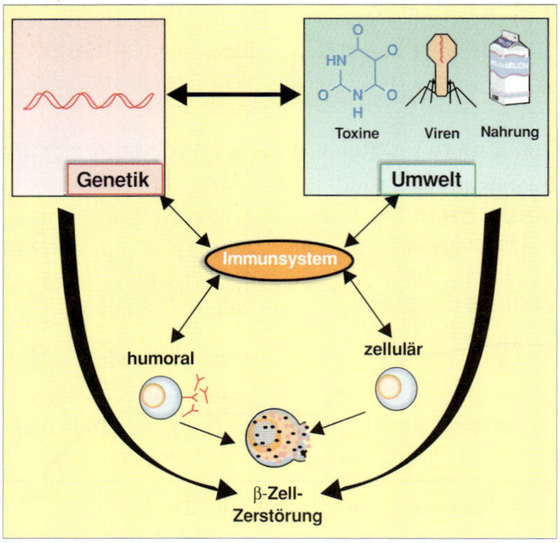

Abb. 1.3: Zusammenspiel von Genetik und Umwelt und ihre Beziehungen zum Diabetes. Entscheidend ist die Interaktion mit dem Immunsystem. Alle zusammen bewirken die B-Zellzerstörung in einer komplexen, koordinierten und noch wenig verständlichen Weise (modif. nach Rossini, 16).

Die unterschiedlichen Inzidenzen in verschiedenen Ländern, an einem Typ 1-Diabetes mellitus zu erkranken, belegen die Bedeutung von Umweltfaktoren und Ernährung (☞ Kapitel 1.3.2.). So kommt zum Beispiel dem frühen Abstillen und der Gabe von kuhmilchhaltiger Säuglingsnahrung möglicherweise eine besondere Rolle zu. Die in der Kuhmilch enthaltenen Rinderproteine, die dem Insulinmolekül ähnlich sind, können zu einer Triggerung des Autoimmunprozesses eventuell beitragen.

3. Phase: Erkennbare immunologische Veränderungen - normale Insulinsekretion

Der beginnende autoimmunologische Prozeß ist am Auftreten von humoralen Antikörpern im Blut erkennbar. Hierzu zählen in erster Linie

- zytoplasmatische Inselzellantikörper (ICA)
- Insulin-Autoantikörper (IAA)
- Antikörper gegen die Glutamatdecarboxylase der B-Zelloberfläche (GADA)
- Antikörper gegen die Tyrosinphosphatase IA-2 (IA2A)

Der Nachweis dieser Antikörper läßt allerdings keine Aussage über eine B-Zelldestruktion zu, sondern ist möglicherweise nur als Epiphänomen anzusehen.

Zu diesem Zeitpunkt beginnt die Zerstörung von B-Zellen, es bleibt aber eine genügende Restmenge übrig, so daß die Insulinsekretion insgesamt noch normal ist.

Zum Zeitpunkt der klinischen Manifestation des Diabetes sind diese Antikörper bei über 80 % der Patienten nachweisbar. Besondere Bedeutung gewinnen sie in der Diagnostik eines Prädiabetes (☞ Kapitel 2.4.1.1.).

4. Phase: Zunehmender Verlust der Insulinsekretion - Normale Blutglukose

Aufgrund eines zunehmenden Untergangs von B-Zellen kommt es zu einer Störung der Insulinsekretionsdynamik. Als erstes erkennbar, zeigt die frühe Insulinsekretion nach intravenöser Glukosebelastung eine verminderte Kapazität. Zu diesem Zeitpunkt ist das Blutzuckerverhalten nüchtern und nach Nahrungsaufnahme bzw. einer oralen Glukosebelastung noch unauffällig.

Sinkt die frühe Insulinsekretion im wiederholten Test unter die 3. Perzentile von Gesunden, so ist bei 30-50 % der Patienten mit einer Manifestation des Diabetes innerhalb eines Jahres zu rechnen.

5. Phase: Manifestation des Diabetes - C-Peptid vorhanden

Sind 80 - 85 % der B-Zellen zerstört, reicht die Insulinsekretionskapazität insgesamt nicht mehr aus und der Diabetes wird manifest. Bei jüngeren Patienten ist die Geschwindigkeit des B-Zellverlustes hoch, und der Diabetes präsentiert sich mit einer typischen ketoazidotischen Stoffwechselentgleisung. Bei Erwachsenen findet sich dagegen häufiger ein schleichender Verlauf mit nur geringer Progression der Inselzellzerstörung und frühzeitiger Diagnosestellung vor einer initialen Ketoazidose.

Zu diesem Zeitpunkt kann in der Regel noch C-Peptid im Blut als Hinweis auf eine endogene Insulinrestsekretion nachgewiesen werden. Durch die intensive Insulintherapie des jetzt neu entdeckten Diabetes mellitus kommt es zu einer Beeinflussung des immunologischen Vorgangs mit dem Bild der klinischen Teilremission.

6. Phase: C-Peptid nicht vorhanden

Der autoimmunologische Prozeß mit B-Zellzerstörung schreitet weiter voran, so daß im Endeffekt keine oder fast keine B-Zellen vorhanden sind und ein vollständiger Insulinmangel besteht.

Formen der "Insulitis" mit B-Zellzerstörung

Familienuntersuchungen haben gezeigt, daß längst nicht alle Probanden, bei denen spezifische Antikörper wie ICA, IAA, GADA oder IA2A alleine oder in Kombination nachweisbar waren, einen manifesten Diabetes mellitus entwickeln, obwohl gleichzeitig auch von einer bestehenden "Insulitis" ausgegangen werden kann.

Neuere Erkenntnisse weisen darauf hin, daß es mindestens zwei verschiedene Formen der "Insulitis"gibt, die durch lokal produzierte Zytokine gekennzeichnet sind. Eine eher benigne Form, vermittelt durch Th2-Zytokine (IL-4, IL-10) und eine destruktive Form, vermittelt durch Th1-Zytokine (IFN-gamma, IL-12) (9).

Man kann daher drei Verlaufsmöglichkeiten beschreiben (☞ Abb. 1.4).

- schubförmig-remittierend
- progressiv-remittierend
- chronisch-progressiv

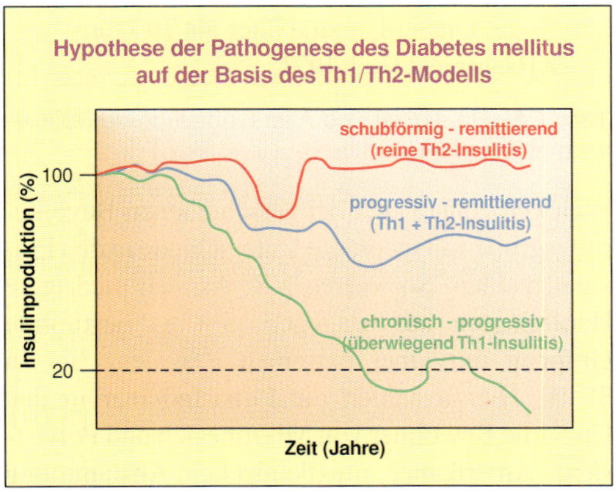

Abb. 1.4: Hypothese der Pathogenese des Diabetes mellitus auf der Basis des TH1/Th2-Modells (nach 9).

Hierbei führt nur der chronisch-progressive Verlauf zu einer so fortgeschrittenen Zerstörung von B-Zellen, daß der Typ 1-Diabetes mellitus manifest wird.

1.3.5. Vorhersagemöglichkeit für die Manifestation eines Typ 1-Diabetes mellitus

In definierten epidemiologischen Studien kann die Bestimmung der humoralen Antikörper ICA, IAA, GADA und IA-2 bei Verwandten von Typ 1-Diabetikern oder einer bestimmten Population die Aussage treffen, ob ein autoimmunologischer Prozeß i.S. eines Typ 1-Diabetes mellitus vorliegt, nicht aber ob dieser auch klinisch manifest wird.

Zusätzliche genetische Untersuchungen können diese Befunde unterstützen, bringen aber keine weitere Klärung hinsichtlich der Manifestation.

Nur die zusätzliche Prüfung der frühen Insulinsekretion mittels der intravenösen Glukosebelastung läßt bei fehlendem frühen Insulinpeak eine nahezu 100 %ige Vorhersage zu. Zu diesem Zeitpunkt ist allerdings die B-Zellzerstörung insgesamt schon weit fortgeschritten.

Hilfreich wäre die Möglichkeit des frühzeitigen Erkennens, um welche Verlaufsform der "Insulitis" (benigne oder destruktive) es sich handelt. Bei der chronisch-progressiven Form mit destruktiver Insulitis könnte zu diesem Zeitpunkt mit einer immunmodulierenden Therapie (z.B. frühe Insulingabe) begonnen werden. Hierzu sind zahlreiche Untersuchungen im Gange.

1.3.6. Latenter Typ 1-Diabetes mellitus im Erwachsenenalter

LADA: latent autoimmune diabetes mellitus in adults

Der Typ 1-Diabetes mellitus manifestiert sich meistens vor dem 30.Lebensjahr mit typischen klinischen Symptomen wie Polyurie, Polydipsie, Gewichtsabnahme und Ketoazidose bis hin zum Koma und erlaubt so schon die eindeutige Diagnose eines Insulinmangeldiabetes. Bei Erwachsenen bis ins höhere Alter verläuft die Manifestation eines Typ 1-Diabetes mellitus dagegen häufiger schleichend mit nur langsamer Progression der B-Zellzerstörung. Das klinische Bild ist daher nicht so prägnant, und es kommt bei noch ausreichender Insulinsekretion zu Beginn selten zu einer Ketoazidose.

Die Patienten werden daher fälschlicherweise als Typ 2-Diabetiker eingestuft und mit Diät und zusätzlich oralen Antidiabetika behandelt. Der klinische Verlauf zeigt aber, daß bei diesen Patienten ein schneller Übergang auf eine Insulintherapie erforderlich ist, da verständlicherweise auch Sulfonylharnstoffe nur kurzfristig eine Stoffwechselverbesserung zeigen können. Richtig ist, diese Patienten von Anfang an mit Insulin zu behandeln, da die exogene Insulingabe die weitere B-Zellzerstörung verzögern kann.

Bei klinischem Verdacht auf einen latenten Typ 1-Diabetes mellitus im Erwachsenenalter kann die Bestimmung von ICA und GAD-Antikörpern differentialdiagnostisch hilfreich sein, da bei Erwachsenen mit Typ 1-Diabetes mellitus diese Antikörper ebenfalls bis zu 70 % nachweisbar sind (17).

1.4. Typ 2-Diabetes mellitus

1.4.1. Ätiologische Klassifikation

Typ 2-Diabetes mellitus:
Dieser reicht von einer vorwiegenden Insulinresistenz mit relativem Insulinmangel bis zu einem vorwiegenden sekretorischen Defekt mit Insulinresistenz.

Eine Unterteilung in a = ohne Adipositas und b = mit Adipositas wird in der neuen Klassifikation nicht mehr vorgenommen.

Die alten Bezeichnungen *nichtinsulinabhängiger Diabetes mellitus (NIDDM)* oder *Erwachsenen-Diabetes* sollten nicht mehr angewendet werden, da sie nicht ätiologisch begründet sind.

1.4.2. Epidemiologie

Da der Diabetes mellitus mit seinen Folgeerkrankungen nicht nur eine medizinische Herausforderung darstellt, sondern auch hohe direkte (Medikamente, Selbstkontrollen, Krankenhausaufenthalt usw.) und indirekte (Arbeitsausfall, früher Tod usw.) Kosten verursacht, sind epidemiologische Daten über die Häufigkeit, bezogen auf eine Bevölkerungsgruppe, wichtig.

Exakte Daten sind aus der ehemaligen DDR bekannt, fehlen aber in der früheren Bundesrepublik. Nach Michaelis stieg die Diabetesprävalenz in der ehemaligen DDR von 0,63 % in 1960 stetig auf 4,13 % bis zum Jahr 1998 an (11). Dieser Anstieg ist nur zum geringen Teil durch ein vermehrtes Auftreten von Typ 1-Diabetes mellitus bedingt, jedoch überwiegend durch den Typ 2-Diabetes mellitus.

In dieser Studie waren Frauen im Verhältnis 1,4 : 1,0 häufiger erkankt als Männer.

Während der Typ 1-Diabetes mellitus vorwiegend eine Erkrankung von jüngeren Menschen ist, steigt die Häufigkeit des Typ 2-Diabetes mellitus mit dem Lebensalter an (☞ Tab. 1.4).

Häufigkeit und Altersverteilung des Diabetes mellitus in Deutschland	
Häufigkeit	
5 - 8 % der Gesamtbevölkerung (davon etwa 90 % Typ 2-Diabetes)	
8 %	der 51 - 60jährigen
12-15 %	der 61 - 70jährigen
20 %	der 71 - 80jährigen
Altersverteilung	
10 % der Diabetiker sind jünger als 50 Jahre	
15 % der Diabetiker sind 51-60 Jahre alt	
25 % der Diabetiker sind 61-70 jahre alt	
50 % der Diabetiker sind älter als 70 Jahre	
nach Hauner und Haak 1997	

Tab. 1.4: Häufigkeit und Altersverteilung des Diabetes mellitus in Deutschland.

Weltweit zeigen sich bei verschiedenen Bevölkerungsgruppen ausgeprägte Unterschiede in den Prävalenzzahlen. So weisen z.B. Asiaten niedrigere Häufigkeiten auf, dagegen gibt es bestimmte Gruppen mit einer extremen Prävalenz bis zu 35 %. Hierzu zählen die Pima-Indianer in den USA, die Bewohner von Mikronesien und Polynesien, Amerikaner mexikanischer Abstammung und Kreolen in Mauritius und Surinam.

Eine Auswertung epidemiologischer Daten aus der ganzen Welt von Personen mit Diabetes mellitus, die 20 Jahre oder älter sind, wurde 1998 veröffentlicht (8). **Dabei zeigte sich für 1995 weltweit eine Prävalenz von 4,0 %, die bis zum Jahr 2025**

auf etwa 5,4 % ansteigen wird. Die Prävalenz ist in den Industrieländern höher, aber der zu erwartende Anstieg ist in den Entwicklungsländern deutlich ausgeprägter.

Die Anzahl von Diabetikern wird weltweit von 135 Mill. im Jahr 1995 auf 300 Mill. bis zum Jahre 2025 ansteigen.

Der größte Zuwachs von 84 auf 228 Mill. findet sich in den Entwicklungsländern. Es sind mehr Frauen als Männer erkrankt, besonders in den Industrieländern, und es wird sich eine Häufung in den städtischen Regionen entwickeln.

1.4.3. Genetik

Für den Typ 2-Diabetes mellitus ist eine viel stärkere genetische Grundlage vorhanden als früher angenommen wurde. Dies begründet sich auf epidemiologischen und Familienstudien:

- Die hohe Prävalenz, in einzelnen Bevölkerungsgruppen, wie z.B. den Pima-Indianern, an einem Typ 2- Diabetes mellitus zu erkranken, weist auf eine Vererbung der Erkrankung hin
- Zwillingsuntersuchungen haben gezeigt, daß bei monozygoten Zwillingen ein Typ 2-Diabetes mellitus in mehr als 90 % bei beiden Geschwistern auftritt
- 70-80 % der Kinder von Eltern, die beide an Typ 2-Diabetes mellitus erkrankt sind, entwickeln ebenfalls einen Diabetes. Ist ein Elternteil betroffen, so beträgt das Risiko für ein Kind in manchen Studien bis zu 60 %.
- In der näheren Verwandtschaft von Patienten mit Typ 2-Diabetes mellitus tritt diese Erkrankung deutlich häufiger auf (in manchen Studien bis zu 38 %) als die normale Prävalenz es erwarten ließe. Voraussetzung hierfür ist allerdings, daß die Kinder oder nahen Verwandten das Gefährdungsalter auch erreichen, d.h. alt genug werden

Obwohl der Typ 2-Diabetes mellitus sehr stark genetisch determiniert ist, hat sich die Suche nach bestimmten Genen oder Allelen bisher als sehr schwierig erwiesen. Es ist deshalb anzunehmen, daß die genetischen Grundlagen für einen Typ 2-Diabetes mellitus sehr vielfältig und inhomogen sind.

Allen Typ 2-Diabetikern ist die Insulinresistenz und Insulinsekretionsstörung gemeinsam. Die Ursachen für diese beiden Faktoren sind mannigfaltig und unterschiedlich. Hieraus resultiert, daß der Typ 2-Diabetes mellitus aufgrund seiner polygenetischen Grundlagen keine einheitliche Erkrankung darstellt. Unterschiede im Verlauf und auch dem Ansprechen auf die Therapie sind dadurch erklärbar.

Soweit es bisher geglückt ist, spezifische genetische Defekte für einzelne Untertypen des früheren NIDDM zu finden, wurden diese Erkrankungen in der neuen ätiologisch begründeten Klassifizierung der ADA 1997 (☞ Tab. 1.1) unter III "andere spezifische Typen" eingeordnet.

Als Beispiel mag der MODY-Diabetes (maturity onset diabetes of the young) gelten. In der Zukunft wird es sicher gelingen, noch mehr Unterformen des Typ 2-Diabetes mellitus genauer zu definieren.

1.4.4. Metabolisches Syndrom

In den 60er Jahren wurde erstmals von Mehnert vom "Wohlstandssyndrom" und von Jahnke, Gries und insbesondere von Hanefeld vom "metabolischen Syndrom" gesprochen. Reaven beschrieb 1988 die wichtige Rolle der Insulinresistenz und der Hyperinsulinämie und prägte den Namen "Syndrom X". Von Kaplan wurde der Begriff "tödliches Quartett" geprägt.

Das metabolische Syndrom ist durch das gemeinsame Auftreten von verschiedenen Erkrankungen gekennzeichnet (☞ Tab. 1.5). Es ist mit einem exzessiven Morbiditäts- und Mortalitätsrisiko durch koronare, cerebrale und periphere Gefäßkrankheiten (Makroangiopathie/Atherosklerose) assoziiert (☞ Abb. 1.5).

Metabolisches Syndrom
• Essentielle Hypertonie • Dyslipoproteinämie (VLDL ↑, HDL ↓, Trigl. ↑) • Glukoseintoleranz/manifester Typ 2-Diabetes • Adipositas (stammbetont)
allen gemeinsam
• Insulinresistenz (Muskel) • Hyperinsulinämie
Folge: Makroangiopathie/Atherosklerose

Tab. 1.5: Das Metabolische Syndrom.

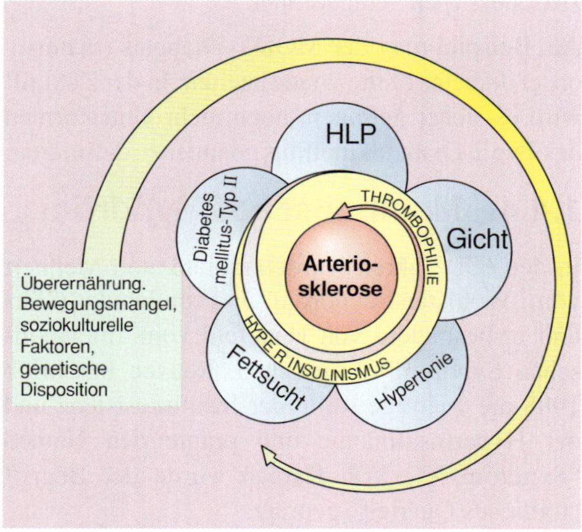

Abb. 1.5: Das metabolische Syndrom (nach Hanefeld, 5).

Alle Einzelkomponenten des metabolischen Syndroms sind durch eine **muskuläre Insulinresistenz und eine Hyperinsulinämie** gekennzeichnet. So kann z.B. bei Patienten mit einer essentiellen Hypertonie ohne Übergewicht, Dyslipoproteinämie oder Diabetes eine Insulinresistenz nachgewiesen werden.

Eine Insulinresistenz und Hyperinsulinämie finden sich auch bei sonst gesunden, übergewichtigen Patienten. Vermehrte abdominelle Fettansammlungen sind hierbei ausschlaggebend. **Ein erhöhtes Risiko haben Patienten mit einer androiden, stammbetonten Fettverteilung (Apfelform). Sie weisen einen erhöhten Taillen-/Hüftumfang-Quotienten auf (Normbereich: für Frauen < 0,85, für Männer < 1,0).** Die gynoide Fettverteilung (Birnenform) bedeutet ein deutlich geringeres Risiko.

Die Insulinresistenz bedingt stets eine Mehrsekretion von Insulin, damit ein regelrechter Glukosestoffwechsel aufrechterhalten werden kann. Die Hyperinsulinämie wiederum beeinflußt in hohem Maße den Fettstoffwechsel. Es kommt zu einer Erhöhung der Triglyceride und einer Abnahme des HDL-Cholesterins. Gesamtcholesterin und LDL-Cholesterin sind in ihrer Höhe nicht wesentlich verändert, es finden sich aber vermehrt besonders atherogene kleine, dichte LDL-Partikel.

Das metabolische Syndrom stellt eine Vorphase in der Entwicklung zum Typ 2-Diabetes mellitus dar. Der Glukosestoffwechsel ist gestört, ohne klinische Zeichen einer diabetischen Stoffwechsellage. Im weiteren Verlauf findet sich eine gestörte Glukosetoleranz (☞ Abb. 1.6).

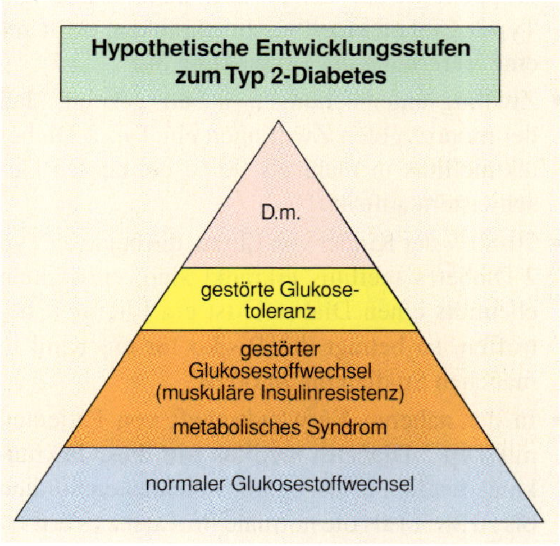

Abb. 1.6: Hypothetische Entwicklungsstufen zum Typ 2-Diabetes (nach Erikson, 4).

Da die pathophysiologischen Grundlagen (Insulinresistenz und Hyperinsulinämie/Insulinsekretionsstörung) für das metaboische Syndrom und den Typ 2-Diabetes gleich sind, wurde in der neuen, ätiologisch begründeten Klassifikation der ADA 1997 auf die Klasse "gestörte Glukosetoleranz" verzichtet. Andere Autoren, z.B. Alberti, halten aber an dem Begriff fest, da sie die gestörte Glukosetoleranz als eigenständiges Krankheitsbild mit hohem Risiko ansehen.

1.4.5. Pathogenese

Der Typ 2-Diabetes mellitus gilt heute als eine häufig vorkommende endokrine Funktionsstörung (Stoffwechselstörung) **mit mehrfachen Defekten der Insulinwirkung und Insulinsekretion auf genetischen und teilweise erworbenen Grundlagen**. Im Gegensatz zum Typ 1-Diabetes ist die Aufklärung der genetischen Veränderungen noch nicht weit fortgeschritten. Es wird aber ein Polymorphismus deutlich erkennbar, d.h. man muß von polygenen Defekten ausgehen. Dies erklärt auch die unterschiedlichen Prävalenzen, Verläufe und therapeutischen Ansprechraten dieser Erkrankung. Die pathophysiologischen Grundgegebenheiten sind aber dennoch einheitlich, auch wenn deren Ätiologie differiert.

Im normalen **Nüchternzustand** erfolgt der größte Teil der Ganzkörperglukoseverwertung in nicht insulinabhängigen Geweben: im Gehirn (etwa 50 %) und in splanchnischen Organen (etwa 25 %). Die übrigen 25 % der Glukoseverwertung finden in insulinabhängigen Geweben, hauptsächlich in der Skelettmuskulatur, statt. Der Glukosebedarf wird durch die hepatische Glukoseproduktion gedeckt.

Nach einer Mahlzeit wird dieses Gleichgewicht erheblich verändert. Infolge eines Blutzuckeranstieges wird vermehrt Insulin sezerniert. Beides (höherer Blutzucker, höhere Insulinspiegel) zusammen führt zu einer vermehrten Glukoseaufnahme in peripheren Geweben - hauptsächlich Muskulatur - und zu einer Hemmung der hepatischen Glukoseproduktion. Nur so ist eine normale Glukosehomöostase und Energieversorgung der Zellen gewährleistet.

Glukosehomöostase
1. Insulinsekretion 2. Glukoseaufnahme im Gewebe - peripher (hauptsächlich Muskel) - splanchnisch (Leber, Darm) 3. Regulation der hepatischen Glukoseproduktion

Tab. 1.6: Faktoren, die eine normale Glukosehomöostase aufrechterhalten (nach DeFronzo, 1).

Aufgrund dieser Vorgänge wird verständlich, daß einzelne oder mehrere Defekte auf der Ebene der B-Zelle, der Muskel- oder Leberzelle zu einer Glukoseintoleranz oder einem manifesten Diabetes führen können.

Beim Vollbild eines manifesten Typ 2-Diabetes mellitus sind immer zwei Hauptdefekte - Insulinresistenz und Insulinsekretionsstörung - gleichzeitig vorhanden.

1.4.5.1. Insulinsekretionsstörung

Bei der Mehrzahl der meist übergewichtigen Typ 2-Diabetiker dürfte als erste Abnormität ein **vermindertes Ansprechen der Gewebe (Muskulatur und/oder Leber) auf Insulin** - d.h. eine **Insulinresistenz** - bestehen. Dies bewirkt eine kompensatorisch erhöhte Insulinsekretion. Wenn die B-Zellen diese notwendige Mehrsekretion (zeitlich oder auch total) nicht mehr aufrechterhalten können, kommt es durch einen relativen Insulinmangel (bei meßbarer Hyperinsulinämie) zur Störung der Glukosehomöostase und manifestem Diabetes mellitus.

Bei schlanken Typ 2-Diabetikern könnte als erstes eine **Insulinsekretionsstörung** vorliegen. Durch die veränderte Glukosehomöostase mit höheren Blutglukosewerten entwickelt sich dann zunehmend eine Insulinresistenz. Beides zusammen führt dann zur klinischen Manifestation eines Typ 2-Diabetes mellitus.

Liegt nur ein Insulinmangel ohne begleitende Insulinresistenz vor, so besteht ein Typ 1-Diabetes mellitus. Bei diesen Erwachsenen sollte zur Differenzierung neben der Messung von Aceton eventuell eine Bestimmung von ICA oder GAD-Antikörpern erfolgen (☞ Kapitel 1.3.6.).

Mindestens am Anfang des natürlichen Verlaufs der Erkrankung weisen Typ 2-Diabetiker infolge der Insulinresistenz eine **Hyperinsulinämie** auf. Im Vergleich zu gleichaltrigen, gleichgewichtigen Kontrollen liegen jedoch die Insulinspiegel, bezogen auf die Blutglukoseerhöhung, zu niedrig. Dies bedeutet, es besteht trotz hoher Insulinspiegel ein relativer Insulinmangel.

Bei steigenden Nüchternglukosespiegeln kann bei Typ 2-Diabetikern eine weitere Abnahme der Hyperinsulinämie beobachtet werden. Der relative Insulinmangel nimmt zu, auch wenn die gesamte Insulinproduktion immer noch höher sein kann als bei Kontrollen. Erst im weiteren Verlauf, erkennbar an Nüchternglukosewerten über 120 mg/dl, kommt es zu einem zunehmden deutlichen Insulinmangel, der allerdings nicht absolut ist.

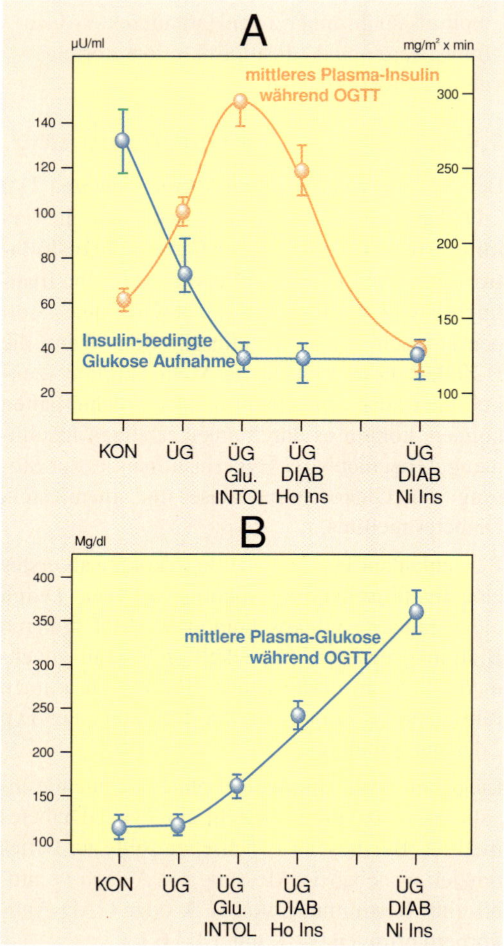

Abb. 1.7: Plasma-Insulin (A) und Gewebesensitivität auf Insulin (A) sowie Plasma-Glukose (B) während eines 100g OGTT in Kontrollen (KON), bei Übergewichtigen ohne Diab. mell. (ÜG), bei Übergewichtigen mit Glukosetoleranzstörung (ÜG GluIntol) und bei Übergewichtigen mit Diab. mell. und hohen Insulinwerten (ÜG DIAB, Ho Ins) oder niedrigen Insulinwerten (ÜG DIAB, Ni Ins).

Abb. 1.7 faßt die Ergebnisse von Insulinmessungen und Bestimmungen der Insulinresistenz im oralen Glukosetoleranztest bei Kontrollen, Übergewichtigen, Übergewichtigen mit Glukosetoleranzstörung sowie Typ 2-Diabetikern schematisch zusammen. Man erkennt deutlich, wie mit zunehmender Abnahme der Insulinsensitivität (gemessen an der insulinbedingten Glukoseaufnahme) die Insulinspiegel anfangs ansteigen. Bei Übergewichtigen findet sich das Bild einer Insulinresistenz (verminderte Insulinsensitivität) mit Hyperinsulinämie bei insgesamt normalen Blutglukosewerten. Die Übergewichtigen mit Glukosetoleranzstörung weisen definitionsgemäß leicht erhöhte Glukosewerte auf, wobei die Insulinsensitivität weiter abgenommen hat, aber die kompensatorische Hyperinsulinämie noch zugenommen hat.

Aufgrund der beginnenden Sekretionsstörung bei Typ 2-Diabetikern kommt es zu einer Abnahme der Hyperinsulinämie und bei gleichbleibender Verminderung der Insulinsensitivität (hohe Insulinresistenz) zu erhöhten Blutglukosewerten. Die weitere Abnahme der Insulinsekretion führt zu noch höheren Blutglukosewerten.

Physiologischerweise reagiert die B-Zelle auf ansteigende Blutglukosewerte mit einer biphasischen Sekretion. Bei Typ 2-Diabetes mellitus scheint die Frühsekretion als erstes gestört zu sein, auch wenn insgesamt noch eine Hypersekretion besteht.

Chronisch erhöhte Blutglukosespiegel per se führen zu einer Abnahme der Empfindlichkeit der B-Zellen auf den Glukosereiz mit einer adäquaten Insulinsekretion zu reagieren. Dies wird als **Glukosetoxizität** bezeichnet. Aus klinischen Beobachtungen ist bekannt, daß eine gute, normnahe Stoffwechseleinstellung bei Typ 2-Diabetikern (gleichgültig, wie sie erreicht wird) zu einer Besserung der Insulinsekretion führt. Gleichzeitig wird die muskuläre Insulinresistenz gesenkt.

Untersuchungen hinsichtlich des Lipidstoffwechsels (erhöhte Spiegel von FFS und Triglyceriden) bei Typ 2-Diabetikern lassen ebenso eine **Lipidtoxizität** auf die Insulinsekretion erkennen.

1.4.5.2. Insulinresistenz

Die Abnahme der Insulinsensitivität im peripheren Gewebe - hauptsächlich in Leber und Muskel - wird allgemein als Insulinresistenz bezeichnet. Die Zellen reagieren dabei nicht mehr in der physiologischen Weise auf das vorhandene Insulin. Diese Insulinresistenz zeigt in der Leber und im Muskel unterschiedliche Auswirkungen.

1.4.5.2.1. Hepatische Glukoseproduktion

Die hepatische Glukoseproduktion wird durch Insulin gesteuert, indem eine Überproduktion unterdrückt wird.

Bei Typ 2-Diabetikern ist aufgrund der Insulinresistenz der Leberzellen diese Inhibition gestört und trotz erhöhter Insulinspiegel im Nüchternzustand, d.h. hauptsächlich nachts, wird vermehrt Glukose produziert (☞ Abb. 1.8).

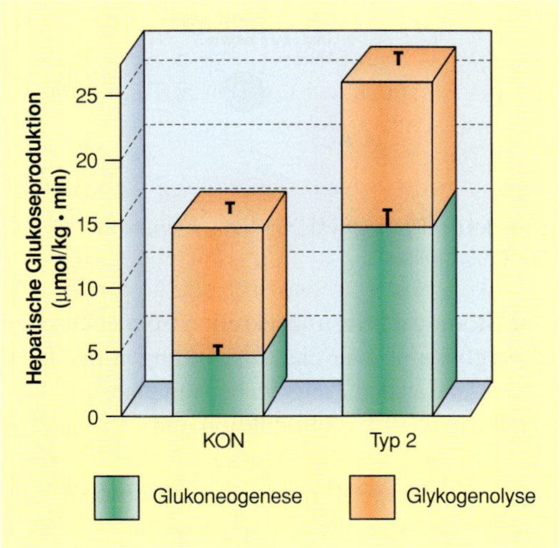

Abb. 1.8: Glukoneogenese und Glykogenolyse in Kontrollen (KON) und Typ 2-Diabetikern (Typ 2). Der gesamte Anstieg der totalen hepatischen Glukoseproduktion beruht auf einer exzessiven Rate der Glukoneogenese (nach Consoli in 1).

Hieraus erklärt sich der erhöhte Nüchternglukosewert bei fortgeschrittenem Typ 2-Diabetes mellitus.

1.4.5.2.2. Periphere Glukoseaufnahme im Muskel

Der Blutglukoseanstieg nach einer Mahlzeit oder Glukosebelastung führt physiologisch zu einer vermehrten Insulinsekretion, die wiederum für eine gesteigerte Glukoseaufnahme im Muskel verantwortlich ist. Die Insulinresistenz bei Typ 2-Diabetes mellitus bewirkt eine verringerte Glukoseaufnahme im Muskel (☞ Abb. 1.9), was zu einem erhöhten postprandialen Blutglukoseanstieg führt.

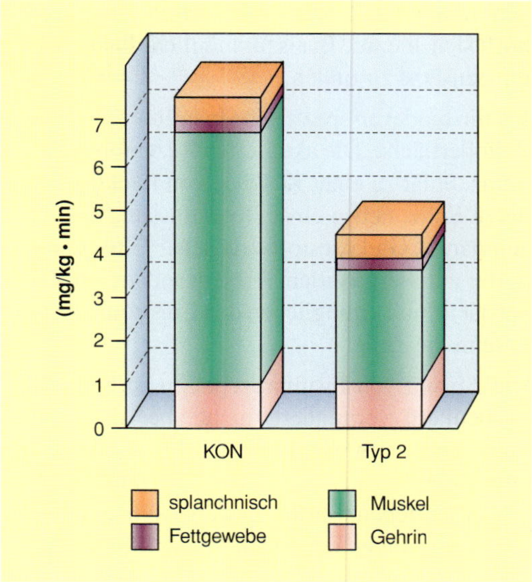

Abb. 1.9: Glukosemetabolismus während euklykämischer Insulin(100 µU/ml)-Clamp-Versuche bei Kontrollen (KON) und normalgewichtigen Typ 2-Diabetikern (Typ 2; nach De Fronzo, 1).

1.4.5.2.3. Erworbene Faktoren für die Insulinresistenz

Die Grundlage der Insulinresistenz bei Typ 2-Diabetes mellitus dürfte genetisch bedingt sein. Es gibt aber zahlreiche anderer Faktoren, die die Insulinresistenz verstärken oder auch selbst mit hervorrufen können (☞ Kapitel 1.4.4. "Metabolisches Syndrom").

- Hierzu zählen in erster Linie das **Alter** und die **Adipositas**. Vermehrte intraabdominelle Fettansammlungen bei der androgenen Adipositas (erhöhte Taille/Hüftrelation) wirken dabei besonders deletär
- **Verminderte körperliche Aktivität**, unter der wir heute fast alle leiden, ist mit einem Anstieg der Insulinresistenz verbunden
- Patienten mit einer **essentiellen Hypertonie** weisen eine Insulinresistenz auf
- In letzter Zeit konnte gezeigt werden, daß bei **Rauchern** ebenfalls eine Insulinresistenz nachweisbar ist

1.4.5.2.4. Zelluläre Mechanismen der Insulinresistenz

Untersuchungen zu den zellulären Mechanismen der Insulinresistenz stellen heute die zentralen Forschungsschwerpunkte hinsichtlich der Ätiopathogenese des Typ 2-Diabetes mellitus dar. Man erhofft sich, hier die Basis für mögliche kausale Therapieansätze zu finden.

Insulin bindet an spezifische Insulinrezeptoren der Zelloberfläche. Die aktivierten Rezeptoren führen intrazellulär zu einer Kaskade von Reaktionen, an deren Ende, neben einer Beeinflussung des intrazellulären Glukosestoffwechsels, Glukosetransporter aktiviert werden. Diese wandern zur Zelloberfläche und ermöglichen den Einstrom von Glukose in die Zelle.

Die Anzahl von Insulinrezeptoren ist bei Typ 2-Diabetikern vermindert, nicht aber die globale Funktion. Nur in wenigen Ausnahmen konnte hier ein umschriebener, genetisch determinierter Defekt beschrieben werden. Daneben gibt es Hinweise auf Störungen der Synthese der Glukosetransporter (GLUT 4 im Skelettmuskel) oder einzelner Enzyme in der Signalkette. Die Hauptdefekte werden in der intrazellulären Signalübertragung (Postrezeptordefekte) angenommen, ohne daß es bisher gelungen ist, sie endgültig aufzuklären. Hier muß im Rahmen dieses Buches auf weiterführende Literatur verwiesen werden (1).

Die bereits erwähnte **Glukosetoxizität** ist auch in der Muskulatur zu finden. So führt eine chronische Hyperglykämie zu einer Abnahme der Glukosetransporter um bis zu 50 %. Ebenso bewirken chronisch erhöhte Insulinspiegel eine Down-Regulation der Insulinrezeptoren. Die klinische Beobachtung, daß bei straffer Blutzuckereinstellung die Glukoseaufnahme in den Zielgeweben gesteigert ist, trotz niedrigerer Insulinspiegel, ist durch die Abnahme der Glukosetoxizität erklärbar.

1.4.6. Zusammenfassung

Die pathophysiologischen Abläufe beim Typ 2-Diabetes mellitus sind in Abb. 1.10 zusammengefaßt.

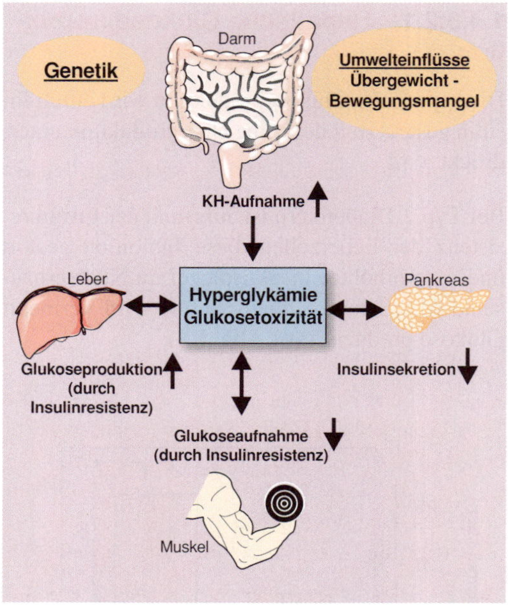

Abb. 1.10: Pathophysiologische Abläufe bei Typ 2-Diabetes mellitus.

Eine Störung der Insulinsekretion führt ebenso zur Hyperglykämie wie die Auswirkungen der Insulinresistenz an den Zielgeweben mit einer erhöhten hepatischen Glukoseproduktion und verminderter Glukoseaufnahme im Muskel. Diese Prozesse werden, wenn die Blutglukosewerte chronisch erhöht sind, durch die Glukosetoxizität verstärkt. Dabei ist es im Endeffekt unwichtig, welche Störung - Insulinsekretion oder Insulinresistenz - das primum movens ist. Sie führen beide zur Hyperglykämie und beeinflussen sich gegenseitig im Sinne eines Circulus vitiosus.

1.5. Andere spezifische Diabetestypen

Zu diesen Typen zählt eine lange Reihe von Erkrankungen mit einer ätiologisch erkennbaren Ursache. Der prozentuale Anteil an allen Diabetikern ist klein und dürfte deutlich unter 3 % liegen.

Die intensive Forschung hinsichtlich genetischer Grundlagen bei Typ 2-Diabetes mellitus wird dazu führen, daß zunehmend einzelne Untertypen genau definiert werden können und dann eventuell dieser Klassifikation zugeordnet werden.

1.5.1. Genetische Defekte der B-Zellfunktion

Bei einigen Formen des Diabetes mellitus konnten genetisch bedingte Defekte der B-Zellfunktion nachgewiesen werden. Bereits in jungen Jahren, meistens unter 25, entwickelt sich bei häufig übergewichtigen Patienten eine geringgradige Hyperglykämie aufgrund einer gestörten Insulinsekretion, nicht aber der Insulinwirkung. Diese Typen wurden früher unter dem Begriff **MODY** (maturity-onset diabetes of the young) zusammengefaßt.

Bisher konnten Veränderungen an 3 Genloci an verschiedenen Chromosomen identifiziert werden. U.a. fand sich eine Beeinflussung der Glukokinase in der B-Zelle, die dazu führt, daß erhöhte Glukosekonzentrationen erforderlich sind, um eine suffiziente Insulinsekretion zu bewirken.

Diese Diabetes-Typen können gut mit Diät und evtl. zusätzlich Tabletten behandelt werden und bedürfen primär keiner Insulintherapie.

1.5.2. Genetische Defekte der Insulinwirkung

Grundlage für diese Untertypen sind Defekte am Insulinrezeptor, die zu einer Hyperinsulinämie mit leichter bis schwerer Hyperglykämie führen (**Typ A-Insulinresistenz**). Zum Teil kann hierbei eine Acanthosis nigricans (stachelartige schwärzliche Pigmentierungen der Haut im Bereich von Nacken, Achselhöhlen, Leiste) beoachtet werden.

Leprechaunismus und **Rabson-Medenhall-Syndrom** sind seltene pädiatrische Syndrome.

Beim **lipatrophischen Diabetes** werden Postrezeptordefekte angenommen.

1.5.3. Krankheiten des exokrinen Pankreas

Veränderungen am Pankreas, die zu weitgehendem oder vollständigem Untergang von exokrinen Pankreasgewebe führen, können auch die Langerhans'schen Inseln mit zerstören und somit einen Insulinmangel-Diabetes hervorrufen. Dabei ist aber gleichzeitig, neben der Funktion der B-Zellen auch die der α-Zellen (Glukagonsekretion) und die der δ-Zellen (Somatostatin- und Pankreatisches-Polypeptid-Sekretion) betroffen.

Hieraus ergeben sich Besonderheiten der Stoffwechselführung, z.B. erhöhte Insulinempfindlichkeit bei veränderter Gegenregulation (wichtig bei Hypoglykämien).

1.5.4. Endokrinopathien

Hormone, wie Wachstumshormon, Kortisol, Glukagon und Katecholamine, sind Gegenspieler des Insulins in der Glukosehomöostase. Unter hohen Spiegeln von **Wachstumshormon, Schilddrüsenhormonen** und **Kortisol** entwickelt sich eine Insulinresistenz.

Kortisol stimuliert zusätzlich die Glukoneogenese.

Die **Katecholamine** hemmen die Insulinsekretion und bewirken eine gesteigerte Glykogenolyse in der Leber.

Diese hormonellen Wirkungen können zu Hyperglykämien und zum Auftreten eines Diabetes mellitus führen, insbesondere wenn bereits Störungen der Insulinsekretion oder -wirkung bestehen. Nach Korrektur der Hormonexzesse kommt es wieder zu einer Normalisierung des Kohlenhydratstoffwechsels.

Beim Vorliegen eines **Somatostatinoms** oder **Aldosteronoms** entwickelt sich entweder direkt oder indirekt durch die Hypokaliämie eine Hemmung der Insulinsekretion mit nachfolgender Hyperglykämie. Ist eine operative Entfernung des Tumors möglich, so stellt sich wieder eine regelrechte Insulinsekretion ein.

1.5.5. Medikamenten- oder Chemikalien-induzierter Diabetes

Viele Medikamente oder Chemikalien können die Insulinsekretion beeinflussen. Wenn gleichzeitig eine Insulinresistenz vorliegt, kann es zum Auftreten eines Diabetes mellitus kommen.

Die klinische Bedeutung von **Thiaziden** oder **selektiven Betablockern** in niedrigen Dosierungen ist zu vernachlässigen. Die Gabe dieser Medikamente findet im Rahmen des metabolischen Syndroms, das per se schon durch eine Insulinresistenz gekennzeichnet ist, statt. Eine direkte Wirkung dieser Medikamente auf die Insulinresistenz ist daher im einzelnen nicht schlüssig nachvollziehbar.

Die hochdosierte Therapie mit **Glukokortikoiden** hat dagegen eine klinische Relevanz und muß berücksichtigt werden.

Unter der Therapie mit **α-Interferon** kann das Auftreten eines Diabetes mellitus mit positivem Nachweis von Inselzellantikörpern beobachtet werden.

1.5.6. Infektionen

Hauptsächlich **Virusinfektionen** wurden schon immer mit der Zerstörung von B-Zellen in Zusammenhang gebracht. Eine direkte Wirkung scheint vorzukommen.

In den meisten Fällen gelingt aber ein Nachweis von Inselzellantikörpern, so daß es sich dann definitionsgemäß um Typ 1-Diabetiker handelt (☞ Kapitel 1.3.4).

1.5.7. Seltene Formen eines immunvermittelten Diabetes

Das "**Stiff-man"-Syndrom** ist eine autoimmunologische Erkrankung des zentralen Nervensystems. U.a. sind auch GAD-Antikörper nachweisbar. Ein Teil der Patienten entwickelt einen Diabetes.

Anti-Insulin-Rezeptor-Antikörper binden an den Insulinrezeptor und können diesen entweder hemmen mit der Folge einer Hyperglykämie oder seltener stimulieren mit der Folge schwerer Hypoglykämien. Diese Gruppe wurde früher als **Typ B-Insulinresistenz** bezeichnet.

1.5.8. Andere genetische Syndrome

Bei zahlreichen genetischen Syndromen wird häufiger auch das Auftreten eines Diabetes mellitus beschrieben ohne erkennbare ätiologische Zusammenhänge.

1.6. Gestationsdiabetes

1.6.1. Definition und klinische Relevanz

Als Gestationsdiabetes wird jede während der Schwangerschaft erstmals erkannte Störung des Kohlenhydratstoffwechsels bezeichnet.

Diese Definition ist unabhängig davon, ob eine Insulintherapie oder alleine eine Ernährungsumstellung erforderlich ist, oder ob der Diabetes nach der Entbindung fortbesteht.

Die klinische Relevanz trifft die Schwangere, den Fetus und das Neugeborene.

Schwangere mit einem Gestationsdiabetes leiden häufiger an Harnwegsinfekten, hypertonen Blutdruckwerten (Gestose) und Übergewicht. Die Rate an Sectios ist deutlich höher, wie auch die Ausbildung eines Hydramnions.

Die bei Gestationsdiabetes typischen postprandialen Glukoseanstiege führen bei dem Feten zu einer endogenen Hyperinsulinämie mit Veränderung des Stoffwechsels und des Elektrolythaushaltes. Diese bedingen eine erhöhte pränatale Letalität und perinatale Morbidität (Makrosomie, Hypoglykämie, Hyperbilirubinämie, Hypocalcämie, Schulterdystokie (☞ Kapitel 9. "Diabetes und Schwangerschaft").

Die embryonale Entwicklung ist bei Gestationsdiabetes weitgehend unauffällig, da sich die Stoffwechselstörung meist erst in der zweiten Schwangerschaftshälfte manifestiert. Nur bei bereits vorher bestehendem, aber unerkannten Typ 2-Diabetes kann es - aufgrund der Hyperglykämie in der Phase der Organogenese - zu einer erhöhten Fehlbildungsrate kommen.

Langfristig weisen Kinder von Müttern mit Gestationsdiabetes eine gehäufte Neigung zur Adipositas und zu einem späteren Typ 2-Diabetes mellitus auf.

1.6.2. Epidemiologie

In Deutschland muß in 1-5 % der Schwangerschaften mit dem Auftreten eines Gestationsdiabetes gerechnet werden. Neuere Untersuchungen lassen sogar eine Rate von 8-10 % vermuten.

Risikofaktoren für das Auftreten eines Gestationsdiabetes sind in Tabelle 1.7 zusammengefaßt.

Risikofaktoren für das Auftreten eines Gestationsdiabetes
• Adipositas - BMI > 27
• geburtshilflich belastete Anamnese
- Makrosomie > 90.Perzentile
- zuvor intrauteriner Fruchttod
- Zustand nach 2 Aborten
• Gestationsdiabetes in vorausgegangener Schwangerschaft
• diabetische Verwandte 1. Grades

Tab. 1.7: Risikofaktoren für das Auftreten eines Gestationsdiabetes.

1.6.3. Pathogenese

Jede Schwangerschaft, auch bei Stoffwechselgesunden, kann als ein physiologischer B-Zell-Streß verstanden werden. In den ersten Monaten sinken die Nüchternglukosewerte und die Insulinsensitivität scheint sogar erhöht. In der zweiten Schwangerschaftshälfte nimmt die Insulinsensitivität aufgrund zunehmender Sekretion plazentarer Hormone ab und es entwickelt sich eine Insulinresistenz. Die postprandialen Blutzuckerwerte steigen leicht an. Durch eine reaktive Insulinmehrsekretion sind die Insulinkonzentrationen nüchtern und hauptsächlich postprandial erhöht (bis auf das Doppelte, noch höher bei Übergewichtigen). Die Glukosetoleranz ist geringgradig herabgesetzt. Mit der Geburt stellt sich weitgehend die alte normale Insulinsensitivität wieder ein.

> Ein Gestationsdiabetes entsteht, wenn die Insulinsekretion nicht ausreichend zunimmt, um die physiologische Abnahme der Insulinsensitivität auszugleichen.

Bei einem kleinen Anteil der Gestationsdiabetikerinnen kann die erforderliche Insulinmehrsekretion primär nicht erbracht werden. Es besteht ein echter Insulinmangel. Diese Frauen sind eher jünger und schlank und weisen einen geringen exogenen Insulinbedarf auf.

Bei dem größten Anteil der Gestationsdiabetikerinnen kann die Zusatzleistung der Insulinsekretion über weite Strecken erbracht werden, im Endeffekt überwiegt aber eine extreme Insulinresistenz. Es besteht ein relativer Insulinmangel. Diese Frauen sind meist übergewichtig und benötigen, wenn diätetische Maßnahmen nicht ausreichen, hohe exogene Insulindosen (Unempfindlichkeit aufgrund der Insulinresistenz).

Es bestehen grundsätzlich drei mögliche Ursachen für einen Gestationsdiabetes (2)

- Typ 1-Diabetes mellitus mit Erstmanifestation während der Schwangerschaft. Etwa 10 % der Schwangeren mit Gestationsdiabetes weisen Inselzellantikörper auf
- Typ 2-Diabetes mellitus mit Erstmanifestation während der Schwangerschaft oder früher nicht diagnostizierte Glukosetoleranzstörung
- Gestationsbedingte Kohlenhydratstoffwechselstörung - Gestationsdiabetes im engeren Sinne

Welche ätiologischen Faktoren zum aktuellen Auftreten eines Gestationsdiabetes geführt haben, ist meistens erst nach der Schwangerschaft erkennbar. Erst dann steht fest, ob ein Diabetes weiterbesteht und wenn ja, welche Therapie erforderlich ist.

1.6.4. Prognose bei Gestationsdiabetes

Für eine Gestationsdiabetikerin ist es wichtig zu wissen, wie die Prognose hinsichtlich einer Kohlenhydratstoffwechselstörung nach der Geburt ist.

> Postpartal sollte am 3.-4. Tag ein Glukosetagesprofil gemacht werden, um erkennen zu können, ob ein persistierender Diabetes (Typ 1 oder 2) besteht.

Ansonsten ist es im Wochenbett bei Gestationsdiabetikerinnen oder Müttern mit makrosomalen Kindern nicht sinnvoll, eine Glukosebelastung zur Erkennung einer Stoffwechselstörung durchzuführen. Zu dieser Zeit besteht eine verbesserte Insulinsensititvität, die auch leichte Störungen überdecken kann.

> Ernährungsberatungen mit dem Ziel einer Gewichtsreduktion sind anzuraten, und halbjährliche Stoffwechselkontrollen - evtl. mit oraler Glukosebelastung - sind durchzuführen.

Gestationsdiabetikerinnen entwickeln im Laufe ihres weiteren Lebens - wie ihre Kinder - überdurchschnittlich häufig einen manifesten Diabetes mellitus, meistens vom Typ 2. Besonders gefährdet sind Schwangere, die insulinbedürftig waren. So kam es in einer Berliner Studie bei 18 % dieser Risikogruppe innerhalb eines Jahres postpartum zu einer Manifestation eines Diabetes mellitus und bei etwa 50 % innerhalb von 8 Jahren. Schwangere mit einem pathologischen Wert im Glukosetoleranztest wiesen eine Diabetesmanifestationshäufigkeit von 3 % innerhalb von 8 Jahren auf. Diese Inzidenz liegt sicher höher als der Altersgruppe entspricht.

Das Wiederholungsrisiko für einen Gestationsdiabetes in einer späteren Schwangerschaft beträgt etwa 33 %.

Als besondere Risikofaktoren für eine spätere Diabetesmanifestation gelten anhaltendes oder zunehmendes Übergewicht, weitere Schwangerschaften, verminderte körperliche Aktivität, fettreiche Ernährung, auch Rauchen und bestimmte Medikamente.

1.7. Literatur

1. DeFronzo R.A.: Pathogenesis of type 2 diabetes: metabolic and molecular implications for identifying diabetes genes. Diabetes Reviews 5 (1997) 177 - 269

2. Dornhorst A., J.C. Girling: Management of gestational diabetes mellitus. N Engl J Med. 333 (1995) 1281-1283

3. Eisenbarth G.S.: Type 1 diabetes mellitus: a chronic autoimmune disease. N Engl J Med. 314 (1986) 1360-1368

4. Eriksson J., A. Franssila-Kallunki, A. Ekstrand et al. Early metabolic defects in persons at increased risk for non-insulin-dependent diabetes mellitus. N Engl J Med. 321 (1989) 337-343

5. Hanefeld M., W. Leonhardt: Das metabolische Syndrom: ein integriertes Konzept zur Diagnostik und Therapie eines Clusters von Zivilisationskrankheiten. Gustav Fischer Verlag, Jena-Stuttgart (1996)

6. Henrichs H.R., M. Breidert, B. Willms: ADA und WHO revidieren Diabetes-Definition und Kriterien für die Diagnose. Diabetes und Stoffwechsel, 6 (1997) 228 - 233

7. Jervell J.: Type 2 Diabetes (NIDDM) can be prevented. IDF Bulletin 42/2 (1997) 1-3

8. King H., R.E. Aubert, W.H. Herman: Global Burden of Diabetes, 1995 - 2025: Prevalence, numerical estimates and projections. Diabetes Care 21 (1998) 1414-1431

9. Martin S., H. Kolb: Pathogenese und Immuntherapie des Diabetes mellitus Typ 1. Diabetes und Stoffwechsel 7 (1998) 17-24

10. Mehnert H., E. Standl: Typ-2-Diabetes. Der Internist 39 (1998) 381-397

11. Michaelis D., E. Jutzki, P. Heinke: 30-jähriger Inzidenz- und Prävalenztrend des juvenilen Typ-I-Diabetes in der ostdeutschen Bevölkerung. Diabetes und Stoffwechsel 2 (1993) 245 - 250

12. Neu A., J. Kehrer, R. Hub, M.B.Ranke: Incidence of IDDM in German Children Aged 0 - 14 Years. Diabetes Care 20 (1997) 530 - 533

13. Office Guide to Diagnosis and Classification of Diabetes Mellitus and Other Categories of Glucose Intolerance. American Diabetes Association: Clinical Practice Recommendations 1995. Diabetes Care 18, Supplement 1 (1995) 4-7

14. Palitzsch K.D., J. Nusser, H. Arndt, J. Enger, B. Zietz, S. Hügl, A. Cuk, A. Schäffler, R. Büttner, E. Frick, H. Rath, J. Schölmerich und die Diabetologie-Studiengruppe: Die Prävalenz des Diabets mellitus wird in Deutschland deutlich unterschätzt - eine bundesweite epidemiologische Studie auf der Basis einer HbA1c-Analyse. Diabetes und Stoffwechsel, 8 (1999) 189-200.

15. Report of the Expert Committee on the Diagnosis and Classifikation of Diabetes mellitus. Diabetes Care 20 (1997) 1183-1197

16. Rossini AA., D.L. Greiner, H.P. Friedman, J.P. Mordes: Immunopathogenesis of diabetes mellitus. Diabetes Reviews 1 (1993) 43-75

17. Zumbach J., S. Butz, B. Liedvogel, L. Mauch, M. Haaß, R. Ziegler, P. Wahl, P.P. Nawroth: GAD-Antikörper zur Diagnose eines Typ-I-Diabetes bei Patienten mit später Manifestation. Diabetes und Stoffwechsel 5 (1996) 153-156

Diagnostik des Diabetes mellitus

D. Grüneklee

2. Diagnostik des Diabetes mellitus

2.1. Vorbemerkung

Die Diagnose des Diabetes mellitus bedeutet für Betroffene einen bedeutenden Einschnitt in ihre Lebensgestaltung und für ihre Umgebung eine Herausforderung zu Hilfe und Verständnis.

Während die Diagnose für viele Betroffene subjektiv verständlicherweise "zu früh" im Verlauf des Lebens gestellt wird, muß für die Gesamtheit der Typ 2-Diabetiker eher bedauert werden, daß ihre Krankheit meist "viel zu spät", d.h. 5 bis 10 Jahre nach der eigentlichen Diabetesmanifestation erkannt wird. Da aber eine **frühe Behandlung** die günstige oder ungünstige Richtung des Diabetesverlaufs über Jahre bestimmen kann, sind eine **rechtzeitige Diagnose**, eine **frühzeitige Klassifizierung** und eine möglichst **sichere Erfassung der Krankheitsstadien** entscheidend.

2.1.1. Befunde und Symptomatik

Das wesentliche Kennzeichen des Diabetes mellitus ist die **Hyperglykämie**, sie führt zu den charakteristischen Diabetessymptomen

- Durst
- Polyurie
- Sehstörungen und
- Gewichtsabnahme

und beeinträchtigt das Allgemeinbefinden und die Leistungsfähigkeit.

Im Falle schwerster Stoffwechseldekompensation, speziell im absoluten Insulinmangel kommt es

- zur Ketoacidose
- zu hyperosmolaren Zuständen
- zu Störungen der Vigilanz
- zur Somnolenz
- bis hin zum Koma und sogar zum Tod

> Sehr oft jedoch sind die spezifischen Symptome und Befunde beim Diabetes weit weniger ausgeprägt, weit weniger offenkundig und deshalb viel schwerer zu erkennen. Dies gilt in besonderem Maße für die Phase des Beginns der Krankheit.

Die Diagnose "Diabetes mellitus" umschreibt darüber hinaus aber einen ganzen Komplex von veränderten Körperzuständen und - meist erhöhten - Stoffwechselparametern, die in zeitlich ganz unterschiedlicher Ausprägung und unterschiedlicher Reihenfolge auftreten können.

Zudem tritt er sehr häufig in Gesellschaft mit drei anderen Krankheiten - der **Adipositas**, der **Dyslipidämie** und der **arteriellen Hypertonie** auf oder folgt ihnen zeitlich nach. Dieser Zusammenhang wird als "**Metabolisches Syndrom**" bezeichnet (☞ Kap. 1.4.4.).

Wie in den folgenden Kapiteln ausführlich dargestellt wird, sind die Schädigungen des Körpers durch die Hyperglycämien unterschiedlicher Höhe und Dauer additiv oder gar kumulativ und können so zu Diabetesfolgen führen, die bei zu später Diagnosestellung der Krankheit bereits vorhanden sind. Retrospektive Untersuchungen haben gezeigt, daß **ohne gezielte Diagnostik eine Verzögerung der Diagnosestellung um 5 bis 10 Jahre** angenommen werden muß.

Bei symptomarmem oder symptomlosem Beginn kann es im späterem Verlauf der Krankheit dennoch zu typischen Veränderungen an den kleinen Gefäßen, Nerven, Augen oder zur Beeinträchtigung der Sexualfunktion kommen.

Ebenso wie bei den Veränderungen an den großen Gefäßen - bevorzugt verursacht durch die anderen Krankheiten des Metabolischen Syndroms - kommt es auch bei Vorhandensein eines manifesten Diabetes mellitus, ja bereits bei **frühen Störungen der Glukosetoleranz,** zu deutlich ausgeprägten Veränderungen, evtl. mit besonders schlechter Prognose. Diese zu erkennen macht eine frühzeitige und möglichst sichere Diagnose als Voraussetzung rechtzeitigen Therapiebeginns besonders notwendig.

Es ist jedoch nicht in erster Linie der Blutzucker, der zur Diagnose führt. Traditionell wird an die Diagnose "Diabetes" aufgrund seiner klassischen Symptome:

- **Durst**
- **Polyurie**
- **spontaner Gewichtsverlust**

- **Neigung zu Infektionen**
- **Hautjucken - bevorzugt im Genitalbereich**

gedacht. Erst dann wird der Arzt aufgesucht, der dann bei exzessiv erhöhtem Blutglukosewert die Diagnose stellt und sie durch wenige weitere Werte bestätigt.

In Kenntnis der Bedeutsamkeit solcher Krankheiten, wie Adipositas, Dyslipidämien und arterieller Hypertonie, die dem Diabetes vorausgehen können, aber auch angesichts der beträchtlichen Häufigkeit mit der diese Krankheiten gemeinsam vorkommen, muß heute häufiger an einen Diabetes gedacht werden, damit die besonders gefährdeten Patienten frühzeitiger einer gezielten Diagnostik zugeführt werden.

2.2. Diagnose des Diabetes

2.2.1. Diagnose des manifesten Diabetes

Die Diagnose des symptomatischen Diabetes mit stark erhöhten Blutglukosewerten (BG), wie sie bei jungen Menschen in Rahmen der Manifestation eines Typ 1-Diabetes auftritt, ist leicht und sicher. Sie bedarf kaum einer Bestätigung durch wiederholte Untersuchungen, da die Hyperglykämie gut und reproduzierbar nachzuweisen ist.

Gelegenheitsblutglukose und Symptome

Als **diagnostisch sicher für einen manifesten Diabetes** sind bei typischer Symptomatik **Blutglukosewerte > 200 mg/dl (>11.1 mmol/l)** anzusehen, sofern eine exogene Glukosezufuhr oder andere Gründe für eine Hyperglykämie die klare Aussagekraft dieses Grenzwertes nicht in Zweifel ziehen lassen.

Wesentlich mehr diagnostischer Aufwand ist jedoch erforderlich, wenn Symptome fehlen. In diesem Stadium der Krankheit sind Einflüsse der Nahrungsaufnahme bzw. des Hungers, der Körperaktivität und der Tagesrhythmik wirksam und können die aktuellen Blutglukosewerte schwer kalkulierbar beeinflussen.

Auf der Suche nach gesicherten Grenzwerten für die Blutglukose müssen deshalb Werte unter Einfluß der Nahrungsaufnahme, nach Gabe definierter Mengen Glukose, oder ganz allgemein Werte unter allgemeiner Alltagsbelastung, zu beliebiger Zeit am Tage, sogenannte Gelegenheits-Blutzuckerwerte, von Nüchternwerten unterschieden werden.

Postprandialwerte - Werte unter Belastung

Ein
- **Blutglukosewert von >200mg/dl (>11,1 mmol/l** 2 Stunden nach oraler Gabe von Glukose im oralen Glukose-Toleranztest (OGTT)
- gemessen im kapillären Vollblut

gilt als diagnostisches Kriterium für einen manifesten Diabetes.

Dieser Grenzwert ist auf der Datenbasis einer großen Zahl von Untersuchungen gefunden worden, die zeigen konnten, daß jenseits dieses Wertes die Prävalenz der Mikroangiopathie, die heute als charakteristisch für den Diabetes angesehen wird, dramatisch ansteigt (☞ Abb. 2.1).

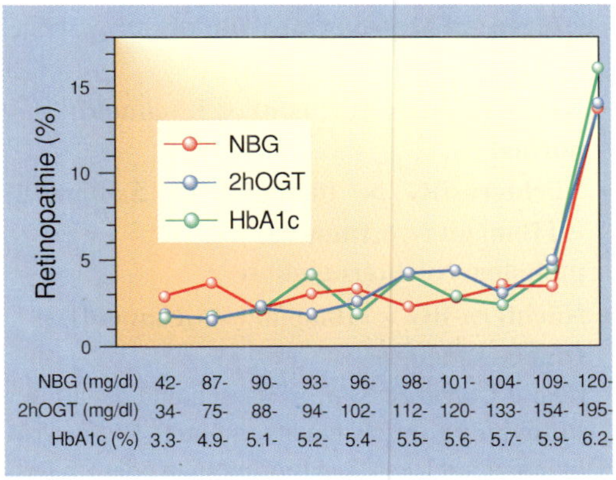

Abb. 2.1: Auftreten einer Retinopathie bei Überschreiten von Schwellenwerten der Nüchternglukose (NBG), des 2 Stunden-Wertes in OGT und des HbA1c (17).

Nüchternblutglukose (NBG)

Alle Blutglukosewerte nach Belastung mit Testglukose oder durch Nahrungsaufnahme unterliegen einer Vielzahl unzureichend vorhersagbarer Einflüsse, so daß der Wunsch nach besser reproduzierbaren Untersuchungsbedingungen wuchs. Deshalb wurde die Aussagekraft der Bestimmung der Blutglukose unter Basalbedingungen, morgens nüchtern, nach mindestens 8 Stunden nächtlichem Fasten untersucht. Für Pima-Indianer, Ägypter und US-Amerikaner zeigte sich übereinstimmend, daß bei **Nüchtern-Plasma-Glukosewerten von >126 mg/dl (7 mmol/l) die Prävalenz der Mikroangiopathien deutlich ansteigt**, ebenso wie 2 Stunden nach Glukosegabe im OGTT. **Dieser Grenzwert entspricht einem Nüchtern-Vollblut-Glukosewert von >110 mg/dl (6,1 mmol/l)**.

> Insofern stellt die Bestimmung der NBG einen einfach zu ermittelnden und kostengünstigeren Parameter mit vergleichbarer Aussagekraft dar und ist für die Untersuchung großer Kollektive z.B. in Entwicklungsländern besonders geeignet.

In Europa werden Messungen der Blutglukose im Vollblut durchgeführt. Hieraus ergeben sich unterschiedliche Grenzwerte im Vergleich zu den US-amerikanischen Werten (☞ Kap. 2.8.).

Als **Kriterien zur Diagnose des manifesten Diabetes mellitus** werden deshalb vom *Expert Committee der American Diabetes Association* (ADA) - **bezogen auf Messung im Vollblut** - vorgeschlagen:

- **Nüchtern-BG < 100mg/dl (< 5,5mmol/l) → normal**
- **Nüchtern-BG > 100mg/dl (> 5,5mmol/l) < 110mg/dl (< 6,1mmol/l) → patholog. Nüchternglukose**
- **Nüchtern-BG > 110mg/dl (> 6,1mmol/l) → Diabetes mellitus**
  (Diese Diagnose ist provisorisch und bedarf der Bestätigung durch einen erhöhten Wert postprandial mit typischen Symptomen oder im oralen Glukosetoleranztest)

Oraler Glukosetoleranztest (OGTT)

Bei Verwendung des OGTT zur Diagnose des Diabetes gelten folgende Kriterien:

- BG 2 Std. nach Glukosegabe < 140mg/dl → normal
- BG 2 Std. nach Glukosegabe > 140 u. < 200 mg/dl → path. OGTT
- BG 2 Std. nach Glukosegabe > 200mg/dl → Diabetes
  (Diese Diagnose ist provisorisch und bedarf der Bestätigung durch einen erhöhten Wert postprandial mit Symptomen, oder durch erhöhte NBG)

Belastet wird üblicherweise mit 75 g Glukose. Das diagnostische Vorgehen ist in Abb. 2.2 dargestellt.

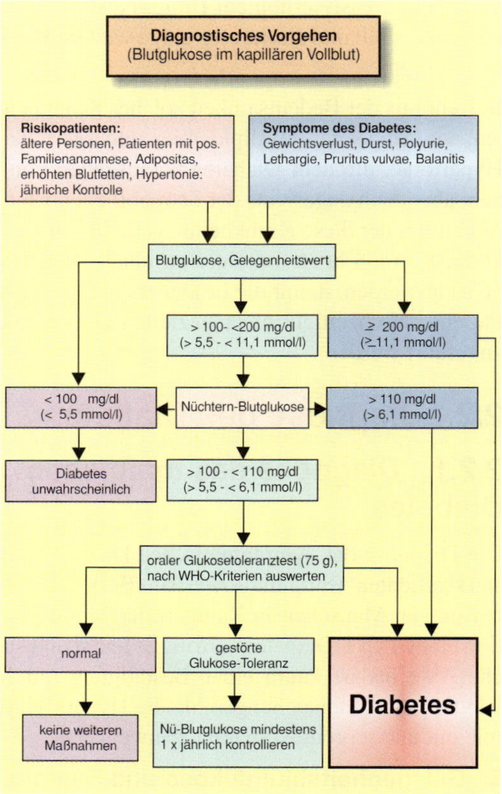

Abb. 2.2: Diabetes mellitus - diagnostisches Vorgehen.

Hier wurden die in Europa gebräuchlichen Werte für kapilläres Vollblut berücksichtigt. Eine Übersicht über die Werte bezogen auf venöses Blut und Plasma ist in Tab. 2.1 gegeben (☞ Kap. 2.8.).

2.2.2. Diagnose der pathologischen Glukosetoleranz und der pathologischen Nüchternglukose

Gestörte Gukosehomöostase

Zwischen dem manifesten Diabetes, charakterisiert durch das Vorhandensein von typischen Symptomen und klar erhöhten Blutglukose-Werten einerseits und sicher normalen Werten andererseits findet sich eine diagnostische Grauzone mit schon gestörter Glukosehomöostase.

Diagnose	Zeitpunkt der Blutentnahme	Vollblut		Plasma
		venös	kapillär	venös
Diabetes mellitus manifest	2 Std. nach oraler Glukose oder *postprandial* oder Gelegenheitswert	> 180 (> 10,0)	> 200 (> 11,1)	> 200 (> 11,1)
	Nüchternglukose	> 110 (> 6,1)	> 110 (> 6,1)	> 126 (> 7,0)
Bereich der pathologischen Glukosetoleranz	2 Std. nach oraler Glukose	> 120...< 180 (> 6,7...< 10,0)	> 140...< 200 (> 7,8...< 11,1)	> 140...< 200 (> 7,8...< 11,1)
	nüchtern	> 110 (> 6,1)	> 110 (> 6,1)	> 126 (> 7,0)
Bereich der pathologischen Glukosehomöostase	Nüchternglukose	> 100...< 110 (> 5,5...< 6,1)	> 100...< 110 (> 5,5...< 6,1)	> 110...< 126 (> 6,1...< 7,0)
Diabetes mellitus unwahrscheinlich	Nüchternglukose	< 100 (< 5,5)	< 100 (< 5,5)	< 110 (< 6,1)

Tab. 2.1: Richtwerte zur Diagnostik in mg/dl (mmol/l).

Pathologische Glukosetoleranz

Zur Erkennung dieses Übergangsstadiums zwischen uneingeschränkter Fähigkeit auf die Nahrungsaufnahme, speziell auf Glukose zeitgerecht und angemessen zu reagieren und einer schweren Störung, die keine geregelte Glukoseassimilation zuläßt, wurde die orale Glukosebelastung eingeführt. Dies geschah unter der Vorstellung, daß unter Belastung mit Glukose frühe Abweichungen von der Norm deutlicher zutage treten und vom Normalbereich besser zu unterscheiden sind als im nüchternen Zustand.

> International hat sich heute der 75g-OGTT eingebürgert.

Aus zwei Gründen ist die pathologische Glukosetoleranz nicht als sicheres Vorstadium des Diabetes anzusehen:

- Zum einen geht sie nicht in allen Fällen, **maximal bei 50 %**, im späteren Verlauf in einen **manifesten Diabetes** über. Dieser Zustand stellt also kein sicheres prädiabetisches Stadium dar
- Zum anderen konnte der Nachweis eines vermehrten Auftretens spezifischer Diabetesfolgen wie Mikroangiopathie und Neuropathie unter einem pathologischen OGTT bisher nicht sicher erbracht werden

> Dennoch handelt es sich um einen pathologischen Zustand. Wenn eine pathologische Glukosetoleranz vorliegt, finden sich gehäuft Makroangiopathien wie sie in besonderer Weise mit den anderen Krankheiten beobachtet werden, die unter der Bezeichnung *Metabolisches Syndrom* besprochen werden.

Pathologische Nüchternglukose

Beim Vergleich des Vorhersagewertes der verschiedenen Meßpunkte nach Glukosegabe mit dem Nüchternwert zeigte sich in ganz verschiedenen Untersuchungen, daß die Nüchtern-Blutglukose (NBG) der Bestimmung 2 Stunden nach Glukosegabe (2 h p c) auch in der Abgrenzung gegenüber der Norm gleichwertig ist.

> Die **Pathologische Glukosebelastung** und die **Pathologische Nüchtern-Blutglukose** beschreiben nicht eigenständige Krankheitszustände. Sie sind **Risikofaktoren für einen zukünftigen Diabetes**, aber auch für die **Makroangiopathie**, speziell für die **koronare Herzkrankheit**.

Wie 1999 durch die DECODE-study group gezeigt wurde, sind die Personengruppen, bei denen eine IGT oder eine IFG aufgedeckt wurde, nicht identisch und stimmen auch hinsichtlich der sie begleitenden Stoffwechselparameter nicht völlig überein.

Die Untersuchungen beschreiben also bei einer Zahl von Personen verschiedenartige Stoffwechselstörungen.

Wie Kapitel 2.2.1. zeigt können zur Diagnose und zur Abgrenzung zwischen normaler Glukoseregulation und manifestem Diabetes, folgende Blutglukose-Bestimmungen herangezogen werden:

- Blutglukose-Werte zu beliebiger Tageszeit entnommen (sogenannte Gelegenheits-Werte, englisch: "casual" bzw. "random")
- Werte im OGTT (üblicherweise 2 Stunden nach 75 g Glukose)
- Nüchternwerte (nach mindestens 8 Stunden Nahrungskarrenz)

Um hier zu brauchbaren Trennkriterien zu kommen, wurden die Vorschläge des *Experten-Komitees zur Diagnose und Klassifikation des Diabetes mellitus (1997)* der ADA (American Diabetes Association) in einer Arbeitsgruppe der WHO (1998) weiterentwickelt und neue Kriterien erarbeitet.

In der Tabelle 2.1 wird bei der Angabe der Grenzwerte berücksichtigt, daß in Europa auf Vollblut, speziell kapillär entnommen, in den USA dagegen auf venöses Plasma bezogen wird.

2.3. Diagnostik der Diabetestypen

Während der Typ 2-Diabetes meist symptomlos und schleichend beginnt und deshalb oft lange übersehen, häufig zu spät diagnostiziert und meist in seiner Bedeutung unterschätzt wird, wird dem selteneren Typ 1-Diabetes vor allem wegen seiner deutlicheren Symptomatik, aber auch wegen seines bevorzugten Auftretens im jüngeren Lebensalter frühzeitig größere Aufmerksamkeit geschenkt.

Die Diagnostik des Diabetes fußt auf der Erkennung der Symptome, auf den sich daraus ergebenden Blutzucker Untersuchungen und auf oftmals beiläufigen Untersuchungen des Blutzuckers oder des Urinzuckers im Rahmen von Gesundheitsuntersuchungen oder Screening-Tests in Risikogruppen.

2.3.1. Diagnostik des Typ 1-Diabetes

Denkt ein Arzt an den Typ 1-Diabetes, so steht ihm gewöhnlich ein **jüngerer Mensch von asthenischem Körperbau** vor Augen. Doch hat sich gezeigt, daß prinzipiell jeder, unabhängig von Habitus und Alter an Diabetes mellitus erkranken kann. Dennoch sind Präferenzen der Manifestation beim schlanken Körperbau und im ersten Lebensdrittel zu erkennen.

Bei unentdecktem, unbehandeltem Typ 1-Diabetes sind die Symptome deutlich, gelegentlich dramatisch. So wird bei Vorliegen von Symptomen auch von aufmerksamen Laien immer häufiger der Verdacht auf Diabetes gestellt und der Patient einer gezielten Diagnostik zugeführt.

Die **Symptome**

- Polyurie
- Polydipsie
- trockene Haut
- Exsikkose
- Gewichtsabnahme
- Abgeschlagenheit und allgemeine Leistungseinbuße
- Beeinträchtigung der sexuellen Leistungsfähigkeit
- Hautjucken, speziell im Genitalbereich
- Infektionen
- Sehstörungen, Veränderungen der Refraktion
- in schwersten Fällen
  - Müdigkeit
  - Somnolenz
  - Koma
  - Tod

Hier gilt es, die Symptome frühzeitig zu erkennen und dabei an Diabetes zu denken mit dem Ziel einer rechtzeitigen Therapie.

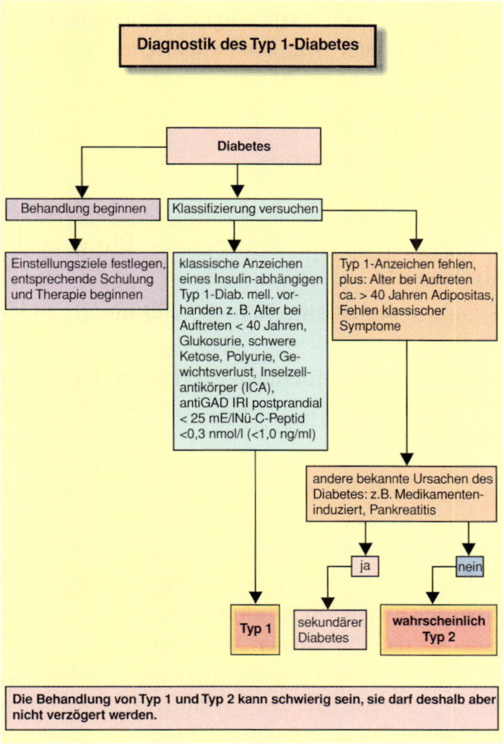

Abb. 2.3: Diagnostisches Vorgehen bei Typ 1-Diabetes mellitus

Durch die Bemühungen von Ärzten, Betroffenen, Fachgesellschaften und Stiftungen, verstärkt durch eine wachsende Beachtung durch die Medien, ist die Aufmerksamkeit für diese Krankheit in der Bevölkerung inzwischen steigend.

Untersuchungen

Hier werden die in Tab. 2.1 aufgeführten diagnostischen Grenzwerte:

- Blutglukose zu beliebiger Zeit bestimmt > 200mg/dl (> 11,1 mmol/l)
- Blutglukose nüchtern > 110 mg/dl (> 6,1 mmol/l)

bei weitem übertroffen.

Polydipsie - Polyurie

Verursacht durch die ausgeprägte Hyperglykämie kommt es zum Ansteigen der Osmolarität im Blut, mit der Folge gesteigerter Harnflut und entsprechenden Durstes. Jüngere, Gesunde reagieren hierauf mit einer **Steigerung der Trinkmenge**. Deshalb sollte im Rahmen der Diagnostik **besonders auf eine Polyurie mit Harnmengen von > 2,5 l** geachtet werden.

Infolge der Hyperglykämie findet sich fast immer eine wesentliche Glukosurie. Deshalb ist die **Untersuchung des Harns auf Glukose obligatorisch**.

Im Falle einer Stoffwechseldekompensation durch den Insulinmangel kommt er zur Ketonämie, Azetonurie, und zur Abgabe von Azeton über die Atemluft, so daß die Untersuchung des **Azetons im Harn** mittels Teststreifen und gegebenenfalls auch der Ketonkörper im Blut

- Azetazetat
- Beta-Hydroxy-Butyrat und
- Azeton

erforderlich ist.

Um die häufige **Azidose** in ihrem Ausmaß **einschätzen** zu können, sollte darüber hinaus eine **Blutgasanalyse** erfolgen.

Wegen der Veränderungen der Elektrolyte und insbesondere als Ausgangswerte für spätere Verlaufskontrollen unter der Therapie ist die **Bestimmung von Kalium und Natrium im Blut** erforderlich.

Nicht immer ist der Typ 1-Diabetes zum Zeitpunkt der Diagnosestellung sehr stark ausgeprägt oder ketoazidotisch entgleist. In solchen Fällen ist die Festlegung des Typs schwierig, besonders aber wenn der typische asthenische Habitus fehlt, nach dem ihn *Bouchardat* im 19. Jahrhundert *diabète maigre* benannt hat, oder wenn er in höherem Lebensalter auftritt, so daß auf ihn auch die ältere Bezeichnung *Juveniler Diabetes mellitus* nicht zutrifft.

Wie im Kapitel 5. (Therapie) besprochen wird, ist die Festlegung des Typs jedoch hilfreich für die Festlegung des therapeutischen Vorgehens. In den vergangenen Jahren wurden **Tests für Antikörper** entwickelt **(ICA, anti-GAD, IAA, IA-2),** die bei der Erkennung des Diabetestyps eine Rolle spielen (☞ Kapitel 1.3.5.)**.** Sie sind für diesen Typ charakteristisch und erlauben damit die Früherkennung (☞ Kapitel 2.4.1.)..

Die Indikation zur Insulin-Therapie ergibt sich immer aus den Erfordernissen der aktuellen Stoffwechselsituation. Bei schwerer Dekompensation ist die Insulin-Therapie unabhängig vom Diabetestyp unstreitig. Bei weniger dramatischem Verlauf sind die Kürze der Entwicklung der Diabetessymptome, das Alter, die Änderung des Körpergewichts und die Familienanamnese wichtige Hinweise für die Entscheidung zur Insulinbehandlung.

Hier kann der **Nachweis des Insulinmangels** helfen, andere frustrane Therapieversuche abzukürzen oder zu vermeiden (☞ Abb. 2.3).

2.3.2. Diagnostik des Typ 2-Diabetes

Anfangs verläuft der **Typ 2-Diabetes über weite Strecken symptomlos**. Hinweise zur Diagnose erhält man auf Grund des Erscheinungsbildes der Patienten. Im Unterschied zum Typ 1-Diabetiker sind **mehr als 80 % von ihnen lange Zeit vor der Diagnosestellung übergewichtig**. Deshalb fand *Bouchardat* hierfür im 19. Jahrhundert den Namen *diabète gras*. Da der Häufigkeitsgipfel der Manifestation dieses Typs am Anfang des 3. Lebensdrittels liegt, wurde er verharmlosend auch als *Altersdiabetes* bezeichnet, oder im Gegensatz zum Juvenilen Diabetes als *Erwachsenendiabetes*.

Krankheitskonstellation bei Typ 2-Diabetes zum Zeitpunkt der Erkennung

- Abwesenheit typischer Diabetessymptome
- Typ 2-Diabetes in der Familie
- Adipositas (Stammfettsucht)
- arterielle Hypertonie
- Dyslipidämie
- Makroangiopathie an Herz, Gehirn und großen arteriellen Gefäßen
- Zugehörigkeit zu einer mit hohem Diabetesrisiko belasteten ethnischen Gruppe (z.B. Pima-Indianer)

Gerade weil hier keine Symptome auf die Krankheit aufmerksam machen, kommt es in besonderer Weise darauf an, gezielt zu untersuchen.

An Diabetes denken! Das hat zur Voraussetzung, daß zuerst einmal die Frage nach einem Diabetes gestellt wird.

Da die Betroffenen wegen des fehlenden Leidensdrucks nicht gezielt zum Arzt gehen ist es wichtig, daß eine typische Risikokonstellation und die Bedeutung des Diabetes als persönliches Schicksal, aber auch als Volkskrankheit in der Allgemeinheit bekannt ist und entsprechend ernst genommen wird. Erst dann geht der Patient eher zum Arzt, wird gezielt untersucht und kann einer konsequenten Therapie zugeführt werden.

Untersuchungen

Auch beim Typ 2-Diabetes wird die Diagnose bei Überschreiten der festgelegten **Blutglukose-Grenzwerte**

- **Gelegenheits-Blutglukose >200 mg/dl (>11,1 mmol/l)**
- **Blutglukose nüchtern >110 mg/dl (>6.1 mmol/l)**

gestellt.

Wegen des blanden Verlaufs, der häufig weniger hohen und weniger schwankenden Blutglukosewerte ist **die Glukosurie nicht so konstant nachweisbar wie beim Typ 1-Diabetes.** Auch kann die **Nierenschwelle für Glukose im Alter höher liegen**, so daß ihr in der Diagnostik des Typ 2-Diabetes nicht der gleiche Stellenwert zukommt. Wohl aber hat sie bei den Therapiekontrollen einen wichtigen Platz.

Beim Typ 2-Diabetes ist ein absoluter Insulinmangel und damit **das Auftreten einer Ketose eine seltene Ausnahme**. Deshalb kommt eine Ketose und der Nachweis von Azeton im Urin und in der Atemluft, von Hungerzuständen abgesehen, nur ausnahmsweise vor.

Demgegenüber kann der Typ 2-Diabetes wegen seines oft schleichenden Beginns und wegen einer im fortgeschrittenen Lebensalter deutlicheren Unempfindlichkeit für die Symptome Polyurie und Gewichtsabnahme, lange Zeit übersehen werden. Dies führt dann bei hoher Glukosekonzentrationen im Blut zur **Exsikkose** und zu **Elektrolytverschiebungen**, mit Hyperosmolarität, zur hyperosmolaren Dehydratation, im Extremfall zum hyperosmolaren Koma (☞ auch Kapitel 7.2.2.).

Führendes Symptom ist hier die **Somnolenz**. Zur Diagnosesicherung ist die Untersuchung der Serum-Osmolalität angezeigt.

Normalbereich der Serum-Osmolalität: 290 - 300 mosm/l

Steht kein Osmometer zur Verfügung kann die Osmolalität nach einer Formel errechnet werden (☞ Kapitel 7.).

2.3.3. Diagnostik anderer spezifischer Diabetes-Typen

Neben den "klassischen" Diabetes-Typen zeigen sich mit anderen Krankheits-Syndromen oder mit spezieller Behandlung assoziierte Hyperglykämien, die einer Diagnostik, oft durch den Spezialisten, bedürfen.

Diese Typen sind in **Kapitel 1 in Tabelle 1.1** zusammengefaßt. Sie können in zwei Gruppen unterschieden werden:

- Gruppe 1: Das klinische Bild des Diabetes anderer Ätiologie
- Gruppe 2:Krankheiten bei denen ein Diabetes oder eine pathologische Glukosetoleranz bzw eine erhöhte Nüchtern-Blutglukose gehäuft, jedoch nicht obligatorisch vorkommen

Gruppe1: Das klinische Bild des Diabetes anderer Ätiologie

➤ *Genetische Defekte der B-Zellfunktion*

Im ersten Fall stellt sich das Bild eines "normalen" Diabetes dar, der sich bei näherer Analyse als durch andere ätiologische Faktoren verursacht erweist. Das typische Beispiel hierfür ist der **MODY (Maturity Onset Diabetes of the Young)**, der klinisch nicht vom Typ 2-Diabetes zu unterscheiden ist, bei dem aber eine eindrucksvolle familiäre Häufung auffällt.

Die Diagnose wird durch den gentechnologischen Nachweis von 4 Subtypen mit Chromosomenanomalien bzw. Defekten der mitochondrialen DNA gestellt (☞ Kap. 1.5.1.).

Die klinischen Diagnostik entspricht der beim "klassischen" Typ 2-Diabetes, muß jedoch oftmals wegen des jugendlichen Manifestationsalters des MODY um Untersuchungen zum Ausschluß eines Typ 1-Diabetes erweitert werden. Zur genaueren Einschätzung der B-Zellfunktion sind hier Untersuchungen der Insulinspiegel nüchtern und unter Belastung, oder, sofern bereits mit Insulin behandelt wird, des *C-Peptids*, notwendig.

➤ *Genetische Defekte der Insulinwirkung*

Hier handelt es sich um Rezeptordefekte mit der Folge einer Insulinresistenz. Diese Krankheiten präsentieren sich als Diabetes mit zusätzlichen Symptomen und bedürfen zur Symptomatischen Behandlung der konventionellen Diagnostik, ergänzt durch spezielle Untersuchungen, wie z.B. die des Fettstoffwechsels beim Lipatrophischen Diabetes oder beim Werner Syndrom.

Eine *Indikation zur Chromosomenanalyse* bei der Gruppe 1 ergibt sich nicht in erster Linie aus Gründen einer spezifischen Diabetesbehandlung des betroffenen Patienten, sondern um das Krankheitsrisiko für Blutsverwandte einschätzen zu können. Solche Kenntnis könnte diesen dann Anhalt für präventives Verhalten in der allgemeinen Lebensführung bieten.

Gruppe 2: Nicht obligatorisch von einem Diabetes begleitete Krankheiten

Im zweiten Fall finden sich offenkundig von den klassischen Diabetestypen unabhängige Krankheiten mit Störungen im Kohlenhydratstoffwechsel, die einem Diabetes mellitus ähneln oder gleichkommen können. In den meisten dieser Fälle ist ein Diabetes keinesfalls obligatorisch, allenfalls liegt eine gestörte Kohlenhydrattoleranz vor.

Bei einer großen Zahl von Krankheiten, z.B. den **Erkrankungen des exokrinen Pankreas**, **Endokrinopathien** mit Einfluß auf die Glukosehomöostase, **speziellen Infekten**, wie connatalen Röteln oder Cytomegalie und Mumps kommt es unterschiedlich häufig zum Diabetes oder zu hyperglykämischen Zuständen die mit erfolgreicher Behandlung dieser Krankheiten wieder verschwinden.

Die Diagnostik sollte sich hier, von wissenschaftlichen Fragestellungen abgesehen, in erster Linie auf die Erfassung der Stoffwechselstörung, Untersuchungen zur Einschätzung der Therapienotwendigkeit und später auf eventuelle Therapiekontrollen beschränken. Hierzu dienen Bestimmungen wie sie auch beim Diabetes mellitus angezeigt sind, gegebenenfalls unter Berücksichtigung besonderer Gegebenheiten bei der Grundkrankheit

Hier sollte stets an die Möglichkeit des Auftretens eines Diabetes gedacht werden, damit dann rechtzeitig symptomatisch behandelt wird.

Andere genetische Syndrome

Andere genetische Syndrome die gelegentlich mit Diabetes vergesellschaftet sind beeindrucken den Untersucher meist durch ihr klinisches Bild. Auch in diesen Fällen besteht die wichtigste diagnostische Leistung darin an die Möglichkeit eines diese begleitenden Diabetes zu denken und rechtzeitig gezielte Blutglukose-Untersuchungen einzuleiten.

Da alle diese Krankheiten ihr eigenes Risikoprofil haben und da es für die verschiedenen Krankheiten kaum bekannt ist, in welchem Ausmaß ein Diabetes zusätzlich schädigt, sollten sich die Kriterien für den Umfang von Diagnostik und Therapie an der Prognose der Grundkrankheit orientieren.

2.3.4. Diagnostik des Gestationsdiabetes

Unter dem Begriff Gestationsdiabetes sind drei verschiedene Krankheitsentitäten zusammengefaßt:

- der **Typ 1-Diabetes**, der unter dem Einfluß der eingetretenen Schwangerschaft vorzeitig die Schwelle der Manifestation überschreitet und dann lebenslang fortbesteht
- die **Schwangerschafts-Hyperglykämie**, die auf einem **vorzeitig manifesten Typ 2-Diabetes** beruht und nach Beendigung der Schwangerschaft fortbesteht oder später zum Typ 2-Diabetes führt
- eine in ihrem Pathomechanismus letztlich nicht geklärte **Störung der Glukosetoleranz** mit erhöhten nüchtern- oder der postprandialen Blutglukose-Werten, die nach Beendigung der Schwangerschaft reversibel sind

Da eine große Zahl von Studien gezeigt haben, daß in jedem Fall ein Risiko für das Kind besteht, wird bis heute auf eine Differenzierung aus pragmatischen Gründen verzichtet. Hier ist die rechtzeitige Diagnose und Erfassung der Risiken für die Schwangere zu erkranken wichtig.

Erfassung der Risiken

- höheres Alter in der Schwangerschaft
- Adipositas
- Störungen der Glukosetoleranz in der Vorgeschichte
- erhöhte Blutglukosewerte: nüchtern oder postprandial in der Vorgeschichte
- Babys mit zu hohem Geburtsgewicht
- Frauen aus ethnischen Gruppen mit hohem Diabetesrisiko
- Schwangere mit hohen BG-Werten: nüchtern oder postprandial

Wird bei diesen Risikogruppen durch Untersuchung von Nüchtern- und Postprandialwerten der Blutglukose keine Störung aufgedeckt, sollte bei **Erfüllung folgender Kriterien ein OGTT durchgeführt werden:**

- Schwangerschaft bei Frauen > 25 Jahre
- Übergewicht zu Beginn der Schwangerschaft
  - > 120 % Idealgewicht (n.Broca) oder
  - Körpergewichtsindex (BMI) > 27 kg/m^2
- Diabetes bei Verwandten 1.Grades
- Entbindung von einem Kind mit einem Geburtsgewicht > 4500g
- 2 Totgeburten
- Gestationsdiabetes in einer vorangegangenen Schwangerschaft
- Arterielle Hypertonie: RR >145/>85 mmHg
- Dyslipoproteinämien: HDL-Chol. <35 mg/dl (<0,9 mmol/l)
- Triglyceride >250 mg/dl (>2.82 mmol/l)
- gestörte Glukose-Homöostase in der Vorgeschichte

In Tab. 2.2 sind zwei Untersuchungsverfahren dargestellt.

Kriterien für Screening (GCT) und Diagnose (OGTT) des GDM 24.-28. Gestationswoche		
venöse Plasmaglukose	50 g Screening-Test	75 g OGTT*
mg/dl (mmol/l) nüchtern	(GCT) -	(DDG) ≥ 105 mg/dl ≥ 5,8 mmol/l)
nach 1 h	≥ 140 mg/dl (≥ 7 8 mmol/l)	≥ 190 mg/dl (≥ 10,6 mmol/l)
nach 2 h	-	≥ 160 mg/dl (≥ 8,9 mmol/l
* bei ≥ 2 pathologischen Werten DDG: Deutsche Diabetes-Gesellschaft; GCT:Glukose Challenge Test.		

Tab. 2.2: Kriterien für Screening und Diagnose des GDM 24.-28. Gestationswoche (entnommen aus: Gestationsdiabetes, Diabetes und Stoffwechsel 7(1998) 197-203).

Unter der Annahme, daß bei postprandialen Blutglukoseerhöhungen der Mutter ab 160 mg/dl im

Vollblut bereits ein erhöhtes Risiko für den Feten vorliegt, wurden unter Führung von Weiß (Graz) noch schärfere Kriterien aufgestellt. Dabei gilt ein Nüchternblutglukosewert > 90 mg/dl und ein 60 Min.-Wert nach 75 g Glukosegabe von > 160 mg/dl bereits als behandlungsbedürftig.

Diese schärferen Kriterien werden z.Z. noch in mehreren großen Studien evaluiert.

Die Untersuchung sollte bei entsprechendem Verdacht vor oder zu Beginn der Schwangerschaft erfolgen, wenn erhöhte Blutglukosekonzentrationen gemessen werden, auf jeden Fall aber in der 24. - 28. SSW. Sie soll wie folgt vorbereitet werden:

Durchführung des OGTT

- 3 Tage zuvor "normale" Kost, keine Restriktion von Kohlenhydraten
- keine diabetogenen Medikamente, kein bestehender Infekt
- 8-14 Stunden zuvor nüchtern bleiben

Therapiekontrollen

Ist die Diagnose **Gestationsdiabetes** gestellt, sollen für die Therapie folgende Blutglukose-Zielwerte angestrebt werden:

- Blutglukose nüchtern: 65 - 90 mg/dl (3,6 - 5,0 mmol/l)
- Blutglukose 1 h postprandial: 90 - 120 mg/dl (5,0 - 7,8 mmol/l)
- HbA1/HbA1c: <7,5 %/<6,0 % (im Normbereich)

2.4. Die Diabetesstadien: Erkennung, Diagnostik und Therapiekontrolle

2.4.1. Die Stadien des Typ 1-Diabetes

Die Pathogenese des Typ 1-Diabetes ist heute recht gut bekannt. Durch den möglichen Nachweis krankheitsspezifischer Antikörper wird der Schädigungsprozeß der Betazellen nachweisbar und erlaubt mit einiger Sicherheit die Erkennung der Krankheit vor der Manifestation.

Hierdurch ist dieser Typ auch dann identifizierbar, wenn er erst im fortgeschrittenen Lebensalter manifest wird. Dadurch hat die Bezeichnung: **LADA** (**L**atent **A**utoimmune **D**iabetes of the **A**dult), die eine gesonderte Krankheitseinheit bei auffallend spät manifestem, von Anfang an insulinbedürftigem Diabetes, bei Personen mit asthenischem Habitus kennzeichnen sollte, an Berechtigung verloren.

Dennoch ist es wichtig auch bei Diabetesmanifestation im fortgeschrittenem Lebensalter an die Möglichkeit, daß es sich dabei um einen Typ 1-Diabetes handeln könnte zu denken.

2.4.1.1. Erkennung des Typ 1-Diabetes im Vorstadium der Manifestation - der Prädiabetes

Nachweis von Insel-Zell-Antikörpern (ICA)

Der die B-Zellen das Pankreas schädigende **Autoimmunprozeß** ist von Anfang an begleitet von der **Nachweisbarkeit von ICA**, die sich erst im späteren Verlauf, gleichsam bei vollständigem Verlust der B-Zellen verlieren. Dieser Umstand erlaubt den Diabetes bereits in einem sehr frühen Stadium als Typ 1-Diabetes zu identifizieren, in dem noch keine Leistungseinbußen bei der Insulin-Freisetzung erkennbar sind. So erlaubt der Nachweis der ICA die Diagnose des Typ 1-Diabetes vor der Manifestation.

Wie lange der Autoimmunprozeß dauert bis er zum klinisch relevanten B-Zell-Defekt und damit zur Manifestation des Diabetes führt, ist noch nicht abschließend geklärt. Hier zeigen erste prospektive Studien, daß diese Zeitspanne sehr lange dauern kann. Ob es dann in allen Fällen zur Manifestation kommt ist noch offen. Dies hieße dann allerdings, daß der Nachweis von ICA nicht obligatorisch als frühes Stadium des Typ 1-Diabetes, also als Prädiabetes zu werten ist, sondern eher als Risikoindikator eines möglichen - oder wahrscheinlichen - späteren Auftretens gelten müßte.

Wegen der **mit zunehmendem Manifestationsalter abnehmenden Häufigkeit des Nachweises von ICA** nimmt die Trennschärfe dieses Parameters zur Abgrenzung von einem früh manifesten Typ 2-Diabetes, besonders aber vom Gestationsdiabetes mit dem Alter ab. Finden sich bei diabetischen Kindern in >80 % der Fälle ICA, so gelingt der Nachweis beim Dreißigjährigen mit frisch manifestem Diabetes unter dem klinischen Bilde des Typ 1 nur in 30 %. Dennoch finden sich auch in höherem Alter unter dem Bilde des Typ 1 manifeste Patienten, bei denen dieser Marker nachweisbar ist.

Nachweis von anti-GAD

In den vergangenen Jahren hat sich eine weitere Nachweismethode zur Erkennung möglicher, oder wahrscheinlicher Manifestation des Typ 1-Diabetes etabliert. Es konnte gezeigt werden, daß **Antikörper gegen Glutaminsäure-Decarboxylase** (anti-GAD) bereits bis zu 10 Jahre vor der Manifestation gefunden werden. Die bisher vorliegenden Studien erlauben die Annahme, daß sich dieser Parameter auch in fortgeschrittenem Manifestationsalter mit gleicher Wahrscheinlichkeit, wie bei Kindern und Jugendlichen finden läßt. Dies macht ihn dann für die Diagnostik bei Erwachsenen besser geeignet als die ICA.

Zudem ist die Bestimmung von ICA aus methodischen Gründen großen Zentren vorbehalten und das Ergebnis ist qualitativ, wogegen die Bestimmung des anti-GAD quantitativ erfolgt und inzwischen in einem Testbesteck (Kit) kommerziell erhältlich ist.

> Der Normbereich für anti-GAD ist <32 ng/ml, die untere Nachweisgrenze liegt derzeit bei 20 ng/ml.

Auf dem Autoantibody Assay Workshop der IDF (International Diabetes Federation) (1995) wurde für anti-GAD eine Sensitivität von 69 % und eine Spezifität von 98 % ermittelt.

Die Untersuchung der Insulin-Auto-Antikörper (IAA) und der IA-2 (☞ Kapitel 1.3.4) steht für die klinische Diagnostik derzeit noch nicht zur Verfügung. Es gibt jedoch Anlaß zur Hoffnung, daß auch diese Parameter die exakte Frühdiagnostik bald bereichern werden.

Die Untersuchung früher Sekretionsstörungen des Insulins

Eine sichere Störung der Glukoseregulation zeigt sich definitionsgemäß beim manifesten Diabetes. Auch das reproduzierbare Übersteigen der Normalwerte für Blutglukose - Nüchternwerte, bzw. für den Normalwert 2 Stunden nach oraler Glukosegabe ist allein durch die Messung der Glukose unter definierten Bedingungen festzustellen. (☞ Tab. 2.1)

Der Typ 1 ist jedoch durch Insulinmangel charakterisiert. Während die Manifestation erst bei einem Verlust von etwa 90 % der Kapazität der B-Zellen eintritt, sind geringere Einbußen durchaus schon früher einer systematischen Diagnostik zugänglich. Hier hat sich der iv.Glukose-Toleranztest als aussagekräftig erwiesen (☞ Abb. 2.4).

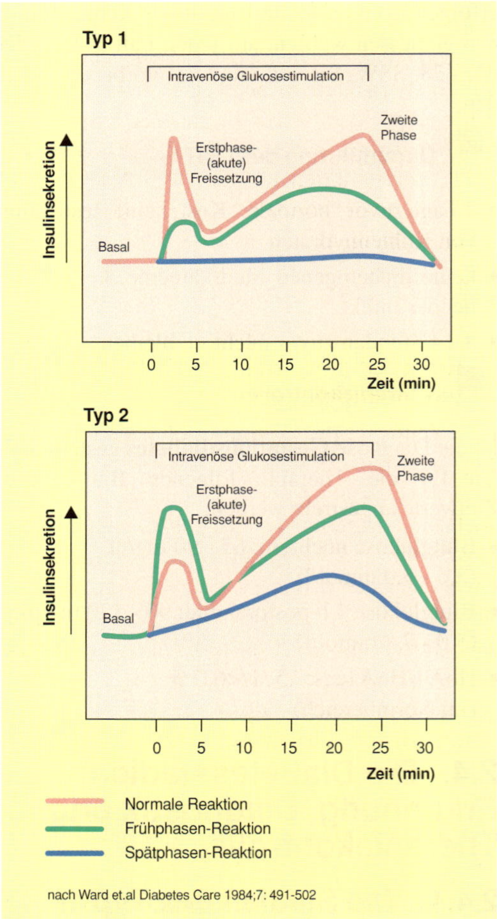

Abb. 2.4: i.v.-Glukosetoleranztest zur Erkennung früher Stadien einer Störung der Insulinsekretion. Gegeben werden 0,5 g/kg Glukose 20% i.v. (max. 35 g). Zur Beurteilung eines Sekretionsdefektes der Phase 1 der Insulinsekretion ist die Messung des Insulins (IRI) 1 und 3 min nach Ende der Injektion obligatorisch.

Diese Untersuchung ist derzeit jedoch in der klinischen Routine noch nicht etabliert und sollte als prognostischer Parameter der Untersuchung von Probanden mit hohem familiärem Risiko oder bei

Nachweis von ICA oder antiGAD vorbehalten sein.

Genanalysen

Auch die in der Forschung wichtige Untersuchung der HLA-Antigene 3 und 4, der HLA-DR-Gene und der HLA-DQβ-Kette hat bisher keinen Eingang in die klinische Diagnostik des Typ 1 gefunden.

Virologische Untersuchungen

Verschiedene Viren, wie z.B. Röteln, Mumps, Coxsackie und auch Influenza, werden als Starter der Immunaggression an den B-Zellen angeschuldigt. Bisher konnte jedoch keines dieser Viren als das einzig Verantwortliche identifiziert werden. Möglicherweise haben sie alle die Fähigkeit diesen Prozeß zu starten. Insofern ist ihr Nachweis bis auf Weiteres der klinischen Diagnostik des Diabetes nicht dienlich.

2.4.1.2. Das Stadium der Manifestation

Einschätzung des partiellen/kompletten Insulinmangels

Zum Zeitpunkt der Diagnosestellung **Manifester Typ 1-Diabetes** besteht in der Regel noch eine geringe Restsekretion der B-Zellen, die manchmal noch zum zeitgerechten Ausgleich kleinerer Blutglukoseschwankungen ausreicht. Das erklärt, warum der Diabetes in den ersten Jahren nach Manifestation geringeren Schwankungen unterliegt als nach längerer Dauer. Das hat nicht selten zur Folge, daß bei längerer Diabetesdauer und demzufolge stärkerer Labilität der Blutglucosewerte viel differenziertere Therapieschemata mit Normalinsulin und mehr als 3 Injektionen täglich Anwendung finden. Um hier rechtzeitig zu einem Therapiekonzept zu finden, kann es von Interesse sein das Ausmaß des Insulindefizits zu kennen.

Untersuchung des Insulins und des C-Peptids im Blut

In diesen Fällen kann vor Beginn der Therapie mit Insulin die Bestimmung des Insulins im Serum oder Plasma sinnvoll sein. Im Falle schon bestehender Insulinbehandlung ist die Einschätzung einer verbliebenen Restsekretion der B-Zellen durch Bestimmung des C-Peptids, eines äquimolar mit dem Insulin freigesetzten Spaltprodukts bei der Insulinsynthese möglich.

> Eigene Untersuchungen geben Hinweise, daß bei Insulinspiegeln < 25 mE/l 2 Stunden nach Stimulation durch ein Frühstück mit 50-75 g Kohlenhydrate die Notwendigkeit zur Insulinbehandlung besteht. Diesem Grenzwert entspricht ein Nüchtern-C-Peptid-Spiegel von <0,3 nmol/l (<1,0 µg/l). Im Verlauf des Diabetes sinken die C-Pepidspiegel dann gegen 0 ab.

Da das C-Peptid nicht wie Insulin in der Leber abgebaut wird und seine Ausscheidung über die Niere gut mit der Freisetzung aus den B-Zellen korreliert, ist die Bestimmung des C-Peptids im 24 Std.-Sammelharn ein guter Parameter zur Beurteilung ihrer verbliebenen Sekretionskapazität.

C-Peptid-Ausscheidung **im 24 Std.-Harn**:

$\bar{x}$	min	max
23,4	3,4 - 43,4 nmol/Tag	
71,0	10,3 - 131,0 µg/Tag	
Bei Kontrollen mit normalem OGTT (n = 20)		

2.4.1.3. Die Stadien des manifesten Diabetes

Diagnostik des frisch manifesten Diabetes

Der Typ 1-Diabetes wird in aller Regel im Stadium der wesentlich erhöhten Blutglukose mit gleichzeitig deutlicher Glukosurie, häufig nachweisbarem Aceton im Harn und in der Atemluft und in ausgeprägten Fällen mit zusätzlicher Azidose entdeckt.

Hieraus ergibt sich das Programm der Erstuntersuchung:

- Untersuchungen der Blutglukose wiederholt zu beliebigen Zeiten
- Untersuchungen der Blutglukose nüchtern
- Untersuchungen der Harnglukose im spontan gelassenen Harn
- Untersuchungen der Harnglukose im 24 Std.-Sammelharn
- Untersuchungen des HbA1c
- Untersuchungen des Azetons im spontan gelassenen Harn
- ggf. Untersuchungen der Azidose im Blut

Kontrollen in der Remissionsphase

Im weiteren Verlauf kommt es nach frühzeitiger, konsequenter Erstbehandlung häufig zu einer *zeitlich begrenzten Erholungsphase* mit sinkendem Insulinbedarf. Aus psychologischen Gründen sollte hier die Insulinsubstitution und die Therapiekontrollen nicht komplett abgesetzt werden, **der Patient sollte in dieser Zeit Insulin präprandial spritzen**.

Als diagnostisches Minimalprogramm in einer Vollremission sollten in einwöchigen, nur ausnahmsweise in mehrwöchigen Abständen, Blutglukose-Untersuchungen postprandial erfolgen um den Zeitpunkt des Endes der Remission nicht zu verpassen.

Kontrollen beim Langzeitdiabetes

Während im Anschluß an die Diabetesmanifestation und insbesondere in der Remission noch eine Restfunktion der B-Zellen besteht, nimmt diese mit den Jahren ab. Es kommt zu einer deutlichen Zunahme der Blutglukose-Labilität, mit der *Notwendigkeit häufigerer Kontrollen* in Form der Blutzuckerselbstmessung zur individuellen Therapieanpassung.

Gesteigerte Ketoseneigung

Bei vollständigem Insulinmangel stellt sich häufiger eine Ketoseneigung ein. Bei erhöhten Blutglukose-Werten >250 mg/dl (>14 mmol/l) und anderen Anzeichen einer Dekompensation sollten deshalb Azetontests im Harn erfolgen.

Untersuchungen bei Auftreten von Diabetesfolgen

In den späten Stadien des Langzeitdiabetes sind auch beim heutigen Stand der Therapie Diabetesfolgen nicht vollständig vermeidbar. Die allgemeinen Maßnahmen zu ihrer Diagnostik und Prävention werden in Kapitel 3. besprochen.

2.4.2. Die Stadien des Typ 2-Diabetes

Die Ätiologie des Typ 2-Diabetes ist bis heute ungeklärt. Insbesondere fehlen Marker oder Indikatoren, die heute erlauben würden, diesen Typ vor seiner Manifestation sicher zu identifizieren.

Aus diesem Grunde ist ein prädiabetisches Stadium im Routinelabor nicht zu diagnostizieren. Insbesondere darf eine erkennbare pathologische Glukosetoleranz, die nach heutiger Kenntnis keineswegs regelmäßig zum manifesten Diabetes führt, nicht automatisch mit diesem Zustand gleichgesetzt werden. Auf dieses Problem wird im Kapitel 2.4.3. eingegangen.

Der manifeste Typ 2-Diabetes

Die Kriterien der Diagnose des manifesten Diabetes Typ 2 sind in Kapitel 2.3.2. dargestellt.

Die Ausprägung der typischen Diabetesfolgen

- Makroangiopathie
- Retinopathie
- Nephropathie
- Neuropathie

wird vom Ausmaß und der Dauer der Hyperglykämie bestimmt. Insofern ist auch beim Typ 2 die Überwachung der **Blutglukose als wichtigster Parameter des Stoffwechselverhaltens** unumstritten, ohne daß auf die Überwachung des **Lipidstoffwechsels** und des **Blutdrucks** verzichtet wird (☞ Kap. 2.4.3.).

2.4.3. Das Metabolische Syndrom

Der Begriff umschreibt die **Verwandtschaft von pathologischer Glukosetoleranz und Diabetes mellitus Typ 2** mit

der arteriellen **Hypertonie**

der **Hypertriglyzeridämie** und

den damit verbundenen veränderten Lipoproteinen und

der **androiden Adipositas**

Alle diese Krankheiten beginnen schleichend und werden zumeist jahrelang übersehen. Jede kann der andern zeitlich vorausgehen. Allen ist gemeinsam, daß in ihrer Folge die koronare Herzkrankheit und degenerative Erkrankungen der großen arteriellen Gefäße eine wesentliche Häufung aufweisen.

Die Mechanismen der Entstehung und der Verlauf des Metabolischen Syndroms sind in Kapitel 1.4.4. dargestellt.

2.4.3.1. Insulinresistenz und Hyperinsulinämie

Als **frühestes Zeichen des Metabolischen Syndroms** zeigt sich besonders an den Muskelzellen eine **herabgesetzte Insulinwirkung** - die **Insulinresistenz**. Als Folge der Insulinresistenz kommt es bei intakter B-Zell-Funktion zu kompensatorisch erhöhten Insulinwerten.

Hier finden sich erhöhte Nüchtern-Insulinspiegel von >15 mE/l (Rett) (Normbereich von 8±8 mE/l). Auch die postprandialen Insulinwerte und die Werte unter Belastungstests liegen über denen Stoffwechselgesunder.

2.4.3.2. Pathologische Glukosetoleranz und Typ 2-Diabetes

Es ist naheliegend, daß es bei herabgesetzter Insulinwirkung zu Veränderungen der Glukosehomöostase kommt und daß der Blutzucker trotz der kompensatorisch erhöhten Insulinwerte nicht konstant im Normbereich gehalten werden kann. Dies führt anfangs zu erhöhten Werten unter Belastung, zur Pathologischen Glukosetoleranz, in der Folge auch zu Nüchtern-Werten über der Norm, zur "Pathologischen Nüchternglukose" (NBG). Die Grenzwerte sind in Tab. 2.1 angegeben.

Dieser Zustand führt nicht zwangsläufig zur Diabetes-Manifestation. Erst wenn eine Störung der Insulinsekretion, mit Verlust der frühen Phase, hinzutritt kommt es zum Typ 2-Diabetes.

2.4.3.3. Hypertriglyceridämie - Dyslipoproteinämien

Auch bei Fettstoffwechselstörungen *mit erhöhten Triglycerid-Spiegeln* werden erhöhte Insulinwerte als Ausdruck der Insulinresistenz gefunden. Aufgrund der gehemmten Lipoproteinlipase finden sich *vermehrte Freie-Fett-Säuren(FFS)* im Blut. Darüber hinaus sind die *LDL erhöht* und *die HDL erniedrigt* und zeigen so ein weiter erhöhtes atherogenes Risiko an. Die Werte zu ihrer Beurteilung sind aus Tabelle 2.3 zu entnehmen.

2.4.3.4. Arterielle Hypertonie

Auf Grund wachsender Erkenntnisse von ihrer Bedeutung als Risikofaktor wird der arteriellen Hypertonie heute eine entsprechende Aufmerksamkeit zuteil. Sie wird früher diagnostiziert und muß früher und konsequenter behandelt werden. Aus diesen Gründen wird heute zur Diagnostik auch ein viel differenzierter Kriterienkatalog empfohlen.

	nicht behandlungsbedürftig	fraglich behandlungsbedürftig*	behandlungsbedürftig
	[mgldl]	[mg/dl]	[mg/dl]
Triglyzeride	< 150	150-200	> 200
Gesamt-Cholesterin	< 200	220-260	> 260
LDL-Cholesterin	< 115	115-155	> 155
	prognostisch günstig [mgldl]	Standardrisiko [mg/dl]	Risikoindikator [mg/dl]
HDL-Cholesterin (Männer)	> 55	35-55	< 35
HDL-Cholesterin (Frauen)	> 65	45-65	< 45
LDL-Cholesterin wird nach der sog. "Friedewald-Formel" erreichnet: LDL-Cholesterin = Gesamtcholesterin - (Triglyceride/5 + HDL-Cholesterin) **Achtung**: Bei Triglyceridwerten > 400 mg/dl ergibt die Friedewald-Formel falsche Werte!			
* abhängig vom klinischen Bild			

Tab. 2.3: Behandlungsbedürftigkeit und prognostische Beurteilung von Hyperlipoproteinämien.

Blutdruck (mmHg)			
Kategorie	systolisch		diastolisch
Optimal*	<120	und	<80
Normal	<130	und	<85
Hochnormal	130-139	oder	88-89
Hypertoniestadium			
Stadium I	140-159	oder	90-99
Stadium II	160-179	oder	100-109
Stadium III	> 180	oder	> 110
* = im Hinblick auf kardiovaskläre Risiko			

Tab. 2.4: Klassifikation des Bluthochdrucks (nach 5). Blutdruckwerte gelten für Personen über 18 Jahre, die nicht akut krank sind und keine Antihypertensiva einnehmen.

2.4.3.5. Adipositas

Messungen des Insulins bei Adipositas belegten eine beträchtliche Hyperinsulinämie. Besonders hohe Insulinspiegel bestehen in der Phase kontinuierlicher Überernährung - in der dynamischen Phase der Gewichtszunahme - und im verringerten Ausmaß in der Reduktionsphase.

Das Übergewicht wird heute überwiegend durch den

Körpergewichts-Index (**B**ody **M**ass **I**ndex)
BMI= kg/m^2

definiert.

Klassifikation	BMI (kg/m^2)	Gesundheitsrisiko
Normalgewicht	18,5-24,9	
Übergewicht	>25	
Präadipositas	25,0-29,9	gering
Adipositas Grad I	30,0-34,9	mäßig hoch
Adipositas Grad II	35,0-39,9	hoch
Adipositäs Grad III	>40,0	sehr hoch

Tab. 2.5: Klassifikation der Adipositas

Das Gesundheitsrisiko bei Übergewicht wird maßgeblich vom gleichzeitigen Vorhandensein folgender Faktoren bestimmt:

- Stammbetonte Fettverteilung
- Diabetes mellitus
- Dyslipoproteinämie
- Hypertonie
- Männliches Geschlecht
- Alter < 50 Jahre
- positive Familienanamnese für Typ 2 Diabetes, Hypertonie oder KHK

Zur Erfassung der abdominellen, androiden Adipositas, der im Gegensatz zur gynoiden besondere atherogene Risiken zugesprochen werden, wird das Verhältnis des Taillenumfangs zum Hüftumfang (**w**aist-to-**h**ip-**r**atio; **WHR**) ermittelt.

	Erhöhtes Risiko	Deutlich erhöhtes Risiko
Männer	> 94cm	102cm
Frauen	> 80 cm	88 cm

Tab. 2.6: Geschlechtsspezifische Grenzwerte des Taillenumfangs für ein erhöhtes Risiko Adipositas-assoziierter Stoffwechselerkrankungen (Lean et al., 1995)

Die früher übliche Ermittlung des **Körpergewichts-Index nach Broca** [Körpergewicht (kg) - 100 (bei Frauen - 10 %] ist heute weitgehend verlassen worden, da dieser Index übergroße und kleine Menschen unzureichend klassifiziert.

2.4.4. Therapiekontrollen

Die wechselnden Umstände, die lebenslang auf den Diabetes Einfluß nehmen, machen kontinuierliche Kontrollen notwendig. Dies erfordert, daß der Betroffene selbst in die praktische Therapie einbezogen wird und daß ihm soweit wie möglich auch Therapieverantwortung und die praktische Überwachung seines Diabetes übertragen wird. Dies geschieht durch Selbstkontrolle (☞ Kapitel 4.5).

Die Wahl der Kontrollverfahren

Ihr Umfang und ihre Häufigkeit soll sich an den folgenden Gegebenheiten orientieren:

- an der Persönlichkeitsstruktur der Betroffen, z.B. an ihrer Fähigkeit zu lernen
- besonderen Lebensumständen

- am Lebensalter
- an den Besonderheiten der Diabetestypen
- Stabilität der Stoffwechseleinstellung
- und den sich daraus ergebenden Therapiezielen

Allgemeine ärztliche Kontrollen

Aufgabe des Arztes ist es sich im Rahmen der Eingangsuntersuchung grundlegende Kenntnisse über den Patienten zu verschaffen.

➤ ***Anamnestische Fragen:***

- die Vorgeschichte des Diabetes
- Familienanamnese in Bezug auf Diabetes und Gefäßkrankheiten
- die Sozialanamnese, Lebensumstände, einschließlich Beruf
- vorhandene Kenntnisse vom Diabetes und Therapieanpassung
- Fertigkeiten in der Selbstkontrolle und deren Dokumentation
- vorliegende Komplikationen oder Symptome
- Rauchverhalten
- Einnahme von Medikamenten
- Drogenkonsum, aktuell bzw. in der Vergangenheit

➤ ***Untersuchungen***:

- Körpergewicht (Index): BMI
- allgemeine Untersuchung
- Untersuchung der Füße und der Injektionsstellen
- Untersuchung der Augen und des Visus
- Arterieller Blutdruck
- Glykiertes Hämoglobin (HbA1c)
- Lipid-Status
- Proteinausscheidung → (Mikro)Albuminurie
- Serum-Kreatinin (Kreatinin-Clearance)

Zur Planung dieser therapie-begleitenden Kontrollen ist der "Gesundheitspass Diabetes", der von der Deutschen Diabetes-Gesellschaft (DDG) herausgeben wird, in besonderer Weise geeignet (☞ Abb. 2.5)

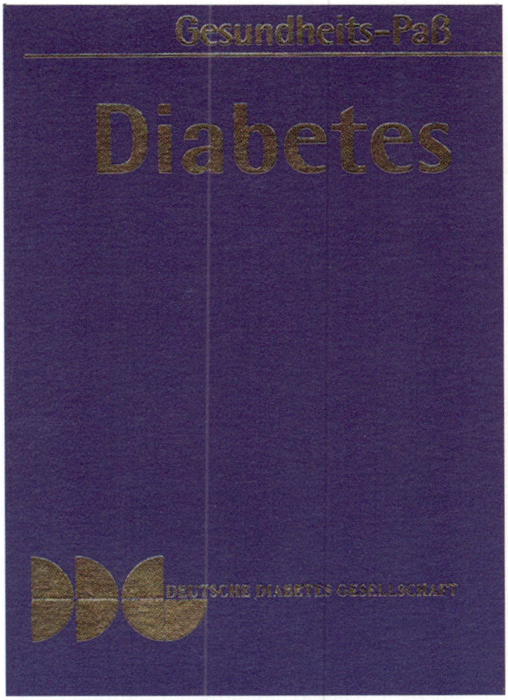

Abb. 2.5: Gesundheitspass Diabetes der Deutschen Diabetes-Gesellschaft (DDG).

Wichtig ist, daß die Regelmäßigkeit mit der die Diabetesfolgen kontrolliert und dokumentiert werden, mit den Jahren nicht nachläßt.

2.4.4.1. Besonderheiten beim Typ 1

Blutglukose-Bestimmung

Der Typ 1-Diabetes neigt zur Blutglukoselabilität. Zur initialen Therapie-Planung und zur Therapie-Anpassung sind deshalb gezielte Blutglukosekontrollen nötig:

zu folgenden Zeiten	zur Beurteilung folgender Fragestellungen:
nüchtern	Ausgangswert für den Tag, Einflüsse in der 2. Nachthälfte, Langzeitwirkung des Verzögerungsinsulins vom Vorabend
2 h nach Frühstück	Einfluß von Frühstück und Insulin, häufiger Blutglukose-Morgengipfel
vor dem Mittagessen	vor Entscheidung Insulin, Menge KH (BE)
Nachmittag (fakultativ)	zur Dosisfindung der Insulin-Mittagsdosis
vor dem Abendessen	vor Entscheidung Insulin, Menge KH (BE)
ca. 22 Uhr	vor der Insulingabe zur Nacht
3 Uhr (1-2/Monat)	Insulinwirkung in der Nacht

Tab. 2.7: Zeiten für Blutglukosekontrollen.

Auf die Möglichkeiten, auf aktuelle Blutglukosewerte durch eine entsprechende Dosisanpassung des Insulins einzugehen, wird im Kapitel 5.3. ausführlich eingegangen.

Zur Beurteilung der Stoffwechselsituation und für detaillierte Therapieempfehlungen werden heute Blutglukose-Tagesprofile mit 4-7 Meßpunkten empfohlen.

Da die Bestimmungen nur in besonderen Fällen unter stationären Bedingungen erfolgen, ist es für die Praxis zu empfehlen, die Blutentnahme für die Laborkontrollen durch den Patienten in mitgegebene Kapillaren und in für die jeweilige Bestimmungsmethode geeignete Testgefäße durchführen zulassen und die Tests der Selbstkontrollen zur Qualitätssicherung mit diesen Meßwerten zu vergleichen (☞ Kap. 4.5.3.).

Im Falle des Verdachts auf Hypoglykämien oder auffallender Blutglukose-Spitzen zu beliebigen Zeiten müssen außerplanmäßige Werte bestimmt werden.

Azeton

Bei Überschreiten der Blutglukosewerte von 250-300 mg/dl, bei Infekten und in der Schwangerschaft sind Azeton-Tests erforderlich.

Harnglukose-Bestimmung

Glukose wird im Harn, abhängig von der jeweiligen Nierenschwelle, bei Überschreiten von Blutglukosewerten > 150-180mg/dl (> 8-10 mmol/l) nachweisbar. Die Therapieziele für postprandiale Werte liegen in diesem Bereich. Wegen der Neigung zur Labilität werden diese Werte jedoch häufig überschritten. Aus diesen Gründen zeigt eine Glukosurie vorausgehende Phasen unerwünscht hoher Blutglukosewerte an und eignet sich deshalb zur Beurteilung der Einstellungsqualität, oder zur einfachen Erkennung unerwartet hoher Werte. Dies gilt besonders für Typ 2-Diabetiker.

Deshalb hat die Testung auf Harnglukose ihren Platz in der Diagnostik, speziell bei Problemfällen unter stationären Bedingungen, aber auch in der Selbstkontrolle (☞ Kap. 4.5.2.) bis heute behalten.

2.4.4.2. Besonderheiten beim Typ 2

Blutglukose-Bestimmung

Wegen der geringeren Schwankungen der Blutglukose ist die Beurteilung der Stoffwechsellage nicht in allen Fällen mittels häufigerer Tagesprofile nötig. Häufig reichen dann 2-4 Meßpunkte aus.

Von besonderer Bedeutung beim Typ 2 sind

- Nüchternwerte
- der Blutglukose-Wert 1-2 Std. nach dem Frühstück bzw. den Hauptmahlzeiten

Einzelheiten zum diagnostischen Vorgehen zeigt Tab. 2.8.

Harnglukose-Bestimmung

Für Typ 2-Diabetiker, die ihre Diät und die Empfehlungen zu ausreichender Körperaktivität und ggf. die Behandlung mit Tabletten oder Insulin konsequent einhalten können, ist eine Blutglukosekontrolle mit Werten unterhalb von 180 mg/dl (10 mmol/l) durchaus realistisch. In diesen Fällen ist der Harn sehr häufig glukosefrei, so daß die Bestimmung der Glukose im Harn hier ein geeignetes Kriterium zur Beurteilung der Einstellungsqualität ist.

		morgens		mittags		abends	
		nü	pp*	nü	pp*	nü	pp*
Notwendig							
intensivierte Insulintherapie	BZSM 4 x/Tag, evtl. öfter	■	(■)	■	(■)	■	■**
konventionelle. Insulintherapie							
mittleres Lebensalter	1-2 BZSM-Profile/Woche	■	■	■	(■)	■	
höheres Lebensalter	UZSM		●				
sinnvoll							
orale Antidiabetika							
mittleres Lebensalter	1-2 BZSM-Profile/Woche	■	■		■		
höheres Lebensalter	UZSM		●		●		
diätetische Therapie							
mittleres Lebensalter	1-2 BZSM-Profile/Woche		■				
höheres Lebensalter	primär UZSM		●				
Gewicht	1 x/Woche						

* = 2 Std. nach der Mahlzeit; ** = nachts

Tab. 2.8: Häufigkeit der Blutzucker-Selbstmessungen (BZSM) bei Typ 2-Diabetes.

Azeton

Fehlt der absolute Insulinmangel, tritt Azeton im Harn nur bei starker Dekompensation, z.B. bei schweren Infekten, Hunger und bei Reduktionsdiäten < 800 kcal/d auf. Die Bestimmung ist somit beim Typ 2 nicht Bestandteil der Routinediagnostik.

Bestimmung des Lipidstatus

Sehr häufig findet sich eine *Dyslipoproteinämie*, bevorzugt mit erhöhten Triglyceriden. Das muß Anlaß geben initial und bei pathologischen Werten in regelmäßigen Abständen den Lipidstatus im Nüchternblut zu erheben.

Die Ziele der Behandlung beim Typ 2-Diabetes sind in Tab. 2.3 zusammengefaßt.

Untersuchung des Blutdrucks

Eine arterielle Hypertonie ist beim Typ 1 meist die Folge der Nephropathie. Im Gegensatz dazu geht sie dem Typ 2 nicht selten voraus.

> Wegen der einander verstärkenden Wirkung des Typ 2-Diabetes und der Hypertonie auf das Fortschreiten einer Nephropathie und von Erkrankungen der großen Gefäße müssen beide sehr früh und sehr konsequent behandelt werden.

Deshalb sind die Grenzwerte zur Therapie heute strenger (☞ Tab. 2.4).

2.4.4.3. Therapiekontrollen in der Praxis

Beim Internisten/Allgemeinmediziner - beim in der Diabetestherapie erfahrenen Arzt - im Zentrum

Beim ersten Besuch

- Vollständige Untersuchung (d.h. Anamnese und Körperstatus)
  - Gewicht und Größe
  - Blutdruck
  - Untersuchung auf Neuropathie
  - Untersuchung auf Komplikationen, einschl. Makroangiopathie
  - Doppler-Untersuchung der Carotiden und Beinarterien
  - Untersuchung der Füße
  - EKG
  - Veranlassung einer augenärztlichen Grunduntersuchung
- Biochemische Untersuchungen
  - Blutglukose
  - HbA1c

- Lipidstatus (Triglyceride, ges. Cholesterin, LDL-Chol., HDL-Chol.)
- Serumkreatinin
- (Harnstoff)
- Elektrolyte
- Urin
  - Glukose
  - Albumin
  - Azeton
  - Infektion
  - Sediment

- Schulung beginnen
- Ernährungsanamnese → Diätberatung durchführen
- Selbstkontrolle trainieren

Beim zweiten und jeweils folgenden Besuchen

- Verlaufskontrollen
  - Blutglukose-Kontrollen
  - Gewicht
  - Blutdruck
- Kontrolle der Selbstkontrolle
- Vergleich Laborwert(e) mit Teststreifen-Kontrollen
- Ansehen des Diabetes-Tagebuchs

Dreimonatlich

- Biochemische Untersuchung
  - HbA1c
  - Lipidstatus (wenn zuvor erhöhte Werte)
  - Mikroalbuminbestimmung im Urin
- Schulung fortsetzen
- Fußinspektion

Jährlich

- Vollständige biochemische und körperliche Untersuchung wie beim ersten Besuch

Bei nicht zufriedenstellender Stoffwechseleinstellung des Diabetes

- Überweisung zum in der Diabetestherapie erfahrenen Arzt

Bei bedrohlichen Komplikationen oder Gefahren und bei erfolgloser Vorbehandlung

- Einweisung ins Diabetes-Zentrum

2.5. Diagnostik bei Notfallsituationen, operativen Eingriffen und Sport

Treten akute Ereignisse, z.B. ein Unfall oder ein Infekt ein, bedeutet dies, daß der gewohnte Routinealltag auch in der Diabetesführung nicht mehr aufrecht erhalten werden kann. Es kommt zu Unregelmäßigkeiten mit der Gefahr von schweren Hyperglykämien und Hypoglykämien.

Selbst Patienten, die sonst ihre Selbstkontrolle und Therapieanpassung perfekt beherrschen, sind in solchen Situationen oft nicht in der Lage, richtig zu handeln.

Hier gilt es

- an den bestehenden Diabetes zu denken
- orientierende Untersuchungen der Blutglukose zu beliebigem Zeitpunkt anzustellen
- zur orientierenden Erfassung reichen hier Teststreifen aus
- rechtzeitig vom Vorliegen eines Diabetes zu erfahren, zum Beispiel durch einen mitgeführten Diabetiker-Pass, oder ein Diabetes-Tagebuch
- gegebenenfalls einen fachkundigen Arzt hinzu zu ziehen

Akute Krankheiten

Hier steht die **Überwachung der Blutglukose zu frei wählbaren Zeitpunkten** im Mittelpunkt. Von zusätzlicher Bedeutung zur aktuellen Einschätzung einer eventuellen Dekompensation ist die Bestimmung des Azetons im Harn.

Bei Patienten, die bewußtlos oder desorientiert sind und keine klaren Angaben machen können, sollte zur Orientierung immer ein Blutzucker bestimmt werden.

Bei Diabetikern, die handlungsunfähig sind, muß der Arzt die Kontrollen durchführen und - der Situation angepaßt - die Therapie übernehmen.

Katastrophen

Zur Einschätzung der Stoffwechselsituation und Gefährdung sollen so früh wie möglich Blutglucose und ggf. Aceton untersucht werden. Unter Katastrophenbedingungen sind die Möglichkeiten einer geregelten Diagnostik meist stark eingeschränkt. Hier muß zur schnellen Information oft auf Teststreifenmethoden zurückgegriffen werden, unter Verzicht auf die Präzision kontrollierter Laboranalysen.

Unfälle

Unfälle schränken in aller Regel die Mobilität und Handlungsfähigkeit der Diabetiker ein. Dann fällt die volle Therapieverantwortung auch bei sonst erfahrenen Diabetikern wieder an den Arzt zurück, so daß alle notwendigen Kontrollen und Therapieentscheidungen ärztlicherseits erfolgen müssen.

Operative Eingriffe

Folgende Blutglukose-Kontrollen sind zu empfehlen:

- nüchtern (8.00 Uhr, erwünschter OP-Beginn)
- präoperativ, sofern die OP nicht früh morgens möglich ist
- intraoperativ - bei längerer OP-Dauer - in stündlichen Abständen
- postoperativ
- im Verlauf zur Therapieanpassung unter Infusionsbehandlung
- an den Folgetagen wegen möglichen fortdauernden Postaggressionssyndroms

Zusätzlich sollte Azeton bestimmt werden zum Ausschluß einer Diabetes-Dekompensation oder als Indikator unzureichender Ernährung (unzureichender Kohlenhydrat-Zufuhr).

Bei Wahloperationen sollten zuvor die Blutglukose nüchtern und postprandial, sowie das HbA1c bestimmt werden.

Werden folgende Werte überschritten

- BG nüchtern >180 mg/dl (10,0 mmol/l)
- BG postprandial >230 mg/dl (13,0 mmol/l)
- HbA1c/HbA1 >8,0 %/>9,5 %

sollte die Operation nach Möglichkeit verschoben werden.

Näheres ☞ Kap. 7.1.2..

Sport

Während und nach sportlicher Betätigung ist die Glukoseaufnahme in den Muskel gesteigert. Während der körperlichen Aktivität werden auch Streßhormone ausgeschüttet die dann diesem Effekt entgegenwirken. Zudem liegen bei Trainierten und bei Untrainierten, bei Ausdauersportlern und bei Kraftsportlern wesentliche Unterschiede des Insulinbedarfs vor. Sport ist somit ein wirksames Mittel, different auf den Diabetes einzuwirken.

Zur Sicherheit werden folgende Blutglukosekontrollen durch den Sportarzt bzw. durch den Diabetiker selbst (☞ Kap. 4-6.) empfohlen:

- vor Beginn der sportlichen Tätigkeit
- während des Sports - bei längerer Dauer, in der Pause
- nach dem Sport
- Stunden später oder vor dem Schlafengehen
- am nächsten Morgen
- bei akutem Leistungsabfall → Verdacht auf Hypoglykämie

Mit dem Sport sollte nicht begonnen werden :

- bei Blutglukosewerten > 300 mg/dl (> 16,6 mmol/l)
- bei Azeton im Harn
- bei (fieberhaften) Infekten

Die Bestimmung des Azetons beim Sport ist als "Sicherheitsparameter" zur rechtzeitigen Erkennung einer gefährdenden Entgleisung des Diabetes sinnvoll.

Diagnostik der Hypoglykämie

Auf die Ursachen, Symptomatik, Vorbeugung und Behandlung der Hpoglykämien wird in Kapitel 7.3. ausführlich eingegangen.

> Die Hypoglykämie wird heute durch einen Grenzwert der Blutglukose von < 50 mg/dl (< 2,8 mmol/l) - bestimmt im kapillären Vollblut - definiert.

Die Sicherheit der Diagnose wird dadurch eingeschränkt, daß das Auftreten der aufgeführten Symptome stark abhängig ist von folgenden Voraussetzungen:

- der Höhe der Blutglukosewerte in der vorausgehenden Zeit
- von der Schnelligkeit ihres Abfalls
- von der Stärke der Gegenregulationsmechanismen
- von zuverlässiger nervaler Empfindlichkeit
- vom Bewußtseinszustand
- von zentralnervös dämpfenden Medikamenten vom Typ Clonidin oder β-Rezeptoren-Blockern (besonders den nicht selektiven)

Aus Gründen der Sicherheit im alltäglichen Leben, sollte ein Diabetiker seine eigene Schwelle, bei deren Unterschreiten er Hypoglykämien wahrnimmt, kennen. Hierzu bedarf es aufmerksamer eigener Beobachtungen und sorgfältiger Blutglukose-Tests.

> Für Patienten mit einer Hypoglykämiewahrnehmungsstörung gibt es an verschiedenen Zentren ein entsprechendes Hypoglykämie-Wahrnehmungs-Training.

Diagnostisches Vorgehen bei Hypoglykämie (Verdacht)

- bei schwerer symptomatischer Hypoglykämie - sofortige Fremdhilfe → BG nur zur Absicherung der Diagnose und unter der Therapie
- bei leichtgradiger symptomatischer Hypoglykämie → BG zur Einschätzung der Symptomatik und unter der Therapie
- bei asymptomatischen Hypoglykämien (BG < 50 mg/dl; < 2,8 mmol/l) → BG zur Diagnosesicherung und zur Einschätzung der Risiken weiterer Hypoglykämien

Blutglukose-Bestimmungen sind darüber hinaus sinnvoll zur Objektivierung von Hypoglykämien und sich daraus ergebenden möglichen Therapiekonsequenzen

- bei labilem Diabetes
- bei labilem Diabetes und auffällig niedrigem HbA1c
- zum Zeitpunkt der Wirkungsmaxima kurzwirkender Insuline
- in der Nacht um 3 Uhr (häufigster nächtlicher Blutglukose-Tiefstwert)
- zu Tageszeiten an denen zuvor gehäuft "Hypos" aufgetreten sind
- nach körperlicher Belastung/Sport
- nach Aufnahme alkoholischer Getränke
- nach Insulininjektion oder Einnahme von Sulfonylharnstoffen bei Unfähigkeit Nahrung zu sich zu nehmen

2.6. Untersuchungen bei Diabetesfolgeerkrankungen

Augen

Die Untersuchung und Überwachung der diabetesbedingten Augenveränderungen erfolgen mittels Fundoskopie. In bestimmten Fällen sollte dies durch Fundus-Fotografie oder Fluoreszenz-Angiografie dokumentiert werden.

Die Kontrollen sind durch eine Empfehlung der "Iniativgruppe Früherkennung diabetischer Augenkrankheiten" strukturiert (☞ Abb. 2.6).

Nieren

Die diabetische Nephropathie manifestiert sich zuerst durch die Ausscheidung kleiner Mengen von Albumin, gefolgt von einer Proteinurie und mündet ein in die Niereninsuffizienz. Beeinflußt wird ihr Verlauf durch Einstellung und Dauer des Diabetes, aber auch durch einen erhöhten Blutdruck. Hieraus ergibt sich die Notwendigkeit zur Kontrolle folgender Parameter:

- Albumin**ausscheidung** im 24 Std.-Harn:
  - normal: < 30 mg/Tag (< 20 µg/min)
  - Mikroalbuminurie: 30-300 mg/Tag (20-200 ug/min)
  - pathologisch: > 300 mg/Tag (> 200 µg/min)
- Albumin**konzentration** im Spontanurin (z.B. im Mikraltest®):
  - Norm: < 30 mg/l
  - Mikroalbuminurie: > 30 mg/l ... < 300 mg/l
  - erhöht: > 300 mg/g (> 2,8 mg/mmol)
- **Verhältnis Albumin/Kreatinin im Harn**:
  - Norm: < 20 mg/g (< 0,4 mg/mmol)
- Kreatinin im Serum/Kreatinin-Clearance/Harnstoff im Serum:
  Hier gelten die üblichen Normalwerte
- regelmäßige Blutdruckkontrollen:
  Werte ☞ Tab. 2.5

Empfehlungen zu einer strukturierten Überwachung der diabetischen Nephropathie sind in Abb. 2.7 dargestellt.

Initiativgruppe »Früherkennung diabetischer Augenerkrankungen«
1. Vorsitzender: Prof. Dr. P. Kroll
(Marburg)

WHO Collaborating Center for Diabetes Treatment and Prevention
Director: Prof. Dr. M. Berger
(Düsseldorf)

AUGENFACHÄRZTLICHER UNTERSUCHUNGSBOGEN

Der Augenarzt wird gebeten, Zutreffendes auf dem Bogen anzukreuzen.
Der Fundus sollte nur in Mydriasis untersucht werden.

Augenarztstempel

Patientenname: ______________________

Geburtsdatum: __________ **Diabetesdauer:** ______ **Jahre** **Untersuchungsdatum:** __________

	rechtes Auge	linkes Auge
Bester korrigierter Fernvisus	______	______
Bester korrigierter Nahvisus	______	______
Augeninnendruck	______	______

	rechtes Auge Ja	rechtes Auge Nein	linkes Auge Ja	linkes Auge Nein
Vorderabschnitte:				
– visusrelevante Katarakt	☐	☐	☐	☐
– visusrelevanter Nachstar	☐	☐	☐	☐
– Linse entfernt	☐	☐	☐	☐
– Linsenersatz	☐	☐	☐	☐
– Rubeosis iridis	☐	☐	☐	☐
Fundus (Grund für schlecht einsehbaren Fundus):				
– Pupillendilatation ungenügend	☐	☐	☐	☐
– Linsentrübung	☐	☐	☐	☐
– Glaskörpertrübung, -einblutung	☐	☐	☐	☐
– Mikroaneurysmen*	☐	☐	☐	☐
– intraretinale Blutungen*	☐	☐	☐	☐
– Venen: perlschnurartige Veränderungen*	☐	☐	☐	☐
– IRMA (intraretinale mikrovaskuläre Abnormität)*	☐	☐	☐	☐
* falls ja, Zahl der Quadranten angeben				
– harte Exsudate	☐	☐	☐	☐
– Gefäßneubildungen an der Papille	☐	☐	☐	☐
– Gefäßneubildungen anderswo	☐	☐	☐	☐
– Traktionsamotio ohne Makulabeteiligung	☐	☐	☐	☐
– Traktionsamotio mit Makulabeteiligung	☐	☐	☐	☐
– Glaskörpereinblutung	☐	☐	☐	☐
– Makulopathie	☐	☐	☐	☐
Bisherige Therapie:				
– panretinale Laserkoagulation	☐	☐	☐	☐
– fokale Laserkoagulation am hinteren Augenpol	☐	☐	☐	☐
– glaskörperchirurgischer Eingriff	☐	☐	☐	☐
Therapievorschlag:				
– Fluoreszenzangiographie (bei Makulopathie)	☐	☐	☐	☐
– Laser	☐	☐	☐	☐
– Kryokoagulation	☐	☐	☐	☐
– Vitrektomie	☐	☐	☐	☐

Kontrolluntersuchung: ______________________

____
Augenarztunterschrift

Abb. 2.6: Augenärztlicher Untersuchungsbogen gemäß Empfehlung der "Iniativgruppe Früherkennung diabetischer Augenkrankheiten".

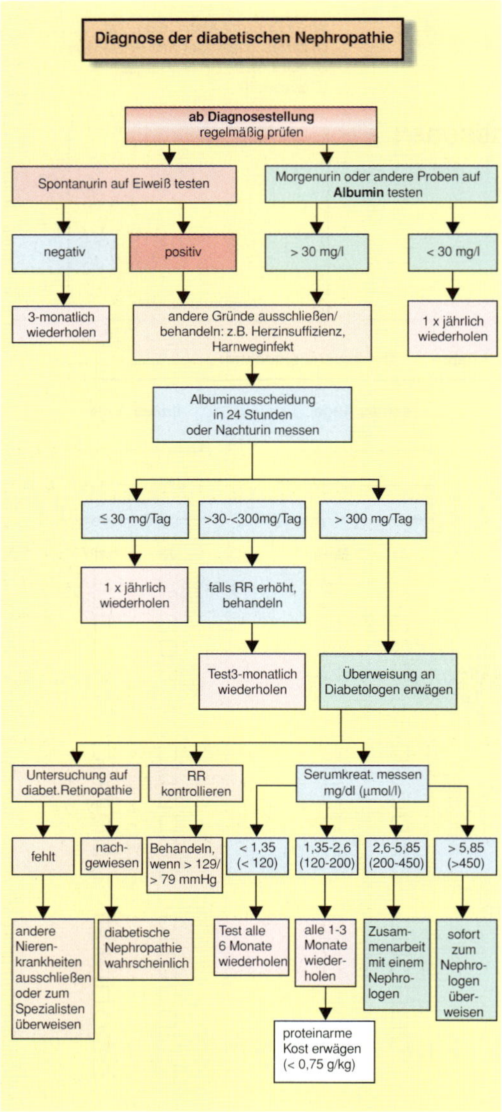

Abb. 2.7: Überwachung der diabetischen Nephropathie.

Nerven

In diesem Rahmen sollten so einfache und informative Untersuchungen wie die des Vibrationsempfindens mit Hilfe der Stimmgabel nach R-S (☞ Abb. 2.8) oder die mit dem Mikrofilament trotz des erkennbaren zeitlichen Mehraufwands obligatorisch in die Untersuchung einbezogen werden.

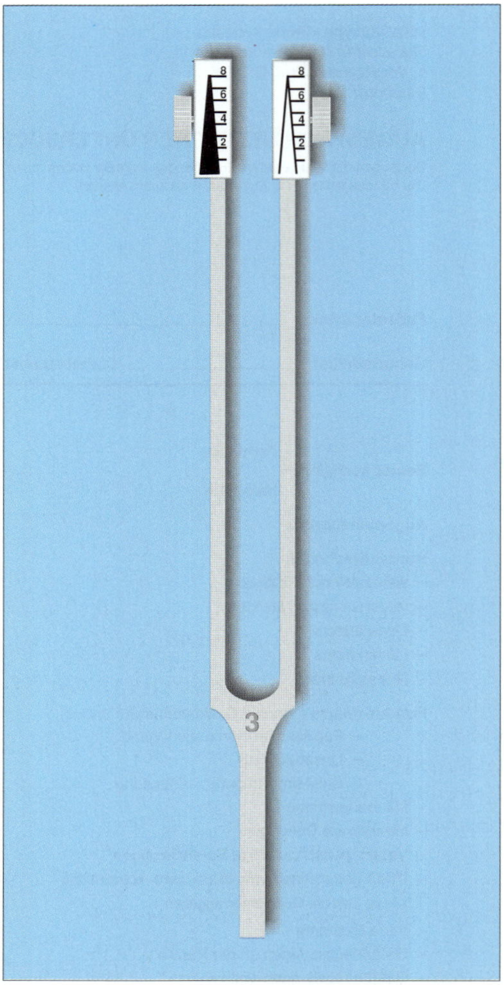

Abb. 2.8: Stimmgabel nach R-S zur Untersuchung des Vibrationsempfindens.

Der Einsatz dieser technisch einfachen, jedoch hochinformativen diagnostischen Mittel kennzeichnet heute den engagierten Untersucher.

Die Symptomatik der diabetischen Neuropathien ist im Kapitel 3. ausführlich dargestellt. Die gezielte Diagnostik findet sich übersichtlich in den Tabellen 3.19 (diabetische Polyneuropahie), 3.20 (diabetische kardiale Neuropathie) und 3.21 (autonome diabetische Neuropathie).

Makroangiopathie

Nicht selten finden sich kombinierte Schädigungen durch gleichzeitiges Vorliegen einer Makroangiopathie. Die Diagnostik dieser beim Diabetes gehäuft auftretenden Makroangiopathien finden sich in Tabelle 3.24.

Diabetischer Fuß

Wegen seiner besonders differenzierten Problematik ist die Diagnostik des diabetischen Fußes in den Tabellen 3.25 und 3.26 gesondert aufgeführt.

2.7. Methodische Fragen im Labor

Bestimmung der Blutglukose

Welche Bestimmung? - Kapillär oder venös? Im Serum? Im Plasma? Im Vollblut?

Ziel der Untersuchung ist es, die an den Körperzellen wirksamen Glukosekonzentration zu kennen. Die für die Körperzellen im Interstitium verfügbare Glukose befindet sich in Serum.

Kapillar oder venös?

Während Venenblut der Glukoseabgabe in die Peripherie unterliegt, entspricht die Konzentration im Kapillarblut im wesentlichen der Blutglukosekonzentration in den Arterien. Unter basalen Bedingungen liegt die kapillär/venöse Differenz für Glukose bei 5 %. Wesentlich deutlicher wird der Unterschied jedoch nach Glukosegabe oder Nahrungsaufnahme. Hier hängt der venöse Anstieg dem arteriell/kapillären zeitlich deutlich nach, so daß die postprandialen Werte ca. 20 % unter den Werten im Kapillarblut liegen. Dieser Unterschied ist jedoch nicht konstant und nicht sicher reproduzierbar, deshalb ist die Messungen aus Kapillarblut der Bestimmung aus Venenblut vorzuziehen.

Plasma- oder Serum-Glukose?

Die Unterschiede zwischen Plasma- und Serumglukose sind mit < 5 % zu vernachlässigen. Die Untersuchungen der Plasma- und die der Serumglukose spielen in Deutschland eine untergeordnete Rolle.

Bestimmung im Vollblut?

Da die Glukose im Wasser gelöst ist und der Wasseranteil im Plasma ca. 92 % beträgt, in den zellulären Bestandteilen des Blutes jedoch etwa 70 %, ist die Glukosekonzentration im Vollblut niedriger als im Plasma oder Serum. Diese durch den unterschiedlichen Hämatokritwert bedingte Differenz beträgt ca. 10 %.

Da in Amerika auf Plasma-Glukose bezogen wird, in Europa dagegen auf Vollblut, sind in der Tabelle 2.1 beide Werte angegeben. Im Text finden die in Europa gebräuchlichen Werte der (Voll)-Blutglukose Berücksichtigung.

2.7.1. Umrechnungstabelle für Blutglukose mg/dl - mmol/l

Die Dokumentation der Blutglukosewerte folgt in den alten und neuen Bundesländern verschiedenen Traditionen und Gewohnheiten. Beide sind gleichwertig; zur Erleichterung der Umrechnung dient Tab. 2.9.

2.7.2. Untersuchung glykierter Proteine, spez. des Hämoglobins

Die Glykierung von Proteinen geschieht durch Reaktion freier Aminogruppen mit der Carbonylgruppe von Glukose zu einer Schiff´schen Base, die dann durch Amadori-Umlagerung zu einem Ketoamin wird. Dabei wird die Glukose zu Fructose und das Reaktionsprodukt zu einem Fructosamin.

Das Ausmaß der Glykierung, die "Verzuckerung" von Proteinen ist abhängig von der Glukosekonzentration in den Körperflüssigkeiten, speziell im Blut.

> Hieraus ergibt sich die Möglichkeit vom Anteil glykierter Proteine auf die Glukosekonzentrationen zum Zeitpunkt der Glykierung rückzuschließen.

Dies macht das glykierte Hämoglobin zu einem wichtigen Parameter zur Beurteilung von Phasen zurückliegender erhöhter Blutglukosewerte und damit zu einer Kenngröße der Diabeteskompensation.

Da bis heute ein internationaler Standard nicht existiert, sollen die verfügbaren Methoden kurz und kritisch vorgestellt werden.

Unter den zahlreichen Blutproteinen eignet sich das Hämoglobin in besonderem Maße als Parameter zur Beurteilung der Glykämie der voraufgegangenen 6 bis 9 Wochen. Wegen seiner kürzeren Lebensdauer sind auch andere glykierte Proteine im Serum, insgesamt bezeichnet als Fructosamin zur Analyse geeignet. Aufgrund ihrer kürzeren Lebensdauer beschreiben sie einen kürzeren Kontrollzeitraum voraufgehender Glykämie. Die Unterschiede und unterschiedlichen Einsatzmöglich-

Glukose: 18,016 x mmol/l = mg/dl; 0,0555 x mg/dl = mmol/l							
mmol/l	mg/dl	mmol/l	mg/dl	mmol/l	mg/dl	mmol/l	mg/dl
0,06	1	3,4	62	6,4	115	9,3	168
0,28	5	3,6	64	6,4	116	9,4	170
0,55	10	3,6	65	6,5	118	9,5	172
0,67	12	3,7	66	6,7	120	9,7	174
0,78	14	3,8	68	6,8	122	9,7	175
0,89	16	3,9	70	6,9	124	9,8	176
1,0	18	4,0	72	6,9	125	9,9	178
1,1	20	4,1	74	7,0	126	10,0	180
1,2	22	4,2	75	7,1	128	10,1	182
1,3	24	4,2	76	7,2	130	10,2	184
1,4	25	4,3	78	7,3	132	10,3	185
1,4	26	4,4	80	7,4	134	10,3	186
1,6	28	4,6	82	7,5	135	10,4	188
1,7	30	4,7	84	7,5	136	10,5	190
1,8	32	4,7	85	7,7	138	10,7	192
1,9	34	4,8	86	7,8	140	10,8	194
1,9	35	4,9	88	7,9	142	10,8	195
2,0	36	5,0	90	8,0	144	10,9	196
2,1	38	5,1	92	8,0	145	11,0	198
2,2	40	5,2	94	8,1	146	11,1	200
2,3	42	5,3	95	8,2	148	12,5	225
2,4	44	5,3	96	8,3	150	13,9	250
2,5	45	5,4	98	8,4	152	15,3	275
2,6	46	5,5	100	8,5	154	16,6	300
2,7	48	5,7	102	8,6	155	{8,0	325
2,8	50	5,8	104	8,7	156	19,4	350
2,9	52	5,8	105	8,8	158	20,8	375
3,0	54	5,9	106	8,9	160	22,2	400
3,1	55	6,0	108	9,0	162	23,6	425
3,1	56	6,1	110	9,1	164	25,0	450
3,2	58	6,2	112	9,2	165	26,4	475
3,3	60	6,3	114	9,2	166	27,7	500

Tab. 2.9: Umrechnungstabelle für Blutglukose: mg/dl - mmol/l.

keiten wurden *von E. Schleicher* (☞ Tab. 2.10) übersichtlich zusammengestellt. Die Möglichkeiten der Fehlbestimmung zeigt Tab. 2.11.

HbA_0	Hauptkomponente des HbA (nur am Lysin glykiert)
HbA_1	Posttranslational modifizierte Hämoglobine; durch die negative Ladung von HbA0 abtrennbar (auch als "fast hemoglobin" bezeichnet, da es schneller wandert)
HbA_{1C}	Glykierung des N-terminalen Valin der ß-Kette des Hämoglobins (ist Teil des HbA1)
Glyko-Hämoglobin	Hämoglobin, das N-terminal und an Lysingruppen glykiert ist (wird durch chemische Methoden oder durch Affinitätschromatographie erfaßt)
Glyko-Albumin	Albumin, das an den Lysingruppen glykiert ist. Bestimmung mit Affinitätschromatographie und Bezug auf die Albuminmenge, die unabhängig gemessen wird.
Serum-Fruktosamin	Bezeichnung für die Bestimmung aller glykierten Gruppen, die im Serum vorkommen. Wird meist für die Bestimmung mit der Reduktionsmethode verwendet

Tab. 2.10: Übersicht über verschiedene glykierte Proteine.

2.7.3. Qualitätssicherung im Labor

Nachdem heute wichtige Teile der Therapiekontrollen in den Aufgabenbereich der Betroffenen übertragen werden, wächst die Verantwortung der Ärzte für die Überwachung dieser Tätigkeit. Dies erfordert noch mehr als in der Vergangenheit zuverlässige und richtige Meßwerte im Labor des Arztes, die dann ihrerseits als Kontrollparameter für die Tests und Testgeräte der Patienten gelten können.

> Aus diesen Gründen ist die Verwendung von Methoden und Geräten die regelmäßige laborinterne, aber auch externe Qualitätskontrollen zulassen, notwendig.

Die externe Qualitätskontrolle erfolgt durch die regelmäßige Teilnahme des Labors an Ringversuchen.

2.8. Qualitätssicherung in der Diabetikerversorgung

Behandlung, Behandlungsergebnisse, akute Ereignisse, Krankheitsfortschritt und Krankheitsfolgen bedürfen der praxisinternen Überwachung und Dokumentation durch den Arzt. Diese können dann auch zum Nachweis der Behandlungsqualität einer Praxis herangezogen werden, wie dies bereits bei Diabeteszentren erfolgt.

Erkrankung	HbA1c-Wert	Anmerkung
hämolytische Anämien	falsch erniedrigt	Erythrozytenlebenszeit verkürzt
Neugeborene	falsch erniedrigt	viel HbF (bei Ionenaustauschchromatographie falsch hohe Werte), Affinitätschromatographische Methoden werden nicht gestört
Polyzythämie	falsch erhöht	
Splenektomie	falsch erhöht	Erythrozytenlebenszeit verlängert
Sichelzellanämie	falsch erniedrigt	Affinitätschromatographische Methoden werden nicht gestört
Thalassämien	falsch erniedrigt	erhöhter Anteil an HbF, Affinitätschromatographische Methoden werden nicht gestört
HbC	falsch erniedrigt	bei Ionenaustauschchromatographie
HbH	falsch erhöht	bei Ionenaustauschchromatographie

Tab. 2.11: Fehlbestimmungen des HBA1c bei hämatologischen Erkrankungen.

Hierzu stehen mehrere Dokumentations- und Kontrollsysteme zur Verfügung:

- im Dialog mit dem Patienten - der Gesundheitspass Diabetes (☞ Abb. 2.5)
  - in den der Arzt Befunde und im Einvernehmen mit dem Patienten Therapieziele und Kontrolltermine einträgt
- **Computerprogramme,** in die im Praxisablauf
  - die relevanten Daten eingegeben werden können
  - die hernach zur praxiseigenen Überprüfung
  - die aber auch als Nachweis bei der externen Qualitätssicherung

  verfügbar sind

Hier werden gestützte Systeme wie **DIADOC, Diqual, Diabcontrol** oder **Evaluationsbögen, Dokumentations- und Auswertebögen** vom **ZI** (Zentralinstitut für die kassenärztliche Versorgung in Köln angeboten.

2.9. Internationale Klassifikation der Krankheiten (ICD)

Das deutsche Bundesministerium für Gesundheit hat am 8. Juli 1999 die "**Bekanntmachung über die Inkraftsetzung eines Schlüssels zur Angabe von Diagnosen gemäß §§ 295 und 301 des V. Buches Sozialgesetzbuch**" veröffentlicht. Danach wird die für die Zwecke des Sozialgesetzbuch V (SGB V) überarbeitete Fassung der 10 Revision des ICD (ICD-10-SGB V) zum 1. Januar 2000 verbindlich eingeführt.

Von diesem Zeitpunkt an sind nicht nur alle niedergelassen Vertragsärzte verpflichtet die Diagnosen auf Abrechnungsunterlagen und Arbeitsunfähigkeitsbescheinigungen, sondern auch alle Krankenhäuser die Aufnahme- und Entlassungsdiagnosen nach diesem Schlüssel zu codieren (☞ Tab. 2.12).

Code ICD 10	Titel ICD 10
E10	**Primär insulinabhängiger Diabetes mellitus [Typ 1-Diabetes]**
E10.0	Primär insulinabhängiger Diabetes mellitus [Typ 1-Diabetes]: Mit Koma
E10.1	Primär insulinabhängiger Diabetes mellitus [Typ 2I-Diabetes]: Mit Ketoazidose
E10.2	Primär insulinabhängiger Diabetes mellitus [Typ 1-Diabetes]: Mit Nierenkomplikationen
E10.3	Primär insulinabhängiger Diabetes mellitus [Typ 1-Diabetes]: Mit Augenkomplikationen
E10.4	Primär insulinabhängiger Diabetes mellitus [Typ 1-Diabetes]: Mit neurologischen Komplikationen
E10.5	Primär insulinabhängiger Diabetes mellitus [Typ 1-Diabetes]: Mit peripheren vaskulären Komplikationen
E10.6	Primär insulinabhängiger Diabetes mellitus [Typ 1-Diabetes]: Mit sonstigen näher bezeichneten Komplikationen
E10.7	Primär insulinabhängiger Diabetes mellitus [Typ 1-Diabetes]: Mit multiplen Komplikationen
E10.8	Primär insulinabhängiger Diabetes mellitus [Typ 1-Diabetes]: Mit nicht näher bezeichneten Komplikationen
E10.9	Primär insulinabhängiger Diabetes mellitus [Typ 1-Diabetes]: Ohne Komplikationen
E11 - E14	**Unterverschlüsselung wie E10.0 - E10.9**
E11	**Nicht primär insulinabhängiger Diabetes mellitus [Typ 2-Diabetes]**
E12	**Diabetes mellitus in Verbindung mit Fehl- oder Mangelernährung [Malnutrition]**
E13	**Sonstiger näher bezeichneter Diabetes mellitus**

E14	**Nicht näher bezeichneter Diabetes mellitus**
E15	**Hypoglykämisches Koma, nichtdiabetisch**
E16.0	Arzneimittelinduzierte Hypoglykämie ohne Koma
E16.2	Hypoglykämie, nicht näher bezeichnet
E16.9	Störung der inneren Sekretion des Pankreas, nicht näher bezeichnet
E66	**Adipositas**
E66.0	Adipositas durch übermäßige Kalorienzufuhr
E66.1	Arzneimittelinduzierte Adipositas
E66.8	Sonstige Adipositas
E66.9	Adipositas, nicht näher bezeichnet
E78	**Störungen des Lipoproteinstoffwechsels und sonstige Lipidämien**
E78.0	Reine Hypercholesterinämie
E78.1	Reine Hypertriglyzeridämie
E78.2	Gemischte Hyperlipidämie
I10	**Essentielle (primäre) Hypertonie**
I11	**Hypertensive Herzkrankheit**
I11.0	Hypertensive Herzkrankheit mit (kongestiver) Herzinsuffizienz
I11.9	Hypertensive Herzkrankheit ohne (kongestive) Herzinsuffizienz
I12	**Hypertensive Nierenkrankheit**
I12.0	Hypertensive Nierenkrankheit mit Niereninsuffizienz
I12.9	Hypertensive Nierenkrankheit ohne Niereninsuffizienz
I13	**Hypertensive Herz- und Nierenkrankheit**
I13.0	Hypertensive Herz- und Nierenkrankheit mit (kongestiver) Herzinsuffizienz
I13.1	Hypertensive Herz- und Nierenkrankheit mit Niereninsuffizienz
I13.2	Hypertensive Herz- und Nierenkrankheit mit (kongestiver) Herzinsuffizienz und Niereninsuffizienz
I13.9	Hypertensive Herz- und Nierenkrankheit, nicht näher bezeichnet
I15	**Sekundäre Hypertonie**
I15.0	Renovaskuläre Hypertonie
I15.1	Hypertonie als Folge von sonstigen Nierenkrankheiten
I15.2	Hypertonie als Folge von endokrinen Krankheiten
I15.8	Sonstige sekundäre Hypertonie
I15.9	Sekundäre Hypertonie, nicht näher bezeichnet
Sicherungsgrade (SGrd):	
AV	Ausschluß von
KL	klinisch gesichert
LB	laborparametrisch gesichert
VA	Verdacht auf
ZN	Zustand nach

Tab. 2.12: Internationale Klassifikation der Krankheiten (ICD) - Auswahl.

Da es für Klinik und Praxis wichtig ist eine diagnose- und leistungsgerechte Kostenerstattung zu erzielen sind hier auszugsweise die für den Problemkreis Diabetes relevanten Code-Nummern aus den Kapiteln

- **IV**: Endokrine-, Ernärungs- und Stoffwechselkrankheiten: E 00 - E 90 und
- **IX**: Krankheiten Kreislaufsystem: I 00 - I 99

zusammengestellt.

Für die Zwecke des SGB V sind Zusatzangaben als sogenannte Sicherungsgrade und Seitenangaben für die Diagnoseverschlüsselung nötig und möglich (☞ Tab. 2.12).

Auch dies kann bei der Versorgung von Diabetikern Bedeutung haben.

2.10. Literatur

1. Alberti KGMM, Zimmet P.Z. for the WHO Consultation: Definition, Diagnosis and Classification of Diabetes mellitus and its Complications Part 1:. Diagnosis and Classification of Diabetes mellitus. Provisional report of a WHO Consultation*. Diabet.Med. 15: 1998; 539-553

2. American Diabetes Association. Gestational Diabetes Mellitus. Diabetes Care, Vol. 23, Suppl. 1. Jan. 2000

3. Diabetes Control and Complications Trial Research group: The effect of intensive treatment of diabetes on the development and progression of long term complica-

tions in insulin dependent diabetes mellitus. N Engl J. Med. 329 (1993) 977-986

4. European NIDDM Policy Group. Leitfaden zur Behandlung des nicht-Insulin-abhängigen Diabetes mellitus (NIDDM, Typ 2). Kirchheim Verlag Mainz 1994

5. Fuller JH, Shipley MJ, Rose G, Jarrett RJ, Keen H. Mortality from coronary heart disease and stroke in relation to degree of glycemia: the Whitehall Study. Br. Med J 1983; 287: 867-870

6. Grüneklee D; Herzog W.: Die Bedeutung der C-Peptid-Bestimmung für die Diagnostik. Symposium 10.03.1979 Düsseldorf, Schnetztor Verl. Konstanz

7. Guidelines Subcommittee 1999 World Health Organization - International Society of Hypertension. Guidelines for the Management of Hypertension. Journal of Hypertension 1999; 17:151-183

8. Haffner S.M. Impaired Glucose Tolerance, Insulin Resistance and cardiovascular Disease. Diabetic Medicine/Journal of the British Diabetic Association 14 (1997)F

9. Hanefeld M, Fischer S., Julius U. et al.: Risk factors for myocardial infarction and death in newly detectet NIDDM: the Diabetes Intervention Study. Diabetologia 1996; 39: 15 77 – 1582

10. International Diabetes Policy Group 1998. Guidelines for Diabetes Care A Desktop Guide to Typ l (Insulindependent) Diabetes mellitus Publ. by International Diabetes Federation European Region

11. Kautzky-Willer A. Gestationsdiabetes. Diabetes und Stoffwechsel 1998; 7:197-203

12. Knick B; Knick J.: Diabetologie. Kohlhammer Verl. 1997

13. Reaven GM. Role of insulin resistance in human disease. Diabetes 1988; 37: 1505 - 1607

14. Schleicher E. Glykierung von Proteinen: Pathobiochemische und diagnostische Aspekte. Lab. Med. 1993;17: 381-394

15. The DECODE-study group on behalf of the European Diabetes Epidemiology Group. Is fasting glucose sufficient to define diabetes? Epidemiological data from 20 European studies. Diabetologia 1999; 42: 647-654

16. The Expert Committee on the Diagnosis and Classification of Diabetes Mellitus: Report of the Expert Committee on the Diagnosis and Classification of Diabetes Mellitus. Diabetes Care 1997; 20:1183-1197

17. Ward Diabetes Care 1984; 491-502

18. World Health Organization. Diabetes Mellitus: Report of a WHO Study Group. Technical Report Series 727. Geneva: WHO, 1985.

Diagnostik und Therapie der diabetesassoziierten Begleit- und Folgeerkrankungen

E. Tögel

3. Diagnostik und Therapie der diabetesassoziierten Begleit- und Folgeerkrankungen

3.1. Prinzipien der Organschädigung bei Patienten mit Diabetes mellitus

Im Zusammenhang mit der Zuckerkrankheit sind die diabetesbedingten Folgeerkrankungen für die Lebenserwartung und Lebensqualität des Diabetikers von überragender Bedeutung.

Seit langem ist bekannt, daß eine gute Stoffwechseleinstellung die Entstehung von Spätschäden verzögern, sie aber nicht vollständig verhindern oder gar rückgängig machen könne. Neben der diabetesspezifischen **Mikroangiopathie,** die sich an Retina, Niere und Nerv und anderen Organen manifestiert, ist die **Makroangiopathie** von Bedeutung, die aus Sicht des Pathologen der Arteriosklerose des Nichtdiabetikers entspricht, jedoch die Besonderheit hat, daß sie beim Diabetiker gehäuft und frühzeitiger auftritt und in ihrer Ausprägung z.B. an den Koronarien weniger stenosierend als vielmehr langstreckig verengend verläuft.

Mikroangiopathie	• Nephropathie • Retinopathie • Mikroangiopathie des Herzens • Polyneuropathie • Autonome Neuropathie
Makroangiopathie	• Koronare Herzkrankheit • Arterielle Verschlußkrankheit • Zerebrovaskuläre Insuffizienz • Karotisstenose • Nierenarterienstenose • Aortensklerose

Tab. 3.1: Mikro- und Makroangiopathie bei Diabetes mellitus.

Die biochemischen und zellulären Mechanismen, die zu organischen Folgeschäden bei Diabetikern im Laufe der Krankheitsjahre führen, sind noch weitgehend unklar. Die (wohl) wesentlichste klinische Ursache ist sicherlich in der persistierenden **Hyperglykämie** zu sehen, welche durch die **Hyperlipoproteinämie** und die **Hypertonie** negativ verstärkt wird.

3.1.1. Induktion von oxydativem Streß

Im einzelnen tragen folgende pathobiochemische Phänomene zur Entwicklung der diabetischen Folgeerkrankungen bei:

- Die persistierende Hyperglykämie beschleunigt die nicht-enzymatische Glykosylierung von Proteinen (**AGE-Proteinen** = advanced glycation endproducts). Eine vermehrte Anhäufung von AGEs wird im Serum und Gewebe von Patienten mit Diabetes mellitus, aber auch bei Patienten mit Morbus Alzheimer und bei Urämie beobachtet
- Es kommt zur Bildung **reaktiver O_2-Verbindungen** und damit zur **Begünstigung von AGE-Bildung** und **Lipidoxydation**
- Die infolge der Hyperglykämie **vermehrte Bildung von Sorbit** und die dadurch **behinderte Inositaufnahme** in die Zelle beeinträchtigen die Membraneigenschaften von Zellen, besonders der Nervenzellen
- Eine **vermehrte Sekretion von Wachstumsfaktoren (Mitogene)** bei Hyperglykämie verändert die Proliferationsrate der Zellen und die Synthese von Basalmembranproteinen. Es kommt zu **Störungen der Funktion der Basalmembran** und zur **Verbreiterung des Mesangiums**
- Die **vermehrte Bildung von Sauerstoffradikalen** führt über **endotheliale Dysfunktion**, die Oxydation von LDL zu funktionellen und strukturellen Veränderungen der Gefäßwand. Antioxydantien, wie z.B. Vitamin E und Thioctsäure können den durch die Bindung von AGE-Proteinen an RAGE erzeugten oxydativen Streß vermindern

3.1.2. Diabetische Mikroangiopathie

Die Mikroangiopathie manifestiert sich klinisch vorwiegend als

- **Retinopathie**
- **Nephropathie** und
- **Neuropathie**

Es besteht kein Zweifel an einem unmittelbaren kausalen Zusammenhang zwischen Hyperglykämie und Mikroangiopathie. Das Ausmaß der Schädigung hängt von der Dauer des Diabetes und der Höhe des Blutzuckerspiegels ab. Die nahezu in allen Organen und Geweben nachgewiesene **Verdickung der Basalmembran** wird als strukturelles Korrelat der diabetischen Mikroangiopathie angesehen. Im wesentlichen werden heute zwei Hypothesen für die Entwicklung von Mikroangiopathien diskutiert.

- Das ***hämodynamische Modell*** sieht als kausale Ausgangssituation einen **erhöhten Kapillardruc**k. Dieser führt zur vermehrten Bildung extravaskulärer Matrixproteine und somit zu einer **Verdickung der Basalmembran**. Dieser Vorgang begrenzt aber die Vasomotorik der Mikrokapillaren und verschlechtert damit die Versorgung des umliegenden Gewebes. Tatsächlich ließ sich bei Diabetikern ein erhöhter Druck in Nagelfalzkapillaren und eine verminderte Vasodilatation der Mikrokapillaren nachweisen. Besonders hoch ist der Kapillardruck bei schlechter Blutzuckereinstellung
- Nach der ***Permeabilitäts-Hypothese*** verändert die nicht-enzymatische Glykosylierung von Strukturproteinen deren Tertiärstruktur. Es kommt zur **Änderung der Barrierefunktion der Proteine in der Basalmembran**, so daß die Gefäßpermeabilität ansteigt. Diese Permeabilitätsänderung ist vor allem für die Entwicklung der Nephropathie verantwortlich

Die Folge der mikrovaskulären Dysfunktionen sind

- eine verminderte Kapillardurchblutung
- eine Verschlechterung der Hämorheologie
- die Verminderung der Vasomotorik der Arteriolen
- die Erhöhung der Kapillarpermeabilität und
- die verstärkte Angiogenese, vor allem bei der Retinopathie

3.1.3. Diabetische Makroangiopathie

Die Makroangiopathie stellt bei Diabetikern die **häufigste chronische Komplikation** dar und ist die Haupttodesursache. Obwohl sich die Arteriosklerose bei Diabetikern pathogenetisch nicht von der der Nicht-Diabetiker unterscheidet, ergeben sich doch eindeutige Charakteristika der Makroangiopathie besonders beim Typ 2-Diabetes. Während bei Nicht-Diabetikern das männliche Geschlecht bei makroangiopathischen Erkrankungen stark überwiegt, ist das **Erkrankungsrisiko bei Frauen mit Diabetes stärker erhöht als bei Männern**.

Der arteriosklerotische Prozeß tritt häufiger, schwerer und eher diffus in Erscheinung.

Bevorzugte Regionen sind die peripheren arteriellen, das heißt die mittleren und kleinen Gefäße.

3.2. Diabetes und Augenerkrankungen

Diabetesbedingte Veränderungen können an allen Abschnitten des Auges auftreten und zu multiplen Störungen unterschiedlichen Ausmaßes führen. Von besonderer klinischer Bedeutung für den Betroffenen sind diese, wenn Netzhaut, Iris und Linsen betroffen sind. Im folgenden wird die Gewichtung der Darstellung sich nach der klinischen Relevanz richten.

Die diabetische Retinopathie stellt in den Industrieländern heute die häufigste Erblindungsursache dar. Diabetiker haben, verglichen mit der gesunden Bevölkerung, in Abhängigkeit vom Lebensalter ein 10-20faches höheres Erblindungsrisiko.

Beim jugendlichen **Typ 1-Diabetiker** verläuft abhängig von der Dauer der Hyperglykämie die diabetische **Retinopathie** einschließlich der proliferativen Form schneller und schwerwiegender. Der Typ 2-Diabetiker entwickelt dagegen häufiger und früher eine **Makulopathie**, die diabetische Retinopathie verläuft etwas langsamer und weniger aggressiv.

3.2.1. Pathogenese

Die Pathogenese der diabetischen Mikroangiopathie an der Netzhaut ist komplex. Am Beginn kommt es zu einer Degeneration und Schwund der Perizyten, wodurch an den Kapillarwänden sackartige Ausweitungen entstehen, die Mikroaneurysmen. Biochemisch bewirkt die chronische Hyperglykämie eine vermehrte nicht-enzymatische Glykosylierung mit Veränderungen von Zellmembranen und extrazellulärer Matrix sowie, durch Steigerung des Enzyms Aldosereduktase, eine Anhäufung von Sorbitol vor allem in den Perizyten der Netzhautgefäße mit konsekutivem Zelluntergang. Auch kleine Blutungen und/oder einzelne Mikroinfarkte im Kapillarbett sind Erstsymptome der Retinopathie.

Durch Schädigung der Kapillarendothelien kommt es schließlich zu einem Ödem der Netzhaut, verbunden mit intraretinalen Blutungen, harten Exsudaten (Lipoproteinablagerungen), **cotton-wool-Exsudate** (Ödeme in der Nervenfaserschicht in Folge von Kapillarverschlüssen), **IRMA's** (intraretinale mikrovaskuläre Anomalien = dilatierte Kapillaren, die häufig am Rande von cotton-wool-Exsudaten vorkommen) und venösen Kaliberschwankungen.

Die Lokalisation der Veränderungen nimmt wesentlichen Einfluß auf die Prognose des Geschehens. In der Makularegion z.B. führen Ablagerungen von harten Exsudaten oder Ödemen (bezeichnet als diabetische Makulopathie) zu einer ungünstigen Visusprognose.

Ist ein Großteil der Netzhaut von Kapillarausfällen betroffen, werden epiretinale und epipapilläre Gefäßneubildungen (papilläre Neovaskularisationen) induziert, die durch Blutungen in den Glaskörper zu einer plötzlichen Sehverschlechterung führen können. Neovaskularisationen können sowohl auf der Papille als auch in der Netzhautperipherie vorkommen.

Hypoglykämie und plötzliche extreme Blutdruckerhöhungen können spontane Augapfeleinblutungen auslösen.

Rezidivierende Blutungen und fibrovaskuläre Neubildungen verursachen über eine Schrumpfung des Glaskörpers **Traktionen**, die zur **Netzhautablösung** führen können, die unbehandelt zur Erblindung führt. Die Ischämie im Bereich der Netzhaut kann auch Neovaskularisationen an der Iris hervorrufen, wodurch ein **Sekundärglaukom** entsteht.

3.2.2. Stadieneinteilung der diabetischen Retinopathie

Seit Anfang der neunziger Jahre hat sich eine von der "Early Treatment Diabetic Retinopathy Study Group" vorgeschlagene neue Einteilung der diabetischen Retinopathie durchgesetzt (☞ Tab. 3.2).

Man unterteilt die diabetische Retinopathie in drei Verlaufsformen:

- die nichtproliferative Retinopathie
- die proliferative diabetische Retinopathie
- fortgeschrittene diabetische Augenerkrankung

3.2.3. Dokumentation

Photographie

Die **Fundusphotographie** ist eine unerläßliche Voraussetzung für brauchbare **Verlaufsbeurteilungen**. Sie ist auch für die **Erfassung von Frühveränderungen** der Ophtalmoskopie überlegen. Bemerkenswert ist, daß **Schwarz-Weiß-Panoramaphotographien** Colorphotos wegen ihres weitaus höheren Informationsgehaltes überlegen sind.

Die Panoramafundusphotographie hat sich als die umfassendste **Dokumentation** der diabetischen Retinopathie für klinische und wissenschaftliche Zwecke am besten bewährt. Ein Panoramaphoto wird aus 7-19 und mehr einzelnen Schwarz-Weiß-Photos zusammengesetzt.

Fluoreszeinangiographie

In der Praxis wird die Fluoreszeinangiographie zur **Verlaufsbeurteilung** der diabetischen Retinopa-

Einteilung der diabetischen Retinopathie	
nichtproliferative diabetische Retinopathie (NPDR)	
mild	Mikroaneurysma und intraretinale Blutungen
mäßig	Mikroaneurysmen, intraretinale Blutungen und perlschnurartig veränderte Venen
schwer	"4:2:1"-Regel: Mikroaneurysmen und intraretinale Blutungen in allen vier Quadranten oder perlschnurartig veränderte Venen in mindestens zwei Quadranten oder intraretinale mikrovaskuläre Anomalien (IRMA) in mindestens einem Quadranten
proliferative diabetische Retinopathie (PDR)	
frühe PDR	Neovaskularisation an Papille und übriger Netzhaut, in der Ausdehnung kleiner als Hochdruck-PDR
Hochrisiko-PDR	Neovaskularisation an der Papille >1/3 Papillendurchmesser (PD) präretinale Blutung auch mit kleineren Neovaskularisationen an der Papille oder peripherer Neovaskularisation >1/2 PD
fortgeschrittene diabetische Augenerkrankung	
	• Hochrisiko-PDR mit Glaskörperblutung • Traktionsbedingte Netzhautablösung • Rubeosis iridis + Sekundärglaukom

Tab. 3.2: Einteilung der diabetischen Retinopathie.

thie einerseits und zur **Indikationsstellung für die Lasertherapie** andererseits routinemäßig eingesetzt. Um eine klare Differenzierung der Art der diabetischen Makulopathie zu erhalten und um über eine adäquate Lasertherapie entscheiden zu können, ist die Fluoreszeinangiographie unbedingt notwendig.

3.2.4. Die nichtproliferative diabetische Retinopathie

Bei der nichtproliferativen diabetischen Retinopathie zeigen sich die pathologischen Veränderungen der Netzhaut als Ausdruck einer **allgemeinen Kapillaropathie**. In Folge der Verdickung der Basalmembran, vermutlich durch Einlagerung glykolysierter Proteine, kommt es zu Aussackungen der Kapillaren bis hin zu Gefäßverschlüssen. Entsprechend findet man als typisches Zeichen die charakteristischen **Mikroaneurysmen** (lokalisierte sackförmige Erweiterungen der Kapillaren) und **intraretinale Blutungen** (punkt- und fleckförmig in den inneren Netzhautschichten, mehr zungenförmig in der Nervenfaserschicht). Weiterhin treten **"harte Exsudate"** (Lipoproteinablagerungen aufgrund der abnormen Permeabilität der Kapillaren und Mikroaneurysmen) einzeln oder disseminiert auf. Außerdem kann man "**weiche Exsudate**" (cotton-wool-Herde = umschriebene ischämische Infarkte der Nervenfaserschicht) sowie intraretinale mikrovaskuläre Anomalien (**IRMAs**) beobachten.

Zusätzlich treten makrovaskuläre Befunde an den Venen als perlschnurartige Veränderungen mit unregelmäßigen Verengungen und Erweiterungen des Lumens, aber auch als generalisierte venöse Kaliberschwankungen auf. Die Lokalisation der Veränderungen hat bedeutenden Einfluß auf die Prognose. In der Makularegion führen diese Veränderungen zu einer ungünstigen Visusprognose.

3.2.5. Die proliferative diabetische Retinopathie

Die nichtproliferative Retinopathie kann in eine proliferative diabetische Retinopathie übergehen.

> Sie ist gekennzeichnet durch neugebildete Gefäße aus der Papille oder den großen Gefäßbögen, die in die hintere Glaskörpergrenzschicht einsprossen.

Diese aus den pathologisch veränderten Netzhautgefäßen ausgesproßten unreifen Gefäßneubildungen können infolge von Glaskörperschrumpfungen leicht einreißen, wodurch es zu **Glaskörperblutungen** kommt. Gefäßneubildungen können sowohl auf der Papille als auch in der Netzhautperipherie vorkommen. Die Blutungsgefahr ist aus papillären Neovaskularisationen besonders groß. Rezidivierende Blutungen und Gefäßneubildungen verursachen über eine Schrumpfung des Glaskörpers Traktionen, die zur Netzhautablösung führen können.

Neovaskularisationen an der Papille sind prognostisch ungünstig. Sie werden als Risikofaktoren im Hinblick auf eine rasche Progression angesehen, wenn sie größer als 1/4 bis 1/3 des Papillendurchmessers sind.

Periphere Neovaskularisationen sind prognostisch weniger ungünstig. Sind sie isoliert vorhanden, betrachtet man sie erst ab einer Ausdehnung von mehr als der Hälfte des Papillendurchmessers als Risikofaktor.

3.2.6. Die diabetische Makulopathie

Diese kann in allen Phasen der diabetischen Retinopathie zusätzlich auftreten. Man unterscheidet 3 Formen, die

- fokale
- diffuse und
- ischämische Makulopathie (☞ Tab. 3.3)

Die Beurteilung einer Makulopathie ist nur in Mydriasis binokular ophtalmoskopisch möglich. Eine Fluoreszeinangiographie kann für die exakte Diagnostik notwendig werden.

Einteilung der diabetischen Makulopathie (DMP)	
fokal	umschriebene Zonen von Netzhautödem mit Mikroaneurysmen, intraretinalen Blutungen und harten Exsudaten
diffus	ausgedehntes nicht abgrenzbares Netzhautödem des hinteren Pols mit intraretinalen Blutungen und harten Exsudaten
ischämisch	Untergang des perifovealen Kapillarnetzes ohne Ödem (Diagnose nur fluoreszenzangiographisch zu stellen)

Tab. 3.3: Einteilung der diabetischen Makulopathie (DMP).

3.2.7. Gravidität und diabetische Retinopathie

Eine diabetische Retinopathie kann in Einzelfällen während einer Gravidität besonders bei bestehender Nephropathie rapid fortschreiten.

Oftmals ist sie gefolgt von einer eindrucksvollen Spontanremission im ersten halben Jahr nach der Schwangerschaft. Zu einer verstärkten Progredienz während der Schwangerschaft neigen vornehmlich proliferative Verlaufsformen. Eine rechtzeitige stabile Diabeteseinstellung vor Planung einer Schwangerschaft ist für den Verlauf der Retinopathie von besonderer Bedeutung.

Als **Leitlinie zur augenärztlichen Betreuung** von schwangeren Diabetikerinnen sollte folgendes gelten:

- erstmals augenärztliche Kontrolle vor geplanter Schwangerschaft
- sonst bei Stellen der Diagnose
- spätestens während des ersten Schwangerschaftsmonates
- später:
  - falls keine diabetische Retinopathie: alle 3 Monate
  - bei schon bestehender diabetischer Retinopathie: alle 1-2 Monate

3.2.8. Therapie

Allgemeine Therapie

Es ist seit langem bekannt, daß eine **möglichst normoglykämische Stoffwechseleinstellung** das Auftreten und das Fortschreiten der Retinopathie verzögern kann. Die Ergebnisse der DCCT-Studie haben diese Tatsache bewiesen. Die bisher bekannten Studien haben den günstigen Effekt einer normoglykämischen Blutzuckereinstellung für Typ 1-Diabetiker und in der UKPDS-Studie auch für Typ 2-Diabetiker nachgewiesen. Werden die Ergebnisse mit der Qualität der Glukosestoffwechseleinstellung korreliert, so zeigt sich, daß das Risiko der Entstehung einer diabetischen Retinopathie von dem Ausmaß der Hyperglykämie über längere Zeit abhängt. Je besser die langfristige gute Stoffwechseleinstellung, gemessen am HbA1c-Wert, desto geringer sind sowohl die Inzidenz als auch, bei schon bestehender Retinopathie, die Progression der diabetischen Netzhautveränderungen insgesamt und der proliferativen diabetischen Retinopathie.

Im Zusammenhang mit der Optimierung der Stoffwechseleinstellung ist folgende Beobachtung erwähnenswert:

Die **rasche Absenkung** eines sehr hohen HbA1c-Wertes innerhalb kurzer Zeit kann initial zu einer beschleunigten Progression der diabetischen Retinopathie und Makulopathie führen, die man als **"paradoxe Verschlechterung"** bezeichnet hat. So haben sich nach Einführung der Insulinpumpentherapie die Befunde einiger Patienten erheblich verschlechtert, teils bis zur Erblindung. Für dieses Phänomen wird derzeit folgende Erklärung diskutiert: ischämische Netzhautanteile exprimieren vermehrt Rezeptoren für IGF-1 (insulin – like growth factor) und andere Wachstumsfaktoren. Bei Diabetikern mit kontinuierlich hohen HbA1c-Werten produziert die Leber wenig IGF-1, die Blutspiegel liegen im unteren Normbereich. Bei Blutzuckerverbesserung und Absenken des HbA1c-Wertes steigt der IGF-1 Blutspiegel in den oberen Normbereich und darüber an. Die schädigende Wirkung von IGF-1 auf die Netzhautgefäße ist dosisabhängig und anscheinend bei vorgeschädigter Netzhaut stärker als bei gesunder. Falls schon eine schwere nichtproliferative oder proliferative diabetische Retinopathie zum Zeitpunkt der Optimierung des HbA1c-Wertes bestand, ist trotz langfristig optimaler Blutzuckereinstellung keine protektive Wirkung mehr zu erwarten. In diesen Fällen scheint ein "**point of no return**" erreicht zu sein, ab dem die Retinopathie eigengesetzlich verläuft, ohne daß eine Optimierung der Stoffwechsellage das Geschehen positiv beeinflussen kann.

> Wichtig ist die gleichzeitige Einstellung eines Hypertonus und einer Lipidstoffwechselstörung.

Typisch für Diabetiker mit Hypertonie sind massive Leckagen am hinteren Pol und nasal der Papille, die mit einer erheblichen Herabsetzung des Visus einhergehen. Hier ist eine Verbesserung mit einer optimalen Einstellung der Hypertonie zu erreichen.

Versuche, die diabetische Retinopathie medikamentös zu beeinflussen, verliefen enttäuschend. Für Aspirin, Calciumdobesilat, Naftidrofuryl oder Ruticalzon und andere Pharmaka konnte kein eindeutiger Effekt auf die Progression der Retinopathie und die Visusentwicklung nachgewiesen werden.

Stadiengerechte Therapie

Die diabetische Retinopathie galt noch vor 30 Jahren als unvermeidbare und unbehandelbare Erkrankung. Heute bilden drei wesentliche Fortschritte der letzten Jahrzehnte die Säulen für die Therapie der diabetischen Retinopathie:

- die Erkenntnis, daß eine **möglichst optimale Stoffwechseleinstellung** die Entwicklung der Retinopathie günstig beeinflußt, was die DCCT- und die UKPDS-Studie beweisen konnten
- die Einführung der **Photocoagulation**
- die Einführung der **Glaskörper-Chirurgie**

Tabelle 3.4 zeigt einen therapeutischen Stufenplan für die stadiengerechte Behandlung der diabetischen Retinopathie.

Photocoagulation

Die Photocoagulation der Netzhaut ist heutzutage eine nicht mehr wegzudenkende wichtige und wirksame Therapie der diabetischen Retinopathie. Das Prinzip ist die Coagulation, also die Zerstörung bestimmter Netzhautareale. Die Laserbehandlung erfolgt in Tropfanästhäsie mit einem

Stadium der Retinopathie	Therapieempfehlung
milde/mäßige nicht-proliferative Retinopathie ohne Makulaödem	2 x jährliche Kontrolle
schwere nicht-proliferative Retinopathie ohne Makulaödem	4 x jährliche Kontrolle
nicht-proliferative Retinopathie mit Makulaödem	fokale oder grid Lasercoagulation
proliferative Retinopathie ohne Makulaödem	disseminierte Lasercoagulation, ggf. Kryobehandlung
proliferative Retinopathie mit Makulaödem	erst fokale oder grid, dann disseminierte Lasercoagulation
Traktionsablatio, Glaskörperblutung	Glaskörperchirurgie

Tab. 3.4: Therapeutischer Stufenplan für die stadiengerechte Behandlung der diabetischen Retinopathie

Kontaktglas an der Spaltlampe, meistens im Sitzen. Der Laserstrahl wird durch die erweiterte Pupille auf die Netzhaut gerichtet. Das Gewebe wird durch die Laserwirkung erwärmt, und das Pigmentepithel mit den darüberliegenden Photorezeptoren wird coaguliert.

Das therapeutische Ziel dieser Lasertherapie ist die Verhinderung eines schweren Sehverlustes durch die diabetische Retinopathie.

Die Lasercoagulation bei proliferativer diabetischer Retinopathie kann das Risiko eines schweren Visusverlustes erheblich verringern. Die Diabetic Retinopathie Study (DRS) konnte dies in beeindruckender Weise nachweisen.

Therapie der diabetischen Makulopathie

Direktes Zeichen des **Makulaödems** ist eine **Verdickung der Netzhaut**, indirekte Zeichen sind kranzförmige Ablagerungen von Lipiden, s.g. **"harte Exsudate"**¸am Rand des Ödembezirkes. Ziel der Coagulationsbehandlung beim Makulaödem ist die Verödung der leckenden Kapillaren und Mikroaneurysmen. Eine Rückbildung des umgebenden Ödems ist die Folge. Eine Verbesserung der Netzhautfunktion ist möglich, allerdings kann die Netzhaut schon durch ein länger bestehendes Ödem irreversibel geschädigt werden, so daß keine Verbesserung der Netzhautfunktion mehr möglich ist.

Vitrektomie

In den meisten Fällen der proliferativen diabetischen Retinopathie können die Neovaskularisationen durch eine Koagulationsbehandlung zur Rückbildung gebracht werden. In einigen Fällen jedoch gelingt dies nicht. Die häufigste Komplikation sind Blutungen aus den Gefäßneubildungen in den Glaskörper hinein. Wenn sich die Blutung nicht innerhalb weniger Monate spontan resorbiert, sollte sie operativ entfernt werden.

Eine andere Komplikation der proliferativen diabetischen Retinopathie ist die **Traktionsablatio**. Durch die Verkürzung der an der Netzhaut anheftenden Membranen wird die Netzhaut vom darunterliegenden Pigmentepithel abgehoben und somit von ihrer Versorgung abgeschnitten. Die **Glaskörperchirurgie** verfolgt mehrere Ziele. Neben der **Entfernung von getrübten Medien** aus der optischen Achse und der **Wiederanlage der Netzhaut** wirkt sich eine Vitrektomie günstig auf den weiteren Verlauf der Erkrankung aus. Außerdem erlaubt die Vitrektomie intraoperativ eine Lasercoagulation durchzuführen, was sonst bei den trüben Medien nicht möglich ist.

Indikationen zur Vitrektomie bei proliferativer diabetischer Retinopathie
• schwere nicht resorbierende Glaskörperblutung (früh bei Typ 1-Diabetikern!)
• traktionsbedingte oder kombiniert traktiv/rheomatogene Netzhautablösung mit relativ frischer Beteiligung der Makula
• schwere floride proliferative diabetische Retinopathie mit progressiver Proliferation trotz massiver Laserkoagulation (auch bei noch gutem Ausgangsvisus!)
• prämakuläre subhyaloidale Blutung
• Rubeosis iridis bei Trübungen der brechenden Medien (Glaskörperblutung plus/minus Katarakt), die eine ausreichende Laserkoagulation behindern

Tab. 3.5: Indikationen zur Vitrektomie bei proliferativer diabetischer Retinopathie.

3.2.9. Sonstige diabetische Augenveränderungen

Augenmuskeln

Paresen der Augenmuskeln kommen bei älteren Diabetikern rezidivierend vor und können Hinweis auf einen nichtbekannten Diabetes mellitus sein. Am häufigsten betroffen sind die vom **N. okulomotorius** und **N.abducens** versorgten Augenmuskeln. Die Lähmungen sind auf eine ischämischbedingte Schädigung der entsprechenden Kerngebiete zurückzuführen.

Hornhaut

Herabsetzung der Hornhautsensibilität und Epithelstörungen treten häufig bei Patienten mit langer Diabetesdauer auf. Oft bestehen gleichzeitig Beschwerden wie bei einem Sicca-Syndrom. Beide Störungen stellen günstige Voraussetzungen für die Entwicklung von Entzündungen dar.

Iris

Im Rahmen einer fortgeschrittenen Mikroangiopathie des Auges sind Gefäßneubildungen der Regenbogenhaut möglich. Diese als **Rubeosis iridis** bezeichnete Veränderung kommt in der Regel bei fortgeschrittener proliferativer Retinopathie vor. Eine Rückbildung kann man durch panretinale Lasertherapie der Netzhaut erreichen. Erstreckt sich die Rubeosis auch auf den Kammerwinkel, besteht die Gefahr eines akuten Glaukoms. Dieses geht mit starker Rötung des Augapfels sowie mit starken Schmerzen einher, die Übelkeit und Erbrechen auslösen können. Als Behandlung hierfür steht die Beseitigung der retinalen Ischämie durch die Lasercoagulation im Vordergrund.

Refraktionsschwankungen

Extreme Blutzuckerwerte führen über eine Änderung des Brechungsindexes der Linsen zu vorübergehenden Sehstörungen. Dabei verursachen hohe Blutzuckerwerte eine Myopiesierung. Eine drastische Senkung des Blutzuckers hat eine relative Hyperopiesierung zur Folge. Dieses für den Patienten meist beunruhigende Phänomen tritt hauptsächlich bei initialer Insulintherapie bzw. bei Stoffwechselrekompensationen auf.

Linsen

Linsentrübungen (Cataract) treten bei Diabetikern aller Altersgruppen gehäuft auf. Gesicherte Ursache hierfür ist eine durch die Hyperglykämie induzierte Ansammlung von Sorbitol in der Linse. Beim jugendlichen Diabetiker ist dies der wichtigste Auslöser für die Cataractgenese. Beim Altersdiabetiker hingegen führt sie zur früheren Manifestation der altersbedingten Cataract.

3.2.10. Prävention

Unbehandelt führt die diabetische Retinopathie und Makulopathie auf Dauer zur Erblindung oder wesentlicher Sehbehinderung. Eine Heilung der diabetischen Retinopathie bzw. Makulopathie ist nicht möglich. Lasertherapie und operative Maßnahmen haben ihren gesicherten Stellenwert, können die Erkrankung jedoch in bestimmten Stadien mit z.T. schon erheblicher Visuseinbuße zum Stillstand bringen. Durch konsequente Anwendung der bekannten Screening- und Behandlungsverfahren ließen sich sicher nicht alle aber viele Erblindungen an diabetischer Retinopathie vermeiden.

Zur **Vorbeugung durch Früherkennung** gelten daher die Empfehlungen der "Initiativgruppe zur Früherkennung diabetischer Augenerkrankungen" der Deutschen Ophthalmologischen Gesellschaft und des Berufsverbandes der Augenärzte:

- Unmittelbar nach Feststellung des Diabetes mellitus sollte sowohl bei Typ 1- als auch bei Typ 2-Diabetikern eine augenärztliche Untersuchung erfolgen
- Vor Auftreten diabetischer Augenhintergrundveränderungen sind jährliche Kontrolluntersuchungen unter Weitstellung der Pupille erforderlich
- Sind bereits Veränderungen der Netzhaut entstanden, müssen die Patienten in wesentlich kürzeren Abständen augenärztlich untersucht werden - je nach Stadium der Erkrankung alle 3 bis 6 Monate

Ziel aller Bemühungen sollte, wie es durch die St. Vincent Declaration gefordert ist, sein, das Auftreten diabetesbedingter Erblindungen zu reduzieren. Bei konsequenter Anwendung der verfügbaren diagnostischen und therapeutischen Möglichkeiten scheint dieses Ziel erreichbar zu sein.

3.3. Diabetes und Erkrankungen des Herz-Kreislauf- und Gefäßsystems

Der Begriff "**diabetische Herzkrankheit**" umfaßt die Gefäßerkrankungen des Herzens (coronare Herzkrankheit) sowie die **diabetische Kardiomyopathie** und die autonome **kardiale Neuropathie**.

Das **Risiko** und die **Mortalität** der coronaren Herzkrankheit beim Typ 2-Diabetes sind nach verschiedenen epidemiologischen Studien um das **2-4fache erhöht**. Ein Typ 2-Diabetiker verliert durch seine Krankheit 5-10 Lebensjahre. Die coronare Herzkrankheit des Typ 1-Diabetes muß von der des Typ 2-Diabetes abgegrenzt werden. **Typ 1-Diabetiker mit einer Mikroalbuminurie bzw. Proteinurie haben ein erheblich gesteigertes kardiovaskuläres Risiko,** hingegen haben Typ 1-Diabetiker ohne Proteinurie ein nahezu normales kardiovaskuläres Risiko aufzuweisen.

Typische Merkmale der diabetischen Herzkrankheit sind in Tabelle 3.6 aufgeführt:

Merkmale der diabetischen Herzkrankheit
• Frühzeitige Atherosklerose
• Mikroangiopathie
• Erhöhtes Infarktrisiko
• Rezidivierende Herzinfarkte
• Stumme Herzinfarkte
• Diabetische Myokardiopathie
• Herzrhythmusstörungen
• weibliches Geschlecht besonders anfällig

Tab. 3.6: Merkmale der diabetischen Herzkrankheit.

Die klinischen Symptome der coronaren Herzkrankheit weisen beim Diabetiker charakteristische Besonderheiten auf. Sowohl Typ 1- wie auch Typ 2-Diabetiker machen häufiger **stumme Myokardinfarkte** durch und weisen eine vergleichsweise **diskrete anginöse Beschwerdesymptomatik** auf. Als Ursache wird die diabetische autonome Neuropathie des Herzens angenommen. Sowohl Typ 1- wie Typ 2-Diabetiker mit belastungsabhängiger Angina pectoris weisen eine **signifikante Verlängerung der Angina-Wahrnehmungsschwelle** auf. Die Konsequenz ist demnach, daß Diabetiker aufgrund des verzögerten Auftretens einer Angina pectoris einer erhöhten Ischämiegefährdung und einer vermehrten Inzidenz ischämisch ausgelöster Rhythmusstörungen ausgesetzt sind.

Eine weitere Besonderheit der coronaren Herzkrankheit bei Diabetikern stellt ein **häufiger Übergang in eine Myokardinsuffizienz** und eine gegenüber Nichtdiabetikern **erhöhte Mortalität beim Myokardinfarkt** dar. Oft besteht eine auffallende Diskrepanz zwischen dem Ausmaß des path. Coronarangiogramms und dem Grad der linksventrikulären Funktionseinschränkung infolge einer begleitenden diabetischen Kardiomyopathie und einer coronaren Mikroangiopathie.

3.3.1. Pathogenese

Die Faktoren, die auf unterschiedliche Weise zur diabetischen Kardiopathie führen sind in Abbildung 3.1 dargestellt.

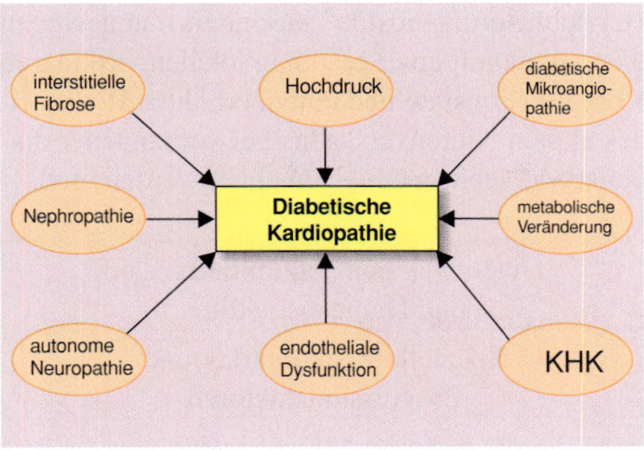

Abb. 3.1: Pathogenese der diabetischen Kardiopathie.

3.3.2. Diabetische Mikroangiopathie und Kardiomyopathie

Die häufigsten Folgen der diabetischen Mikroangiopathie sind

- mikroaneurysmatische Auftreibungen
- irreguläre Lumenschwankungen
- Verengungen von Kapillaren
- Fehlen von kollateralen Gefäßquerverbindungen

Zusätzlich bestehen

- Verdickungen der Basalmembran
- Einengung des Gefäßlumens
- interstitielle Bindegewebsvermehrung

Weiterhin liegt bei noch intaktem Endothel bereits eine Endotheldysfunktion vor

Die Fähigkeit der Coronargefäße, auf vasodilatatorische Stimuli sich zu erweitern, ist abgeschwächt, während auf Konstriktoren eine verstärkte Engstellung erfolgt. Diese veränderte Reaktivität wird auf eine gestörte Synthese und Freisetzung endothelialer Faktoren wie z.B. dem "endothelial derived relaxing factor" (EDRF) und Prostazyklin zurückgeführt. Die endotheliale Dysfunktion hat außer der ungünstigen Beeinflußung des Vasomotorentonus auch eine Steigerung der Plättchenaggregabilität und Verschiebung des Gleichgewichts des fibrinoloytischen Systems in die thrombogene Richtung zur Folge. Die Ausbildung der **diabetischen Kardiomyopathie** hat als Ursache eine interstitielle Fibrose und eine arterioläre Hyalinisierung. Weiterhin findet sich eine **frühzeitige Störung der linksventrikulären Funktion** bei noch symptomenfreien, meist jungen Typ 1-Diabetikern ohne Hinweis auf eine coronare Herzkrankheit.

3.3.3. Arterielle Hypertonie

Bei arterieller Hypertonie führt die Druckbelastung des Herzens relativ rasch zu einer **Myokardhypertrophie** und in der Folge zur **Herzinsuffizienz**. Dabei zeigt beim Diabetiker auch der kaum druckbelastete rechte Ventrikel eine deutliche Funktionsstörung. Neben der Myokardhypertrophie findet sich eine **Vermehrung von Collagenfasern im Interstitium** und ein **Myofibrillenverlust**. Daraus folgen Störungen der diastolischen Myokardentspannung und der systolischen Kontraktilität. Beim hypertonen Diabetiker entwickeln sich diese Veränderungen rascher als bei Hypertonikern ohne Diabetes.

3.3.4. Neuropathie des diabetischen Herzens

Die autonome Neuropathie des Herzens manifestiert sich durch Störungen der parasympathischen, sympathischen und sensiblen Nervenfunktionen. Die Folgen sind Funktionsstörungen wie:

- **1. Stumme Ischämien**
  Der Ausfall der Schmerzempfindung ist einerseits typisch, zum anderen findet man zunächst diffuse Mißempfindungen. Bei etwa 1/3 der wegen eines Herzinfarktes hospitalisierten Diabetikern findet sich eine stumme Ischämie. Ein weiteres Drittel der Betroffenen gibt lediglich leichte Schmerzen an. Bei nichtdiabetischen Patienten finden sich hingegen beim Herzinfarkt in ca.75 % der Fälle heftigste Schmerzsymptome. Diese stumme Myokardischämie dürfte wesentlich zur erhöhten Mortalität bei Diabetikern beitragen
- **2. erhöhte Ruhefrequenz, Abnahme der zirkadianen Schwankungen der Herzfrequenz**, *(nachts relativ bradycard, tagsüber relativ tachycard)*
- **3. eine Frequenzstarre** bei In- und Expiration sowie eine
- **4. erhöhte Sensitivität auf Katecholamine**

Orthostatische Dysfunktion

Mit Fortschreiten der autonomen diabetischen Neuropathie werden die sympathischen Nervenfasern beschädigt. Dies führt zu einem **Versagen**

der Regulation der Herzfrequenz und des Blutdrucks bei Orthostase. Die Folgen sind ein **orthostatischer Blutdruckabfall mit Schwindelzuständen**.

Herzrhythmus- und Erregungsleitungsstörungen

Bei Diabetikern treten gehäuft supraventrikuläre und ventrikuläre Herzrhythmusstörungen auf.

Die genannten Störungen infolge der autonomen kardialen Neuropathie verkürzen die Lebenserwartungen der Diabetiker nach Expertenmeinung um 5-7 Jahre.

3.3.5. Myokardinfarkt und Diabetes mellitus

Der Myokardinfarkt ist bei Diabetikern auch bereits im Alter unter 50 Jahren in 20-40 % die Todesursache. Ursachen für diese hohe Todesrate sind:

- eine höhere Inzidenz des Myokardinfarktes bei Diabetes mellitus
- ein im Vergleich zu nichtdiabetischen Patienten ungünstiger Infarktverlauf mit einer erhöhten Rate an kardialen Komplikationen

Die Postinfarktphase ist bei Diabetikern durch eine wesentlich **schlechtere Überlebensrate** gekennzeichnet sowie durch eine deutlich **höhere Reinfarktrate**. Diabetiker entwickeln wesentlich häufiger nach einem Myokardinfarkt eine progrediente Herzinsuffizienz als Nichtdiabetiker. Die **erhöhte Herzinsuffizienzrate** wird auf die diastolische Funktionsstörung nach Myokardinfarkt sowie auf eine begleitende diabetische Herzmuskelerkrankung zurückgeführt. Beim akuten Herzinfarkt ist eine Thrombolysetherapie nur dann beim diabetischen Patienten nicht indiziert, wenn bei einer proliferativen diabetischen Retinopathie eine Blutung am Augenhintergrund festzustellen ist.

3.3.6. Diagnostik

Grundsätzlich gelten für Diabetiker die Richtlinien der kardiologischen Stufendiagnostik mit den nichtinvasiven elektrokardiographischen und szintigraphischen Untersuchungen bis hin zur Herzkatheteruntersuchung. Insbesondere bei älteren Patienten, die schon eine generalisierte Atherosklerose und diabetische Spätkomplikationen aufweisen, muß die Indikation zu einer invasiven Herzkatheterdiagnostik besonders abgewogen werden, da mit einer erhöhten lokalen vaskulären Komplikationsrate und einem erhöhten Risiko eines akuten Nierenversagens bei vorhandener diabetischer Nephropathie gerechnet werden muß.

Diagnostik bei Herzerkrankungen und Diabetes mellitus
Spezielle Risikomarker und Progressionsfaktoren
• Mikroalbuminurie, Niereninsuffizienz • Hochdruck • andere Atherosklerosemanifestationen
Ischämiezeichen
• Belastungs-EKG • ST-Streckenanalyse • Myokardszintigraphie
Herzkatheterdiagnostik
• bei positivem Ischämienachweis • bei Angina pectoris • bei linksventrikulärer Funktionseinschränkung und Linksherzhypertrophie • zur Verlaufsbeurteilung bei Fortschreiten der Koronarsklerose
Echokardiographie
• bei akutem Myokardinfarkt und in der Postmyokardphase • bei Hypertonie • bei diabetischer Kardiomyopathie
Rhythmusdiagnostik
• Langzeit-EKG • Herzfrequenzvariabilität bei V.a. autonome Neuropathie des Herzens • Elektrophysiologische Untersuchungen bei ventrikulären Tachykardien und klinischer Symptomatik (z.B. Synkope)

Tab. 3.7: Diagnostik bei Herzerkrankungen und Diabetes mellitus.

3.3.7. Therapie

Allgemeinmaßnahmen

Basismaßnahmen sind:

- Reduzierung von Übergewicht
- Rauch- und Alkoholverbot

- maßvolle körperliche Aktivität

Körperliche Schonung wird heute lediglich bei akuter Herzinsuffizienz empfohlen. Jede plötzliche Gewichtszunahme von mehr als 1-2 kg innerhalb von wenigen Tagen sollte als Alarmsignal auf eine sich entwickelnde Insuffizienz gewertet werden und Anlaß zu einem Arztbesuch sein.

Therapie mit ACE-Hemmern

Die wichtigste Neuerung der letzten Jahre betrifft den Stellenwert der ACE-Hemmer. **ACE-Hemmer sind die Therapie der ersten Wahl** und sollten vor allem Patienten mit Herzinsuffizienz verordnet werden. Besondere Bedeutung kommt den ACE-Hemmern in der akuten Postmyokardinfarktphase bei Diabetikern zu, da sie wahrscheinlich zur Verhinderung des bindegewebigen Umbaus nach dem Infarkt beitragen. Außerdem wirken ACE-Hemmer der Insulinresistenz entgegen und haben eine nephroprotektive Wirksamkeit.

Die vielfältigen Wirkungsmechanismen, die zu einer Entlastung des erkrankten Myokards führen, sind in folgender Übersicht dargestellt:

Wirkung von ACE-Hemmern:

- Senkung der Vor- und Nachlast des Herzens
- Rückgang der Muskel- und Endothelhypertrophie
- Antiischämischer Effekt durch Blutflußumverteilung zu minderperfundierten Regionen
- Antiarrhythmischer Effekt
- Verringerung der zentralen und peripheren sympathischen Aktivität
- Steigerung der Insulinsensitivität
- Steigerung der Glykolyse

ACE-Hemmer sind lediglich bei Vorliegen einer Nierenarterienstenose oder bei schwerer Vorschädigung der Nieren **kontraindiziert**.

Intensivierte Insulintherapie

Für die Behandlung des Diabetes bei akutem Myokardinfarkt (Typ 2-Diabetiker) beschrieben Mahnberg und Mitarbeiter bei den Patienten, die von oralen Antidiabetika auf eine intensivierte Insulintherapie umgestellt wurden, eine reduzierte 1-Jahres- und Langzeitmortalität. In der DIGAMI-Studie wurden die 1-Jahres-Mortalität (19% vs. 26%) und die Langzeitmortalität (33% vs. 44%) signifikant gesenkt.

Auf die Therapie mit HMG-CoA-Reduktase-Hemmern bei Vorliegen des kardiovaskulären Risikofaktors Hyperlipoproteinämie wird im Kapitel 3.5.5.2. eingegangen.

Zusammenfassung

Eine Übersicht über die therapeutischen Empfehlungen bei diabetischer Kardiopathie zeigt Tabelle 3.8.

Therapie der diabetischen Kardiopathie
Thrombozytenaggregationshemmung
• nach Myokardinfarkt
• PTCA, ACVB
• bei anderen Atherosklerosemanifestationen
Kardioselektive β-Blockertherapie
• nach Myokardinfarkt
• bei tachycarden Rhythmusstörungen
ACE-Hemmer-Therapie
• nach Myokardinfarkt
• bei systolischer und/oder diastolischer linksventrikulärer Funktionsstörung
• bei Linkshypertrophie
Antikoagulation
• bei Vorhofflimmern
• bei Aneurysmabildung
• bei linksventrikulärer Funktionseinschränkung im Einzelfall

Tab. 3.8: Therapeutische Empfehlungen bei diabetischer Kardiopathie.

3.3.8. Diabetes mellitus und Gefäßsystem

Mehr als 75% aller Diabetiker sterben heute an ihren vaskulären Folgeerkrankungen; davon

- mehr als 50 % kardial
- etwa 12 % cerebrovaskulär und
- nahezu 10 % renal

Man unterscheidet eine **diabetesspezifische Mikroangiopathie** von der **Makroangiopathie bei Diabetes**, die einer frühzeitigen, häufiger und in verstärktem Maße auftretenden Arteriosklerose gleichkommt. Beide Formen der Angiopathie treten sowohl bei Typ 1- als auch bei Typ 2-Diabetes auf. Generell spielt die **Erkrankung der kleinen bis großen Arterien**, die als **diabetische Makroangiopathie** bezeichnet wird, die Hauptrolle.

Bei der **Mikroangiopathie** stehen vor allem die **Retinopathie** und die **Glomerulosklerose** im Vordergrund; generell sind aber mikroangiopathische Veränderungen an allen kleinen Gefäßen möglich, wie z.B. an der Haut, Skelettmuskel, Herzmuskel, Vasa vasorum sowie bei der diabetischen Neuropathie. Hinzu kommt noch eine **besondere Infektanfälligkeit des Gewebes**. Diese Kombination von sich gegenseitig beeinflussenden Störungen ergibt das charakteristische Bild der diabetischen Gefäßerkrankung.

> Die Inzidenz der Makroangiopathie ist ausgesprochen hoch bei Diabetikern, wobei sowohl die Morbidität als auch die Mortalität mit dem Alter zunimmt. Dabei ist die coronare Herzkrankheit am häufigsten, gefolgt vom Apoplex und der Claudicatio intermittens. Die Inzidenz der Makroangiopathie nimmt an den Extremitäten mit dem Alter zu und tritt beim Diabetes um ca. 10 Jahre verfrüht auf. Das diabetesbedingte Risiko ist bei Frauen stärker erhöht als bei Männern.

Zur Pathogenese der Makroangiopathie und zum klinischen Bild der arteriellen Verschlußkrankheit wird im Kapitel Diabetisches Fußsyndrom näher eingegangen.

3.3.9. Makroangiopathie der cerebralen Gefäße

Für die cerebrale Manifestation der diabetischen Makroangiopathie sind folgende Punkte im Vergleich zu Nichtdiabetikern charakteristisch:

- erhöhte Prävalenz und Inzidenz
- häufigere permanente neurologische Ausfälle
- doppelt so hohe Mortalität
- **Hauptrisikofaktor: Hypertonie**

Diabetiker neigen verstärkt zu **irreversibler Schädigung des Gehirns** als Nichtdiabetiker, dabei ist die Inzidenz des cerebralen Ausfalls mit dauerhaftem neurologischen Defizit doppelt so häufig wie bei Nichtdiabetikern, Frauen sind sogar 3mal häufiger betroffen. Auch die **Mortalität an cerebrovaskulären Ereignissen ist bei Diabetikern doppelt so hoch wie bei Nichtdiabetikern**.

Diagnose der cerebralen arteriellen Verschlußkrankheit

Im Prinzip folgt die Diagnose nach den gleichen Kriterien wie beim Nichtdiabetiker: Sorgfältige Anamnese, neurologische und angiologische Untersuchung mit Pulspalpation und Gefäßauskultation am Hals, Blutdruckmessung und Erhebung der kardiovaskulären Risikofaktoren.

Die Sicherung der Diagnose geschieht durch

- Doppleruntersuchungen der Arteria carotis
- transcranielle Doppleruntersuchung
- Farb-Duplex der Halsschlagadern
- in Zweifelsfällen Computertomographie oder Kernspin-Untersuchung und Angiographie

Therapie

Die Therapie unterscheidet sich nicht prinzipiell von jener der Nichtdiabetiker. Sie besteht daher ebenso in Beseitigung der Risikofaktoren, wobei die Normalisierung des Blutdrucks eine wesentliche Rolle spielt. Bei der TIA sind Aggregationshemmer (Acetylsalicylsäure und Ticlopidin) als Basistherapie indiziert. Bei einer TIA und einer höhergradigen Carotisstenose ergibt sich die Indikation zur Thrombendarteriektomie.

> Wesentliches Ziel jeglicher Diabetestherapie muß sein, das Auftreten vaskulärer Spätfolgen zu verhindern oder zumindestens zu reduzieren.

Dazu gehören

- an erster Stelle **optimale Diabeteseinstellung** einschließlich **Normalisierung der Parameter des Lipidstoffwechsels**
- **Normalisierung des Blutdrucks**
- **Aggregationshemmer** und
- je nach Indikation **Antikoagulantien**

3.4. Diabetes mellitus und Hypertonie

Sowohl Typ 1- als auch Typ 2-Diabetiker haben eine **höhere Hypertonie-Inzidenz als Stoffwechselgesunde.** Dabei sind Pathomechanismen und Zeitablauf der Entwicklung der Hypertonie grundsätzlich verschieden. Die Prävalenz der Hypertonie beträgt bei jüngeren Diabetikern fast 20 % und bei älteren nahezu 75 %.

Insgesamt ist die Hypertonie bei Diabetikern doppelt so häufig wie in der Gesamtbevölkerung.

Die Folge davon ist, daß bei Diabetikern im Vergleich zu Nichtdiabetikern das kardiovaskuläre Risiko

- für **Herzinfarkt, Herzinsuffizienz und Schlaganfall** auf das **3-4fache**
- für **arterielle Verschlußkrankheit** sogar auf das **4-5fache**

ansteigt. Die Hypertonie stellt eine entscheidende, die Lebenserwartung des Diabetikers beeinträchtigende Komplikation dar, die mit modernen Antihypertensiva einer Intervention zugänglich ist. Verschiedene epidemiologische Studien haben eindrucksvoll erkennen lassen, daß eine arterielle Hypertonie häufig in Verbindung mit Typ 2-Diabetes, Adipositas, gestörter Glukosetoleranz und Dyslipidämie auftritt (☞ Meatabolisches Syndrom, Kap. 1.4.4.)

3.4.1. Pathogenese

Der Verlauf der Hypertonie ist bei Patienten mit Diabetes mellitus Typ 1 und Typ 2 unterschiedlich. Der Blutdruck von Typ 1-Diabetikern ist zum Zeitpunkt der Manifestation des Diabetes meist normal. Später kann sich **auf der Basis der Nierenparenchymschädigung mit Mikroalbuminurie ein Hochdruck entwickeln**. Der Nachweis von Mikroalbumin ist somit ein wichtiges diagnostisches Vorzeichen.

Bei Patienten mit Diabetes mellitus Typ 2 besteht die Hypertonie häufig schon zum Zeitpunkt der Manifestation des Diabetes.

Eine Verbindung mit Störungen der Nierenfunktion ist anfangs weniger offensichtlich. Der Zusammenhang mit der genetischen Prädisposition und vor allem mit Übergewicht, Insulinresistenz (Hyperinsulinämie), erhöhtem Gesamtkörpernatrium und der Arteriosklerose ist evident.

Insgesamt wirkt die Gefäßmuskulatur reagibler auf vasokonstriktorische Reize. Eine weitere Verschlechterung der Situation kommt durch die Tatsache zustande, daß Insulin als Wachstumsfaktor zur Proliferation der Gefäßmuskulatur führt, also die Entwicklung einer Widerstandshypertonie induziert bzw. mitverursacht. Auch der Erhöhung des systolischen Blutdrucks muß beim Diabetiker große Aufmerksamkeit gewidmet werden. Er stellt beim älteren Diabetiker sogar einen höheren Risikofaktor dar als die Erhöhung des diastolischen Drucks.

Nicht vergessen werden darf, daß beim Typ 2-Diabetes ein Hochdruck auch durch andere Ursachen bedingt sein kann, wie z.B. durch eine chronische Pyelonephritis oder durch eine arteriosklerotische Nierenarterienstenose.

Die wesentlichen Fakten zum Thema Hypertonie beim Typ 1- und Typ 2-Diabetes sind in Tabelle 3.9 noch einmal kurz zusammengefaßt.

Typ 1-Diabetes
• Nicht vorhanden bei Krankheitsdiagnose • Entwickelt sich erst bei diabetischer Nephropathie • Systolischer und diastolischer Blutdruck erhöht • Fördert Progression der diabetischen Nephropathie
Typ 2-Diabetes
• Häufig schon vorhanden bei Krankheitsdiagnose • Zeigt Assoziation mit Übergewicht, Alter und Ausmaß der Atherosklerose • Oft nur systolischer Blutdruck erhöht • Fördert Makroangiopathie (KHK, Apoplexie, periphere Arterien-Verschlußkrankheit)

Tab. 3.9: Hypertonie bei Typ 1- und Typ 2-Diabetes.

3.4.2. Therapie

Die **UKPDS** hat im Hinblick auf die Hypertoniebehandlung gezeigt, daß eine strikte Blutdruckeinstellung alle diabetesbedingten Folgeerkrankungen reduzierte, wie in folgender Übersicht dargestellt:

Was die Blutdrucksenkung* bringt:

- -24% bei allen diabetesassoziierten Endpunkten
- -32% bei diabetesassoziierten Todesfällen
- -37% bei mikrovaskulären Komplikationen
- -44% bei Schlaganfällen

*bezogen auf den in der UKPDS erreichten Unterschied im mittleren Blutdruck von 154/87 mmHg zu 144/82 mmHg

Die **HOT-Studie** belegt den Nutzen der Senkung des diastolischen Blutdrucks auf 82,6 mmHg (syst. 139 mmHg). Durch die Gabe von Acetylsalicylsäure wurde die Häufigkeit größerer kardiovaskulärer Ereignisse signifikant verringert, der größte Nutzen fand sich bei der Gesamtzahl der Myokardinfarkte.

3.4.2.1. Nichtmedikamentöse antihypertensive Therapie

Bei adipösen Diabetikern ist am Anfang der Therapie eine **Gewichtsreduktion** die wichtigste Maßnahme. Schon wenige Kilogramm Gewichtsverlust können eine deutliche Verbesserung der Blutdruckwerte bewirken. Dieses Ziel kann durch eine hypokalorische Mischkost, verbunden mit regelmäßiger körperlicher Aktivität am besten erreicht werden.

Die **Reduktion des Alkoholkonsums** ist sowohl bei übergewichtigen als auch bei normalgewichtigen Diabetikern sinnvoll. Die tägliche Alkoholmenge sollte 30g/Tag nicht überschreiten. Eine weitere sinnvolle Maßnahme ist die **Reduktion der Kochsalzzufuhr auf 5-6 g/Tag**. Etwa die Hälfte der Patienten weist unter dieser Maßnahme eine wirkungsvolle Senkung des Blutdrucks auf. Die genannten Veränderungen der Lebensgewohnheiten sind Teil jedes Handlungsregimes bei Hypertonie.

3.4.2.2. Medikamentöse Therapie

Bei der Auswahl eines Antihypertensivums beim Diabetiker spielen neben der angestrebten Blutdrucksenkung und den allgemeinen Nebenwirkungen auch die Effekte auf die Diabeteseinstellung und Fettstoffwechsel eine Rolle. Ein einheitliches Konzept für alle Patienten kann nicht erstellt werden, d.h.: die **Hypertoniebehandlung beim Diabetes muß individuell sein**. Ein **Zielblutdruck von 120/80 mmHg** sollte angestrebt werden. Dies ist in 2/3 der Fälle nur mit einer Kombinationstherapie mit 2 oder mehr Substanzen möglich (dadurch Minimierung der Nebenwirkungen und Potenzierung der antihypertensiven Wirkung).

Im folgenden sollen die wichtigsten Aspekte beim Einsatz einiger Substanzgruppen beim Diabetiker angesprochen werden.

Diuretika

Der erhöhte Gehalt an Körpernatrium, der bei Diabetikern nachweisbar ist, kann einerseits über eine Hypervolämie, andererseits über eine gesteigerte Ansprechbarkeit der Gefäße auf endogene Vasopressoren zum Blutdruckanstieg führen. Unter diesem Aspekt kann der Einsatz von Diuretika sinnvoll sein. Unerwünschte Begleiterscheinungen wie Verschlechterung der Stoffwechseleinstellung, Hypokaliämie und negative Effekte auf die Lipide lassen Thiazide und Schleifendiuretika als Monotherapie nicht mehr als Mittel der ersten Wahl gelten.

Betablocker

Der Einsatz dieser Substanzen bei Diabetikern mit Hochdruck wird auch heute noch wegen der Nebenwirkungen kontrovers diskutiert. Prinzipiell erscheint die Anwendung dieser Substanzen wegen der gesteigerten Ansprechbarkeit des Diabetikers auf endogene Vasopressoren jedoch gerechtfertigt. Da es sich um kardioprotektive Substanzen mit antianginösem Effekt handelt, ist der **Einsatz bei Diabetikern mit häufig symptomloser KHK günstig**. Die Nachteile dieser Substanzgruppe bestehen in der negativen Inotropie und Chronotropie, der Verschleierung von Hypoglykämien und negativer Beeinflussung der endogenen Insulinfreisetzung, des Lipidstoffwechsels, sexueller Dysfunktion und der Verschlechterung der peripheren AVK.

Calciumantagonisten

Calciumantagonisten sind effektiv, vermindern den peripheren Widerstand und beeinflussen weder den Lipid- noch den Kohlenhydratstoffwechsel. Von Vorteil ist es ebenfalls, daß langwirksame Calciumantagonisten vom Dihydropyridin-Typ wie Nitrendipin und Felodipin einen günstigen Einfluß auf die Mikroalbuminurie haben. Nifedipin kann diesen Effekt nicht vorweisen und sollte deshalb und wegen anderer negativer Effekte nicht mehr eingesetzt werden.

ACE-Hemmer

Die Vorteile der ACE-Hemmer liegen insbesondere darin, daß sie effektiv sind und eine **ausgesprochen nephroprotektive Wirkung** besitzen. Sie **vermindern den peripheren Widerstand**; die Glukosetoleranz und der Lipidstoffwechsel werden nicht beeinflußt. Experimentelle Untersuchungen konnten zeigen, daß für das Fortschreiten der Nephropathie der erhöhte intrakapilläre Druck in den Glomeruli eine besondere Rolle spielt. Unter ACE-Inhibitoren kann der glomeruläre Hypertonus durch ein Nachlassen des Widerstands im Vas afferens gesenkt werden.

In fast allen Studien konnte unter Therapie mit ACE-Hemmern bei Diabetikern mit Nephropathie eine Abnahme der Proteinausscheidung im Urin und eine Verlangsamung der Nierenfunktionsabnahme festgestellt werden.

Bei normotensiven Typ 1-Diabetikern mit Mikroalbuminurie konnte in Studien gezeigt werden, daß das Risiko des Fortschreitens der Albuminurie um mehr als 50 % vermindert wird. Auch die Häufigkeit des Auftretens einer **terminalen Niereninsuffizienz** konnte in Untersuchungen ebenfalls um etwa 50 % **unter ACE-Hemmer-Therapie reduziert** werden. Die antihypertensive Wirksamkeit und der günstige Einfluß auf die Proteinausscheidung wird durch kochsalzbeschränkte Kost und/oder Diuretika-Therapie noch gesteigert. Allerdings kann es bei diskreter eingeschränkter Nierenfunktion zu einem Kalium- und Kreatininanstieg kommen.

Wie eine Therapieempfehlung für Typ 1- und jüngere sowie ältere Typ 2-Diabetiker aussehen kann, gibt Tabelle 3.10 wieder.

Wie alle Medikamente haben auch die verschiedenen Anithypertensiva Nebenwirkungen. Eine Übersicht über die wesentlichen Nebenwirkungen gibt Tabelle 3.11.

Typ 1- und 2-Diabetes - jüngere Patienten	Typ 2-Diabetes - ältere Patienten
Ziel: RR aggressiv auf 120/80 mmHg senken	Ziel: RR langsam auf 130/85 mmHg senken
• Allgemeinmaßnahmen: - Kochsalz reduzieren - Bewegung steigern	• Allgemeinmaßnahmen: - Übergewicht reduzieren - Kochsalz reduzieren - Bewegung steigern - Alkohol reduzieren
• Monotherapie:: - ACE-Hemmer (vorzugsweise) - Beta-1-Blocker - Calciumantagonisten	• Monotherapie - ACE-Hemmer - Calciumantagonisten - Thiazide (ggf. + Kaliumsparer) - Beta-1-Blocker
• Kombinationstherapie - alle Kombinationen möglich	• Kombinationstherapie - alle Kombinationen möglich

Tab. 3.10: Antihypertensive Therapie bei Diabetikern mit Hochdruck (nach D. Klaus):

Medikamentengruppe	Nebenwirkung(en)
ACE-Hemmstoffe	• Husten • angioneurotisches Ödem
Diuretika	• Hypokaliämie • Hyperurikämie • Hyperglykämie
Beta-Rezeptoren-Blocker	• Bradycardie • Bronchospasmus • Vasokonstriktion • Hypertriglyzeridämie
Kalziumantagonisten	• Bradycardie • Reflextachycardie • periphere Ödeme • Flush
Alpha-Blocker	• Orthostatische Hypotonie
Zentral wirksame Antihypertensiva	
• vom Clonidin-Typ	• Orthostatische Hypotonie • Sedation • trockener Mund
• vom Moxonidin-Typ	• Initial: trockener Mund und leichte Müdigkeit, die häuig im Behandlungsverlauf verschwinden

Tab. 3.11: Potentielle Nebenwirkungen verschiedener Antihypertensiva.

Zusammenfassung

Für die Behandlung der Hypertonie bei Diabetes mellitus gibt es kein einheitliches Rezept. Beginn und Intensität der antihypertensiven Therapie sowie Auswahl der Antihypertensiva muß mehrere Punkte berücksichtigen: Alter und Lebenserwartung, Organkomplikationen (z.B. bei Nephropathie schwerpunktsmäßig ACE-Hemmer), metabolische Nebenwirkungen der Antihypertensiva und Lipidspiegel. Diese therapeutischen Überlegungen sind vor allem für den älteren Typ 2-Diabetiker von Bedeutung.

> Entscheidend ist der frühzeitige Beginn der Therapie und die Senkung der Blutdruckwerte auf möglichst normotone Werte.

Die **Blutdrucksenkung** hat den **gleichen Stellenwert in der Diabetestherapie wie die optimale Blutzuckereinstellung,** was in der UKPDS-Studie eindrucksvoll gezeigt werden konnte.

3.5. Diabetes und Dyslipoproteinämie

Der **Diabetes mellitus** ist bekanntlich die **häufigste Ursache einer sekundären Fettstoffwechselstörung**. Das gemeinsame Auftreten einer Hyperglykämie und einer Hyperlipidämie insbesondere der Hypertriglyzeridämie bei Typ 2-Diabetikern potenziert das Atheroskleroserisiko, welches durch die bei Diabetes gehäuft vorkommende Hypertonie und Hyperinsulinämie zusätzlich verstärkt werden kann.

> Hyperlipoproteinämien treten bei Diabetikern signifikant häufiger auf als bei Stoffwechselgesunden.

Prinzipiell muß man bei Diabetikern zwischen *primärer und sekundärer Hyperlipoproteinämie* z.B. aufgrund von schlechter Stoffwechseleinstellung, bei diabetischer Nephropathie oder dem Auftreten während der Schwangerschaft, unterscheiden.

3.5.1. Fettstoffwechselstörungen bei Typ 1-Diabetes mellitus

Triglyzeride

Bekannt ist, daß bei **Typ 1-Diabetikern** mit absolutem Insulinmangel die **Aktivität der Lipoproteinlipase stark vermindert** ist. Die Folge sind schwere **Hypertriglyzeridämien** durch den gestörten Abbau der Triglyzeride transportierenden Chylomikronen und VLDL. Die Abnahme der Aktivität der Lipoproteinlipase ist eine direkte Folge des Insulinmangels sowie zusätzlich durch die Hyperglykämie bedingt. Die **Insulinsubstitution führt zu einer Normalisierung der Lipaseaktivität**, d.h. bei gut eingestellten Typ 1-Diabetikern können normale Lipoproteinlipaseaktivitäten gemessen werden. Die bei Typ 1-Diabetikern nachweisbare Hypertriglyzeridämie ist somit vorwiegend eine Störung des Katabolismus der triglyzeridtransportierenden Lipoproteine.

Insgesamt findet man **bei schlecht eingestellten Typ 1-Diabetikern** als Folge eines verminderten Abbaus der Chylomikronen und VLDL bzw. VLDL-Remnants und einer Überproduktion von VLDL und LDL eine **deutliche Hypertriglyzeridämie**. Gleichzeitig besteht eine meist nur geringe Erhöhung des Gesamtcholesterins bei zugleich erhöhtem LDL- und vermindertem HDL-Cholesterin. Unter einer intensivierten Insulintherapie kommt es zu einer raschen Senkung der Triglyzeridspiegel und der LDL-Cholesterinkonzentration, dagegen nur zu einem langsamen Anstieg des HDL-Cholesterinspiegels. Bei gut eingestellten Typ 1-Diabetikern unterscheiden sich die Triglyzerid-, Gesamtcholesterin- und LDL-Cholesterin-Konzentrationen nicht signifikant von jenen bei Stoffwechselgesunden.

3.5.2. Fettstoffwechselstörungen bei Typ 2-Diabetes mellitus

Triglyzeride

Bei Typ 2-Diabetikern mit Hyperinsulinämie und peripherer Insulinresistenz steht die **gesteigerte VLDL-Triglyzeridsynthese im Vordergrund**. Diese erhöhte VLDL-Produktion in der Leber ist die Folge eines vermehrten endogenen und exogenen Substratangebotes. Ein **verzögerter Abbau der VLDL-Triglyzeride** durch Verminderung der Lipoproteinlipase und der hepatischen Lipase ist bei unbehandeltem Typ 2-Diabetikern zusätzlich von Bedeutung. Ebenso ist die erhöhte Fettzufuhr, die die Chylomikronenbildung verstärkt und den Abbau durch die Lipoproteinlipase hemmt, von Bedeutung.

> Alkoholgenuß kann die Hyperlipoproteinämie bei übergewichtigen Diabetikern zusätzlich verstärken.

Bei Typ 2-Diabetes führt somit die hepatische Hyperinsulinämie zu einer Überproduktion von VLDL und Triglyzeriden, dagegen bewirkt die verminderte periphere Insulinwirkung einen verminderten Katabolismus der triglyzeridreichen Lipoproteine.

LDL-Cholesterin

Die **LDL-Cholesterinkonzentration** ist bei Typ 2-Diabetikern **erhöht** und zwar **in Abhängigkeit von der Stoffwechseleinstellung und vom Körpergewicht**. Der Anstieg des LDL-Cholesterins kommt durch Zunahme der LDL-Synthese aus VLDL-Remnants zustande. Zugleich findet eine verminderte Konversion von VLDL zu LDL statt. Der rezeptorvermittelte **LDL-Abbau** ist bei Typ 2-Diabetikern ebenfalls **vermindert**; die Hauptursachen dafür sind die Änderungen in der Lipidzusammensetzung und die nichtenzymatische Glykosylierung von VLDL. Zusätzlich finden sich vermehrt kleine, dichte LDL-Partikel, die besonders atherogen sind.

HDL-Cholesterin

Das **HDL-Cholesterin** ist bei Typ 2-Diabetikern abhängig von der Stoffwechseleinstellung **vermindert**. Die endogene Hyperinsulinämie mit peripherer Insulinresistenz führt durch die Verminderung der Lipoproteinlipaseaktivität auch zu einer verminderten HDL-Cholesterinkonzentration. Sie ist Folge des gestörten Katabolismus von Chylomikronen und VLDL.

Das **"Chylomikronensyndrom"** ist ein, wenn auch seltenes Syndrom mit massiver Hypertriglyzeridämie. Hierbei besteht neben einem gestörten Katabolismus der triglyzeridtransportierenden Lipoproteine stets auch eine deutlich erhöhte VLDL-Synthese. Typisch für dieses Syndrom sind eine **erhöhte Pankreatitisrate, eine Hepatosplenomegalie und ausgeprägte Xanthome**.

3.5.3. Prognostische Bedeutung

Die diabetische Hyperlipoproteinämie hat wegen der Entwicklung und Progredienz der Atherosklerose und ihrer Folgeschäden an Herz und Kreislauforganen sowie für die Manifestation und Progression der Nephropathie eine eminente prognostische Bedeutung.

Das Ausmaß des Risikos ist von der Höhe der Blutspiegel abhängig. Nach Vorschlag maßgeblicher epidemiologischer Studien werden folgende Werte vorgeschlagen (☞ Tab. 3.12).

Lipid-Zielwerte beim Diabetiker	
Gesamtcholesterin	< 185 mg/dl (< 4,8 mmol/l)
Triglyzeride	< 150 mg/dl (< 1,7 mmol/l)
HDL-Cholesterin	> 46 mg/dl (> 1,2 mmol/l)
LDL-Cholesterin	< 115 mg/dl (< 3,0 mmol/l)

Tab. 3.12: Lipid-Zielwerte beim Diabetiker (☞ auch Kap. 2.4.3.3. und Tab. 2.4.).

Bei Diabetikern ist eine lipidsenkende Therapie von lebensentscheidender Bedeutung. Eine Analyse der CARE-Studie hat ergeben, daß Patienten nach Herzinfarkt auch dann von einer lipidsenkenden Therapie mit einem Reduktasehemmer profitieren, wenn ihre Cholesterinwerte <240 mg/dl liegen. Die **günstige Wirkung der Reduktasehemmer** beruht darauf, daß durch eine Cholesterinsenkung hämodynamisch nicht oder nur gering wirksame Stenosen, die aufgrund ihrer Instabilität besonders häufig zum Herzinfarkt führen, stabilisiert werden können. Neben einer **Verbesserung der Plaquesstabilität** wird auch die **Endothelfunktion** verbessert.

> Bei Diabetikern ohne nachweisbare KHK sollte deshalb das LDL-Cholesterin unter 130 mg/dl, bei Vorliegen einer KHK unter 100 mg/dl gesenkt werden.

3.5.4. Therapie

3.5.4.1. Basistherapie der Dyslipoproteinämie bei Diabetikern

- **optimale Diabeteseinstellung** (HbA1c <7 %)
- **Beseitigung des Übergewichts**
- **lipidsenkende Ernährung**
  - 50 % komplexe KH
  - 35 % Fett (einfach/mehrfach ungesättigte Fettsäuren)
  - 15 % Eiweiß
- ausreichend **Ballaststoffe**
- **täglich körperliche Aktivität**
- **geeignete Antidiabetika** (z.B. Metformin)
- **Beachtung der Komedikation** (z.B. nichtselektive ß-Blocker, Thiazidderivate)
- **Nikotin- und Alkoholkarenz**

Insbesondere beim Typ 2-Diabetiker ist neben der optimalen Blutzuckereinstellung die **Diät** die wichtigste Behandlung einer Hyperlipidämie. Bei Typ 2-Diabetikern hängt die Senkung der Lipoproteinkonzentrationen auch direkt vom Grad der **Gewichtsabnahme** ab. Bereits eine Gewichtsreduktion von 10 % des Körpergewichts kann zu einer Verbesserung der erhöhten Werte führen. Bei einer extremen Hypertriglyzeridämien mit Triglyzeridspiegeln >1000 mg/dl bzw. beim sog. "Chylomikronensyndrom" ist eine weitere Fettrestriktion auf unter 10 % der Gesamtkalorienmenge erforderlich. Die täglich zugeführte Cholesterinmenge sollte 300 mg (in einem Eigelb enthalten!) nicht überschreiten.

Eine f**aserreiche (ballaststoffreiche) Kost** hat zusätzlich einen **triglyzerid- und cholesterinsenkenden Effekt**.

Von therapeutischer Wichtigkeit besonders für Patienten mit Übergewicht ist auch die Vermeidung bzw. starke Reduktion von Alkohol.

3.5.4.2. Medikamentöse Therapie mit Lipidsenkern

Die Effektivität der lipidsenkenden Pharmakotherapie ist inzwischen durch Studien (CARE, 4S, WOSCOPS) im Hinblick auf die coronare Herzkrankheit und auch auf die Sterblichkeit auch bei Diabetikern hinreichend belegt; das trifft zumindestens für die Statine zu. Die heute vorhandenen diätetischen und medikamentösen Möglichkeiten gestatten - vorausgesetzt sie werden sinnvoll eingesetzt - fast immer eine effektive Korrektur der Dyslipoproteinämie. Damit bestehen gute Voraussetzungen zur primären und sekundären Prävention von Folgeerkrankungen.

Medikament	Cholesterinsenkung	Triglyzeridsenkung	HDL-Erhöhung
Fibrate	+	+++	+
Nikotinsäure	++	++	++
Anionenaustauscher	++	-	-
CSE-Hemmer	+++	+	+

Tab. 3.13: Wirkprofil von Lipidsenkern.

Zur medikamentösen Therapie bei Hyperlipoproteinämie stehen folgende Medikamentengruppen zur Verfügung:

- **Fibrate**, z.B.
  - Clofibrat
  - Gemfibrozil
  - Bezafibrat
- **Nikotinsäure**
- **Austauschharze**
  - Cholestyramin
  - Colestipol
- **Cholesterinsynthesehemmer** (HMG-CoA-Reduktaseinhibitoren, sog. Statine) z.B.
  - Lovastatin
  - Pravastatin
  - Fluvastatin
  - Simvastatin
  - Atorvastatin
  - Cerivastatin (hydrophil)

Wirkungsweise

Austauschharze

Austauschharze binden im Darm Gallensäuren und entziehen so dem Körper Cholesterin. Dosisabhängig wird das LDL-Cholesterin um 10-30 % gesenkt. **HDL-Cholesterin bleibt unbeeinflußt.** Austauschharze eignen sich am ehesten für eine isolierte LDL-Cholesterinerhöhung. Um Blähungen zu vermeiden, sollte die Dosis allmählich über Wochen gesteigert und die Flüssigkeitszufuhr erhöht werden.

Fibrate

Fibrate erniedrigen die Triglyzeride (bis zu 50 %), das LDL-Cholesterin wird nur mäßig erniedrigt, die Erhöhung des HDL-Cholesterins liegt bei 10-15 %.

Cholesterinsynthesehemmer

Cholesterinsynthesehemmer vermindern die endogene Cholesterinsynthese und erhöhen die hepatischen LDL-Cholesterinrezeptoren. Sie senken die Serum-LDL-Cholesterinspiegel dosisabhängig zwischen 25 und 40 %.

Der LDL-Senkung kommt auch deswegen eine besondere Bedeutung zu, da das Herzinfarktrisiko um nahezu 50% gesenkt werden kann, wie die CARE-Studie, WOSCOP-Studie und die 4S-Studie nachweisen konnten.

Die Triglyzeridspiegel werden bis zu 25 % gesenkt. Mit dem Cerivastatin steht jetzt ein Reduktase-Hemmer als ein "Mikrostatin" zur Verfügung, der in 100mal geringerer Dosis LDL-Cholesterin und weniger ausgeprägt Triglyzeride senkt als die bisher bekannten Statine.

Nikotinsäure

Nikotinsäure senkt LDL und VLDL bei Diabetikern deutlich und steigert das HDL-Cholesterin um 10-30 %. Leider kommt es unter Nikotinsäuretherapie zur Verschlechterung der Glukosetoleranz, Erhöhung der Harnsäurespiegel und Zunahme der Insulinresistenz. Unter dem Nikotinsäurederivat Acipimox wurde bei Typ 2-Diabetikern eine Senkung des Triglyzeridspiegels ohne negative Auswirkungen auf den Glukosestoffwechsel beschrieben.

3.6. Diabetes und Nierenerkrankungen

Die diabetische Nephropathie ist seit mehr als einem Jahrhundert als klassische diabetische Spätkomplikation bekannt. Sie stellt heute die **zweithäufigste Ursache der zur Nierenersatztherapie führenden Nierenerkrankungen** dar. Gegenwärtig befinden sich in der Bundesrepublik etwa 10.000 Diabetiker in Dialysebehandlung, wobei ca. 1/3 der Patienten an einem Typ 1- und 2/3 an einem Typ 2-Diabetes leiden.

Man muß jährlich mit etwa 4.000 neuen dialysepflichtigen Diabetikern rechnen.

Aus medizinischen und volkswirtschaftlichen Gründen ist daher eine Früherkennung und Frühintervention dringend erforderlich.

Der Begriff der diabetischen Nephropathie umfaßt im weiteren Sinn alle renalen Erkrankungen, die ursächlich mit der diabetischen Stoffwechselstörung in Zusammenhang zu bringen sind.

Hierher gehören auch Erkrankungen, die durch die erhöhte Infektanfälligkeit bedingt sind (akute und chronische Pyelonephritis, Nierenabszeß) und solche, deren Ursache in einer neurologischen Blasenentleerungsstörung bedingt ist, wie sie bei der autonomen Polyneuropathie des Diabetikers auftreten kann.

3.6.1. Pathogenese und Verlauf der diabetischen Nephropathie

Der Verlauf der diabetischen Nephropathie erstreckt sich über Jahre und durchläuft **nach Mogensen 5 Stadien**, wie in Tabelle 3.14 angegeben.

Zu den pathogenetischen Faktoren, die diese Entwicklung beeinflussen, gehören vor allem der sich **verändernde Aufbau der Basalmembran**, des sog. glomerulären Filters. Dies ist vor allem **Folge der langdauernden Hyperglykämie.** Weiterhin spielt eine **gestörte renale Hämodynamik** mit Anstieg des glomerulären Kapillardrucks, besonders bei Hypertonie eine Rolle. Ein morphologisches Korrelat ist die zunehmende **Verbreiterung der glomerulären basalen Membran**. Es kommt gleichzeitig zu einer Zunahme der mesangialen Matrix. Dabei lagert sich überwiegend basalmembranhaltiges Material zunächst diffus, später nodulär ab. Anfangs proliferieren die Mesangiumzellen, sie gehen dann aber durch Kompression zugrunde. Auch die umgebenden glomerulären Kapillaren werden zerstört. Es entsteht eine **diffuse oder noduläre Glomerulosklerose**, wie sie **Kimmelstiel-Wilson** beschrieben hat.

Was die hämodynamischen Veränderungen anbetrifft, kommt es in den Frühstadien zu einem erhöhten renalen Plasmafluß (RPF), der glomeruläre Kapillardruck ist erhöht und ebenso die glomeruläre Filtrationsrate (GFR).

Neben hämodynamischen Faktoren sind auch charakteristische metabolische Veränderungen als Folge der diabetischen Stoffwechselstörung beteiligt. Es kommt z.B. zur Akkumulation von glomerulären Strukturproteinen sowie zirkulierenden Plasmaproteinen, die nicht-enzymatisch glykosyliert werden, so daß sie nicht ausreichend abgebaut werden können.

Die Albuminurie ist ein prognostischer Parameter für die Entwicklung und Progredienz der diabetischen Nephropathie.
Eine persistierende Mikroalbuminurie ist ein Prädiktor für diabetische Folgeschäden.

Die **Mikroalbuminurie** zeigt aber nicht nur einen renalen, sondern einen generalisierten Gefäßschaden an und ist somit Ausdruck einer allgemeinen Vaskulopathie. Gelingt es nicht durch therapeutische Beeinflussung den destruierenden Prozeß an der Basalmembran zum Stillstand zu bringen, nehmen die Filtereigenschaften dieser Struktur weiter ab und es entwickelt sich **nach 5-10 Jahren eine Makroalbuminurie (Proteinurie), die dem Stadium IV der klinisch manifesten Nephropathie entspricht**. Ohne therapeutische Intervention nimmt sowohl beim Typ 1- wie auch beim Typ 2-

	Stadium	Zeitverlauf	Charakt. Symptome	Prognose
I	Hypertrophie-Hyperfunktionsstadium	bei Diabetes-diagnose	• große Nieren • RPF u. GFR erhöht	reversibel
II	Stadium der Klinischen Latenz	2 bis 5 Jahre	• Verdickung d. kapillaren Basalmembran • Ausweitung des Mesangiums	bedingt reversibel
III	Beginnende Nephropathie	5 bis 15 Jahre	• Mikroalbuminurie • leichter RR-Anstieg	Progression kann gestoppt werden
IV	Klinisch manifeste Nephropathie	10 bis 25 Jahre	• persistierende Proteinurie • RPF und GFR abnehmend • Hypertonie in ca. 60 %	Progression kann gebremst werden
V	Niereninsuffizienz	15 bis 30 Jahre	• S-Kreatinin erhöht • Hypertonie in ca. 90 %	irreversibel

Tab. 3.14: Verlauf der diabetischen Nephropathie (nach Mogensen).

Diabetiker die Nierenfunktion nach Auftreten einer Proteinurie kontinuierlich ab bis hin zur terminalen Niereninsuffizienz.

3.6.2. Diagnostik

Wie erwähnt, findet man als **frühestes Zeichen** der diabetischen Nephropathie eine **geringgradig erhöhte, selektive Ausscheidung von Albumin im Urin (Mikroalbuminurie)**, die durch heutzutage einfache Verfahren nachweisbar ist. Es stehen hierfür kommerziell geeignete Teststreifensysteme zur Verfügung.

Mikroalbuminurie-Nachweis
Qualitativ: RIA, ELISA
Semiquantitative Schnelltests: (im Morgenurin)
• Rapitex • Micral • Micorbumin • Albu-Sure
Nachweis auch bei:
• körperlicher Aktivität • Infektion • schlecht eingestelltem Diabetes mellitus • arterieller Hypertonie
Innerhalb einiger Wochen: mindestens 2-3 mal positiv

Tab. 3.15: Mikroalbuminurie-Nachweis.

Normalerweise beträgt die Albuminausscheidung weniger als 20 µg/min bzw. weniger als 30 mg/24h. Die **Bestimmung der Albuminkonzentration im ersten Morgenurin** hat sich allgemein durchgesetzt. Es stehen eine Reihe von Schnelltests zur Verfügung, die die Mikroalbuminurie sicher erfassen (☞ Tab. 3.15)

Die Diagnose einer beginnenden Nephropathie ist gerechtfertigt, wenn mindestens 2 Messungen ein positives Ergebnis zeigen,und andere Ursachen einer Mikroalbuminurie (körperliche Aktivität, Fieber, Harnwegsinfekte) ausgeschlosen sind.

Beim Nachweis einer Makroalbuminurie (Albuminausscheidung >300 mg/24h) muß von dem Vorliegen einer bereits fortgeschrittenen, klinisch manifesten Nephropathie ausgegangen werden.

Da beim Typ 1-Diabetiker die Entwicklung der diabetischen Nephropathie über Jahre verläuft, reicht es aus, etwa 5 Jahre nach Diabetesdiagnose mit dem Screening zu beginnen. Da bei Typ 2-Diabetikern der Zeitpunkt der Diabetesdiagnose häufig nicht mit dem Diabetesbeginn identisch ist, sollte **insbesondere bei jüngeren Typ 2-Diabetikern sofort mit dem Screening bei Diagnosestellung begonnen werden**.

3.6.3. Therapie

Die **Optimierung der Stoffwechsellage** ist von überragender Bedeutung für die Verhinderung oder Besserung der diabetischen Nephropathie; ebenso wie die konsequente Senkung erhöhter Blutdruckwerte. Das gilt im Prinzip für alle Spätschäden durch Mikro- und Makroangiopathie bei Diabetes mellitus. Dies konnte eindrucksvoll sowohl in der DCCT als auch in der UKPDS für Typ 1- und Typ 2-Diabetiker gezeigt werden.

Nichtmedikamentöse Maßnahmen

Auch die **diätetische Eiweißreduktion** ist für die Verzögerung des Abfalls der glomerulären Filtrationsrate, verbunden mit einer guten Blutzuckereinstellung, zu beachten.

Die Grundprinzien der nichtmedikamentösen Maßnahmen bei diabetischer Nephropathie sind:

- normale BZ-Einstellung
- Normalisierung der Eiweißzufuhr auf ca. 0,8 g/kg Körpergewicht
- Reduktion der Kochsalz-Zufuhr auf 6g/die
- Reduktion des Alkoholkonsums auf <30g/die
- Nikotinabstinenz
- Gewichtsreduktion bei Übergewicht
- Restriktion der Phosphatzufuhr

Diese Behandlungsziele - einschließlich der medikamentösen Therapie - sind entsprechend dem Alter und Begleiterkrankungen zu modifizieren. Für jeden Patienten sind individuelle Behandlungsziele in Kooperation mit dem behandelnden Arzt festzulegen.

Medikamentöse Therapie

Die **antihypertensive Behandlung** sollte **bereits im Stadium der Normotension** einsetzen. Die medikamentöse Frühintervention bei diabetischer Nephropathie stützt sich auf **möglichst metabolisch neutrale Antihypertensiva.** Es hat sich gezeigt, daß die Blutdrucksenkung selbst wichtiger ist als die Wahl einzelner Substanzgruppen. Prospektive Langzeitstudien mit solchen Substanzen aus der Gruppe der **ACE-Hemmer und Calciumantagonisten von Dihydropyridin-Typ** haben erstaunlich günstige Ergebnisse gezeigt. Über die Blutdrucksenkung hinaus kam es bei diesen Substanzen zu einer deutlichen **Reduktion der Albuminurie** und **Aufhalten der Progression der diabetischen Nephropathie**. Ein Mechanismus, der dieses Phänomen erklären könnte, ist die Tatsache, daß ACE-Hemmer zu einer verstärkten Dilatation des Vas efferens führen und dadurch den glomerulären Kapillardruck vermindern und so eine weitere Abnahme der glomerulären Filtrationsrate verzögert oder verhindert wird, auch wenn noch keine systemische Hypertonie eingetreten ist.

Deshalb sollte auch schon im Stadium der Hyperfiltration bzw. beginnenden Mikroalbuminurie ein Therapie mit mit ACE-Hemmern eingeleitet werden.

Die ausgeprägte **Reduktion der Proteinurie unter ACE-Hemmer-Therapie** ist wahrscheinlich nicht nur durch die Senkung des systemischen Butdruckes bedingt, sondern scheint einen **spezifischen ACE-Hemmer-Effekt** darzustellen. Der antiproteinurische Effekt des ACE-Hemmers ist um so höher, je geringer die Natriumaufnahme ist.

Calciumantagonisten vom Dihydropyridintyp können bei Diabetikern mit erhöhter Eiweißausscheidung ebenso effektiv sein. Sie sind stoffwechselneutral, verursachen keine Impotenz, vermindern die Hypertrophie des Herzens und besitzen eine deutliche natriuretrische Eigenwirkung, was in Anbetracht der Natriumretention bei Diabetikern besonders erstrebenswert erscheint. Als effektiv haben sich in der Therapie Nitrendipin, Nicardipin und Diltiazem erwiesen. Die Vorteile der antihypertensiven Therapie mit ACE-Hemmern bei diabetischer Nephropathie gibt Tabelle 3.16 wieder. Es muß nochmals darauf hingewiesen werden, daß bei den meisten Patienten eine **antihypertensive Kombinationstherapie** erforderlich ist.

Antihypertensive Therapie mit ACE-Hemmern bei diabetischer Nephropathie
• Frühzeitige antihypertensive Therapie • Zielblutdruck 120/80 mmHg • ACE-Hemmer bewirken - Senkung des systemischen Blutdrucks - Senkung des intraglomerulären Drucks (Vasodilatation des Vas efferens) - Senkung der glomerulären Hyperfiltration - Senkung der durch AT II induzierten mesangialen Matrixakkumulation • Spezifischer antiproteinurischer Effekt auch ohne RR-Senkung • Mikroalbuminurie reversibel • Proteinurie vermindert • Nierenfunktionsverlust verlangsamt bei Typ 1- und Typ 2-Diabetikern

Tab. 3.16: Vorteile der antihypertensiven Therapie mit ACE-Hemmern bei diabetischer Nephropathie.

Auf einige Arzneimittelinterferenzen bei diabetischer Nephropathie sollte unbedingt geachtet werden (☞ Tab. 3.17).

Therapienebenwirkungen bei diabetischer Nephropathie
• Insulin wird zu 30 % renal abgebaut - Kumulation bei chronischer Niereninsuffizienz - Hypoglykämie, Insulin-Dosis-Reduktion - urämisch bedingte verminderte hepatische Glukoneogenese und Glykolyse - Hypoglykämie • Sulfonylharnstoffe kumulieren bei Niereninsuffizienz - protrahierte Hypoglykämie mit einer Letalität von 7,5 %, dennoch sind 60 % der niereninsuffizienten Diabetiker mit oralen Antidiabetika eingestellt - nur Gliquidon (Glurenorm) und mit Einschränkung Glimepirid kumulieren nicht • Biguanide/Metformin - Lactatazidose mit 50 % Letalität - Kontraindikation: Kreatinin > 1,2 mg/dl

Tab. 3.17: Therapienebenwirkungen bei diabetischer Nephropathie

Prävention

Die wichtigsten Maßnahmen zur Prävention der diabetischen Nephropathie sind:

- Primärprophylaxe: **Optimale Stoffwechseleinstellung**
- Sekundärprophylaxe: **Optimale Blutdruckeinstellung**
- Terziärprophylaxe: **Eiweißbeschränkte Ernährung**

Abschließend soll nicht unerwähnt bleiben, daß dem Diabetologen der Verdienst zukommt, als erster erkannt zu haben, daß **Rauchen** für den Diabetiker einen **renalen Risikofaktor** darstellt.

3.7. Diabetes und Neuropathie

Man versteht unter dem Begriff der **diabetischen Polyneuropathie Störungen des peripheren sensomotorischen und autonomen Nervensystems, die im Rahmen der diabetischen Erkrankung früher oder später auftreten**. Die diabetische Polyneuropathie ist neben der alkoholinduzierten die häufigste erworbene Neuropathieform.

> Etwa ein Drittel aller Polyneuropathien sind diabetesbedingt.

Im klinischen Krankengut weist die Häufigkeit der Diagnosestellung eine deutliche Abhängigkeit vom Lebensalter und der Dauer des Diabetes auf.

3.7.1. Pathogenese

Die diabetische Stoffwechselstörung wird als eigentliche Ursache der Neuropathie angesehen, jedoch ist die eigentliche Pathogenese unklar und multifaktoriell. Verschiedene Vorstellungen über das Entstehen der Neuropathie werden diskutiert:

- **Metabolische Faktoren**
  - Sorbit- und Fruktoseanhäufung in den Schwann-Zellen
  - Myo-Inosit-Mangel
  - nichtenzymatische Glykosilierung von Strukturproteinen
  - Störungen des axoplasmatischen Transportes
- **Vaskuläre Faktoren**
  - Atherosklerose
  - Mikroangiopathie der Vasa nervorum
  - kapilläre Durchblutungsstörung
  - Fibrinablagerung im Gefäßlumen
  - Hypoxie infolge Störung der Blutversorgung der Vasa nervorum und vermehrter Bildung von freien O_2-Radikalen (oxydativer Streß)
- **Mangel an Nervenwachstumsfaktor** (NGF)
- **Immunologische Prozesse** mit Bildung von Antikörpern gegen Nervengewebe, z.B. gegen Nebennierenmark, parasympathische oder sympathische Ganglien.

3.7.2. Einteilung der Neuropathien

Man kann die diabetische Neuropathie in verschiedene Krankheitsgruppen einteilen (☞ Tab. 3.18).

Klassifikation der diabetischen Neuropathie
• Symmetrische, distale, vorwiegend sensible Form (meist an der unteren Extremität) • Asymmetrische, proximale, vorwiegend motorische Form (meist Beckengürtel und Oberschenkel) - sogenannte amyotrophische Lähmung • Befall der Hirnnerven (N. III, IV, VI) • Autonome Neuropathien (modifiziert nach D. Sailer)

Tab. 3.18: Klassifikation der diabetischen Neuropathien.

Häufigster Lokalisationstyp ist der symmetrische, distal betonte, vorwiegend sensible Befall der Extremitäten, da vor allem **Nerven mit langem Faserverlauf erkranken**. Deutlich seltener sind proximal asymmetrische, als **diabetische Amyotrophie** bezeichnete Verlaufsformen, sowie die **fokalen Neuropathien**. Hier sind es überwiegend die Hirnnerven, die befallen sind, vorwiegend der N. okulomotorius und N. abducens. Etwas seltener ist der Befall peripherer Nerven (N. femoralis, Meralgie des N. cut. fem. lat., N. ischiaticus, N. medianus, N. ulnaris, N. radialis, Engpaßsyndrome im Bereich dieser Nerven sowie die Neuropathie der Rumpfnerven mit thoracaler und abdomineller Radikulopathie).

3.7.3. Diagnostik

Die frühzeitige Diagnose bei der diabetischen Polyneuropathie stützt sich wesentlich auf die ausführliche **Anamnese**. Gerade die im Vordergrund stehende symmetrische distale Neuropathie beginnt häufig schleichend. Typische Symptome wie **Taubheit, Ameisenlaufen, Pelzigkeitsgefühl, "burning feet"** und das Gefühl, daß die Bettdecke lästig auf den Beinen ist, sollten beim Patienten routinemäßig erfragt werden. Vor allem **nachts auftretende Schmerzen** gehören zu den verdächtigen Indizien, die hinsichtlich einer peripheren Polyneuropathie Beachtung finden sollten. Auf eine autonome Polyneuropathie können Symptome wie rasch eintretendes, anhaltendes Völlegefühl oder Herzjagen ohne besondere Anstrengung hinweisen und sollten Anlaß für nähere gastroenterologische bzw. kardiologische Untersuchungen sein. Folgende Tabelle gibt eine Übersicht über die wichtigsten diagnostischen Maßnahmen bei der peripheren diabetischen Neuropathie (☞ Tab. 3.19).

Als besonders hilfreich in der Früherkennung sensomotorischer Neuropathien hat sich die Sensibilitätsprüfung mit dem **Stimmgabeltest** erwiesen.

> Die Vibrationsempfindung ist ein wichtiges Frühsymptom für polyneuropathische Störungen.

Diagnostik bei der diabetischen Polyneuropathie
• Klinische Symptome - Sensible Reizerscheinungen (Dysästhesien, Parästhesien) - Ausfallssymptome (Taubheit, Pelzigkeit, sensible Ataxie) • Klinisch-neurologische Untersuchung - Sensible Funktion: Berührungssensibilität, Schmerzempfindung, Lageempfindung - Motorische Funktion: Muskeldehnungsreflexe (besonders ASR), Kraftentfaltung, Muskeltrophik • Quantitative Wahrnehmungsschwellen für - Vibration - Temperatur (Kalt-/Warmschwellen) - Schmerz • Elektrophysiologische Methoden - z.B. sensible und motorische Nervenleitgeschwindigkeiten nach M. Haslbeck (11)

Tab. 3.19: Diagnostik bei der diabetischen Polyneuropathie.

Eine kalibrierte Stimmgabel (nach Rydel-Seiffer) wird in Schwingungen gebracht und an den Extremitäten von distal nach proximal auf die verdächtigen Regionen aufgesetzt, insbesonders auf den Malleolus medialis und das laterale Endgelenk des Dig. 1. Die Schwelle der Vibrationsempfindung läßt sich an einer Skala semiquantitativ ablesen. Weitere wichtige Utensilien für das **Neuropathie-Screening** sind ein **Wattebausch bzw. ein sog. Neurofilament** zur Prüfung der **Berührungsempfindlichkeit**. Die klinisch neurologische Untersuchung umfaßt weiterhin die Prüfung von

- Reflexstatus
- Paresen
- Muskeltrophik
- Sensibilitätsprüfungen (Berührung, Lagesinn, Schmerzwahrnehmung, Temperatur)
- Hauttrophik
- Nagelwachstum
- Schweißsekretion
- Hyperkeratosen und
- Ulzera

Auch auf autonome Symptome wie

- Pupillenstörungen
- fehlende Wahrnehmung der Hypoglykämie
- Dysphagie
- Durchfälle
- gestörte Erektionsfähigkeit
- fehlenden Harndrang oder
- fehlenden Hodendruckschmerz

muß geachtet werden. Nur in unklaren Fällen liefert die Nervenbiopsie wichtige weitere Informationen über den pathologischen Prozeß am Nerv.

Für die Diagnose der autonomen Neuropathie des Herzens haben sich die in Tab. 3.20 aufgezeigten praxisrelevanten Diagnosemethoden als hilfreich erwiesen.

Bei 80 % aller Diabetiker, bei denen eine autonome Neuropathie an einem Organsystem nachzuweisen ist, bleibt die physiologische Herzfrequenzvariabilität aus. Sie gilt als sensibelster Parameter für die Diagnose **"Kardioneuropathie"**.

3.7.4. Klinisches Bild der diabetischen Neuropathien

Autonome Neuropathien

Die **Neuropathie des vegetativen Nervensystems** hat in den letzten Jahren eine zunehmende Beachtung in der Diabetologie, Neurologie und Inneren Medizin gefunden. Die Einteilung der autonomen Neuropathien erfolgt anhand der betroffenen Organ- und Funktionssysteme. Die wichtigsten Symptome und Organmanifestationen beim Diabetiker werden in einer Übersicht in Tabelle 3.21 dargestellt.

Da eine autonome Neuropathie häufig zusammen mit einer sensomotorischen Neuropathie vorkommt, lohnt es sich - insbesondere bei gesichertem Befall des peripheren Nervensystems und bei länger bestehendem Diabetes - auch nach autonomen Symptomen und Störungen zu fahnden. Insbesondere bei der sog. schmerzhaften Polyneuropathie mit Spontanschmerz, Dysästhesien und Temperaturempfindungsstörungen besteht häufig eine Mitbeteiligung des autonomen Nervensystems. Die Diagnostik von Schädigungen einzelner Organsysteme erfordert teilweise komplizierte

Testmethode	Testwert	Normwert	Verdachtsbereich	Pathologischer Bereich
Herzfrequenzvariation (respiratorische Arrhyrhmie)	Δ Herzfrequenz/min (EKG)	≥ 15	11-14	≤ 10
Herzfrequenzänderung beim Aufstehen - Valsalva-Test	30:15-Herzschlag (RR-Intervall, ms)	≥ 1,04	1,01-1,03	< 1,00
	längstes RR-Intervall:kürzestes Intervall (EKG, ms)	≥ 1,21	-	≤ 1,20
Orthostasetest des Blutdrucks	Δ RR systolisch (mm Hg)	≤ 10	11-29	≥ 30
Handgrip-Test (isometrische Muskelkontraktion)	Δ RR diastolisch (mm Hg)	≥ 16	11-15	≤ 10

Tab. 3.20: Diagnosemethoden Kardioneuropathie. Testbatterie nach Ewing (nach M. Haslbeck und F. Strian).

System	Funktion	Störung/Symptom
Kardiovaskuläres System	Spontane und adaptive Herzfrequenz	• Ruhetachycardie • Eingeschränkte Herzfrequenzvariabilität • Kardiale Arrhythmien (Herzstillstand?)
	Kardiale Nozizeption	• vermindertes/fehlendes kardiales Schmerzempfinden, schmerzlose koronare Ischämie, "stummer" Myokardinfarkt
	Blutdruckregulation	• Orthostatische Hypotonie und Orthostaseverstärkung durch Medikamente/Anästhesie
Respiratorisches System	Atmungsregulation	• Verminderte respiratorische Anpassung an Hypoxie und Hyperkapnoe • respiratorische Arrhythmie (Atemstillstand) und Schlafapnoe
Gastrointestinales System	Ösophagusmotilität	• nicht-propulsive Kontraktionen • Schwäche des unteren Ösophagussphinkters (zumeist symptomlos)
	Magenmotilität	• Atonie • mangelhafte Peristaltik • verzögerte Magenentleerung (Übelkeit, Erbrechen, Völlegefühl, erschwerte Diabeteskontrolle)
	Gallenblasenmotilität	• Gallenblasenatonie
	Dünndarmmotilität	• Verzögerter Dünndarmtransit mit bakt. Infekten • beschleunigter Dünndarmtransit mit Resorptionsstörungen (Diarrhoe, Steatorrhoe)
	Dickdarmmotilität	• Störung des gastrocolischen Reflexes • mangelhafte Propulsion (Obstipation, Ulceration, Perforation, Megacolon)
	Anorektale Regulation	• Rektale Afferenzstörung • Sphinkterschwäche (Inkontinenz)
Urogenitales System	Sensibilität und Motilität von Blase (und Ureteren)	• Fehlende Wahrnehmung der Blasenfüllung • fehlender Harndrang • Restharn • Überlaufblase • Urininkontinenz
	Sexualfunktion	• Potenzstörung des Mannes mit erektiler Impotenz, retrograder oder fehlender Ejakulation • Verlust des testikulären Schmerzempfindens • sekundäre Anorgasmie der Frau
Extremitätentrophik	Vaso- und Sudomotorik, Temperaturregulation	• Vasodilatation • Anhidrose • Hypothermie und Hyperkeratose der Beine • Vasokonstriktion, Hyperhidrose • Hyperthermie der Arme und oberen Rumpfabschnitte, evtl. gustatorisches Schwitzen
	Fuß- und Gelenkfunktion	• Ulcera • Ödem • Osteo- und Arthropathie (Charcot-Fuß)

Tab. 3.21: Autonome Diabetesneuropathien.

Untersuchungsmethoden, die vor allem aus der Erfahrung der Inneren Medizin stammen.

Neuropathien des Urogenitalsystems

Bei Diabetikern mit Polyneuropathien findet man unter Einsatz spezieller apparativer diagnostischer Verfahren (Urodynamik, Elektromyographie) in mehr als 80 % der Fälle eine **Innervationsstörung der Blase**, auch wenn subjektive Beschwerden fehlen. Frühsymptome sind seltenes Wasserlassen am Tage und auffällig große morgendliche Urinmengen bei schwachem Harnstrahl. Im weiteren Verlauf kommt es zur **Restharnbildung** und schließlich zur Harnverhaltung mit **Überlaufblase**. Die parasympathische Denervierung führt zur Lähmung und Atonie des Detrusors mit abnorm großer Blase bei mangelndem Entleerungsreflex. Die sympathische Denervierung bewirkt zusätzlich zunehmende Inkontinenz durch Parese des inneren Sphinkters und Schmerzlosigkeit und mangelndes Harndranggefühl bei überfüllter Blase. Es liegt hierbei eine C-Faserläsion vor. Die Folge sind **rezidivierende Harnwegsinfekte**. Die Diagnose wird durch o.g. apparative Verfahren gestellt.

Erektile Dysfunktion

Die Zuckerkrankheit ist die häufigste Ursache für eine erektile Dysfunktion. Ein Zusammenhang zwischen der männlichen Impotenz und Diabetes mellitus wurde schon vor 200 Jahren vermutet. Schätzungsweise 30-60 % aller Männer mit einem Diabetes mellitus leiden unter Erektionsstörungen. Diese treten im Vergleich zu Nichtdiabetikern 10-15 Jahre früher auf. Die sexuellen Probleme beschränken sich beim Diabetiker nicht nur auf die erektile Dysfunktion, sie gehen auch teilweise mit einer verminderten Sensitivität des Penis, Phimosenbildung oder Ejakulations- und Orgasmusproblemen einher.

Pathogenese

Die Erektion ist ein **komplexes neurovaskuläres Phänomen**, wobei Faktoren wie arterieller Zufluß, Relaxation der glatten Muskulatur und Verminderung des venösen Abflusses sowie Interaktionen von Nerven und Neurotransmittern eine Rolle spielen. Wenn sich auch in Einzelfällen neurogene, psychogene oder vaskuläre Faktoren nachweisen lassen, so treten diese jedoch meist in Kombination auf.

Diagnostik

Die Anamnese sollte in einem Einzelgespräch als vertrauensbildende Maßnahme stattfinden. Nur auf Wunsch des Patienten sollte beim Erstgespräch auch der Sexualpartner mit eingebunden werden. Anamnestisch sind die Dauer der Impotenz, die Art des Beginns (akut oder protrahiert), das Vorkommen oder Fehlen von morgendlichen Erektionen, Penisdeviation und Medikamentenanamnese bedeutsam. Ist der Beginn akut, der Verlauf mehr episodenhaft und kommen bisweilen vollständige Erektionen vor, spricht das für psychogene Ursachen; während ein protrahierter Verlauf, kontinuierliche Verschlechterung und dauerhaft unvollständige oder fehlende Erektion für organische Ursachen sprechen.

Medikamente mit möglichem negativen Einfluß auf die Erektionsfähigkeit sind:

- Psychopharmaka
- Antihypertensiva (z.B. β-Blocker)
- Antihistaminika
- Lipidsenker
- H2-Blocker
- Suchtmittel u.a.

Bei der **körperlichen Untersuchung** sollte auf die Ausbildung der sekundären Geschlechtsmerkmale besonders geachtet werden. Außerdem wichtig ist es nach Verhärtungen im Penisbereich, einer Phimose, sowie nach Hodenveränderungen zu suchen. Mit der **Dopplersonographie** ermittelt man die Ruheflußwerte der oberflächlichen und tiefen Penisarterien. Fehlende Pulse können erste Hinweise auf eine arterielle Genese der Erektionsstörungen sein. Eine wesentliche Verbesserung der dopplersonographischen Aussage ist nach Gabe von Prostaglandin E1 möglich.

Therapie der erektilen Dysfunktion

Bei langbestehender schlechter Stoffwechsellage sind Sexualstörungen bei verbesserter Diabeteseinstellung oft reversibel. Nikotin- und Alkoholabusus sind zu vermeiden. Sind Medikamente, speziell manche Antihypertensiva ursächlich, kommt ein Umsetzen der Therapie in Betracht.

Weitere Therapiemöglichkeiten sind heute die weitverbreitete Schwellkörper-Autoinjektionstherapie (SKAT) mit Prostaglandin und die Verwendung mechanischer Hilfsmittel. Die Vakuumpumpentherapie ist eine effektive Behandlungsform der Impotenz jeder Genese.

An chirurgischen Maßnahmen gibt es die Prothesenchirurgie, venöse Sperroperationen und arterielle Revaskularisationen.

Medikamente wie

- Yohimbin
- Alpha-2-Rezeptorblocker und
- Aphrodisiaka

sowie die

- lokale Anwendung von Nitroglyzerin

haben sich therapeutisch als nicht optimal erwiesen.

In letzter Zeit hat eine neue Substanz zur oralen Behandlung der erektilen Dysfunktion weltweit von sich reden gemacht: **Sildenafil** als Citrat (Viagra®). Es handelt sich um einen selektiven Hemmstoff der Phosphodiesterase Typ 5, dem prädominanten Isoenzym im menschlichen Corpus cavernosum; durch Hemmung des NO-Abbaus kommt es zu einer Vasodilatation. Eine sexuelle Stimulation ist aber erforderlich, damit Sildenafil seine günstigen pharmakologischen Wirkungen auf die Erektionsfunktion entfalten kann. Für die meisten Patienten beträgt das empfohlene Dosierungsschema von Sildenafil 50 mg, einzunehmen bei Bedarf ca. 1 h (0,5 h-4 h) vor einer sexuellen Aktivität. Je nach Wirksamkeit und Verträglichkeit sollte die Dosierung zwischen 25 mg und max. 100 mg angepaßt werden.

Evident wichtig ist die Beachtung der **Kontraindikationen**:

- gleichzeitige Behandlung mit Nitraten oder NO-Donatoren (Molsidomin, Nitroprussidnatrium, "Poppers")
- schwere Leber- und Niereninsuffizienz
- schwere Herz-Kreislauferkrankungen (z.B. instabile Angina pectoris)
- Hypotonie sowie
- bekannte erblich bedingte degenerative Retinaerkrankung (Retinitis pigmentosa)

Sildenafil kann auch bei Diabetikern als Fortschritt bei der Behandlung der erektilen Dysfunktion angesehen werden, wenn die Anwendung korrekt nach Indikationsstellung und Verordnung durch einen Arzt entsprechender Erfahrung erfolgt!

Zusammenfassend läßt sich die erektile Dysfunktion beim Diabetiker weder pathologisch, pathophysiologisch noch diagnostisch eindeutig von der erektilen Dysfunktion beim Nichtdiabetiker trennen. Eine umfassende Therapie und Diagnostik sollte psychogene von organischen Formen trennen, um eine zielgerichtete Stufentherapie zu ermöglichen.

3.7.5. Therapie der diabetischen Neuropathie

Kausal orientierte Therapie: Das oberste Grundprinzip jeder kausal orientierten Therapie bei diabetischer Neuropathie muß die **Optimierung der Stoffwechseleinstellung** sein. Die DCCT-Studie hat nachgewiesen, daß beim insulinpflichtigen Typ 1-Diabetes die intensivierte Insulintherapie in der Lage ist, sowohl das Auftreten einer Neuropathie zu verhindern, als auch eine bereits bestehende Neuropathie im Verlauf positiv zu beeinflussen.

> Eine strikte Normoglykämie, wie sie z.B. nach Pankreastransplantation erreichbar ist, scheint sogar in der Lage zu sein, eine bereits bestehende Neuropathie in gewissem Umfang zurückzubilden. Das beweist die Bedeutung einer möglichst optimalen Blutzuckereinstellung und ist somit die einzig gesicherte kausale Behandlung.

Eine international anerkannte, pathogenetisch begründete medikamentöse Therapie der diabetischen Polyneuropathie steht trotz intensiver Forschung bisher nicht zur Verfügung.

Aldose-Reduktase-Hemmer sind in Deutschland wegen zu gravierender Nebenwirkungen nicht zugelassen, Acetyl-L-Carnitin sowie Gamma-Linolensäure stehen ebenfalls in Deutschland nicht zur Verfügung. Studien zu folgenden Substanzen sind in der Anfangsphase oder haben sich in klinisch-experimentellen Studien als nicht ausreichend erwiesen:

- ACTH-Analoga
- Aminoguanidin
- Ganglioside
- Myoinositol
- Nerve growth factor (NGF) und
- Vasodilatatoren (Prostaglandine, ACE-Hemmer, Calciumantagonisten)

In Deutschland ist zur symptomatischen Therapie lediglich die **Alpha-Liponsäure** zugelassen. Die Wirksamkeit einer oralen Therapie mit Alpha-Liponsäure wurde bisher nicht eindeutig durch Studien belegt. Sie ist auch aufgrund des hohen First-pass-Effektes der Substanz kaum zu erwarten. Die in der ALADIN-Studie veröffentlichten Ergebnisse zur Therapie mit Alpha-Liponsäure geben folgende Empfehlung wieder: Bei symptomatischen Patienten mit einer diabetischen Polyneuropathie wird eine **dreiwöchige Therapie mit 600 mg Alpha-Liponsäure i.v.** empfohlen.

An weiteren Medikamenten, die bisweilen zum Einsatz kommen, seien erwähnt:

- Benfotiamin
- Carbamazepin
- Keltican sowie
- Antidepressiva

Symptomatische Therapie

Angesichts der Tatsache, daß eine kausale Therapie bei vorhandener Neuropathie nur eingeschränkt möglich ist, kommt der symptomatischen Therapie eine besondere Bedeutung zu. Bei der **autonomen Neuropathie** können die Beschwerden für den Patienten ein erhebliches Maß an Beeinträchtigung mit sich bringen.

Die **diabetische Gastroparese** wird am besten durch Prokinetika beeinflußt. Folgende Substanzen stehen zur Verfügung: Metoclopramid, Domperidon und Cisaprid. In Einzelfällen kann auch Erythromycin in niedriger Dosis eingesetzt werden.

Die **diabetische Diarrhoe** ist häufig nur von vorübergehender Dauer. In Einzelfällen kann die Gabe von Loperamid, Clonidin (Alpha-2-Agonist) sowie von Antibiotika wie Tetracyclinen und Ampicillin wirksam sein.

Bei der **Obstipation** haben sich volumenfördernde Maßnahmen bewährt: Ballaststoffe, ausreichende Flüssigkeitszufuhr, osmotisch wirksame Laxantien (Laktulose, Magnesiumsulfat, Natriumsulfat) sowie motilitäts- und sekretionswirksame Laxantien, wie z.B. Bisacodyl, Anthrachinone.

Bei **Stuhlinkontinenz** kann ein Versuch mit Antidiarrhoika und Biofeedback-Techniken versucht werden.

Urogenitaltrakt

Bei der diabetischen Zystopathie hat sich neben Parasympathicomimetika (z.B. Carbachol, Distigmin) das Blasentraining bewährt.

Kardiovaskuläre Neuropathie

Eine spezielle Behandlung der **kardiovaskulären Neuropathie** ist meistens nicht notwendig, im Vordergrund steht die Diagnose und Therapie der coronaren Herzkrankheit und Herzinsuffizienz.

Beim Orthostase-Syndrom haben sich körperliches Training, Schlafen mit erhöhtem Kopfteil, Kompressionsstrümpfe sowie Fludrocortison (0,1 bis 0,2 mg/die) als vorteilhaft erwiesen.

Auf die Therapie der peripheren Neuropathie wird im Kapitel "Diabetisches Fußsyndrom" eingegangen.

Zusammenfassend ist das Problem der Behandlung der diabetischen Neuropathie derzeit noch nicht befriedigend gelöst. Solange keine gesicherten Verfahren zur kausalen Behandlung der bereits bestehenden diabetischen Neuropathie vorhanden sind, besteht die Therapie in der Prophylaxe durch konsequente optimale Blutzuckereinstellung als oberstes Ziel. Eine zusätzliche symptomatische medikamentöse Differentialtherapie ist insbesondere bei autonomen Neuropathieformen häufig unverzichtbar, um die Lebensqualität des Patienten zu erhalten.

3.8. Das diabetische Fußsyndrom

Das diabetische Fußsyndrom (DFS) umschreibt einen Symptomenkomplex verschiedener Krankheitsbilder, die durch unterschiedliche Ätiologie und Pathomechanismen gekennzeichnet sind. Gemeinsam ist, daß Beschwerden und Verletzungen am Fuß des Patienten zu Komplikationen bis hin zur Amputation der Extremität führen können.

> Diabetiker haben ein etwa 15fach höheres Risiko für eine Amputation als Nichtdiabetiker.

Das Risiko einer Amputation der Gegenseite beträgt nach ca. 3 Jahren etwa 50 %. Insgesamt beträgt die Zahl der Amputationen in der Bundesrepublik etwa 25.000 pro Jahr. 1 % aller Diabetiker bekommen irgendwann Fußprobleme. 25 % der

Gesamtkosten beim Diabetes mellitus werden für das diabetische Fußsyndrom ausgegeben

Ursachen des diabetischen Fußes

- **Neuropathie**: ca. 40 %
- **Angiopathie**: ca. 20 %
- **Mischform** aus Angio-und Neuropathie: ca. 40 %

Die diabetische Polyneuropathie spielt also als ätiologischer Faktor eine entscheidende Rolle.

3.8.1. Pathogenese

Dem diabetischen Fußsyndrom liegen hauptsächlich zwei verschiedene Pathogenesetypen zugrunde: Der **neuropathisch-infizierte Typ** und der **ischämische Typ**. Mit etwas über 70 % überwiegt die neuropathische Komponente, entweder mit 40-60 % isoliert oder als Mischtyp in Verbindung mit einer Makroangiopathie in Form einer peripheren arteriellen Verschlußkrankheit. Nur in ca. 20 % der Fälle liegt also ein rein ischämischer Typ vor.

3.8.1.1. Die periphere diabetische Polyneuropathie

Häufigster Lokalisationstyp der sensomotorischen Neuropathie ist der **symmetrische, distalbetonte, vorwiegend sensible Befall der Extremitäten**, da vor allem Nerven mit langem Faserverlauf erkranken. Wesentlich seltener sind proximal asymmetrische, als **diabetische Amyotrophie** bezeichnete Verlaufsformen. Da wie erwähnt vor allem die Nerven mit dem längsten Faserverlauf erkranken, treten die ersten Symptome in der Regel an den unteren Extremitäten im Fußbereich und am Unterschenkel auf.

Meist an der unteren Extremität	
Strumpfförmige Sensibilitätsausfälle	Sensible Reizerscheinung
Eingeschränktes Vibrationsempfinden	Sensible Reizerscheinung
Temperatur- und Schmerzreizschwelle erhöht	Sensible Reizerscheinung
Hyper-, Dys- und Parästhesien ("burning feet")	Sensible Reizerscheinung
Verlust der Eigenreflexe	Ausfallsymptom
Hyperpathie (besonders nachts)	Ausfallsymptom
Kribbeln, Taubheitsgefühl, Schmerzen	Ausfallsymptom
In schweren Fällen ataktische Gangstörung	Ausfallsymptom
nach D. Sailer	

Tab. 3.22: Symptome der peripheren sensiblen symmetrischen Form der Neuropathie.

Als **pathogenetische Ursache** peripherer Polyneuropathien wird eine **Störung neuraler Funktionen durch eine Störung zellulärer Stoffwechselvorgänge und durch eine Schädigung der Vasa nervorum** angenommen. Folgende pathogenetische Faktoren werden diskutiert:

- Störungen im zellulären Energiehaushalt
- Störungen im Polyolstoffwechsel
- Oxydativer Stress
- Bildung von AGE-Produkten
- Störungen axonaler Transportmechanismen
- Defizite an neurotropen Faktoren

Die Innervation des Beines ist autonom, motorisch und sensorisch. Die **autonome Innervation** erfolgt durch nicht-myelinisierte Fasern des Sympathikus. Sie erfolgt sowohl adrenerg als auch cholinerg (Innervation der Schweißdrüsen). Die Gefäße sind mit **Alpha-Rezeptoren** (Vasokonstriktion) und mit **Beta-Rezeptoren** (Vasodilatation) ausgestattet. Da die Alpha-Rezeptoren überwiegen, führt eine Schädigung des Sympathikus zur Vasodilatation.

Motorische Impulse werden über A-Alpha-Fasern in die Peripherie geleitet. Die Fasern haben eine Myelinscheide und haben den größten Durchmesser sowie die schnellste Signalleitung aller peripheren Nervenfasern.

Die sensorischen Impulse werden über verschiedene Fasern geleitet. A-Delta-Fasern leiten die Schmerz- und Temperaturempfindungen, die A-Beta-Fasern leiten das Vibrationsempfinden und die Oberflächensensibilität weiter.

Vaskuläre Störungen sind entweder durch pathologische Alteration der den Nerv versorgenden kleinen Gefäße i.S. einer Mikroangiopathie oder durch funktionelle Störungen der Mikrozirkulation bedingt.

Diagnose

Grundlage jeder Diagnose der peripheren diabetischen Neuropathie ist zum einen die gründliche **Anamnese** sowie die **neurologische Untersuchung** mit **Prüfung der Muskeleigenreflexe, Sensibilitätstests sowie die Prüfung der Vibrationsschwelle**. Dies ist mit einfachen Hilfsmitteln (Reflexhammer, Nadel und Stimmgabel) möglich.

Die **Vibrationsschwellenbestimmung** läßt sich heute semiquantitativ und wenig kostenaufwendig mit einer **graduierten Stimmgabel** (nach Rydel-Seiffer) mit einer in 8 Teilbereiche eingeteilten Frequenzskala vornehmen. Die klinisch-neurologische Untersuchung kann durch apparative Untersuchungsmethoden ergänzt werden. In Frage kommen Messung der sensiblen Nervenleitgeschwindigkeit und die quantitative Temperaturschwellenmessung. Die sog. **Thermästhesie** hat heute in der Neuropathie-Diagnostik zum Nachweis der kleinen markarmen bzw. marklosen Nervenfasern, die etwa 80 % der peripheren Nerven ausmachen eine weite Verbreitung gefunden.

3.8.1.2. Diagnostik der diabetischen Polyneuropathie

Neurologische Zeichen
• Sensorisch (strumpfförmig) vermindertes/aufgehobenes - Temperaturempfinden (früh) - Vibrationsempfinden (später) - Berührungsempfinden (Semmes-Weinstein Monofilament) - Schmerzempfinden • Motorisch - MER (Muskeleigenreflexe) aufgehoben/abgeschwächt - Atrophien der kleinen Fuß-/Handmuskeln

Tab. 3.23: Neurologische Zeichen der diabetischen Polyneuropathie

Die Symptome der sensomotorischen Polyneuropathie sind je nach Qualität der betroffenen Fasern unterschiedlich. Eine Störung im Bereich der dickeren Fasern wird häufiger beobachtet.

Symptome der sensomotorischen Polyneuropathie
• Symptome bei distaler symmetrischer Polyneuropathie der *dünnen* Fasern - Schmerz (brennend, stechend) - Verlust des Temperaturempfindens - Verlust der Oberflächensensibilität - Autonome Neuropathie • Symptome bei distaler symmetrischer Polyneuropathie der *dickeren* Fasern - Kein Schmerz - Verlust oder Minderung des Vibrationsempfindens - Minderung der Propriozeption - Verlust der Fähigkeit, spitz/stumpf zu diskriminieren - Minderung oder Verlust der distalen Muskeleigenreflexe

Tab. 3.24: Symptome der sensomotorischen Polyneuropathie.

Störungen im Bereich der distalen Neurone führt zu einer **Atrophie der kleinen Fußmuskeln**. Es kommt dadurch zur charakteristischen **Klauenzehenstellung**.

3.8.1.3. Makroangiopathie (arterielle Verschlußkrankheit)

Vaskuläre Folgeerkrankungen bei Diabetes mellitus sind hinsichtlich Morbidität und Lebenserwartung ein wichtiges Gesundheitsproblem, da sich im Laufe der Jahrzehnte die Todesursachen vom Coma diabeticum hin zu den Gefäßerkrankungen verschoben haben. Betroffen sind vor allem die Coronar-, die Hirn- und Extremitätenarterien. Gut dreiviertel aller Diabetiker sterben heute an ihren vaskulären Folgeerkrankungen. Generell spielt die Erkrankung der kleinen bis großen Arterien, die sog. diabetische Makroangiopathie, die Hauptrolle.

Pathogenese der Makroangiopathie

Eine diabetesspezifische Genese der Atherosklerose ist bisher weder für Typ 1- noch für Typ 2-Diabetiker erbracht worden. Auch das gehäufte Vorkommen einer Mediaverkalkung vom Typ Mönckeberg ist nicht spezifisch für den Diabetes. Klinisch ist die diabetische Makroangiopathie durch Besonderheiten des Verteilungsmusters wie

- mehr periphere Lokalisation
- diffuser Befall
- Geschlechtsverteilung
- Symptomatik und
- Verlauf

charakterisiert. Der Diabetes mellitus selber beschleunigt lediglich die Entwicklung der Atherosklerose, die Folge davon ist die größere Neigung zur Progredienz. Beim Typ 2-Diabetes ist dieser Einfluß schon im prädiabetischen Stadium sowohl an den Coronarien als auch an den peripheren Gefäßen deutlich. Beim Typ 1-Diabetes, der noch keine Nephropathie entwickelt hat, gibt es bei guter Einstellung kaum vermehrt Atherosklerose.

> Die Atheroskleroserisikofaktoren sind beim Typ 1-Diabetes ab dem Auftreten der Nephropathie deutlich und beim Typ 2-Diabetes bereits zum Zeitpunkt der klinischen Manifestation ausgeprägt.

Eine wesentliche Mitursache der Makroangiopathie bei Diabetes mellitus sind die Atheroskleroserisikofaktoren:

- Hypertonie
- Hypercholesterinämie
- Hypertriglyzeridämie
- vermindertes HDL-Cholesterin
- Übergewicht und
- Nikotinabusus

Die **Pathogenese der Atherosklerose** wird heute auf eine Schädigung oder Änderung des Endothels, Proliferation von glatten Muskelzellen und deren Migration von der Media in die Intima, Aufnahme von Lipiden und Lipoproteinen durch die glatten Muskelzellen und Makrophagen in der Arterienwand zurückgeführt. Weitere Faktoren bei der Pathogenese der diabetischen Angiopathie sind in Abb. 3.3 schematisch dargestellt.

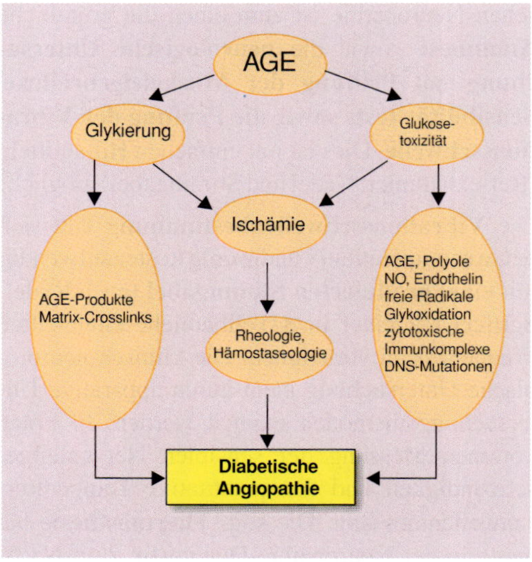

Abb. 3.3: Pathogenese der diabetischen Angiopathie (nach Tschöpe).

Diagnostik der Makroangiopathie

Die wesentlichsten Punkte im diagnostischen Repertoir des angiologisch tätigen Arztes sind: **Anamnese, klinischer Untersuchungsbefund, nichtinvasive apparative Techniken** und die **Angiographie**.

Ein wesentlicher Punkt in der Anamnese ist die Erfragung von Beschwerden, die dann der klassischen Stadieneinteilung nach Fontaine zugeordnet werden.

Stadieneinteilung der pAVK nach Fontaine	
I	Stenose oder Verschluß (nachgewiesen) oder fehlende Pulse bei Beschwerdefreiheit
II	Belastungsabhängige Beschwerden
IIa	Claudicatio intermittens mit Gehstrecke >200 bis 300 m
IIb	Claudicatio intermittens mit Gehstrecke <200 bis 300 m
III	Ruheschmerz, evtl. beginnende trophische Störungen
IV	Trophische Störungen mit Gewebsuntergang (Ulkus, Nekrose, Gangrän)

Tab. 3.25: Stadieneinteilung der pAVK nach Fontaine.

Weitere wesentliche Punkte bei der Erhebung der Anamnese sind das Abfragen und Erfassen weiterer Risikofaktoren wie: Hypertonie, Rauchen, Adipositas, familiäre Belastung, Fettstoffwechselstörungen und Diabetes mellitus.

Klinische Untersuchung

- **Inspektion:** Gesucht wird nach Veränderungen der Hautfarbe (Akrozyanose), Blässe und nach gestörter Trophik an Haut und Zehennägeln. Seitendifferenzen können hier bereits erste Hinweise auf eine gestörte Durchblutung ergeben. Eine bräunliche Verfärbung der Finger entlarvt den starken Raucher
- **Palpation**: Untersucht werden alle zugänglichen Arterienpulse und die Beurteilung der **Hauttemperatur** und **Hautfeuchtigkeit**
- **Auskultation**: Erfaßt werden die Strömungsgeräusche bei Stenosen mit einer Lumeneinengung von mehr als 50 %. Stenosen im Becken und Oberschenkelbereich können durch die Auskultation relativ gut lokalisiert werden
- **Lagerungsprobe nach Ratschow**: Eine Verzögerung oder Seitendifferenz der reaktiven Hyperämie und der Venenfüllung am Fußrücken erhärten den Verdacht auf eine periphere Ischämie
- **Bestimmung der Gehstrecke**: Empfehlenswert ist hierbei die Durchführung unter standardisierten Bedingungen (z.B. 90 Schritte/min. mit einem Metronom) und in Begleitung
- Weitere nichtinvasive Untersuchungen sind: Die **Doppler-Sonographie** und die **Duplex-Sonographie**
- **Angiographie:** Die röntgenologische Darstellung der Gefäße ist nach wie vor der Goldstandard der angiologischen Diagnostik. Sie liefert exakte und dokumentierte Aussagen über die Lokalisation und Ausdehnung von Gefäßveränderungen. Für die Darstellung der Extremitätengefäße kommen heute 3 Verfahren zur Anwendung:
  - die konventionelle intraarterielle Angiographie
  - die intravenöse digitale Substraktionsangiographie (DSA)
  - die intraarterielle DSA

3.8.1.4. Diabetische Mikroangiopathie

Die Mikroangiopathie ist die Erkrankung der terminalen Gefäßstrombahn. Man unterscheidet heute zwischen **funktioneller** und **morphologischer Mikroangiopathie**. Der Begriff funktionelle Mikroangiopathie beinhaltet Unregelmäßigkeiten der Hämodynamik in der Endstrombahn, die z.B. durch Spasmen der Gefäßmuskulatur hervorgerufen werden können, sowie rheologische Störungen. Morphologische Veränderungen an den Kapillaren liegen nicht vor. Hingegen finden diese sich stets bei einer morphologischen Mikroangiopathie. Die **Verdickung der Basalmembran in den Kapillaren**, die sich nach langjähriger Diabetesdauer nachweisen läßt, verursacht keine Lumeneinengung, möglicherweise ist jedoch die Gefäßpermeabilität krankhaft verändert. Man findet weiterhin gehäuft **Mikroaneurysmen** und **Degeneration der Perizyten**. Zur Quantifizierung der Mikrozirkulation wird die **Kapillarmikroskopie** und die **Laser-Doppler-Fluxmessung** herangezogen, diese haben aber für den klinischen Alltag keine Relevanz.

3.8.2. Basisdiagnostik und Differentialdiagnose beim diabetischen Fußsyndrom

Bei Vorhandensein einer Polyneuropathie und/ oder arterieller Verschlußkrankheit ergibt sich ein deutlich erhöhtes Risiko für die Ausbildung eines "diabetischen Fußes". Bei Betroffenen mit schon vorhandenen diabetischen Spätkomplikationen muß differenziert werden zwischen Fußläsionen bei Polyneuropathie und Läsionen bei peripherer arterieller Verschlußkrankheit. Die Kriterien zur Unterscheidung des neuropathischen und ischämischen Fußes sind in Tabelle 3.26 dargestellt.

Die Differentialdiagnose ist von enormer Wichtigkeit, weil die Behandlung der beiden Krankheitsbilder in wesentlichen Punkten unterschiedlich ist (Ruhigstellung, Entlastung/Belastung und Gehtraining).

Eine diabetische Neuropathie ist wahrscheinlich, wenn der Betroffene ohne Beschwerden mit einer offenen Fußwunde herumläuft. Zur Diagnostik ist kein aufwendiges technisches Instrumentarium erforderlich. Es genügen die üblichen neurologischen Untersuchungstechniken einschließlich der Prüfung der Pallästhesie mit der Rydel-Seiffer-Stimmgabel.

Die wesentlichen Basisuntersuchungen beim diabetischen Fußsyndrom sind in Tabelle 3.27 dargestellt.

	Neuropathischer Fuß	Ischämischer Fuß
Anamnese	• Diabetes mellitus • ohne Claudicatio interm.	• Diabetes mellitus • Nikotinabusus • arterielle Hypertonie • mit Claudicatio interm.
	Klinik	
Farbe	rosig	blass-livide (lageabhängig)
Temperatur	warm	kühl
Schweiß-Sekretion	gestört (trocken)	normal
Schmerz	• häufig fehlend (gelegentlich sensible Reizerscheinungen) • schmerzlose Läsion	• Ruheschmerz (Stad.III) • schmerzhafte Läsion (Schmerzerleichterung bei herabhängendem Bein)
Fußpulse	tastbar	nicht tastbar
Achillessehnenreflex	schwach bis erloschen	normal
Hyperkeratose	• häufig • Hornhautschwielen, Risse, Einblutungen (besonders an druckexp. Stellen)	wenig ausgeprägt
Läsion an	druckbelasteten Stellen	Akren
Knochendeformitäten	häufiger	selten
	Weitere Untersuchungen	
Doppler-Index	> 0,9	<0,9
Temperaturempfinden	reduziert	normal
Vibrationsempfinden	reduziert	normal
Berührungsempfinden	reduziert	normal
Arbeitskreis DFS der Fachkommission Diabetes in Bayern (2000)		

Tab. 3.26: Differentialdiagnose: Diabetisches Fußsyndrom.

Anamnese
• Grunddaten (Alter, Körpergröße, Körpergewicht, BMI) • Diabetesdauer, Diabetestherapie (Diät, Medikamente) • Diabeteseinstellung • Schmerzen (Ruheschmerz, sensible Reizerscheinungen, symmetrisch/asymmetrisch)
Klinischer Befund
• Fußpulse - palpabel/nicht palpabel - symmetrisch/asymmetrisch am Fuß und Unterschenkel • Farbe (rosig, blaß, livide) • Hauttemperatur (warm, kühl) • Hautbeschaffenheit (normal, trocken, Hyperkeratosen, Einblutungen, Hautläsionen) • ASR, PSR (normal, abgeschwächt, nicht auslösbar) • Berührungsempfinden (normal, fehlend) • Schmerzempfinden (normal, fehlend)
Technische Untersuchungen
• Röntgen (Vorfuß und Sprunggelenke in 2 Ebenen, ggf. unter Belastung) • Mikrobiologie (Wundabstrich bzw. Gewebsprobe aus der Tiefe) • Doppler-Index (>0,9/<0,9) • Thermästhesie (quantitativ) • Vibratometrie (quantitativ)
Weiterführende Untersuchungen
• Duplex-Sonographie, Angiographie • Computertomogramm, Nervenleitgeschwindigkeit (ggf. weitere elektrophysiologische Untersuchungen) • Nukleare Magnetresonanz (NMR), dynamische Ganganalyse (Pedographie) • Plantare Druckmessung im Schuh

Tab. 3.27: Wesentliche Basisuntersuchungen beim diabetischen Fußsyndrom (Arbeitskreis DFS der Fachkommission Diabetes in Bayern 2000).

3.8.3. Diagnostik der Fußsohlendruckverteilung (Pedographie)

Ergänzt werden sollte die Diagnostik beim DFS durch eine elektronische plantare Druckmessung. Diese kann barfuß oder im Schuh durchgeführt werden.

Barfuß

Die **Pedographie** mit der Plattform erlaubt eine schnelle und genaue Messung der Druckverteilung unter der Fußsohle sowohl statisch als auch dynamisch (dynamische Ganganalyse). Das System berechnet Maximaldruck (N/qcm), Gesamtkraft und Standfläche in Absolut- und Prozentwerten.

Im Schuh

Die mit Meßsohlen durchgeführte Druckverteilungsmessung (Pedographie) dient der Messung im Schuh und Einlage. Eine Kontrolle der diabetes-adaptierten Einlage mit exakten Vorher-/Nachher-Vergleich und die Druckreduktion durch orthopädieschuhtechnische Maßnahmen kann dokumentiert werden.

3.8.4. Therapie des diabetischen Fußsyndroms

Seit 1984 wird der Schweregrad diabetischer Fußläsionen in verschiedene Stadien eingeteilt (☞ Tab. 3.28). Grad 0 erfordert lediglich Prävention durch Haut- und Fußpflege sowie adäquates Schuhwerk.

Stadium	Kriterien
Stadium 0	Risikofuß, keine offene Läsion
Stadium I	Oberflächliche Läsion
Stadium II	Läsionen, die bis zur Gelenkkapsel reichen und Sehnen und Knochen mit einbeziehen
Stadium III	Läsionen mit Abszedierung, Osteomyelitis und Infektion der Gelenkkapsel
Stadium IV	begrenzte Vorfuß-/Versennekrose
Stadium V	Nekrose des gesamten Fußes

Tab. 3.28: Stadieneingeteilung des diabetischen Fußsyndroms nach Wagner.

Die Diagnostik und prophylaktische Maßnahmen stehen zunächst im Vordergrund. Medikamente werden dann eingesetzt, wenn stärkere sensible Reizerscheinungen und insbesondere Schmerzen auftreten. Das Angebot an Medikamenten ist vielfältig und steht oft umgekehrt proportional zur therapeutischen Notwendigkeit. Beim therapeutischen Vorgehen ist es wichtig zu wissen, daß akut aufgetretene neuropathische Beschwerden in fast der Hälfte der Fälle innerhalb von einigen Wochen bis Monaten bei guter Diabeteseinstellung wieder verschwinden oder deutlich gemindert werden. Neben der guten Diabeteseinstellung ist die Aufklärung der Patienten, physikalische – therapeutische Maßnahmen, vorübergehende Gabe von Schmerzmitteln und bei nächtlich auftretenden Beschwerden mit Schlafstörungen evtl. Schlafmittel oder Antidepressiva und Neuroleptika ausreichend.

Eine **Therapieempfehlung** für die **schmerzhafte Polyneuropathie** zeigt Tab. 3.29.

Therapie der schmerzhaften Polyneuropathie	
• Optimierung der Stoffwechselführung ↓	
Thioctsäure i.v. (600 mg tgl. 2-3 Wochen), Fortsetzung oral (600 mg tgl.) →	Capsaicin-Creme (Capsamol®) 3-4 x tgl.
Amitryptillin → (Saroten®) 50-150 mg tgl.	Carbamazepin (Carbagamma®) 3 x 200 mg tgl.

Tab. 3.29: Therapie der schmerzhaften Polyneuropathie (modif. nach Ziegler).

Die Prinzipien der Behandlung des diabetischen Fußsyndroms zeigt in Stichworten Tabelle 3.30.

Prinzipien der Behandlung des diabetischen Fußsyndroms
• Konsequente Druckentlastung
• Adäquate Wundbehandlung
• Gezielte systemische Antibiose
• Optimierung der Stoffwechselregulation (Blutglukose, Lipide)
• Nikotinkarenz
• Ggf. rheologische Maßnahmen
• Orthopädieschuhtechnische Versorgung
• Patientenschulung, Fußpflege und regelmäßige Inspektion beider Füße
• Wünschenswert wäre: Mindestens jährliche Überprüfung der Druckmesung im Schuh
• keine Amputation - ohne vorausgegangenes diabetologisches Konsil - ohne angiologische Abklärung
Arbeitskreis DFS der Fachkommission Diabetes in Bayern (2000)

Tab. 3.30: Prinzipien der Behandlung des diabetischen Fußsyndroms.

Der neuropathisch infizierte Fuß (Mal perforans)

Therapie des diabetisch-neuropathischen Fußulcus

• Nichtinfiziertes Ulcus
- konsequente Druckentlastung
- bis zur Abheilung wiederholt ausreichende Abtragung der Hyperkeratosen
• Infiziertes Ulcus
- unverzüglicher Beginn der lokalen Wundsanierung mit Entfernen des nekrotischen Materials (Debridement) bis ins Gesunde, ggf. Spülen mit Jodlösung (TSH basal kontrollieren!), ggf. Einlegen (kein Tamponieren!) von Jodoform-Gaze
- vollständiges Abtragen der Hyperkeratosen
- bei hochakuter Inflammation, evtl. mit putridem Sekret aus großflächiger und tiefreichender Entzündung und/oder fortschreitender Phlegmone
  - sofortige stationäre Aufnahme und antibiotische Therapie
  - frühzeitige Gewebeinzision, Einlegen von Gummilaschen
- ggf. enzymatische Wundreinigung
- 2 x täglich Wundverband bis zum Stadium der gereinigten Wunde
- keine therapeutischen Fußbäder
• Granulationsstadium
- konsequent **feuchte Wundbehandlung**!
- Elektrolytlösung ggf. mit Insulin zur Beschleunigung des Wundschlusses
- kein H_2O_2, auch keine anderen aggressiven Desinfektionslösungen
• Die frisch epithelialisierten Wundanteile sollen mit Fettgaze abgedeckt werden
• evtl. Transplantatabdeckung
Arbeitskreis DFS der Fachkommission Diabetes in Bayern (2000)

Tab. 3.31: Therapie des diabetisch-neuropathischen Fußulcus.

Das neuropathische Ulcus (**Mal perforans**) hat ein so typisches Bild, daß zumeist eine Blickdiagnose möglich ist. Die Lokalisation ist fast immer plantar, meist im Vorfußbereich, seltener im Bereich der Zehen oder der Ferse. Um das Ulcus herum finden sich charakteristischerweise **Hyperkeratosen**. Die **Schmerzlosigkeit der Läsionen** ist ein wesentliches diagnostisches Kriterium. Bei zusätzlich bestehender Weichteilinfektion, ist der Fuß ödematös geschwollen. **Kräftige Fußpulse** bei der Untersuchung der Füße sind **typisch für ein rein neuropathisches Ulcus**. Bedingt durch die autonome Neuropathie (Sympathikus) sind die Füße trocken und die Fußdurchblutung vermehrt mit kräftigen Pulsen. Durch die neuropathiebedingte Schmerzlosigkeit kommt es zu Hautläsionen, die sich infizieren. Es kommt zur Ausbreitung auf tiefere Kompartimente des Fußes mit einem entzündlich bedingten Verschluß von Blutgefäßen. Im Gefolge kommt es zur Gangränbildung.

Therapie des diabetisch-ischämischen Fußulcus
• Prinzipielles Vorgehen wie beim neuropathischen Ulcus • Abklärung des Gefäßstatus durch Doppler- bzw. Duplexsonographie und Angiographie (☞ Basisuntersuchung beim diabetischen Fußsyndrom) • Frühzeitige Kontaktaufnahme mit interventionellem Radiologen bzw. Gefäßchirurgen zur Klärung der Indikation auf revaskularisierende Maßnahmen • Vor Wundreinigung - Gabe eines starken Schmerzmittels - zusätzlich lokalanästhesierende Creme (Lidocain/Prilocain-Creme; Handelsname: Emla) oder Leitungsanästhesie (z.B. Oberst oder Fußblock) • Lokalbehandlung des ausgebildeten Wundschorfs mit einer desinfizierenden Lösung zur Vermeidung einer lokalen Reinfektion • Notwendige Amputation nicht hinausschieben! Arbeitskreis DFS der Fachkommission Diabetes in Bayern (2000)

Tab. 3.32: Therapie des diabetisch-ischämischen Fußulcus.

3.8.4.1. Antibiotikatherapie beim diabetischen Fußsyndrom

Empfehlungen des Arbeitskreises DFS der Fachkommission Diabetes in Bayern 1998:

Allgemeines Vorgehen
• Nur systemische Antibiose (keine lokale Anwendung) • Beim infizierten Ulcus "blinde" Initialtherapie, danach testgerechte Anpassung • Probengewinnung für Bakterienkulturen und Antibiogramm durch Spülaspiration oder Exzision von Gewebeteilchen; Abstrich oder Abtupfen ermöglichen nur eine limitierte Aussage. Möglichkeit einer lokalen Pilzinfektion berücksichtigen. • Langzeit-Antibiose (insbes. bei Knochenbeteiligung), ggf. über mehrere Wochen erforderlich. Bei unzureichendem Heilungsprozeß: Möglichkeit eines Erregerwechsels und zusätzlich chirurgische Intervention in Betracht ziehen • Antimykotische Therapie möglichst nach spezifischer Testung nicht selten notwendig.
Wahl des Antibiotikums
Abhängig von • Lokalen Wundverhältnissen Häufigste Erreger: - Staphylokokken - Enterokokken - B-Streptokokken, - Gramneg. Keime (E.Coli, Proteus sp., Pseudomonas, Klebsiellen) - Anaerobier - freiliegender oder sondierbarer Knochen: immer Osteomyelitis • der Schwere des Krankheitsbildes - Krankheitsgefühl - Phlegmone - großflächige, tiefreichende Nekrosen - Fieber - Leukozytose - hohes CRP • einer vorausgegangenen stat. Behandlung → Risiko der Wundbesiedlung mit Methicillin-resistentem Staph. aureus (MRSA) • Nebenwirkungen, Wechselwirkungen, Gegenanzeigen
"Blinde" Antibiotikatherapie
1. Ampicillin plus Sulbactam oder Amoxicillin plus Clavulansäure
2. Gyrasehemmer
3. Clindamycin
4. Bei Anaerobierverdacht Kombination mit Metronidazol

Tab. 3.33: Antibiotikatherapie beim diabetischen Fußsyndrom - Empfehlungen des Arbeitskreises DFS der Fachkommission Diabetes in Bayern 2000.

3.8.4.2. Lokale Wundversorgung

Erhebung des Defektstatus

Ziel dieser Maßnahme ist die Feststellung des eigentlichen Ausmaßes der Läsionen und schließt immer **beide Füße einschließlich aller Interdigitalräume** ein. Wichtig ist die **vollständige Entfernung von Hyperkeratosen,** da sich unter ihnen ausgedehnte Eiteransammlungen und Weichteilnekrosen finden können, die bei der Inspektion nicht immer sichtbar sind.

Weitere wichtige Maßnahme ist das **Sondieren der Wundhöhlen und Wundtaschen**, um eine evtl. Beteiligung von Sehnen, Gelenk und Knochen festzustellen.

Eine unbedingt notwendige Maßnahme ist die **Keimgewinnung**, die möglichst aus tieferen Regionen der Wunde erfolgen sollte, um möglicherweise vorhandene Anaerobier oder gramnegative Keime zu erfassen.

Als letzte aber wichtige Maßnahme ist eine **Röntgenaufnahme** erforderlich, um eine entzündliche Knochenbeteiligung auszuschließen.

Eigentliche Wundversorgung

Die eigentliche Wundversorgung erfolgt in 3 Schritten:

1. Vorbereitung des Wundgrundes und Eindämmung der Infektion

- Abtragung von Hyperkeratosen

- mechanische Reinigung der Wunde
- chemische Reinigung (Spülen mit desinfizierender Lösung, z.B. Povidon-Jodlössung; (TSH basal kontrollieren)
- Auslegen der Wunde mit Jod-Gaze
- keine Okklusivverbände, keine Salben; ggf. enzymatische Wundreinigung (z.B. Varidase, Fibrolan, Leukase)
- 2mal täglich Wundverband bis zum Stadium der gereinigten Wunde
- keine therapeutischen Fußbäder

2. Granulationsförderung

- Spülen mit Ringerlösung, Betaisadonnalösung, NaCL
- Abtragen des hyperkeratotischen Wundrandes
- vorsichtige mechanische Wundreinigung
- kein Wasserstoffperoxid
- evtl. Transplantatdeckung

3. Epithelisierung

Ziel: Bildung von Granulationsgewebe, Bildung von Epithel

- feuchtes Wundmilieu schaffen
- Wunde mit Fett-Gaze abdecken (Prophylaxe einer Adhäsion)
- Druckentlastung

In der Phase der Epithelisierung sollte die orthopädische Schuhversorgung und die Schulung des Patienten hinsichtlich Fußpflege erfolgen.

Eine fotographische Verlaufsdokumentation von Anfang an ist sinnvoll.

Bei der Therapie der diabetischen ischämischen Fußläsion ist frühzeitig Kontakt mit dem Gefäßchirurgen zur Einleitung revaskularisierender Maßnahmen aufzunehmen. Das prinzipielle Vorgehen in der Therapie ist wie beim neuropathischen Ulcus.

3.8.4.3. Orthopädische Fußversorgung

Eine der Hauptursachen für Verletzungen des Fußes beim diabetischen Fußsyndrom ist nicht korrekt angefertigtes oder nicht passendes Schuhwerk. Aufgabe des orthopädischen Schuhmachers ist u.a. Beratung und Versorgung der betroffenen Patienten durch entsprechende Einlagen und Empfehlungen für den Schuhkauf sowie die Versorgung bestehender Läsionen durch einen **Therapieschuh**. Ziel der Schuhversorgung ist die Prävention. Optische Belange sind daher zweitrangig. Einige technische Aspekte der Schuhversorgung sind:

- ausreichend Spielraum für die Zehen
- abgerundete Starrsohle
- individuelle Formbarkeit und Formstabilität
- keine hervorstehenden Nähte
- keine überhöhten Absätze

3.8.5. Prophylaxe des diabetischen Fußsyndroms

Strategien, die die Entstehung eines diabetischen Fußsyndroms verhindern, müssen am Anfang jedes Therapiekonzeptes stehen. Eine wesentliche Säule dabei ist die **Schulung des Patienten** hinsichtlich regelmäßiger und korrekter Fußpflege (☞ Tab. 3.34)

Fußpflege bei diabetischem Fußsyndrom
• tägliche Fuß- und Schuhinspektion
• Fußbad bei 37°C Wassertemperatur (ellenbogenwarm) kürzer als 5 Minuten
• trockene Haut fetten (wasserhaltige Pflegecreme)
• Zehenzwischenräume trocknen, keine Cremes
• Bimsstein erlaubt, aber keine Schere, Hobel etc. (kein Metall)
• Fußnägel gerade feilen
• Hühneraugen nicht selbst behandeln
• eingewachsene Zehennägel vom Arzt behandeln lassen
• Baumwollsocken, keine Wärmflasche
• barfuß gehen verboten!

Tab. 3.34: Fußpflege bei diabetischem Fußsyndrom.

Eine effektive Patientenschulung sollte strukturiert sein und auch für ältere Patienten verständlich sein. Wünschenswert wäre es, da die meisten Patienten von ihrem Hausarzt betreut werden, daß die entsprechenden Schulungskurse auf hausärztlicher Ebene durchgeführt werden.

3.8.6. Zusammenfassung und Ausblick

Die optimale Therapie diabetischer Fußkomplikationen ist eine **multidisziplinäre Aufgabe**. Sie kann nur durch Zusammenarbeit von Ärzten verschiedener Fachrichtungen und Heilberufe gelöst werden. Risikopatienten lassen sich heute mit Hilfe relativ einfacher Verfahren erkennen und können dann gezielt betreut werden. Eine wesentliche prophylaktische Maßnahme ist die **Schulung des Patienten** hinsichtlich der Fußprobleme und die regelmäßige Kontrolle des Fußes bei jedem Arztbesuch. Dem Hausarzt kommt hierbei die wichtige Rolle des Koordinators zwischen Praxis und Diabeteszentrum zu. In der Bundesrepublik gibt es derzeit 20.000 Allgemeinärzte und Internisten, aber nur ca. 150 Diabeteszentren. Daher muß das zukünftige Ziel die noch engere Zusammenarbeit aller Beteiligten hinsichtlich Prävention und Therapie sowie Nachsorge sein.

3.9. Literatur

1. Arlt, B., Der diabetische Fuß, Krankenhaus-Arzt 67,3,(1994)

2. v. Arnim, Th., Der herzkranke Diabetiker – Besonderheiten im klinischen Bild, In: Mehnert, H., Medikon Verlag, München 1997

3. Baumgartl, H.-J. und Standl, E., Diabetes und Stoffwechsel 5 (1996) 177-182

4. Beischer, W., Der diabetische Fuß, Sonderdruck aus: tägl. Prax. 34,39-58 und 327-344, 1993

5. Biesenbach, G., Fettstoffwechselstörungen bei Diabetes mellitus, WMW, Supplement Nr. 105/89

6. Cardiovascularia 1,98, MMV Medizin Verlag, München

7. Chantelau, E., Kleinfeld, H., Paetow, P., Das Syndrom des "diabetischen Fußes", Diabetes und Stoffwechsel, 1 (1992)

8. Empfehlungen für die Behandlung des Hochdrucks bei Diabetes, Dt. Hochdruckliga, 1994

9. Enderle, M.-D. u.a., Das diabetische Fußsyndrom, DMW 1996, 121. Hg., Nr. 40

10. Girndt, J., Nieren-, Herz- und Kreislaufschäden bei Diabetes mellitus, Wissenschaftliche Verlagsgesellschaft Stuttgart 1996

11. Haslbeck, M., Diabetische Neuropathien: Diagnostik und Therapie, Bayer. Int. 13/1993, Nr. 5

12. Hasslacher, Ch., Verlauf und Diagnostik der diabet. Nephropathie, Fortschritte der Medizin, 108. Jg., 1990, Nr. 36

13. Hasslacher, Ch., Ritz, E., Die diabetische Nephropathie, Dt. Ärzteblatt, Sonderdruck, 88. Jg., Heft 31/32, 1991

14. Hasslacher, Ch., Diabetes und Hypertonie – Risiken und Behandlungsmöglichkeiten, Diabetes Dialog 1-90

15. Hasslacher, Ch., Ritz, E., Innere Medizin, 1989, 16,46

16. Hammes, H.-P., Fortschritte der Medizin 115. Jg. (1997), Nr. 7

17. Hoffmann, U., Dtsch. Med. Wschr., 119 (1994) 36-40

18. Hypertonie aktuell, Knoll Deutschland GmbH, 2/97

19. Hepp, W., Der diabetische Fuß, Blackwell Wissenschaftlicher Verlag Berlin 1996

20. Julius, U., Hanefeld, M., Der Internist, 37 (1990) Beilage 103

21. Körner, F., Körner, U., Diabetische Retinopathie und Photokoagulation, Band 114, Bücherei des Augenarztes, F. Enke Verlag, 1988

22. Kroll, P., Berg,P., Dt. Ärzteblatt 88, Heft 16, 1991

23. Krey, H.F., Zentralklinikum Augsburg, Persönliche Mitteilung

24. Klaus, D., Hochdruck bei Diabetes mellitus, Mediz. Klinik, 89 (1994) Nr. 6

25. Kimmerle, R., Fettstoffwechselstörungen bei Diabetes mellitus, In: Berger, M., Diabetes mellitus, Verlag: Urban & Schwarzenberg, München, 1995

26. Laube, H., DMW Br, 28/29, 113 (1988)

27. Lemmen, K.D., Kroll, P., Wagener, W., Diabetische Augenerkrankungen, In: Berger, M., Diabetes mellitus, Verlag Urban & Schwarzenberg, 1995, München

28. Luft, D., Symptomatische Therapie bei diabetischen Neuropathien, Akt. Endokr. Stoffw. 10 (1989) Sonderheft

29. Luft, D., Schmerztherapie bei diabetischer Polyneuropathie, Dtsch. Med. Wschr. 122 (1997) 1500 – 1506

30. Mehnert, H., Schmidt. K., Stracke, H., Sachse, G.; Diabetische Polyneuropathie, Münch. Med. Wschr. 137 (1995), Nr. 6

31. Mehnert, H.; Herz, Gefäße und Diabetes, Medikon Verlag, München 1997

32. Mehnert, H., Standl, E., Usadel, KH: Diabetologie in Klinik und Praxis, 4. Aufl., 1999, 456-478

33. Mogensen C.E., Andreucci V.E., L.G. Fine: International Yearbook of Nephrologie. Springer, Berlin 1992, (p. 141)

34. Olgmüller, B., Biochemische Grundlagen diabetische Spätkompliationen, In: Waldhäusl, W., Gries, F.A., Diabetes in der Praxis, Springer-Verlag Berlin, 1995

35. Orthopädie – Schuhtechnik, Sonderheft Diabetes, Verlag: C. Maurer Druck und Verlag

36. Rett, K., Hypertonie im Kontext des metabol. Syndroms und des Typ 2-Diabetes, In: Mehnert, H., Herz, Gefäße und Diabetes, Medikon Verlag München, 1997

37. Reschke, B., Rosak, Ch., Althoff, P.H., Diabetische Polyneuropathie, Fortschritt Medizin 105 (1987) 11-14

38. Reike, H., Das diabetische Fußsyndrom, Media Bibliothek, Pharmacia & Upjohn

39. Ritz, E., Bergis, K., Strojek, K., Keller, Ch., Nephropathie und Hypertonie bei Typ-2-Diabetes, Med. Klinik, 92 (1997) Nr. 7

40. Richter, W., Münch. Med. Wschr. 132 (1990) Beilage 103

41. Ritz, E., Hypertonietherapie bei Diabetikern, Nieren- und Hochdruckkrankheiten, Jg. 26, Nr. 3 (1997)

42. Rösen, P., Vitaminspur, 10. Jg., Heft 2, 1995, Hippokrates Verlag Stuttgart

43. Schernthauer, G., Der Internist (Beilage) 30. Jg., Heft 6, 1989

44. Schmidt, KH et al., Diabetes und Stoffwechsel 4 (1995) 473-480

45. Standl, E., Diabetische Mikroangiopathie, Diabetes Dialog, 1-90

46. Strian, F., Haslbeck, M., Standl, E., Behandlung schmerzhafter Diabetesneuropathien, Der Internist (1994), 35

47. Stiegler, H., Standl., Standl, E., Hillebrand, B., Der diabetische Fuß, Dt. Ärzteblatt, 92, Heft 9, 1995

48. Stiefelhagen, P., Der Internist 37, 1996

49. Stiefelhagen, P., Der Internist 10, 1997

50. Stiefelhagen, P., diabetische Neuropathie, Medizin Aktuell, Der Internist 37, 1996, 1070 – 1074

51. Seidlein, I., Diabetes Dialog, 4-93

52. UKPDS 38. Brit. Med. J. 317 (1998) 703-713

53. Wagner, F.W.: The dysvascular foot: A system for diagnosis and treatment. Foot Ankle 2 (1981) 64-67

53. Walter, H., Pathogenese und Prävention der diabetischen Nephropathie, Diabetes und Stoffwechsel 2, 1993

53. Wicklmayr, M., Rett, K.; Mehnert, H., Diabetes mellitus und Hypertonie, Der Bay. Int. 13 (1994) Nr. 6

54. Wissenschaftliches Symposiumder Hoechst Marion Roussel Deutschland GmbH Frankfurt/M., 29.11.1997

55. Ziegler, D., Diabetiche Neuropathie, Dt. Ärzteblatt 93, Heft 11, 1996

56. Ziegler, D., Hanefeld, M., Ruhnau, K.J. et al: Treatment of symptomatic diabetic peripheral neuropathie with the anti-oxidant lipoic acid. Diabetoligia 38 (1995) 1425 – 1433

57. Zietz, B., Therapiemöglichkeiten bei peripherer Neuropathie, Der Bay. Int. 17 (1997)

Nichtpharmakologische Therapieverfahren bei den unterschiedlichen Diabetesformen

D. Sailer

4. Nichtpharmakologische Therapieverfahren bei den unterschiedlichen Diabetesformen

4.1. Bedeutung der Ernährung bei Typ 1- und Typ 2-Diabetes

Derzeit steht kein pharmakotherapeutisches Verfahren zur Verfügung, das dem Diabetiker die Ernährungsumstellung ersparen würde. Sie ist unumgänglich und Grundlage jeder weiteren therapeutischen Bemühung.

Den Tendenzen, die Diabeteskost zu liberalisieren, muß auf das Entschiedenste entgegengetreten werden, da dabei häufig verkannt wird, daß die Diabeteskost nicht nur zum Ziel hat, die Blutzuckerhomöostase zu normalisieren, sondern vielfältige andere Aufgaben zu erfüllen hat. Auch mit einer modernen Insulintherapie mit Insulinselbstanpassung und selbst bei Verwendung von schnellwirkenden Insulinanaloga kann auf eine diabetesgerechte Ernährung nicht verzichtet werden.

Versuche in der Vergangenheit haben immer wieder gezeigt, daß ein zu freizügiger Umgang mit der Ernährung bei Diabetikern katastrophale Konsequenzen im Hinblick auf die Entwicklung von diabetischen Folgeerkrankungen hat.

4.1.1. Grundlagen der Ernährung bei Diabetes mellitus

Während man früher die Ernährungstherapie ausschließlich am Blutzuckerverhalten orientierte (☞ Tab. 4.1) und die Ernährung aus Angst vor hohen postprandialen Blutzuckerkonzentrationen kohlenhydratarm, aber fett- und eiweißreich gestaltete, wird heute zusätzlich die **Ernährung antiatherogen und nephroprotektiv ausgerichtet**. Dies zwingt zur Restriktion der Fett- und Eiweißzufuhr und führt damit zwangsläufig zur Erhöhung der Kohlenhydrate. Dabei sind **ballaststoffhaltige Kohlenhydratträger** zu bevorzugen.

	Kohlenhydrate (kcal %)	Fett (kcal %)	Eiweiß (kcal %)
Vorinsulinära	Hungerdiät		
1922	20	40	40
1950	40	40	20
1970	50	35	25
1985	50-60	25-35	12-15
ADA-Empfehlung 1994	*	* **	10-15

Tab. 4.1: Historischer Überblick über die Ernährungsempfehlung bei Diabetes mellitus.
* entsprechend des individuellen Bedarfes
** weniger als 10 kcal % an gesättigten Fettsäuren.

Berücksicht man, daß über 80 % der Typ 2-Diabetiker und ca. 60 % der Typ 1-Diabetiker an Komplikationen der Atherosklerose versterben (Herzinfarkt, apoplektischer Insult, arterielle periphere Verschlußkrankheit), so hat ein **frühzeitige Prävention der Atherosklerose vorrangige Bedeutung**. Das hohe Atherosklerose-Risiko der Diabetiker leitet sich nicht nur von den pathologische erhöhten Lipoproteinen, sondern vor allem von deren diabetesspezifischen chemischen Veränderung ("small dense Lipoproteine", Glykierungen etc.) ab. Eine fettarme und fettmodifizierte Ernährung ist deshalb notwendig und sinnvoll. Auch die Amerikanische Diabetes-Gesellschaft (ADA) hat dies in ihren jüngsten Empfehlung (Tab. 4.1) berücksichtigt und empfiehlt, daß **die Zufuhr gesättigter Fettsäuren auf weniger als 10 % der täglichen Energiezufuhr zu reduzieren sind** (1). Gerade diese Limitierung ist vielerorts übersehen worden und hat dazu geführt, daß die Diabeteskost unter Hinweis auf die ADA-Empfehlung liberalisiert wurde. Bei genauer Betrachtung jedoch wird deutlich, daß durch die Limitierung der gesättigten Fettsäuren auf weniger als 10 kcal % die neueste ADA-Empfehlung eine ausgesprochen restriktive Diabeteskost darstellt.

Die Ernährung bei Diabetes mellitus hat vielfältige Aufgaben, wobei die Normalisierung der Blutzuckerhomöostase nur einen - allerdings sehr wichtigen Aspekt darstellt. Zu diesen Aufgaben zählen:

- Sicherstellung einer bedarfsgerechten, qualitativ vollwertigen Ernährung
- Bereitstellung adäquater Energiemengen für Gewichtskonstanz beziehungsweise Gewichtsreduktion
- Reduzierung des postprandialen Blutzuckeranstieges
- Glättung des Blutzuckerverlaufes
- Prävention der Atherosklerose
- Nephroprotektion
- Kompensation der Unzulänglichkeiten der antidiabetischen Pharmakotherapie

Der umfangreiche Aufgabenkatalog macht deutlich, daß nach wie vor bei allen Formen des Diabetes ernährungstherapeutische Maßnahmen unverzichtbar sind und trotz moderner pharmakotherapeutischer Strategien nicht darauf verzichtet werden kann. Oft unberücksichtigt bleibt, daß der Diabeteskost eine ganz wesentliche Rolle bei der Kompensation der medikamentösen Unzulänglichkeiten zukommt. Weder orale Antidiabetika (Acarbose, Metformin, Sulfonylharnstoffe, Benzoesäuredervate) noch eine Insulintherapie, sei sie auch noch so differenziert (auch nicht die Insulinpumpentherapie), erlauben einen Verzicht auf diätetische Maßnahmen. Im Gegenteil: **Durch die medikamentöse Therapie wird oft erst eine konsequente Ernährungstherapie zwingend**, um unkontrollierte hyper-, vor allem aber hypoglykämische Zustände zu vermeiden.

Die **Effektivität der Diabeteskost** ist evaluiert und gut belegt (22). Heute wird eine kohlenhydratreiche, fettarme und relativ eiweißarme Kostform empfohlen, die darüber hinaus glukosefrei und reich an Ballaststoffen ist und deren Energiemenge sich an den aktuellen Erfordernissen und am Therapieziel orientiert. Die wichtigsten **Regeln der Diabeteskost** sind nachfolgend zusammengefaßt:

- Relativverteilung der Nährsubstrate:
  - 50 - 60 kcal % Kohlenhydrate
  - 25 - 30 kcal % Fett
  - 12 - 15 kcal % Eiweiß
- kaloriengerechte Ernährung
- Meiden von Kohlenhydraten vom Glukosetyp
- Berechnung der Kohlenhydrate in Broteinheiten (BE) oder Gramm Kohlenhydrate
- Bevorzugung von ballaststoffhaltigen Kohlenhydraten (25 - 30 g/Tag)
- Aufteilung der Mahlzeiten in fünf bis sieben Einzelmahlzeiten
- Fettverteilung: je ein Drittel
  - einfach ungesättigte
  - mehrfach ungesättigte und
  - gesättigte Fettsäuren
- Zurückhaltung mit Alkohol (Hypogyklämie-Risiko, Energiezufuhr)

4.1.2. Kohlenhydratzufuhr

50 - 60 % der täglich aufgenommenen Energiemenge sollte aus Kohlenhydraten gedeckt werden. Gegenüber der Durchschnittsernährung bedeutet dies, daß Diabetiker wesentlich **mehr Kohlenhydrate** verzehren müssen. Die oft empfohlene Kohlenhydratrestriktion ist völlig unbegründet und führt zwangsläufig zur einer vermehrten Fettaufnahme und damit zur Erhöhung des Atherosklerose-Risikos.

> Aufgrund der verzögerten Resorption und dem damit verbundenen langsamen postprandialen Blutzuckeranstieg sollten ballaststoffreiche Kohlenhydratträger bevorzugt werden.

Durch Bevorzugung von pflanzlichen Produkten (besonders Vollkornprodukte, ballaststoffreiche Gemüsesorte) kann die empfohlene Menge von **25 - 30 g Ballaststoffe/Tag** erreicht werden. Ballaststoffmengen von über 30 g/Tag, wie sie teilweise empfohlen werden, sind unrealistisch, küchentechnisch nur schwer herstellbar, vor allem aber nicht konform mit den traditionellen Eßgewohnheiten, so daß dies vom Patienten nicht akzeptiert wird. Unlösliche Faserstoffe (z.B. Weizenkleie) dienen vorwiegend als Füllstoffe und beeinflussen Funktionen des Dickdarmes, während lösliche Quellstoffe (z.B. Guar) zu einer Verzögerung der Kohlenhydratresorption und zur Verlängerung der Transitzeit führen. Zudem haben Quellstoffe einen günstigen Einfluß auf die Lipoproteine (10).

Besonders problematisch ist das freizügige Erlauben von Saccharose (Haushaltszucker). Saccharose wird bereits im oberen Jejunum sehr rasch gespalten, schnell resorbiert und führt zu hohen postprandialen Blutzuckerkonzentrationen. Die ausschließliche Betrachtung des Blutzuckerverhaltens nach dem glyämischen Index entspricht nicht den physiologischen Gegebenheiten und widerspiegelt nicht die Alltagssituation. Hierbei ist unstrittig, daß Saccharose - wegen des 50 % Fruktoseanteils - relativ günstig abschneidet und gegenüber vielen "erlaubten" Produkten, wie beispielsweise Teigwaren, einen geringeren postprandialen Blutzuckeranstieg ausweist. Unberücksichtigt bleibt dabei jedoch, daß die intestinale Spaltung der Saccharose - insbesondere wenn sie in isolierter Form verabreicht wird, wesentlich schneller erfolgt als von Stärkeprodukten und somit zu einem steileren Blutzuckeranstieg führt.

Produkte, in denen die Saccharose "verpackt" und daher langsamer resorbiert werden, sind meist fettreich (Kuchen, Schokolade etc.) und schon alleine aus diesem Grunde zu meiden. Die neusten Empfehlungen - auch der Deutschen Diabetes-Gesellschaft **erlauben eine tägliche Aufnahme von Saccharose bis zu 30 g oder 10 % der täglichen Energiezufuhr**. 30 g Saccharose pro Tag entspricht gerade 25 % des üblichen Konsums in Deutschland, so daß keineswegs von einer Liberalisierung gesprochen werden kann. Zudem widerspricht diese Empfehlung der derzeitig gültigen Fassung der Diätverordung, die zwingend vorschreibt, daß Mono- und Disaccharide in der Diabeteskost nicht verwendet werden dürfen. Das sogenannte "Wegspritzen" erhöhter postprandialer Blutzuckerkonzentrationen durch Normalinsulin normalisiert zweifelsohne die Blutglukose, führt aber anderseits zum Hyperinsulinismus mit allen daraus sich entwickelnden Konsequenzen.

Unstrittig ist jedoch, daß der gut geschulte und normalgewichtige Typ 1-Diabetiker unter einer intensivierten Insulintherapie freizügiger in seinem Ernährungsverhalten sein kann, wenn Normoglykämie und Normalgewichtigkeit eingehalten wird.

4.1.2.1. Berechnung der Kohlenhydrate

Für Diabetiker mit einer intensivierten Insulintherapie ist eine Berechnung der Kohlenhydrate unumgänglich. Die Berechnung ist in der Diätverordung geregelt.

Als Bezugsgröße wird die Broteinheit (BE) verwendet, wobei eine 1 BE 12 g Kohlenhydrate entspricht. Andere Bezugsgrößen, wie z.B. Berechnungseinheit oder Kohlenhydrateinheit sollten nicht verwendet werden, da diese nicht den Vorschriften der Diätverordnung entsprechen und sich zudem auf andere Kohlenhydratmengen beziehen (Kohlenhydrateinheit = 10g KH; Berechnungseinheit 10 - 12 g KH).

Die Verwendung der Bezugsgrößen "**Berechnungseinheit**" und "**Kohlenhydrateinheit**" ist bei kommerziell erhältlichen Diätprodukten gesetzlich nicht zulässig und führen schon alleine aus diesem Grunde nur zur Verwirrung des Patienten. Desweiteren hat die Verwendung der Maßeinheit "Broteinheit" den Vorteil, daß eine ganze Reihe von Lebensmitteln in handelsüblichen Größen gerade einer Broteinheit entsprechen und so dem Patienten das lästige Abwiegen erspart bleibt. So entspricht ¼ l Milch, ein mittelgroßer Apfel oder Apfelsine, ein halbes Brötchen etc. 12 g Kohlenhydrate und somit einer BE (☞ Tab. 4.2). **Zu berücksichtigen ist jedoch, daß die Broteinheit keine Information über die Energiedichte zuläßt und beim Austausch der Broteinheiten ggf. die Energiemenge zu beachten ist.**

Berücksichtigen muß man ferner, daß schon alleine auf Grund der biologischen Schwankungsbreite der einzelnen Kohlenhydratträger eine genau Angabe der Kohlenhydratmenge nicht möglich ist. Der Ausschuß für Ernährung der Deutschen Diabetes Gesellschaft empfiehlt deshalb die Broteinheit nicht mehr als Berechnungsgröße sondern als **Schätzeinheit** zu verwenden (21). Mit der Einführung des Gemeinsamen Europäischen Marktes wird eine neue Diätverordung im Rahmen eines für den Gemeinsamen Markt verbindlichen Lebensmittelgesetzens erforderlich werden. Es gilt als sicher, daß die Broteinheit europaweit nicht eingeführt wird (12), da auch von der europäischen Studiengruppe für Diabetes und Ernährung der EASD hierfür keine Notwendigkeit gesehen wird (6). Wahrscheinlich wird man zukünftig in Gramm/Kohlenhydrate rechnen.

Bei der **Ernährungsberechnung** erfolgt zuerst die Festlegung der täglichen Energiezufuhr in Kilokalorien (kcal). Aufgrund der empfohlenen Relativverteilung von 50 kcal % an Kohlenhydraten errechnet man daraus die Kohlenhydratemenge in Gramm und dividiert diese Kohlenhydratemenge dann durch den Faktor 12.

1 Broteinheit (BE) ist enthalten in:	
Nahrungsmittel (Gramm)	Energiedichte (kcal)
25 g Brötchen	60
30 g Roggenbrot	60
25 g Weißbrot	60
25 g Weizenmischbrot	60
45 g Reis, gekocht	60
60 g Nudeln, gekocht	60
60 g Kartoffeln, roh	60
30 g Kartoffelchips (15 Stück)	160
35 g Pommes frites (1/2 Tasse)	90
110 g Apfel (mittelgroßer Apfel)	60
170 g Orange (1 Stück)	60
200 g Erdbeeren	60
250 g Milch (3,5 %)	170
250 g entrahmte Milch (0,3 %)	90
250 g Joghurt (3,5 %)	175
250 g entrahmter Joghurt (1,5 %)	120

Tab. 4.2: Auszug aus einer BE-Austauschtabelle

Beispiel

Festgelegt wurde eine tägliche Energiezufuhr von 1600 kcal. Da in der Diabeteskost 50 % der Energie aus Kohlenhydraten stammen sollte, ist die tägliche Energiemenge durch 2 zu teilen (1600 : 2 = 800). Somit sind 800 kcal pro Tag in Form von Kohlenhydraten zu verabreichen. Zur Umrechnung in Gramm Kohlenhydrate muß nun 800 durch 4 dividiert werden (1 g KH = 4 kcal). Dies ergibt 200 g Kohlenhydrate. Zur Ermittlung der Broteinheiten erfolgt nun eine weitere Division durch den Faktor 12 (1 BE = 12 g KH) was nach entsprechender Rundung 16 BE ergibt.

4.1.3. Fettzufuhr

Besondere Beachtung muß bei Diabetikern der Fettzufuhr geschenkt werden. Zum einen hat Fett mit 9 kcal pro Gramm eine **hohe Energiedichte in kleinen Volumen** und führt bei unkontrollierter Aufnahme zwangsläufig zum Übergewicht, zum anderen aber muß im Hinblick auf die Prävention der Atherosklerose auch das Fettsäurenmuster beachtet werden. Die **Limitierung der Gesamtfettzufuhr auf weniger als 30 kcal % entspricht den heutigen Vorgaben einer gesunden Ernährung**. Bei einer normokalorischen Ernährung sind dies 60 g Fett pro Tag. Diese Fettmenge wird nach der **Dreierregel** aufgeteilt:

- 1/3 Streichfett (Butter, Margarine)
- 1/3 Kochfett (Butter, Öl etc.) und
- 1/3 als versteckte Fette in Fleisch- und Wurstwaren und Molkereiprodukten etc.

Gegenüber der Durchschnittsernährung bedeutet dies, daß der Fettkonsum auf knapp die Hälfte des üblichen Konsums zu limitieren ist.

Beim übergewichtigen Diabetiker kommt der fettnormalisierten Ernährung ganz entscheidende Bedeutung zu.

> Neuere ernährungsphysiologische Erkenntnisse haben eindeutig gezeigt, daß eine Limitierung der Fettzufuhr wesentlich besser zur Gewichtsreduktion geeignet ist, als die globale Reduktion aller Nährstoffe (kalorienreduzierte Mischkost). Im übrigen wird auch eine fettnormalisierte Kost (< 30 kcal %) im Hinblick auf Geschmack, Sättigung und küchentechnische Durchführbarkeit wesentlich besser akzeptiert, als die bislang durchgeführte Reduktion der Gesamtkalorienzufuhr.

Wegen der nachgewiesenen antiatherogenen Eigenschaft der **ungesättigten Fettsäuren sind diese bevorzugt zu verwenden** bei gleichzeitiger Reduktion der gesättigten Fettsäuren. In den letzten Jahren haben insbesondere die einfach ungesättigten Fettsäuren (Ölsäure) Bedeutung gewonnen. Ölsäurehaltige Fette (Olivenöl, Rapsöl) sollten aus diesem Grund bevorzugt werden. Dies ist nur möglich durch konsequentem Fettaustausch unter Reduktion der Zufuhr gesättigter Fettsäuren (tierische Fett). Das **optimale Fettsäurenmuster** von 1/3 gesättigte Fettsäuren, 1/3 einfach ungesättigte Fettsäuren und 1/3 mehrfach ungesättigte Fettsäuren sollte bei allen Diabetikern angestrebt werden.

4.1.4. Eiweißzufuhr

Auch im Hinblick auf die Eiweißzufuhr muß man dem Diabetiker Vorgaben machen. Dabei sind vor allem zwei Gesichtspunkte zu berücksichtigen. Der übliche hohe Eiweißkonsum basiert vorwiegen auf tierischen Eiweiß und beinhaltet zwangsläufig die Gefahr einer hohen Cholesterinaufnahme, aber auch eine überhöhte Zufuhr an gesättigten Fettsäuren. Schon alleine aus diesem Grund erscheint es sinnvoll **tierisches Eiweiß zu reduzieren.** Dies betrifft vor allem Fleisch- und Wurstwaren, aber auch nicht entfettete Molkereiprodukte. Zum anderen **führen Eiweiße über ihre stickstoffhaltigen Ausscheidungsprodukte zu einer Belastung der Nieren** und favorisieren die Entstehung von Nephropathien. Da der Diabetiker ganz besonders gefährdet ist, Störungen der Nierenfunktion zu entwickeln, erscheint eine Eiweißrestriktion aus präventiver Sicht sinnvoll. Die heutigen Empfehlung orientieren sich an diesen Vorstellungen. Die **Gesamt-Eiweißzufuhr sollte 15 kcal % nicht übersteigen, dies entspricht etwa 0,8 g pro kg Körpergewicht**.

4.1.5. Alkohol

Im Rahmen der Schulung muß dem Diabetiker der **bewußte Umgang mit Alkohol** nahegebracht werden. Alkohol ist, abgesehen von mit Zucker gesüßten Alkoholika (Liköre, süße Weine etc.) nicht grundsätzlich verboten, jedoch müssen einige Aspekte berücksichtigt werden. Alkohol ist **energiereich** und neben der erhöhten Fettaufnahmen ganz wesentlich mitbeteiligt bei der Entstehung der Adipositas. Schon alleine aus diesem Grunde ist eine Beschränkung der Alkoholzufuhr auf ein **vernünftiges Maß** notwendig. Grundsätzlich sollte die täglich aufgenommene Alkoholmenge 30 g/Tag nicht übersteigen. Da Alkohol die Oxidierung der Nahrungsfette behindert und die Depotfettbildung begünstigt, kann **Alkohol unter kalorischen Gesichtspunkten nur gegen Fett ausgetauscht werden** und muß dementsprechend bei der Fettzufuhr berücksichtigt werden.

> Alkohol blockiert schon ab einer Blutalkoholkonzentration von < 0,45 $^{0}/_{00}$ die hepatische Glukoneogenese und kann somit zu **bedrohlichen Hypoglykämien** führen. Berücksichtigt man weiter, daß die narkotisierende Wirkung des Alkohols die Frühsymtome der Hypoglykämie kaschiert, wird deutlich, daß von Diabetikern Alkohol nur eingeschränkt genossen werden kann

In der Praxis bedeutet dies, daß der Diabetiker gleichzeitig mit der Alkoholzufuhr ausreichende Mengen von Kohlenhydraten einnehmen muß, um gefährliche hypoglykämische Reaktion zu vermeiden.

4.1.6. Mahlzeitenverteilung

Aus ernährungsphysiologischen Gründen ist es wünschenswert, daß die tägliche Energiemenge auf **5 - 7 Einzelmahlzeiten** aufgeteilt wird. Dadurch wird der postprandiale Blutzuckeranstieg minimiert und insgesamt eine "**Glättung**" **des Blutzuckertagesprofils** erreicht. Nicht unbeachtet darf dabei bleiben, daß durch die Aufteilung der Gesamttagesenergie in kleine Einzelmahlzeiten Hypoglykämien, wie sie unter einer Insulin- und Sulfonylharnstofftherapie auftreten können, vorgebeugt wird. Insofern ist die Verabreichung von 5 - 7 Einzelmahlzeiten sinnvoll und gut begründet. Optimal wäre, wenn die Gesamtenergiemenge gleichmäßig auf alle Einzelmahlzeiten verteilt wird. Dies ist jedoch aus praktischen Gründen kaum realisierbar. Bewährt hat sich, wenn vormittags (erstes und zweites Frühstück), mittags und nachmittags (Mittagessen und nachmittägliche Zwischenmahlzeit) und abends (Abendessen und Spätmahlzeit) je ein Drittel der Tagesenergiemenge verabreicht wird.

Anderseits beinhalten häufige kleine Mahlzeiten die Gefahr der übermäßigen Energiezufuhr, da sie dazu verleiten mehr zu essen, als wünschenswert ist und somit der Adipositas Vorschub leisten. Auch wollen viele Diabetiker entsprechend der üblichen **Ernährungsgewohnheiten** keine Zwischenmahlzeiten zu sich nehmen.

Aus diesem Grunde ist es sinnvoll, **die Mahlzeiten individuell und unter Berücksichtigung der Notwendigkeit durchzuführen.** Unverzichtbar sind Zwischenmahlzeiten beim Diabetiker unter einer Sulfonylharnstofftherapie um Hypoglykämien zu vermeiden. Ähnliches gilt für den insulinpflichtigen Diabetiker unter konventioneller Insulintherapie und für die meisten Patienten unter einer intensivierten Insulintherapie, insbesondere dann, wenn höhere Insulinmengen (> 8 E prandiales Insulin) benötigt werden. Eine Ausnahme hiervon machen diejenigen Diabetiker, die kurzwirksame Insulinanaloga wie Lyspro (Humalog®) oder Aspart-Insulin (NovoRapid®) verwenden. Unter diesen Insulinanaloga ist es gerade wünschenswert keine Zwischenmahlzeiten einzunehmen, denn dies würde bedeuten, daß, wegen der kurzen Wirksamkeit auch zu den Zwischenmahlzeiten Insulin verabreicht werden müßte.

Bei diätetisch eingestellten Diabetiker sowie bei Diabetiker unter Acarbose, Miglitol und Metformin kann ohne Probleme auf die Zwischenmahlzeit verzichtet werden, da diese Patienten nicht durch Hypoglykämien gefährdet sind. Da gerade diese Patienten übergewichtig sind und einer hypokalorischen Ernährung bedürfen, kommt der Verzicht auf Zwischenmahlzeiten den Bedürfnissen dieser Patienten entgegen. Es ist ohnehin bei einer 1200 kcal Kost kaum realisierbar Zwischenmahlzeiten zu verabreichen, da die Einzelmahlzeit dann so klein wird, daß sie nicht mehr zu einem Sättigungsgefühl führt. In Tab. 4.3 sind, unter Berücksichtigung der Pharmakotherapie, die wichtigsten ernährungstherapeutischen Prinzipien für Typ 1- und Typ 2-Diabetiker bewertet

4.1.7. Besonderheiten beim Typ 1-Diabetes

Die Ernährungsumstellung beim Typ 1-Diabetes ist primär deshalb notwendig, um die Unzulänglichkeiten der Insulintherapie zu kompensieren. Trotz der enormen Fortschritte der letzten Jahrzehnte und der Einführung neuerer Insulinstrategien und Insulinpräparationen (z.B. intensivierte Insulintherapie, Insulinpumpentherapie, Humaninsulin, schnellwirkende Insulinanaloga) ist heute immer noch keine physiologische Insulintherapie möglich. Nach wie vor muß das Insulin in das subkutane Fettgewebe in der Peripherie verabreicht werden mit allen daraus resultierenden Konsequenzen (zu hohe Insulinmenge, Hyperinsulinismus, falsche zeitliche Verteilung). Aus diesem Grunde ist es unverzichtbar, gerade beim insulinspritzenden Diabetiker auf eine **konsequente Ernährungstherapie** zu achten. Dies gelingt jedoch nur dann, wenn der Patient ausreichend geschult ist. Der Typ 1-Diabetiker muß seine zu den Mahlzeiten aufzunehmende Kohlenhydratmenge nach Broteinheiten berechnen und zwar gleichgültig, ob die Kohlenhydrate insulinabhängig oder insulinunabhängig verwertet werden. Berechnet der Patient anhand von Gramm-Kohlenhydraten, ist er im Umgang mit einer **Nährwerttabelle** und bei Verwendung von Broteinheiten mit **BE-Austauschtabellen** zu schulen.

Solange der Typ 1-Diabetiker normalgewichtig ist und unter seiner Ernährung auch über längere Zeit Gewichtskonstanz zeigt, muß der täglichen Gesamtenergiemenge nicht unbedingt ein hoher Stellenwert beigemessen werden. Auch die Fettzufuhr kann dann etwas liberaler gehandhabt werden, allerdings unter der Prämisse der Gewichtskonstanz bei Normalgewicht und unter Berücksichtigung der Antiatherogenität der Ernährung.

Das **Prinzip der häufigen kleinen Mahlzeiten** hat vorrangige Bedeutung für Typ 1-Diabetiker, die mit einer konventionellen Insulintherapie behandelt werden. Unter einer intensivierten Insulintherapie sind häufige kleine Mahlzeiten aus ernährungsphysiologischer Sicht wünschenswert, aber nicht unbedingt zwingend, individuell aber abhängig von der Gesamtinsulinmenge. Unter einer Insulintherapie mit schnellwirkenden Insulinanaloga hingegen sind sie praktisch immer verzichtbar.

Sogenannte "Extra-Broteinheiten" vor, bei oder nach körperlicher Aktivität sind für normalgewichtige Typ 1-Diabetiker ausgesprochen wichtig, nicht jedoch für den übergewichtigen insulinspritzenden Diabetiker. Zur Prävention der Hypoglykämie eignet sich hier besser die vorherige Reduzierung der Insulinmenge.

Selbstverständlich gelten für den Typ 1-Diabetes im Hinblick auf seine Ernährung, daß nicht alle "Standards" der Ernährung erfüllt werden müssen. Entsprechend dem gewählten Insulinregime und entsprechend der individuellen Situation muß das Optimale für jeden Patienten erreicht werden. Dies bedeutet aber, daß jeder einzelne Diabetiker von ernährungstherapeutischer Seite individuell beraten und geschult werden muß, und daß globale, zu vereinfachte oder zu restriktive, vor allem aber zu komplizierte Ernährungsempfehlungen wenig

Maßnahme	Typ 1-Diabetiker		Typ 2-Diabetiker				
	ICT	CT	Diät	Acarbose/ Miglitol	Metformin	Sulfonyl-harnstoffe	CT
Relativverteilung der Nährsubstrate	+	++	+++	+++	+++	+++	+++
Hypokalorische Ernährung	(+)	(+)	+++	+++	+++	+++	+++
Meiden von Nahrungsmitteln vom Glukosetyp	++	+++	+++	+++	+++	+++	+++
Zwischenmahlzeiten	+	+++	(+)	(+)	(+)	+++	+++
Fettreduktion	++	++	+++	+++	+++	+++	+++
Ballaststoffreiche Ernährung	++	++	+++	++	+++	+++	+++
Berechnung der Kohlenhydrate	+++	+++	(+)	(+)	(+)	++	++
Alkoholreduktion	++	++	+++	+++	+++	+++	+++
Extra-(Sport-) Broteinheiten	+++	++	(+)	(+)	(+)	+	+

Tab. 4.3: Bewertung der Ernährungsmaßnahmen entsprechend des Diabetes-Typ und der Therapie

sinnvoll sind und die Langzeitadhärenz in Frage stellen.

Dies gilt in ganz besonderer Weise für zu restriktive Maßnahmen bei der täglich erlaubten Energiemenge, bei übergroßen Mengen an empfohlenen Ballaststoffen (über 30 g /Tag) und bei Empfehlungen von Lebensmitteln oder Lebensmittelgruppen, die traditionell vom Patienten nicht akzeptiert werden. Auch bezüglich der erlaubten Alkoholmenge darf man einerseits nicht zu restriktiv sein. Auf der anderen Seite muß aber jeder Diabetiker darauf hingewiesen werden, daß Alkohol per se und über die Hemmung der Glukoneogenese zu Hypoglykämien führen kann.

4.1.8. Besonderheiten beim Typ 2-Diabetes

Der überwiegende Teil der Typ 2-Diabetiker könnte alleine durch eine Ernährungsumstellung ausreichend gut eingestellt werden (8, 23). Dabei steht die **Gewichtsreduktion ganz im Vordergrund** der ernährungstherapeutischen Bemühungen (14, 23). Diese kann nur dann erreicht werden, wenn die tägliche Energiezufuhr deutlich geringer als der Energiebedarf ist. Je nach Ausmaß des Übergewichtes und je nach Dringlichkeit der Gewichtsabnahme wird man eine 1200 - 1600 kcal-Kost wählen. Eine weitere Einschränkung der Kalorienzufuhr, z.B. unter 1000 kcal/Tag, sollte nur bei strenger Indikation und unter engmaschiger Stoffwechselkontrolle bei stationärer Überwachung erfolgen. **Für viele Typ 2-Diabetiker würde die Kalorienrestriktion, wenn sie nur konsequent durchgeführt würde, als alleinige Maßnahme ausreichen**, da damit gleichzeitig auch eine drastische Einschränkung der Fettzufuhr verbunden ist und gleichzeitig auch das Prinzip einer antiatherosklerotischen Ernährung realisiert wird. In diesem Falle wäre auch eine Berechnung der Kohlenhydrate, z.B. nach Broteinheiten, nicht erforderlich.

Aufgrund der metabolischen Situation erfolgt die Gewichtsabnahme beim Typ 2-Diabetiker wesentlich langsamer als beim Nichtdiabetiker. Die Vorgabe von unrealistischen Zielen ist kontraproduktiv und ohnehin nicht erreichbar. **Angestrebt wird, daß neuentdeckte Typ 2-Diabetiker mit einem Body-Mass-Index (BMI) von > 26 kg/m^2 innerhalb des ersten Jahres 5 - 10 % ihres Körpergewichtes abnehmen sollen.** Andererseits ist gut belegt, daß keine andere Krankheit von der Gewichtsreduktion so profitiert - auch im Hinblick auf Mortalität - wie der Typ 2-Diabetiker. Statistisch gesehen führt eine **Gewichtsabnahme** von 10 kg über 10 Jahre zu einer Verlängerung der Lebenserwartung um 20 %.

Bei nur leichter Einschränkung der Energiezufuhr, oder wenn die Gewichtsabnahme nicht realisiert werden konnte, sollte die Ernährung im Sinne der Prävention der Atherosklerose wenigstens fettreduziert sein mit ca. 60 - 80 g Fett pro Tag, entsprechend 1 g Fett pro Kilogramm Körpergewicht bezogen auf Normalgewicht. Eine kompetente **Schulung des Patienten** ist dabei unbedingt erforderlich.

Wegen der Energiedichte und wegen möglicher gastrointestinaler Nebenwirkungen sollten Zuckeraustauschstoffe (Sorbit, Fruktose) nur sehr sparsam verwendet werden. Kohlenhydratfreie und damit kalorienfreie Süßungsmittel (Natrium-Cyclamat, Aspartam, Saccharin etc.) sind jedoch uneingeschränkt erlaubt. Aus verschiedenen Gründen ist darauf zu achten, daß die Ernährung reich an Ballaststoffen ist. Vollkornprodukte sollten grundsätzlich bevorzugt werden.

Beim diätetisch eingestellten Typ 2-Diabetes, ebenso wie bei denjenigen Typ 2-Diabetikern, die Acarbose, Miglitol oder Metformin einnehmen, ist die Erhöhung der **Mahlzeitenfrequenz** auf fünf bis sieben Mahlzeiten zwar aus metabolischen Gründen wünschenswert, aber nicht zwingend notwendig. Oft besteht sogar die Gefahr bei Erhöhung der Mahlzeitenfrequenz, daß die vorgegebene Energiemenge überschritten wird. Beim insulinpflichtigen Typ 2-Diabetiker und bei Patienten, die Sulfonylharnstoffe erhalten, ist jedoch auf eine Einhaltung der Zwischenmahlzeiten, insbesondere am Vormittag und vor dem Zubettgehen, zu achten. Die **Zwischenmahlzeiten** führen nicht nur zu einer "Glättung" des Blutzuckertagesprofils und zur Reduktion des Hyperinsulinismus, sondern tragen ganz wesentlich zur Prävention der Hypoglykämie bei.

Bei insulinpflichtigen Diabetikern, die mit einer konventionellen Insulintherapie behandelt werden, und in etwas abgeschwächter Form auch bei Patienten unter Sulfonylharnstofftherapie ist der **zeitliche Spielraum der Mahlzeiteneinnahme**, ebenso wie die mit der Mahlzeit aufgenommene Kohlenhydratmenge, relativ eng begrenzt und erlaubt nur in sehr eingeschränktem Maße eine zeitliche Verschiebung der Mahlzeit sowie eine Variation der verzehrten Kohlenhydratmenge.

4.1.9. Häufige Fehler in der Diabeteskost

Das Nichteinhalten einer diabetesgerechten Ernährung ist dann vorprogrammiert, wenn der Patient keine oder eine nur unzureichende Schulung erfahren hat. Wohl kaum ein anderer Bereich ist so schwer beeinflußbar, wie das Eßverhalten. **Nur der gut geschulte Diabetiker wird in der Lage sein, die Nahrungszufuhr seiner Krankheit anzupassen.** Der häufigste diesbezügliche Fehler ist zweifelsohne die Unterlassung der Schulung. Es wird verständlich, daß gerade im Hinblick auf die Ernährung der Schulung eine ganz besondere Bedeutung zukommt.

Unrealistische Vorgaben erschweren dem Patienten das Einhalten einer adäquaten Ernährung ebenso wie unzureichende oder gar falsche Informationen. Die Aussage "lassen Sie die Kohlenhydrate weg" ist unzutreffend und führt zwangsläufig zu einem falschen Eßverhalten. Auch die alleinige Abgabe von Broschüren oder Diätplänen ohne gleichzeitig zeitlich ausreichend Beratung ist ineffektiv.

Ein sehr häufiger Fehler in Klinik und Praxis ist die Vorgabe einer zu hypokalorischen Ernährung. **Eine 1000 kcal (10 BE)-Diabeteskost ist im Alltag nicht einhaltbar und führt zwangsläufig zu Hungergefühlen und damit zur unkontrollierten Nahrungsaufnahme**. Zudem ist eine 1000 kcal-Kost im Hinblick auf Versorgung mit essentiellen Nährsubstraten schon äußerst knapp und sollte alleine aus diesem Grunde nicht verabreicht werden.

In Tabelle 4.4 sind die häufigsten Fehler in der Diabeteskost darstellt.

Häufige Fehler in der Diabeteskost
• Keine oder nicht ausreichende Schulung des Patienten
• zu hypokalorische Ernährung
• zu kohlenhydratarm
• zu komplizierte oder zu restriktive Vorgaben
• nicht Berücksichtigung individueller Ernährungsgewohnheiten
• zu große Ballaststoffmengen

Tab. 4.4 Häufige Fehler in der Diabeteskost.

4.1.10. Verbesserung der Akzeptanz

Die Akzeptanz einer Diabeteskost kann nur dann verbessert werden, wenn die Diabeteskost so weit wie möglich die individuellen Ernährungsgewohnheiten des Patienten berücksichtigt, wohlschmeckend und abwechslungsreich ist und der Diabetiker sich durch seine Ernährung nicht in eine "Außenseiter-Rolle" gedrängt fühlt. Hierzu ist es unabdingbar, daß zuerst eine **Ernährungsanamnese** erhoben wird, um hierdurch Informationen über das individuelle Ernährungsverhalten zu erhalten. Bei der Ernährungsberatung ist es vorteilhaft Familienmitglieder in das Beratungsgespräch mit einzubeziehen, um die Akzeptanz innerhalb der Familie zu verbessern.

> Je einsichtiger und verständlicher die Zielvorgaben sind, um so eher können sie vom Patienten akzeptiert und umgesetzt werden. Deshalb muß das therapeutische Ziel mit dem Patienten besprochen und im gemeinsamen Konsens festgelegt werden.

Abweichungen vom empfohlenen Ernährungsplan dürfen nicht als "Sünde" oder "Fehler" deklariert werden, sondern man sollte stets für die **Wünsche und Bedürfnisse des Patienten** Verständnis zeigen und versuchen, im gegenseitigen Einverständnis und ohne Schuldzuweisung behutsam den Patienten wieder zu einem akzeptablen Ernährungsverhalten zu motivieren. Beim gut geschulten, normalgewichtigen Typ 1-Diabetiker kann durchaus gelegentlich ein Hamburger oder eine Pizza tolerliert werden, wenn dadurch die Normoglykämie nicht gestört wird und mittelfristig das Körpergewicht sich nicht verändert.

Die **Compliance** wird dann gefördert, wenn der behandelten Arzt vom Patienten sowohl als Experte als auch als Vertrauens- und Bezugsperson angesehen wird und der Arzt ständig bemüht ist den Patienten dort abzuholen wo er sich gerade befindet. Hierbei kann der Zeitdruck des Arztes oft hinderlich sein. Wenn beide Seiten lernen und sich darüber einig werden, daß die primäre Verantwortung für die Gesundheit beim Patienten bleibt und der Arzt den Willen des Patienten akzeptiert und bei aller notwendigen Informationspflicht Schuldzuweisungen unterläßt, werden beide erkennen, daß die schwierige und oft problembehaftete Situation des Diabetiker nur gemeinsam zu lösen ist.

Es ist nicht ausreichend, wenn dabei dem Diabetiker nur Wissen vermittelt wird. Die Sprache muß so gewählt werden, daß der Patient sie nicht nur versteht, sondern er muß sich auch mit ihr identifizieren; es muß in "seiner Sprache" geredet werden. Die aktive Einbindung des Patienten, mit Schilderung seiner persönlichen Erfahrung, fördert den Lernprozeß und die Compliance.

Eine begleitende psychotherapeutische bzw. **verhaltenstherapeutische Intervention** kann sich aus verschieden Gründen ergeben. Erkennt man, daß Auffälligkeiten - insbesondere Eßstörungen, vorliegen, sollte man nicht zögern, den Patienten an eine mit Diabetikern erfahrene Stelle zu überweisen.

4.2. Körpergewicht und Gewichtsreduktion beim Typ 2-Diabetes

4.2.1. Adipositas und Typ 2-Diabetes

Der enge Zusammenhang zwischen Übergewicht und Auftreten eines Typ 2-Diabetes Adipositas ist schon lange Zeit bekannt und gut belegt. Dies konnte jüngst in der Nurse´s Health Study an über 110.000 amerikanischen Krankenschwestern erneut bestätigt werden (3). **Ab einem BMI von > 28 kg/m^2 nimmt das Risiko, einen Typ 2-Diabetes zu entwickeln, dramatisch zu** (☞ Abb. 4.1).

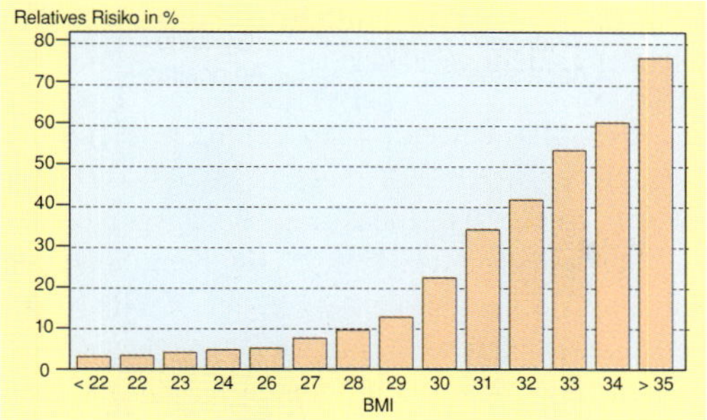

Abb. 4.1: Zusammenhang zwischen Körpergewicht und Auftreten eines Typ 2-Diabetes.

In den letzten 20 Jahren konnte der pathobiochemische Zusammenhang weitgehend aufgeklärt werden. Hintergrund ist das **Metabolische Syndrom**, welches über die Insulinresistenz und dem konsequitiven Hyperinsulinismus die Adipositas favorisiert.

Die Gewichtszunahme und die meist damit verbundene körperliche Inaktivität verschlechtern jedoch die Insulinbindung am Insulinrezeptor, so daß ein Circulus vitiosus entsteht mit immer ausgeprägterem Hyperinsulinismus und allen sich daraus entwickelnden Konsequenzen. Solange die B-Zelle in der Lage ist, sich diesem Mehrbedarf anzupassen, bleibt die Blutglukose im Normbereich. Erst wenn der Insulin-Mehrbedarf nicht mehr gedeckt werden kann, entwickelt sich schleichend, über eine gestörte Glukosetoleranz, ein manifester Diabetes mellitus Typ 2. Für die **Entstehung des Typ 2-Diabetes über das Metababolische Syndrom** sind also zwei Faktoren verantwortlich: einmal die genetische Belastung, zum anderen aber der persönliche Lebensstil mit körperlicher Inaktivität und Überernährung (☞ Abb. 4.2).

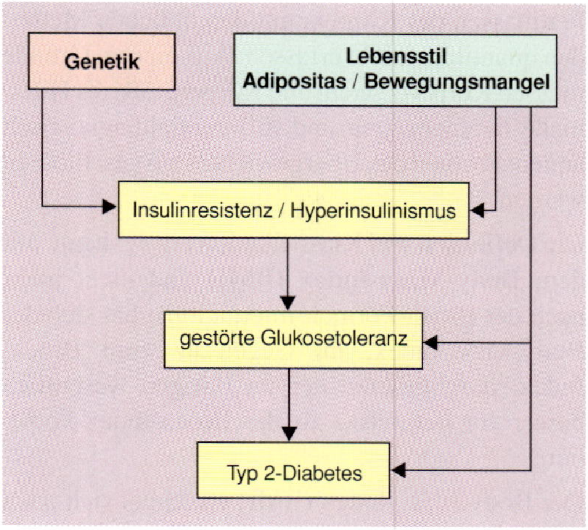

Abb. 4.2: Entstehung des Typ 2-Diabetes

Der chronische Hyperinsulinismus induziert aber nicht nur eine Gewichtszunahme mit besonderer Betonung des abdominellen Fettes (androide, zentrale, viszerale abdominelle Adipositas), sondern ist auch für die Entstehung von Fettstoffwechselstörungen und für die Hypertonie verantwortlich.

Das Metabolische Syndrom ist ein dynamischer Prozeß, der aufgrund der genetischen Belastung bei Geburt beginnt und entsprechend der persönlichen Lebensweise (Übergewicht, Bewegungsmangel) ausprägt. Aus dem metabolischen Syndrom muß sich nicht zwangsweise ein Typ 2-Diabetes entwickeln, wenn Übergewichtigkeit vermieden und ausreichende körperliche Aktivität betrieben wird. Auf der anderen Seite führen bei entsprechender genetischer Belastung Adipositas, insbesondere vom abdominellen Typ, sowie Bewegungsmangel bereits schon im mittleren Lebensalter zur Entwicklung eines Typ 2-Diabetes. Aus den Zusammenhängen wird aber auch deutlich, daß Gewichtsreduktion und Steigerung der Muskelarbeit als die wichtigsten therapeutischen Maßnahmen beim Typ 2-Diabetes anzusehen sind.

4.2.2. Definition der Adipositas

Adipositas (Fettsucht) ist definiert als übermässige Vermehrung des Fettgewebes, was zwangsläufig zu einer Erhöhung des Körpergewichtes führt. Andere Ursachen der Körpergewichtserhöhung, wie vermehrte Muskelmasse ("Body building"), Wassereinlagerungungen in Form von Ödemen etc. werden nicht als Übergewicht bezeichnet. Routinemäßig lassen sich jedoch die

Fettmassen des Körpers mit den üblichen Methoden quantitativ nicht erfassen. Aus diesem Grunde müssen Körpergewicht und Körpergröße als Hilfsmaße herangezogen und differentialdiagnostisch andere Formen des Übergewichtes ausgeschlossen werden.

Die Definition und Klassifikation erfolgt heute mit dem **Body-Mass-Index (BMI)** und nicht mehr nach der Broca-Formel. International hat sich der Body-Mass-Index, im Gegensatz zum Broca-Index, durchgesetzt, der im übrigen wesentlich besser zur Fettmasse als der Broca-Index korreliert.

Der Body-Mass-Index (BMI) errechnet sich nach folgender Formel:

BMI = Körpergewicht in kg/(Körpergröße in m)^2

Anhand des BMI erfolgt auch die Klassifikation (☞ Tab. 4.5).

BMI (kg/m^2)	Beurteilung
< 20	Untergewicht
20 - 25	Normalgewicht
25 - 30	Übergewicht
30 - 40	Adipositas
> 40	morbide Adipositas

Tab. 4.4: Klassifikation der Adipositas.

Für die Risikoabschätzung einer Adipositas ist die alleinige Bestimmung des BMI jedoch nicht ausreichend. Entscheidend für das Risiko adipositasabhängiger Erkrankungen ist der **Fettverteilungstyp**. In hohem Maße gefährdet sind Individuen mit Akkumulation der Fettmassen im Bauchraum (androide, zentrale, viszerale Fettsucht), während das Fett, das sich an den Hüften und am Gefäß ansammelt (gynoide, periphere Fettsucht) eine wesentlich geringere Gefährung verursacht. Dies ist darin begründet, daß das abdominelle Fett ausgesprochen stoffwechselaktiv ist, mit ausgeprägter Produktion von freien Fettsäuren und Induktion einer Insulinresistenz und damit die Entwicklung eines Typ 2-Diabetes begünstigt. Neben der Bestimmung des BMI muß also auch der Fettverteilungstyp erfaßt werden (☞ Abb. 4.3).

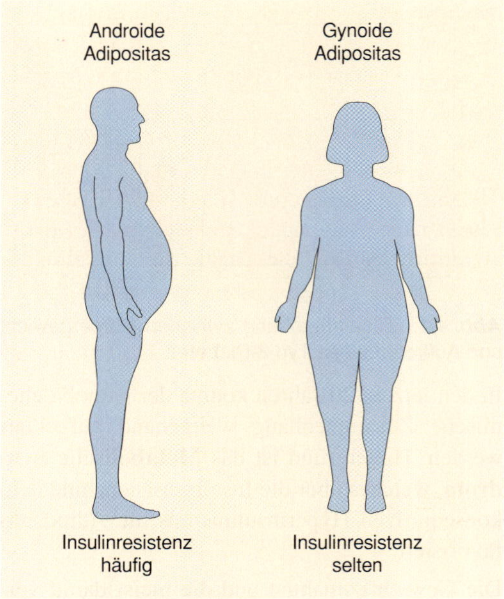

Abb. 4.3: Fettverteilungstypen.

Die Erfassung des Fettverteilungstyps erfolgt am einfachsten mit einem flexiblen Maßband. Durch Messen des Taillen- und Hüftumfangs kann daraus der Taillen-Hüftquotienten ("Waist-to-Hip-Ratio", WHR) errechnet werden. Liegt bei Männern ein Quotien von > 1,0 respektive bei Frauen von > 0,85 vor spricht man von einer zentralen Fettsucht.

4.2.3. Pathophysiologie

Grundsätzlich kann ein Organismus seinen Bestand nur vergrössern, wenn die Energie (Kalorien-) Zufuhr größer ist als der Bedarf. Neuere Erkenntnisse belegen jedoch, daß die Entstehung der Adipositas auch durch viele andere Faktoren, die ausserhalb der persönlichen Verhaltensweise liegen, bedingt sein kann. Das metabolisches Syndrom mit seinem Hyperinsulinismus spielt dabei ebenso eine wichtige Rolle, wie andere **genetische Faktoren** und veranlangungsbedingte funktionelle und morphologische Störungen. Die alleinige Schuldzuweisung dem Patienten gegenüber und der Vorwurf der Disziplinlosigkeit ist somit nicht angebracht. **Adipositas ist eine multifaktorielle Krankheit und muß konsequent behandelt werden.**

Vor allem die **zentrale Adipositas** induziert eine Reihe von Krankheiten, die die **Morbiditäts- und**

die Mortalitätsrate erheblich beeinflussen. Hintergrund ist, daß das viszerale Fett metabolisch ausgesprochen aktiv ist mit Produktion von großen Mengen an freien Fettsäuren. Zu den über die zentrale Adipositas verursachten Krankheiten und Störungen zählen neben dem Typ 2-Diabetes, die Hypertonie, die koronare Herzkrankheit, die Herzinsuffizienz, der apoplektiche Insult, Fettstoffwechselstörungen, die Gicht, die Cholelithiasis u.v.a.

Für den übergewichtigen Typ 2-Diabetiker mit abdomineller Fettsucht bedeutet dies in erster Linie, daß die Insulinresistenz durch das viszerale Fett verstärkt und damit die Stoffwechselführung erheblich erschwert wird. Es ist daher verständlich, daß der Gewichtsreduktion beim Typ 2-Diabetes zentrale Bedeutung zukommt.

Schon der Verlust von wenigen Kilogramm führt in aller Regel zu einer dramatischen Verbesserung der Blutzuckerhomöostase und Verringerung des Bedarfes an oralen Antidiabetila und Insulin.

4.2.4. Therapie

Eine absolute Behandlungspflicht der Adipositas wird heute bei einem BMI von > 30 kg/m^2 gesehen. Wenn mit ernährungstherapeutischen Maßnahmen keine ausreichende Gewichtsreduktion zu erzielen ist, kann auch die Indikation einer **Pharmakotherapie** (z.B. Orlistat, Sibutramin) gegeben sein. Bei einem BMI zwischen 25 und 30 kg/m^2 besteht die Indikation zur Gewichtreduktion, wenn adipositasassozierte Erkrankungen wie z.B. Diabetes mellitus oder Hypertonie vorliegen. Ab einem BMI von > 40 kg/m^2 können auch **chirurgische Maßnahmen** zur Behandlung der Adipositas erwogen werden.

Die Adipositas ist ein chronischer Zustand, der eine langandauernde, meist lebenslange Therapieintervention bedarf. Dabei ist es für die meisten Patienten relativ leicht, eine anfängliche Gewichtsreduktion zu erreichen, aber schwierig, die erreichte Gewichtsreduktion langfristig zu halten.

Die Therapie der Adipositas bei Diabetikern unterscheidet sich im Grundsatz nicht von der allgemeinen Adipositastherapie. Primäres Ziel dabei ist nicht Idealgewicht zu erreichen, was ohnehin kaum gelingt und nur zu unnötigen Frustationen, Resignation und Demotivierung führt, sondern eine moderate und realistische Gewichtsabnahme um wenige Kilogramm. Als Zielvorgabe sollte zunächst eine **Gewichtsabnahme um 5 - 10 % vom Ausgangsgewicht angestrebt werden**. Diese Gewichtsabnahme sollte nach Möglichkeit unmittelbar nach der Diabetesmanifestation durchgeführt werden.

Von entscheidender Bedeutung ist jedoch nicht die initiale Gewichtsabnahme, sondern der langfristige Erfolg. Hierzu ist unabdingbar, daß die Patientenbedürfnisse Berücksichtigung finden, die Kooperationsbereitschaft gefördert und das Wissen und die Motivation aufrecht erhalten wird.

4.2.5. Ernährungstherapie

Eine Gewichtsabnahme kann nur dann gelingen, wenn es dauerhaft gelingt, die tägliche aufgenommene Energiemenge um wenigstens 500 kcal unter dem tatsächlichen Bedarf zu reduzieren. Kostformen von 1000 kcal/d und darunter sollten jedoch nur in Ausnahmefällen und dann unter enger ärztlicher Überwachung durchgeführt werden. Kostformen mit 1200-1400 kcal/d haben sich auch als Langzeiternährung bewährt. Selbstverständlich muß eine Reduktionkost den Anforderungen einer Diabeteskost gerecht werden. **Blitz-, Crash- und Außenseiterdiäten, wie sie überall mit großem publizistischen Aufwand angeboten werden, sind, wegen ihren metabolischen Risiken, aber auch wegen langfristigen Compliance-Probleme ungeeignet und strikt abzulehnen**.

Für viele Patienten kann es hilfreich sein, zunächst sehr sorgfältig alles zu protokollieren, was im Laufe einer Woche oder über einen längern Zeitraum gegessen wird. Dieses, vom Patienten angefertigte Protokoll muß von einer erfahrenen Diätassistentin mit dem Patienten durchgesprochen werden, um die groben "Ernährungsfehler" zu eliminieren. Dabei ist besonders darauf zu achten, das fetthaltige Nahrungsmittel soweit wie möglich reduziert werden. Komplizierte Diätpläne sind kontraproduktiv und demotivierend. Einfache und nachvollzierbare Vorgaben erleichtern dem Patienten das Einhalten. So ist zum Beispiel die **Vorgabe, nur auf das Fett zu achten, viel effektiver und leichter einhaltbar** als eine Kost, die sich ausschließlich an Kalorien orientiert und damit viel zu viele Einschränkungen und Verbote beinhaltet.

4.2.6. Pharmakotherapie

Seit kurzem stehen für die Adipositastherapie auch Pharmaka zur Verfügung. Es handelt sich dabei um

- Orlistat (Handelsname: Xenical®) und
- Sibutramin (Handelsname: Reductil®)

Beide Substanzen können beim Diabetikern hilfreich sein, wenn diätische Maßnahmen alleine nicht zur gewünschten Gewichtsabnahme führen.

Beim **Orlistat** handelt es sich um eine Substanz, die im Gastrointestinaltrakt die pankreatischen Lipasen passager inaktivieren, so daß die Nahrungsfette nicht gespalten und resorbiert werden können. Dies führt über die vermehrte fäkale Fettausscheidung zu einem kalorischen Verlust und damit zur Gewichtsabnahme.

Allerdings ist aufgrund gastrointestinaler Nebenwirkungen wie Fettstühle, Durchfall und Inkontinenz die Dosierung von Orlistat limitiert.

In einigen Langzeitstudien über 2 Jahre konnte der Erfolg von Orlistat eindeutig dokumentiert werden, wobei sich bei Typ 2-Diabetikern eine deutlich verbesserte Blutzuckerhomöostase zeigte, die nicht nur durch die Gewichtsabnahme erklärbar ist, sondern einen zusätzlichen diabetesspezifischen Effekt, wahrscheinlich verusacht auf der geringeren Bereitstellung von freien Fettsäuren, vermuten läßt.

Sibutramin hat einen anderen Wirkungsmechanismus und vermindert signifikant die Nahrungsaufnahme, ohne daß man diese Substanz der Gruppe der Appetitzügler zuweisen kann. Desweiteren steigert Sibutramin die Thermogenese.

Zu beachten ist allerdings, daß es unter Sibutramin zu einer leichten, klinisch unbedeutenden Erhöhung des Blutdrucks und der Pulsfrequenz kommen kann.

Langzeiterfahrungen über 2 Jahre liegen jedoch weder von Orlistat noch von Sibutramin vor.

Andere Pharmaka, die entwässernd oder abführend wirken sind für die Adipositastherapie völlig ungeeignet, gefährlich und absolut kontraindiziert.

4.3. Muskelarbeit und Sport beim Typ 1- und Typ 2-Diabetes

Körperliche Aktivität wird zu Recht, neben der Ernährungstherapie und der Pharmakotherapie, als eine wesentliche Grundsäule der Diabetestherapie angesehen. Darüber hinaus hat sich gezeigt, daß Muskelarbeit einen ausgesprochen günstigen präventiven Effekt beim potentiellen Typ 2-Diabetiker besitzt und in der Lage ist, das Auftreten der Erkrankung zu verzögern (5, 10, 16). Desweiteren darf nicht vergessen werden, daß eine Steigerung der körperlichen Aktivität einen positiven Einfluß auf viele Begleit- und Folgeerkrankungen (z.B. Hypertonie, Fettstoffwechselstörungen, kardiovaskuläre Erkrankungen, Übergewicht) hat und somit ganz wesentlich das Schicksal des Diabetikers mitbestimmen kann. Ungeachtet dessen steigert die körperliche Aktivität das Wohlbefinden und führt zu einer verbesserten Lebensqualität.

4.3.1. Physiologische Grundlagen

4.3.1.1. Stoffwechselgesunde

Mit Beginn der Muskelarbeit sinkt beim Gesunden die endogene Insulinsekretion auf etwa die Hälfte ab und die hepatische Glukoneogenese wird gesteigert. Dies führt im Endeffekt dazu, daß der arbeitenden Muskulatur vermehrt Glukose und damit Energie zur Verfügung gestellt wird. Die Regulierung ist sehr fein abgestimmt und verhindert hypo- und hyperglykämische Zustände, da die Glukosemehrproduktion genau dem Mehrbedarf der Muskulatur entspricht (24). Dies bedeutet, daß letztlich der Blutzucker beim Stoffwechselgesunden weitgehend konstant bleibt. Nur bei zeitlich (über mehrere Stunden) sehr langer und intensiver Musklerarbeit kommt es bei fehlender Kohlenhydratzufuhr, nach Erschöpfung der entsprechenden Glukosevorstufen, zu einem leichten Abfall des Blutzuckers.

4.3.1.2. Besonderheiten beim Typ 1-Diabetiker

Beim Typ 1-Diabetiker ist die Insulinversorgung direkt vom Wirkprofil des injizierten Insulin abhängig. Mit Beginn der körperlichen Aktivität sinkt jedoch die zirkulierende Insulinmenge nicht ab, da aus dem subkutanen Depot ständig Insulin nachresorbiert und dadurch die hepatische Glukoseneubildung nahezu völlig blockiert wird. Die Folge ist, daß die arbeitende Muskulatur über die hohen zur Verfügung stehenden Insulinmengen mehr Glukose aufnimmt als über die Glukoneogenese nachgebildet wird, und somit die Blutzuckerkonzentration abfällt und die Gefahr von **hypoglykämischen Zuständen** gegeben ist.

Liegt jedoch zum Zeitpunkt der körperlichen Aktivität ein **Insulinmangel** vor (Weglassen der Insulinspritze, letzte Insulininjektion liegt lange zurück, zu hohe Blutzuckerkonzentrationen) nimmt die Glukoseneubildung in der Leber sehr stark zu. Wegen des Insulinmangels kann jedoch die arbeitende Muskulatur die Glukose nicht aufnehmen und als Resultante steigt der Blutzucker weiter an. Auch das Muskelgykogen steht im Insulinmangel als Energielieferant nur sehr eingeschränkt zur Verfügung, so daß die Muskelzelle nahezu ausschließlich auf die Verbrennung von Fettsäuren angewiesen ist. Dies bedeutete jedoch eine beschleunigte Ketogenese mit der Gefahr einer **ketoazidotischen Entgleisung**.

Für den Typ 1-Diabetiker bedeutet dies, daß bei Vorliegen hoher zirkulierender Insulinspiegel die Gefahr einer Hypoglykämie besteht, bei zu niedrigem oder fehlendem Insulin der Blutzucker dramatisch ansteigt und nur bei ausgeglichenen Insulinkonzentrationen der Blutzucker im Normbereich bleibt. Für den Patienten erfolgt die erforderliche Orientierung am Blutzucker. Hohe **Blutzuckerkonzentrationen über 250 mg/dl signalisieren einen Insulinmangel und Muskelarbeit sollte unterbleiben, genau so wie bei tiefen Blutzuckerkonzentration von unter 100 mg/dl, wenn nicht für eine vorherige ausreichende Kohlenhydratzufuhr gesorgt ist.**

Kurzfristige körperliche Belastungen werden am besten durch zusätzliche "**Extra-BE (Sport-BE)**" kompensiert, wobei für 1 Stunde Muskelarbeit 1-2 BE vorher aufzunehmen sind.

Für längerdauernde geplante körperliche Belastung ist die Insulinzufuhr zu reduzieren, z.B. für eine 6-8stündige Muskelarbeit (Bergwandern, Skifahren, Radtour) auf die Hälfte der üblichen Menge. Selbstverständlich ist vor, während und nach der Aktivität der Blutzucker zu messen.

Unzweifelhaft kann Muskelarbeit einen erheblicher Störfaktor bei der Blutzuckereinstellung des Typ 1-Diabertikers darstellen. Dies darf jedoch nicht bedeuten, daß der Typ 1-Diabetiker auf sportliche Aktivität verzichtet. Sport gehört zum Alltag, steigert die Leistungsfähigkeit und das Wohlbefinden und fördert den Kontakt zu anderen Menschen.

4.3.1.3. Besonderheiten beim Typ 2-Diabetiker

Der Typ 2-Diabetiker ist charakterisiert durch eine Insulinresistenz an der Skelettmuskulatur und eine dardurch bedingte verminderte muskuläre Glukoseaufnahme. Trotz dieses Defektes kommt es beim Typ 2-Diabetiker, selbst bei Vorliegen einer Hyperglykämie, unter der Muskelarbeit nicht zu einem weiteren Anstieg der Blutglukose, da über den stets vorhandenen Hyperinsulinismus reichlich endogenes Insulin vorhanden ist. Muskelarbeit führt zu einer **Verminderung der Insulinresistenz** und damit zu einer deutlichen Verbesserung der Stoffwechselsituation. Somit kann die **Steigerung der körperlichen Aktivität als kausales Therapieprinzip beim Typ 2-Diabetiker ansehen werden.**

> Adipöse Patienten profitieren ganz besonders stark von einer gesteigerten körperlichen Aktivität, da nicht nur der präexistente Hyperinsulinismus vermindert und damit die Blutzuckerkomöostase günstig beeinflußt wird, sondern auch das überhöhte Körpergewicht reduziert wird. Darüber hinaus führt regelmäßiges Training auch zu einer Verbesserung des Lipidstoffwechels (2, 19).

Bei Typ 2-Diabetikern, die Sulfonylharnstoffe einnehmen, ist bei tiefnormoglykämischer Einstellung Vorsicht geboten, da die medikamentös stimulierte Insulinsekretion unter der körperlichen Belastung nicht abnimmt und somit **Hypoglykämien** ausgelöst werden können.

Die körperliche Belastbarkeit muß bei jedem Typ 2-Diabetiker individuell - am besten mit einem Belastungs-EKG - ermittelt werden. Das zwar effektive und kausale Therapieprinzip, nicht nur im Hinblick auf die Blutzuckerhomöostase, sondern auch auf den positiven lipidsenkenden und blutdrucksenkenden Effekt, kann jedoch kontraindiziert sein, z.B. bei Vorliegen von kardiovaskulären Erkankungen. **Auch Neuropathien und Angiopathien limitieren oft eine Steigerung der körperlichen Aktivität**.

4.3.2. Praktisches Vorgehen

Beim Typ 1-Diabetiker sollten ungewohnte körperliche Belastungen grundsätzlich geplant werden. Die Information über den aktuellen Blutzucker mittels Selbstkontrolle ist unerläßlich. Die gemessenen Blutzuckerkonzentrationen müssen sorgfältig dokumentiert werden und dienen als Grundlage für die zukünftige Planung sportlicher Aktivitäten. Liegt der Blutzucker unmittelbar vor der geplanten körperlichen Aktivität über 250 mg/dl, muß der Urin auf Ketonkörper geprüft werden, da keinesfalls, wegen der Gefahr der ketoazidotischen Entgleisung, bei positivem Ketonkörpernachweis eine verstärkte körperliche Aktivität durchgeführt werden darf. **Zielwerte** vor der Belastung sollte ein Blutzucker von < 200 mg/dl sein. Bei Blutzuckerkonzentrationen von < 100 mg/dl verbietet sich eine vermehrte körperliche Belastung; hier steht zunächst die Behandlung der Hypoglykämie im Vordergrund.

Bei langandauernder Muskelarbeit muß während der Tätigkeit der Blutzucker gemessen werden. Die Korrektur hypoglykämischer Blutzuckerkonzentration (< 100 mg/dl) erfolgt mit sog. "**Sport-BEs**" in Form von Fruchtsaftgetränken, Bananen oder sog. Sport-Getränken etc.

Traubenzucker als Notproviant muß immer mitgeführt werden, ebenso wie der Diabetikerausweis. Bei sportlicher Aktivität ist es ratsam, die begleitenden Sportkameraden über das Hypoglykämierisiko zu informieren und sie in den entsprechenden Maßnahmen zu unterrichten. Am Ende der sportlichen Aktivität und 2 Stunden später muß der Blutzucker kontrolliert werden, da Hypoglykämien nicht selten, wegen der Wiederauffüllung der entleerten Glykogenreserven, erst Stunden nach der sportlichen Aktivität auftreten. Ist die körperliche Aktivität planbar, sollte die morgendliche Insulindosis bei mehrstündiger Muskelarbeit auf die Hälfte reduziert werden. Um nächtliche Hypoglykämien zu vermeiden kann es es auch notwendig werden, die abendliche Insulinmenge zu vermindern. Ist der Ausgangsblutzucker vor der Muskelarbeit < 150 mg/dl muß sowohl die Insulindosis reduziert als auch eine Erhöhung der Kohlenhydratzufuhr vorgenommen werden. Die erforderlichen Maßnahmen hängen maßgeblich von der Therapieform, dem Körpergewicht und der Dauer der Muskelarbeit ab (☞ Tab. 4.5).

Checkliste für sportaktive Typ 1-Diabetiker
• Blutzuckermessung vor dem Sport
• Bei Blutzuckerwerten > 250 mg/dl zusätzlich Urinketonkörpermessung
• Bei Ketonurie kein Sport durchführen
• Bei längerer körperlicher Aktivität zwischendurch Blutzuckerkontrollen
• Auf ausreichende Kohlenhydratzufuhr achten
• Als Notproviant immer Traubenzucker mit sich führen
• Diabetikerausweis bei sich tragen
• Nach der körperlichen Aktivität und 2 Stunden später Blutzucker messen
• Auf ausreichende Kohlenhydratzufuhr nach der Belastung achten
• Angehörige bzw. Sportkameraden über notwendige Maßnahmen bei Hypoglykämie informieren

Tab. 4.5: Unabdingbare Maßnahmen beim sportaktiven Typ 1-Diabetiker.

Der Typ 2-Diabetiker unter Diät, Acarbose oder Metformin benötigt in der Regel keine besondere Maßnahme, da die vermehrte Muskelarbeit keine wesentliche Gefahr der Hypoglykämie beinhaltet. Für ihn ist die körperliche Aktivität in jeder Hinsicht günstig, sofern kardiovaskuläre Erkrankungen (z.B. KHK) oder diabetische Folgeerkrankungen, wie z.B. eine manifeste Neuropathie, diese nicht ausschließen. **Für Typ 2-Diabetiker unter Sulfonylharnstofftherapie gelten im Prinzip dieselben Richtlinien wie für insulinspritzende Diabetiker**, allerdings unter der Prämisse, daß der sulfonylharnstoffbehandelte Typ 2-Diabetiker die Blutzuckerselbstkontrolle beherrscht und gut geschult ist.

Als besonders **vorteilhaft** sind **Sportarten** anzusehen, die zur **Verbesserung der Ausdauerleistung** führen. Weniger geeignet sind Kraftsportarten, wohingegen Sportarten, die mit einer Selbst- oder Fremdgefährdung verbunden sein können, für Diabetiker verboten bleiben müssen. (☞ Abb. 4.4).

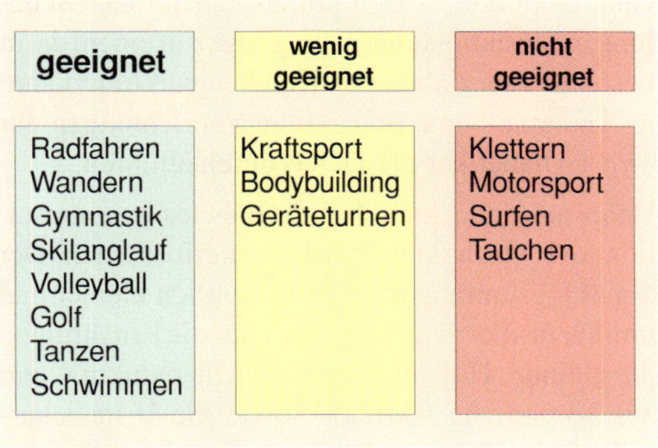

Abb. 4.4: Geeignete und nicht geeignete Sportarten für Diabetiker.

Eine **Überprüfung der Sporttauglichkeit** ist bei jedem Diabetiker über 40 Jahre zwingend erforderlich. Diese umfaßt neben dem Belastungs-EKG auch eine dopplersonographische Untersuchung der Beinarterien und eine Untersuchung auf Vorliegen einer autonomen kardialen Neuropathie.

Die **koronare Herzkrankheit** ist bei Diabetikern ausgesprochen häufig und läuft, insbesondere bei Vorliegen einer autonomen Neuropathie, meist weitgehend symptomlos ab. Aus diesem Grunde muß durch ein Belastungs-EKG eine mögliche Gefährdung des Patienten durch die sportliche Aktivität erkannt werden und ggf. von einer derartigen Aktivität abgeraten werden. Ähnliches gilt für **periphere arterielle Verschlußkrankheit (pAVK)**, die bei Diabetikern oft den typischen Wadenschmerz vermissen läßt und zu einer Zunahme der Ischämie im peripheren Bereich führen kann.

Auch Patienten mit

- proliferativer diabetischen Retinopathie
- unkontrollierter Hypertonie
- gehäuften Hypoglykämien
- ausgeprägter autonomen Neuropathie

muß von einer sportlichen Aktivität abgeraten werden.

Muskelarbeit sollte nach Möglichkeit geplant und vor allem regelmäßig durchgeführt werden. Sporadische Belastungen sind ungeeignet, da die Blutzuckereinstellung hierdurch erheblich erschwert werden kann. **Regelmäßige körperliche Aktivität** gehört fest integriert in den Alltag, sollte nach Möglichkeit täglich, mindestens jedoch dreimal wöchentlich, durchgeführt werden. Im Vordergrund steht dabei nicht der blutzuckersenkende Effekt, sondern das allgemeine Kreislauftraining, metabolische Effekte auf den Lipidstoffwechel, Erhalt der Beweglichkeit, das Wohlbefinden und die Kontaktmöglichkeit mit anderen Menschen.

4.4. Diabetikerschulung und Schulungsmodelle

4.4.1. Diabetikerschulung

Unverzichtbare Voraussetzung für eine gute Stoffwechselführung, für die Vermeidung von Akut- und Folgeerkrankungen und für eine gute Lebensqualität ist die intensive Schulung des Patienten. **Ziel der Schulung ist jedoch nicht nur dem Diabetiker Wissen zu vermitteln, sondern ihn aktiv in die Behandlung miteinzubeziehen und ihm den selbstbewußten und selbstverantwortlichen Umgang mit seiner Erkrankung zu ermöglichen**. Dies bedeutet aber nicht, daß sich der Diabetiker von seinem betreuenden Hausarzt entfremdet und ohne ärztliche Betreuung alleine seine Krankheit behandelt, sondern daß er zusammen mit seinem Arzt, in einem partnerschaftlichen Verhältnis, gemeinsam seine Probleme löst.

Der Patient muß lernen

- welchen Einfluß die Nahrung auf seinen Blutzucker hat
- was und wieviel er essen kann
- wie er seine Insulintherapie bzw. die Behandlung mit oralen Antidiabetika richtig anwendet
- wie er selbst seine Stoffwechsellage durch Blutzucker- bzw. Urinzuckerselbstbestimmungen kontrollieren kann
- wie alltägliche Probleme zu lösen sind

Durch entsprechende Schulung und Training wird er zur Selbsthilfekompetenz und auch Reflexionskompetenz hingeführt. Die Investitionen für eine Schulung lohnen sich nicht nur aus ökonomischer Sicht, sondern auch im Hinblick auf Lebensqualität und Selbstbestimmung (4, 17, 18).

Schon Anfang der 20iger Jahre, unmittelbar nach Einführung von Insulin in die Therapie des Diabetes mellitus, hatten die Pioniere der Insulintherapie, wie Joslin in den USA (9) und Lawrence in England (13) auf die Wichtigkeit der Schulung hingewiesen.

4.4.1.1. Schulungsabschnitte

Bei der Diabetikerschulung sind drei Phasen zu unterscheiden, die unterschiedliche Bedeutung und Gewichtung haben und entsprechend berücksichtigt werden müssen:

- die Erstschulung unmittelbar nach Manifestation der Erkrankung
- die struktuierte Schulung und intensives Training des Patienten
- das Refreshing, als fortlaufende Weiterbildung, um Erlerntes wieder aufzufrischen und neues Wissen zu erwerben

4.4.1.1.1. Die Erstschulung des Diabetikers

Mit der Diagnosestellung muß der Diabetiker über die Konsequenzen und über die Behandlung seiner Erkrankung aufgeklärt werden. Dies gilt sowohl für Typ 1 als auch für Typ 2-Diabetiker. Dabei ist zu beachten, daß sich viele neuentdeckte Diabetiker, nach der Konfrontation mit ihrer Diagnose, in einer Abwehrhaltung befinden und in dieser Situation kaum in der Lage sind, umfangreiche Wissensinhalte aufzunehmen und an einer strukturierten Schulung teilzunehmen. Nicht selten wird die Diagnose im Rahmen einer anderen schweren Erkrankung gestellt, z.B. während der Hospitalisationphase wegen eines akuten Herzinfarktes. In dieser Situation ist es wohl keinem Patienten möglich aufmerksam einer Schulung zu folgen, da ihn seine Herzprobleme viel zu sehr belasten und beschäftigen.

Ziel der Erstschulung kann nur sein, das Wichtigste und Nötigste zu vermitteln. Sie stellt zwangsläufig nur eine Information und nicht eine Schulung dar. Der insulinbehandelte Diabetiker erfährt dabei den Umgang mit der Blutzuckerselbstkontrolle und mit Insulin, einschließlich der Injektionstechnik, er wird auf die Grundzüge einer adäquaten Ernährung hingewiesen und er erfährt die wichtigsten Maßnahmen zur Vermeidung von Akutkomplikationen, insbesondere aber die Behandlung und Prävention der Hypoglykämie. Da diese erste Schulungsmaßnahme beim insulinspritzenden Diabetiker doch relativ umfangreich ist und vor allem rasch vermittelt werden muß, aber auch weil bei den meist jungen Patienten oft psychologische Probleme vorhanden sind, empfiehlt es sich grundsätzlich diese Schulung unter stationären Bedingungen in einem dafür besonders spezialisierten Krankenhaus (anerkannte Therapie- und Behandlungseinrichtungen für Typ 1-Diabetiker der DDG) durchzuführen.

Beim neuentdeckten Typ 2-Diabetes ist eine stationäre Erstschulung meist nicht erforderlich. Der Schulungsumfang ist auch wesentlich kleiner und umfaßt in aller Regel zunächst nur die Ernährungsumstellung, Hinweise zur Gewichtsreduktion und zur körperliche Aktivität sowie die Urinzuckerselbstkontrolle.

> Obwohl die Erstschulung beim Typ 2-Diabetes nicht den Umfang wie beim Typ 1-Diabetes hat, darf sie keineswegs unterbleiben, denn gerade die Erstinformation wirkt prägend auf das weitere Patientenverhalten.

Absolut unangebracht ist eine Bagatellisierung der Erkrankung. Aussagen wie "Sie haben nur etwas Alterszucker" sind kontraproduktiv, da dann der Diabetiker seine Erkrankung nie erstnehmen wird und die wichtige Verhaltensänderung unterbleibt.

Die **Verhaltensänderung des Patienten** durchläuft dabei mehrere Stufen, wobei die sachgerechte Information ein wesentliches Moment in der Krankheitsbewältigung darstellt (☞ Abb. 4.5).

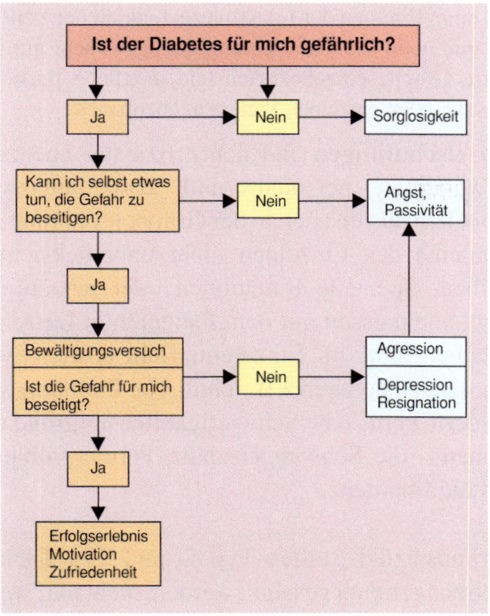

Abb. 4.5: Ablauf der Krankheitsbewältigung (mod. nach M. Toeller)

Die Lernfähigkeit älterer Typ 2-Diabetiker wird dabei oft unterschätzt und die unterstellte Lernunfähigkeit als Schutzbehauptung für eine unterlassene Schulung herangezogen.

4.4.1.1.2. Die strukturierte Schulung

Die vertiefende und strukturierte Schulung wird nach Überwinden der Akutphase in einer Einrichtung durchgeführt, die hierfür besonders qualifiziert ist und die entsprechende Erfahrung in der Diabetikerschulung aufweist. Das kann sowohl eine Schulungsstation in einem Akutkrankenhaus, eine diabetologische Schwerpunktpraxis oder eine entsprechende Reha-Klinik sein. Diabetesspezialisierte Rehabilitationseinrichtungen bieten gegenüber anderen Institution einige Vorteile, die gerade bei der Diabetikerschulung von Nutzen sein können.

Das grundsätzliche Prinzip in Reha-Kliniken ist der multifaktorielle Ansatz, den in aller Regel Akutkrankenhäu-

Schulungsinhalte für Typ 1-Diabetiker und Typ 2-Diabetes mit ICT	Schulungsinhalte für Typ 2 Diabetiker ohne Insulintherapie
• Was ist Diabetes?	• Was ist Diabetes?
• Grundlagen der Ernährung	• Grundlagen der Ernährung
• Spezielle Ernährung	• Spezielle Ernährung
• BE-Berechnung	• Kalorienberechnung
• Umgang mit Insulin	• Gewichtsreduktion
• Injektionstechnik	• Körperliche Bewegung
• Insulinanpassung	• Urinzuckerbestimmung
• Blutzuckerselbstkontrolle	• Orale Antidiabetika
• Vermeidung und Behandlung von Hypoglykämien	• Hypoglykämie
• Hyperglykämie	• Hyperglykämie
• Folgeerkrankungen	• Folgeerkrankungen
• Verhalten in Ausnahmesituationen (Fieber, Erbrechen,Durchfall)	• Verhalten in Ausnahmesituationen • (Fieber, Erbrechen,Durchfall)
• Verhalten auf Reisen	• Verhalten auf Reisen
• Diabetes und Beruf	• Fußpflege
• Diabetes und Sport	• Blutdruckselbstkontrolle
• Fußpflege	• Notwendige Kontrolluntersuchungen
• Soziales, Beruf, Führerschein, Impotenz	• Hinweis auf Selbsthilfeorganisationen
• Notwendige Kontrolluntersuchungen	
• Hinweis auf Selbsthilfeorganisationen	
• ggf. Diabetes und Schwangerschaft und Kontrazeption	

Tab. 4.6: Schulungsinhalte für Typ 1- und Typ 2-Diabetiker.

ser und auch Schwerpunkpraxen nicht bieten können. Reha-Kliniken haben besonders qualifizierte Schulungsteams mit Diätassistentin, Diabetesberaterin, Psycholgen und Sporttherapeut, so daß auch der so wichtigen Bewegungstherapie als auch der psychologischen Betreuung die entsprechende Bedeutung zugemessen werden kann. Ein weiterer Vorteil von Reha-Kliniken ist das sehr angenehme und das Lernen fördernde Ambiente. Der Patient ist von allen Alltagsproblemen, wie beruflichen oder familiären Belastungen befreit und er kann sich ganz auf sich konzentrieren, was sicherlich dem Lernen zugute kommt. Nicht unberücksichtigt darf auch der ökonomische Aspekt bleiben; die Tagessätze in Reha-Kliniken liegen bei ca. 1/3 bis 1/4 der üblichen Pflegesätze in Akutkrankenhäusern. Bei der Auswahl der Reha-Klinik muß aber unbedingt darauf geachtet werden, daß es sich um eine Einrichtung handelt, die besonders auf den Diabetes und auf die Diabetikerschulung spezialisiert ist.

Die Schulung muß heute als strukturierte Schulung mit entsprechendem Curriculum durchgeführt werden. Für jede einzelne Unterrichtsstunde ist ein detaillierter schriftlicher Stoffplan zu erstellen. Obwohl die Inhalte der Schulung längst erarbeitet und auch weitgehend standardisiert sind, ist es unabdingbar, daß jedes **Schulungsteam** sein eigenes Curriculum erarbeitet. Dies bedeutet zwar viel Mühe, hat aber den großen Vorteil, daß sich dann alle Mitglieder des Schulungsteams mit "ihrem" Curriculum identifizieren und in einer einheitlichen Sprache mit dem Patienten geredet wird.

Eine strukturierte Schulung umfaßt mindestens 12-16 Unterrichtstunden. Für Typ 1-Diabetiker und Typ 2-Diabetiker mit intensivierter Insulintherapie ist eine umfangreichere Schulung von mindestens 18 - 24 Stunden notwendig. Die Schulung erfolgt in Gruppen von 8 - 12 Teilnehmern. Bei Gruppengrößen unter 6 Teilnehmern geht der so wichtige gruppendynamische Effekt verloren, ebenso bei Gruppen mit über 14 Teilnehmern. Neben dem gruppendynamischen Effekt ist der Unterricht in der Gruppe auch zeitsparend im Vergleich zur Einzelschulung und die Diabetiker erfahren von andereren Patienten Aufmunterungen, Hilfestellungen und Motivation. Für die meisten Diabetiker ist das Gruppenerlebnis vorteilhaft, da sie mit Betroffenen zusammen sind und erfahren, daß sie mit ihren Problemen nicht alleine sind.

Beim aktiven Tun in der Gruppe, wie z.B. beim Erlernen der Selbstkontrolle, bei der Handhabung des Insulins und beim Einüben der Injektionstechnik, in der Lehrküche und beim Einkaufstrainung gelingt es sehr gut, die ganze Gruppe einzubeziehen und mögliche Barrieren zwischen den einzelnen Patienten abzubauen.

Einzelschulungen sind nicht effizienter, aber zeitaufwendiger, personal- und kostenintensiver. Trotzdem dürfen auch in der Gruppenschulung die Probleme des Einzelnen nicht unberücksichtigt bleiben. Spezielle Situationen oder persönliche Probleme müssen mit dem Patienten in Einzelgesprächen bzw. im Einzelunterricht erörtert werden. Hierzu gehören z.B. schulische Probleme von Kindern, berufliche Schwierigkeiten aufgrund des Diabetes, die Schwangerschaft, Partnerprobleme und die Impotenz.

> Grundsätzlich sollten Typ 1- und Typ 2-Diabetiker getrennt geschult werden, nicht nur, weil die Anforderungen und die Inhalte sich teilweise unterscheiden, sondern auch, weil dadurch von der Altersstruktur homogenere Gruppen erreicht werden.

Die wichtigsten Schulungsinhalte sind in Tab. 4.6 dargestellt.

Vor Beginn der Schulung muß sich das Schulungsteam über jeden einzelnen Patienten ausführlich informieren, um die entsprechenden Hintergrundsinformationen gegenwärtig zu haben und um die Inhalte der Schulung zu planen. Ggf. wird der eine oder andere Schulungsinhalt, der für die ganz Gruppe unbedeutend ist, in Einzelgesprächen vermittelt.

4.4.1.1.3. Schulungsmodelle

Es gibt verschiedene Modelle der Diabetikerschulung. Die am verbreiteste Form ist die sog. "Boehringer-Schulung", die über die Kassenärztliche Verwaltung vermittelt wird. Diese **strukturierte Schulung** ist für den nicht insulinspritzenden Diabetiker entwickelt wurde und kann allenfalls als Minimalprogramm angesehen werden. Mittlerweile steht auch ein Schulungsprogramm für den insulinspritzenden Typ 2-Diabetiker zu Verfügung. Diese Schulungsmodelle sind regelhaft Bestandteil der Strukurverträge mit der KV.

Die meisten Schulungsteams benützen neben der "Boehringer-Schulung" selbstentwickelte oder von der Industrie zur Verfügung gestellte ergänzende Materialien. Ein entscheidender Nachteil ist, daß es kommerziell kein einziges Schulungsmaterial gibt, das einheitlich und für alle Diabetesformen geeignet ist.

Als **Unterrichtsmaterialen** können Poster, OH-Folien, Lebensmittelkarten, Spiele, Attrappen, Videos und Broschüren bzw. Bücher eingesetzt werden. Die Abspielung eines Videos oder eine Lichtbilderschau ohne Kommentar ist ebenso nutzlos wie die alleinige Abgabe von Broschüren. Immer muß verbal Bezug genommen werden auf die persönlichen Probleme der Gruppenteilnehmer und entsprechende Fragen aus der Gruppe beantwortet werden.

Trotz der zentralen Bedeutung der Schulung, darf die Schulung nicht zum Selbstzweck werden, sondern muß immer eingebunden bleiben in die gesamte Behandlung und Betreuung. Leider haben sich einige "Schulungszentren" entwickelt, die nur die Schulung durchführen und keine weitere Betreuung des Patienten übernehmen, Begleiterkrankungen unberücksichtigt lassen und den Patienten bei Auftreten von interkurrenten Erkrankungen verlegen müssen.

4.4.1.1.4. Das Refreshing

Das einmal Erlernte muß immer wieder aufgefrischt und durch neue Informationen ergänzt werden. Mit dem Refreshing paßt man sich bei der Vermittlung von Inhalten auch dem individuellen Krankheitsverlauf des Diabetes an.

Wiederauffrischung kann in kleinen Schritten bei jedem Arztbesuch erfolgen. Refreshing kann aber auch in der Gruppe in einer Schulungseinheit erfolgen. Wann eine ausführliche Schulungseinheit erforderlich ist, kann nur der behandelnde Arzt entscheiden. Es wird auch abhängig sein vom Auftreten von Komplikationen oder von Änderungen der Therapie, z.B. beim Typ 2-Diabetiker, wenn Insulinpflichtigkeit eingetreten ist.

4.4.2. Das Schulungsteam

Die kleinste Einheit eines Schulungsteam ist **der behandelnde Arzt in der hausärztlichen Praxis**. Dies kann durchaus Vorteile haben, wenn der Arzt genügend diabetologische Kenntnisse und sich die Fähigkeiten der Schulung angeeignet hat. Er kennt die individuelle Situation seines Patienten am besten, er ist vertraut mit der Anamnese, der genauen Diagnose, kennt Begleiterkrankungen und hat Einblick in das häusliche Umfeld. Allerdings sind die meisten niedergelassenen Ärzte in Diabetesfragen und noch viel weniger in der Diabetikerschulung kompetent genug ausgebildet und können dieser Aufgabe häufig, nicht zuletzt auch aus zeitlichen Gründen, nicht gerecht werden. Ganz am Rande soll auch erwähnt werden, daß sich die Schulung des Patienten für den niedergelassenen Arzt auch aus ökonomischen Gründen nicht lohnt.

Verschiedentlich sind Versuche unternommen worden, das gesamte Team des Hausarztes - einschließlich der Arzthelferin wenigstens in sofern zu qualifizieren, daß die Grundversorgung und Basisvermittlung zumindest für Typ 2-Diabetiker in der Praxis durchführbar wird. Diese Modellversuche sind durchaus begrüßenswert, da Typ 2-Diabetiker grundsätzlich vom niedergelassenen Hausarzt zu betreuen sind. Dabei kommt der **Arzthelferin** bei der Vermittlung der Selbstkontrolle, aber auch bei der Anleitung zur richtigen Ernährung und bei der Führung des Gesundheitspass "Diabetes" eine wichtige Rolle zu.

Für diabetologische Schwerpunktpraxen wird zusätzlich noch eine **Diabetesberaterin** gefordert. Damit besteht das Behandlungs- und Schulungsteam aus mindestens drei Personen. Dadurch ist eine entsprechend komplexere Behandlung und auch eine umfangreichere Schulung möglich. Zudem ist der Praxisinhaber einer Schwerpunktpraxis über eine entsprechend vorgeschriebene Fortbildungsmaßnahme der Deutschen Diabetes Gesellschaft in Diabetesfragen besonders ausgebildet, so daß auch Typ 1-Diabetiker behandelt und geschult werden können.

Aufgabe eines Behandlungs- und Schulungsteams ist die gemeinsame Erörterung aller patientenrelevanter Themen und die gemeinsame Durchführung der Schulung und Therapie. Regelmäßige Teamkonferenzen sind dabei unabdingbar. Bei den regelmäßigen Besprechungen muß auch das eigene Schulungskonzept ständig hinterfragt und ggf. Verbesserungen und Änderungen vorgenommen werden. Dies ist nur möglich, wenn begleitend eine ständige Evaluierung durchgeführt wird und ein Qualitätsmanagement konsequent betrieben wird.

4.5. Selbstkontrolle bei Diabetes mellitus

Die Selbstkontrolle ist ein unentbehrliches Instrumentarium zur Überwachung des Stoffwechsels und zur Führung des Diabetikers und somit ein unverzichtbares Hilfsmittel in der Diabetestherapie und unentbehrlich für eine gute Stoffwechselführung (7, 11, 20). Die vom Patienten protokollierten Messungen stellen ideale

Grundlagen für die Interaktion zwischen Patient und Therapeut dar. Die **Selbstkontrolle** verfolgt mehrere Ziele: Sie dient nicht nur zur Kontrolle der Stoffwechseleinstellung, sondern fördert die Motivation, die Selbsthilfe- und Reflexionskompetenz, verhindert Akut- und Folgekomplikationen und stärkt die Sicherheit des Patienten im Alltagsleben.

Mehrere Formen der Selbstkontrolle (☞ Tab. 4.7) sind zu unterscheiden, die je nach Diabetestyp, Therapieform und Therapieziel zun Einsatz kommen.

Selbstkontrolle bei Diabetes mellitus
• Körpergewicht • Harnzucker • Blutzucker • Azeton • Fußinspektion • Blutdruck

Tab. 4.7: Formen der Selbstkontrolle bei Diabetes mellitus.

4.5.1. Körpergewicht

Die regelmäßige Bestimmung des Körpergewichtes muß von jedem Diabetiker durchgeführt werden. Dies gilt in ganz besonderem Maße für Typ 2-Diabetiker, bei denen das primäre Therapieziel die Gewichtsreduktion darstellt. Die **Überprüfung des Körpergewichtes** erfolgt am besten einmal wöchentlich unter identischen Konditionen (nüchtern und unbekleidet, am selben Wochentag). Tägliches Wiegen führt beim Patienten zur Verunsicherungen, da Darmfüllung und vorübergehende Wassereinlagerungerung kein zuverlässiges Bild über die längerfristige Körpergewichtsentwicklung geben.

4.5.2. Harnzuckerkontrolle

Die Bestimmung der Harnzuckerausscheidung ist einfach, schmerzfrei und kostengünstig. Sie kommt als Selbstüberwachungsmaßnahme für alle jene Diabetiker in Frage, die keine Blutzuckerselbstkontrollen durchführen wollen oder können. Mit der Harnzuckerbestimmung läßt sich allerdings keine Therapieselbstanpassung durchführen, und Hypoglykämien werden nicht erkannt. Sie ist besonders geeignet für alle Typ 2-Diabetiker, die kein Insulin spritzen und keine ß-zytotrope Substanzen einnehmen und somit nicht durch Hypoglykämien gefährdet sind. Um eine Zuordung der Harnzuckerselbstkontrolle zu gewährleisten ist die Kenntnis der Nierenschwelle unumgänglich. Die Harnzuckerselbstkontrolle hat Vor- und Nachteile (☞ Tab. 4.8).

Vorteile	Nachteile
• kostengünstig • sehr einfache Handhabung • nicht schmerzhaft • Überblick über längeren Zeitraum (Stunden) • motivationsfördernd • Komaprohylaxe	• nur ungenügende Korrelation zum aktuellen Blutzucker • "unsauber" • keine Therapieanpassung möglich • keine Erfassung hypoglykämischer Zustände • variable Nierenschwelle

Tab. 4.8: Vor- und Nachteile der Harnzuckerselbstkontrolle.

Die Häufigkeit der Harnzuckerselbstkontrolle hängt wesentlich vom Therapieziel ab. Im Regelfall sollte sie morgens nüchtern und zusätzlich mindestens einmal täglich ca. 2 Stunden nach einer Mahlzeit durchgeführt werden. Beim stabil eingestellten älteren Typ 2-Diabetiker können die Kontrollen auf 1- 2 Messungen pro Woche beschränkt werden.

4.5.3. Blutzuckerkontrollen

Mit der Blutzuckerselbstkontrolle erhält man eine wesentlich bessere Information über das Blutzuckerverhalten als mit der Harnzuckerselbstkontrolle. Sie erlaubt eine genaue Beurteilung des Blutzuckers und damit die Einschätzung der gegenwärtigen Stoffwechelsituation. Sie stellt derzeit die **beste Form der Selbstkontrolle** dar, da bei entsprechender Schulung, eine unmittelbare Anpassung der Therapie möglich ist. Die Blutzuckerselbstmessung ist für Diabetiker mit intensivierter Insulintherapie unentbehrlich und ermöglicht die Insulinselbstanpassung.

Wegen der sicheren Erfassung hypoglykämischer Zustände sollten grundsätzlich alle insulinspritzenden Diabetiker Blutzuckerselbstkontrollen durchführen. Auch für Diabetiker unter Sulfonylharnstoffen oder Benzoesäurederva-ten, ebenso wie bei unzureichender Einstellung unter jeglicher Therpieform, ist sie wünschenswert.

Vor- und Nachteile der Blutzuckerselbstkontrolle müssen gegeneinander abgewogen werden. Für die meisten Diabetiker dürften jedoch die Vorteile überwiegen (☞ Tab. 4.9).

Vorteile	Nachteile
• Quantitative Erfassung • aktueller Wert für Insulinanpassung • Voraussetzung für ICT • Erfassung hypoglykämischer Zustände • Beurteilung des Blutzuckertagesverlaufes unter Alltagsbedingungen • unabhängig von der Nierenschwelle • gute Führungshilfe • fördert die Handlungs- und Reflexionskompetenz	• vordergründig relativ teuer • schmerzhaft • Gefahr der Neurotisierung • nur momentaner Wert, BZ-Verlauf erfordert mehrere tägliche Messungen

Tab. 4.9: Vor- und Nachteile der Blutzuckerkontrolle.

Die **relativ hohen Kosten der Blutzuckerselbstkontrolle amortisieren sich relativ rasch durch die dadurch erheblich verbesserte Blutzuckereinstellung mit deutlich weniger stationären Behandlungstagen**, vor allem aber durch die **Reduktion diabetischer Folgeerkrankungen**. Von den Krankenkassen werden die Kosten der Blutzuckerselbstkontrolle für insulinspritzende Diabetiker regelhaft übernommen. Problematisch ist allerdings die Verordnung bei nicht-insulinspritzenden Patienten. Hier muß im Einzelfall sorgfältig abgewogen werden, ob z.B. eine BZ-Selbstbestimmung unbedingt nötig ist.

Voraussetzung für die Blutzuckerselbstkontrolle ist allerdings, daß der Patient bezüglich der Handhabung eingehend geschult wurde, und daß er erlernt hat, aus dem aktuell gemessenen Blutzucker Konsequenzen zu ziehen.

Die Frequenz der Blutzuckerselbstmessung ist abhängig von der Therapieform und von der Stabilität der Stoffwechellage (☞ Tab. 4.10). Die angegebene Häufigkeit ist immer an die individuellen Bedürfnisse und aktuelle Stoffwechelsituation anzupassen. Grundsätzlich gilt die Regel, daß bei instabiler Stoffwechsellage häufigere Messungen notwendig werden. Bei außergewöhnlichen Ereignissen, wie Reisen, fieberhafte Erkrankungen, Streßsituationen (z.B. Operationen) etc. muß die Frequenz der Selbstmessung regelhaft erhöht werden. Ebenso bei Hypoglykämiegefährdung und bei sportlichen Aktivitäten.

Die Blutzuckerselbstmessung ist eine hervorragende Methode für die Führung und Motivation des Patienten. Es ist eine **hausärztliche Aufgabe, den Patienten zur ständigen Selbstkontrolle anzuhalten**. Wie jede andere Selbstkontrolle muß auch die Blutzuckerselbstmessungen **vom Patienten dokumentiert** werden und stellen für das ärztliche Gespräch eine wichtige Grundlage dar. Werden die Bluzuckertagebücher des Patienten vom Arzt nicht angschaut, führt dies unweigerlich zur Demotivation und zur Patientenunzufriedenheit, ganz abgesehen von der Chance, die sich der Arzt dabei vergibt.

Therapieform	Häufigkeit der BZ-Selbstmessung
unter jeder Therapieform	immer, wenn der Verdacht auf eine Hyper- oder Hypoglykämie besteht
intensivierte Insulintherapie	mindestens 4x tgl. (präprandial und vor dem Schlafengehen)
konventionelle Insulintherapie	• 1 - 2 x täglich • evtl. 1 - 2 Profile/Woche
Sulfonylharnstofftherapie	• 1 - 2 x wöchentlich • ggf. öfters

Tab. 4.10: Häufigkeit der Blutzuckerselbstmessung.

4.5.3.1. Blutzuckermeßgeräte

In den letzten Jahren hat sich eine fulminante Entwicklung bei den Blutzuckermeßgeräten vollzogen. Die Geräte sind immer kleiner und die Bedienung immer einfacher geworden, mit kleinerem Blutbedarf, kürzeren Meßzeiten und den verschiedensten EDV-Möglichkeiten. Sie werden deshalb nicht nur zur Patientenselbstkontrolle, sondern auch in der ärztlichen Praxis, auf Intensivstationen und im Notfalleinsatz verwendet. Verwendung finden zwei Meßprinzipien nämlich die reflektometrische oder die elektrosensorische Meßung.

Besondere Beachtung verdient die Tatsache, daß die Genauigkeit der Messung nicht vergleichbar ist mit der naßchemischen Labormethode. Die Abweichungen können durchaus 10 % und mehr betragen. Bei richtiger Handhabung spielt diese "Ungenauigkeit" aber keine relevante Rolle, da mit dem ermittelten Wert eine gute Abschätzbarkeit des Blutzuckers möglich ist.

Um mögliche Fehlerquellen bei der Handhabung oder auch Gerätefehler auszuschließen, sollten die Meßergebnisse von Zeit zu Zeit, mindestens jedoch vierteljährlich, gegen laborchemische Methoden verglichen werden. Dadurch werden nicht nur Unsicherheiten von seitens der Patienten ausgeräumt, sondern u.U. gefährlich falsche Therapiekonsequenzen verhindert.

Auch unter Berücksichtigung der eingeschränkten ökonomischen Ressourcen sollte **denjenigen Diabetikern, die auf eine regelmäßige Blutzuckerbestimmung angewiesen sind, Meßgeräte an die Hand gegeben werden**. Sie sind heute kostengünstig, führen zu einer besseren Compliance und Motivation und erlauben eine sichere Ablesung auch bei Kunstlicht ober bei Farbsehschwäche im grünblau Bereich.

Besonders hingewiesen werden muß, daß beim Einsatz von Blutzuckermeßgeräten in der ärztlichen Praxis oder im Krankenhaus, diese Geräte dem **Eichgesetz** unterliegen und regelmäßige **Qualitätskontrollen** durchzuführen und zu dokumentieren sind.

4.5.4. Azetonkontrollen

Die Messung der Azetonausscheidung im Urin erlaubt beim Typ 1-Diabetiker eine zuverlässige Aussage darüber, ob bereits eine Stoffwechseldekompensation eingetreten ist. In bestimmten Situationen ist zur Vermeidung von ketoazidotischen Entgleisungungen eine Überprüfung der Azetonausscheidung unentbehrlich (☞ Tab. 4.11)

Harnazetonmessung
• Typ 1-Diabetiker mit permanten BZ-Werten > 250 mg/dl
• in der Schwangerschaft bei BZ-Werten > 180 mg/dl
• bei fieberhaften Infekten
• bei BZ-Werten > 250 mg/dl und geplanter sportlicher Aktivität
• bei Polyurie und Polydipsie
• bei Ausfall der Insulinpumpe, Katheterverstopfung, Katheterdislokalisation und BZ-Werten > 200 mg/dl

Tab. 4.11: Situationen, bei denen eine Harnazetonmessung unentbehrlich ist.

4.5.5. Fußinspektion

Zu den Selbstkontrollmaßnahmen gehört auch die regelmäßige **Fußinspektion**. Dabei ist besonders auf Hautveränderungungen, Verfärbungen, Schwielen- und Hühneraugenentwicklung und auf mykotischen Befall zu achten. Der Diabetiker muß im Rahmen der Schulung in der Unterrichtseinheit "**Fußpflege**" die regelmäßige Fußinspektion erlernen und auf die Wichtigkeit im Hinblick auf Prävention des diabetischen Fußes hingewiesen werden

4.5.6. Blutdruckkontrollen

Diabetiker mit erhöhten Blutdruckwerten sollten regelmäßig **selbst den Blutdruck messen,** da punktuelle Messungen unter den Bedingungen in der ärztlichen Praxis keine definitive Aussage über das Blutdruckverhalten erlauben. Nur aufgrund der Dokumentation der Blutdruckselbstkontrollen ist eine sichere Überprüfung der pharmakotherapeutischen Strategie realisierbar. Die heute zur Verfügung stehenden Geräte zur Blutdruckselbstmessung sind zuverlässig und einfach in der Handhabung.

4.6. Psychische Aspekte bei der Führung von Diabetikern

Das Bewußtsein an einer chronischen, d.h. nicht heilbaren Erkrankung zu leiden, stellt eine gravierende Belastungsituation für den Betroffenen dar. Diese Belastungssituation ist für Diabetiker in vielerlei Hinsicht besonders ausgeprägt, da der Diabetes eine **Umstellung in verschiedenen Lebensbereichen** notwendig macht. Er muß nicht nur eine veränderte körperliche Situation bewältigen, die viele Einschränkungen mit sich bringt, sondern er muß auch aktiv handeln, um sich eine gute Lebensqualität zu sichern und drohende Folgeerkrankungen zu vermeiden. Die Vorstellungen vom eigenen zukünftigen Leben verändern sich mit der Diagnose Diabetes mellitus schlagartig und bedarf eines längeren **Bewältigungsprozesses**. Besonders schwerwiegend werden von vielen Diabetikern die Beschränkungen bei der Nahrungsaufnahme, der Zwang zu einem zeitlich genau eingeteilten Tagesablauf, aber auch die ständige Traumatisierung durch die Insulinspritze und der Blutzuckerselbstkontrolle gesehen. Darüber hinaus belastet die Angst vor sozialer Isolation und möglicher späterer Hilflosigkeit.

Es verwundert deshalb nicht, daß reaktive Verstimmungen und Depressionen bei Diabetikern etwa doppelt so häufig vorkommen, als in der Durchschnittsbevölkerung. Die Verstimmungen können sich äußern in Antriebsarmut, vermindertem Selbstwertgefühl, Selbstaufgabe und sozialer Isolation. Eine depressive Stimmungslage ist häufig und wird nicht selten vom Therapeuten verkannt. Ob dabei somatische Störungen, etwa bei den neuroendokrinen Funktionen, mitverantwortlich sind, ist bislang unklar.

Nicht selten, insbesondere bei Typ 1-Diabetikern, sind **Eßstörungen**. Neben periodischen Heißhungerphasen, buliämischen Freßattacken mit und ohne induziertem Erbrechen, beobachtet man anorektische Zustände, insbesondere bei weiblichen Typ 1-Diabetikerinnen.

Ein besonders schwieriges Problem sind **Hypoglykämie-Ängste**, die wahrscheinlich darauf beruhen, daß in der Hypoglykämie kognitive Funkten vorübergehend ausfallen, und daß dadurch Diskriminierungen befürchtet werden, aber auch weil Hypoglykämien regelhaft zu körperlichen Mißempfindungen führen.

4.6.1. Krankheitverarbeitung

Die Krankheitsbewältigung läuft typischerweise in mehreren Phasen ab und führt im günstigsten Fall zur Akzeptanz der Krankheit. In Tab. 4.12 sind die Stadien der Krankheitsverarbeitung dargestellt.

Stadium I	Verleugnen	Patient will seine Krankheit nicht wahrhaben
Stadium II	Auflehnung	Patient lehnt sich gegen seine Krankheit und deren Folgen auf
Stadium III	Verhandeln	Patient versucht, die "Schuld" seiner Krankheit anderen anzulasten
Stadium IV	Depression	Patient zieht sich innerlich zurück und wirkt depressiv
Stadium V	Akzeptanz	Patient erkennt, daß er mit dem Diabetes gut leben kann und daß er seine Zukunft aktiv gestalten kann

Tab. 4.12: Stadien der Krankheitsverarbeitung.

Bei der Krankheitsverarbeitung spielt die Persönlichkeit des Diabetikers eine entscheidende Rolle. So werden durchaus nicht immer alle Stadien durchlaufen, je nach Lebensituationen können aber auch frühere Stadien nochmals durchlaufen werden.

Die Kenntnis der Krankheitsverarbeitung ist auch insofern bedeutsam, da die Führung und Motivation des Patienten in den einzelnen Phasen der Krankheitsverarbeitung unterschiedlich erfolgen muß, und daß Informationen und Hinweise vom Patienten anders akzeptiert und verinnerlicht werden. Für den Therapeuten und für alle beratenden- den und wissensvermittelnden Personen z.B. in der

Diabetikerschulung, ist von entscheidender Bedeutung, daß man den Patienten in seiner emotionellen Situation dort abholt wo er sich gerade befindet. Jedes Stadium hat eine andere Zielsetzung und oft scheitern die Bemühungen um eine Verhaltensänderung dadurch, daß zur falschen Zeit die falsche Information vermittelt wurde.

Der **dynamische Prozeß der Krankheitsverarbeitung** muß in der Diabetikerschulung berücksichtigt werden. Oft ist es sinnvoller, zunächst einen bescheidenen Kompromiß auf einer niedrigeren Stufe zu verwirklichen und zu einem späteren Zeitpunkt, wenn der Patient in seiner Krankheitsverarbeitung weiter fortgeschritten ist, zu erweitern und ihm die notwendige Schulung langsam Schritt für Schritt zu vermitteln.

4.6.2. Psychotherapeutische bzw. verhaltenstherapeutische Maßnahmen

Eine begleitende psychotherapeutische bzw. **verhaltenstherapeutische Intervention** kann sich aus verschiedenen Gründen ergeben. Erkennt man, daß Auffälligkeiten vorliegen, sollte man nicht zögern, den Patienten an eine mit Diabetikern erfahrene Stelle zu überweisen. Gründe für solche Maßnahmen sind in Tab. 4.13 dargestellt.

Psychotherapeutische Maßnahmen bei
• Verminderte Krankheitsakzeptanz
• Eßstörungen
• Übergewicht
• Angstzustände (z.B. Hypoglykämie-Angst)
• Depressive Verstimmungen
• Impotenz
• Wahrnehmungstraining (z.B. für Hypoglykämiewahrnehmung)
• Streßbewältigung
• Vermindertes Selbstwertgefühl
• familiäre und berufliche Probleme
• Schuldgefühle

Tab. 4.13: Gründe, die zu einer psychotherapeutischen bzw. verhaltentherapeutischer Maßnahmen zwingen können.

4.6.3. Complianceförderung und Selbsthilfekompetenz

Um der besonderen Situation des Diabetes gerecht zu werden, muß der Patient lernen, Eigenverantwortung zu übernehmen. Dies kann jedoch nur dem informierten Patienten gelingen. Neben der unabdingbar notwendigen **Schulung** mit Vermittlung von Wissen und Fertigkeiten, bedarf es einer engen und kooperativen Zusammenarbeit mit dem behandelnden Arzt. Bei der Langzeitbetreuung von Diabetikern ist der Arzt mehr Partner als "Vorgesetzter". Das schwierige Spannungsfeld zwischen **Selbstverantwortung und Selbsthilfekompetenz** auf der einen Seite und Befolgen der ärztlichen Anweisung andererseits, ist für viele Patienten, aber auch für viele Ärzte, mit Problemen beladen, die dann letztlich zu mangelnder Compliance und Verschlechterung der Stoffwechsellage führen.

Dabei wird nicht selten eine mangelhafte Patientencompliance ausschließlich als Schuld des Patienten gesehen. Umgekehrt steht der Arzt dem mündigen und geschulten Patienten skeptisch gegenüber, läßt dies den Patienten spüren, was dann auf beiden Seiten zu Verärgerung, Hilflosigkeit und Schuldzuweisungen führt. Lob und Anerkennung auch bei nur kleinen Verbesserungen (z.B. bei der Gewichtsabnahme oder beim HbA1c) und Verständnis bei Mißerfolgen fördert die Zusammenarbeit und wirkt motivationsverstärkend.

Die Compliance wird dann gefördert, wenn der behandelnde Arzt vom Patienten sowohl als Experte als auch als Vertrauens- und Bezugsperson angesehen wird und der Arzt ständig bemüht ist, den Patienten dort abzuholen, wo er sich gerade befindet. Hierbei kann der Zeitdruck des Arztes oft hinderlich sein. Wenn beide Seiten lernen und sich darüber einig werden, daß die primäre Verantwortung für die Gesundheit beim Patienten bleibt und der Arzt das Wesen und den Willen des Patienten akzeptiert und bei aller notwendigen Informationspflicht Schuldzuweisungen unterläßt, werden beide erkennen, daß die schwierige und oft problembehaftete Situation des Diabetiker nur gemeinsam zu lösen ist.

4.7. Literatur

1. American Diabetes Association: Nutritional recommendations and principles for people with diabetes mellitus. Diabet. Care 17 (1994) 519 - 522

2. Bogardus, C., E. Ravussin, D.C. Robbins, R.R. Wolfe, E. Horton, E.A.H. Sims: Effects of physical training and diet therapy on carbohydrate metabolism in patients with glucose intolerance and non-insulin-dependent diabetes mellitus. Diabetes 33 (1998) 11 - 318

3. Colditz, G.A., W.C. Willett, R.M. Stampfer: Weight as a risk factor for clinical diabetes. Am. J. Epidemiolog. 132 (1990) 501 - 513

4. Davidson, J.K.: The Grady Memorial Hospital diabetes programme. In Mann J.I. et al.: Diabetes in epidemiological perspectives. Churchill-Livingstone, Edingburgh 1983 pp. 332 - 341

5. Eriksson, K.E., F. Lingärde: Prevention of type 2 (non-insulin-dependent) diabetes mellitus and physical exercise: the 6-year Malmö feasibility study. Diabetologia 34 (1991) 891 - 898

6. European Association for Study of Diabetes (EASD): Diabetes and Nutition Study Group (DNSG): Statement 1995: Recommendations for the nutritional management of patients with diabetes mellitus. Nutr. Metab. 8 (1995) 186 - 189

7. Faas, A., F.G. Schellevis, J.T.M. van Eijk: The efficacy of selfmonitoring of blood glucose in NIDDM subjects. Diabet. Care 20 (1997) 1482 - 1486

8. Hanefeld M., S. Fischer, J. Schmeichel et al.: Diabetes intervention study. Muliinterventional trial in newly diagnosed NIDDM. Diabet. Care 14 (1991),309 - 317

9. Joslin, E.P.: Diabetes Manual, 10th ed.. Lea & Febiger, Philadelphia 1959

10. Kay, R.M.: Dietary fiber. J. Lipid Res. 23 (1982) 221 - 242

11. Koschinsky, T., M. Berger, F.A. Gries, D. Grüneklee, V. Jörgens, H. Sauer, K. Schöffling, M. Toeller, B. Willms: Stellungnahme zu Indikationen und Konsequenzen der Blutzuckerselbstkontrolle bei Diabetiker. Diabetologie-Informationen 3 (1) (19881) 7 - 9

12. Krusen, F.: Auswirkungen des Gemeinsamen Europäischen Marktes ab 1993 auf die praktische Diätetik. Akt. Ernähr.-Med. 16 (1990) 135 - 137

13. Lawrence, R.D.: The Diabetic Life is Control by Diet and Insulin. A concise practical manual for practitioners and patients. Churchill, Londen 1947 pp.151 - 152

14. Lean, M.E.L., K.K. Pourie, A.S. Anderson, P.H. Garthwaite: Obesity, weight loss and prognosis in the type 2 diabetes. Diabet. med. 7 (1990) 228 - 233

15. Manson, J.E., D.M. Nathan, A.S. Krolewski, M.J. Stampfer, W.C. Willett, Ch. H. Hennekens: A prospective study of exercise and incidence if diabetes among US male physicans. J.Amer.med.Ass. 268 (1992) 63 - 67

16. Manson, J.E., E.B. Rimm, M.J. Stampfer et al.: Physical activity and incidence of non-insulin-dependent diabetes mellitus in women. Lancet 338 (1991) 774 - 778

17. Miller, L.V., J. Goldstein: More efficient care of diabetec patients in a country- hospital setting. New Engl. J. Med. 286 (1972) 1388 - 1391

18. Mühlhauser, I., A.B. Klemm, B. Boos, V. Scholz, M. Berger: Krankenhausaufenthalts- und Arbeitsunfähigkeitszeiten bei Patienten mit Typ 1-Diabetes. Einfluß eines Diabetes-Behandlungs- und Schulungsprogramms. Dtsch. med. Wschr. 111 (1986) 854 - 857

19. Schneider, S.H., L.F. Amorosa, A.K. Khachadurian, N.B. Ruderman: Studies on the mechanism of improved glucose control during regular exercise in type 2 (non-insulin-depend) diabetes. Diabetologia 26 (1994) 355 - 360

20. Standl, E, H. Mehnert: Das große Handbuch für Diabetiker. Trias, Stuttgart 1998

21. Toeller, M.: Stellungsnahme zum praktischen Umgang mit Kohlenhydrataustauschtabellen. Diabetol. Inform. 2 (1993) 109

22. Toeller, M: Ernährungstherapie - die beste Form der oralen Diabetesbehandlung. Dtsch. Ärztebl. 91, Suppl. 3 (1994) 3

23. Turner, R., C. Cull, R. Holman: United Kingdom Prospective Diabetes Study 17. A 9- year update of a randomized, controlled trial on the effect of improved metabolic control of complications in non-insulin-dependent diabetes mellitus. Ann. intern. Med. 124 (1996) 136 - 145

24. Wahren, J., G. Ahlborg, P. Felig, L. Jorfeldt: Glucose metabolism during exercise in man. In Pernow, B., B. saltin: Muscle metabolism. Plenum, New York 1991, pp. 189 - 203

Therapieprinzipien und Therapiestrategien bei der Insulinbehandlung von Typ 1-Diabetikern

C. Rosak

5. Therapieprinzipien und Therapiestrategien bei der Insulinbehandlung von Typ 1-Diabetikern

5.1. Physiologie der Insulinsekretion und Insulinwirkung

Die Regulation der Insulinsekretion des Nicht-Diabetikers ist blutzuckerabhängig. In der B-Zelle läuft folgender Vorgang ab: **Blutglukose** penetriert durch die B-Zellmembran, wird durch das Enzym **Glukokinase** phosphoriliert und anschließend metabolisiert. Das dabei anfallende ATP verändert den ATP/ADP-Quotienten und bedingt den **Schluß der ATP-abhängigen Kaliumkanäle**. Dadurch kommt es zur **Depolarisation der Zellmembran**, die spannungsabhängigen Ca^{2+}-Kanäle öffnen sich, **Ca^{2+} strömt in das Zytoplasma der Zelle**. Die sich erhöhende intrazelluläre Calciumkonzentration stimuliert die **Exozytose präformierten Insulins**, gleichzeitig wird auch die Insulinbiosynthese angeregt. In Abhängigkeit von der Höhe des Blutzuckers steigt die Insulinkonzentration in der Portalvene, in der Leber und nach Verdünnung im großen Kreislauf auch in der Peripherie.

> Je höher der Blutzuckerspiegel steigt, umso mehr Insulin wird aus der B-Zelle sezerniert, je niedriger der Blutglukosespiegel liegt, umso stärker wird die basale Insulinsekretion supprimiert.

Die durch die Insulinwirkung fallenden, bzw. erniedrigten Glukosekonzentrationen sind ein geringerer Reiz für die B-Zelle Insulin zu sezernieren. Dadurch sinkt die Insulinkonzentrationen im Blut. Zwischen den Mahlzeiten und in der Nacht sind Insulin- und Glukosespiegel auf einem niedrigen basalen Niveau. Die basale Insulinabgabe erfolgt pulsatil.

In der **Leber supprimiert Insulin** die **Glukoneogenese** sowie die nächtliche Glukoseabgabe durch Hemmung der Glykogenolyse. In der Peripherie, an den **Muskel- und Fettzellen**, bindet Insulin an spezifische Rezeptoren und induziert dadurch eine Reihe von intrazellulären Postrezeptorprozessen, die u. a. über die Bereitstellung einer **erhöhten Anzahl von Glukosetransportern** den verstärkten Übertritt von Glukose in die Zelle ermöglichen und die weitere **Metabolisierung der Glukose** bedingen.

In der **Fettzelle** wirkt **Insulin antilipolytisch**; es senkt die freien Fettsäuren und hemmt das Enzym Lipoproteinlipase. Die Einwirkungen auf die Lipolyse sind im Vergleich zur blutzuckersenkenden Wirkung bereits in einer 10fach geringeren Konzentration wirksam. Durch diese lipogenetischen, bzw. antilipolytischen Eigenschaften zeichnet sich Insulin auch als fettstoffwechselregulierendes Hormon aus.

Als **anaboles** Hormon greift Insulin in den **Eiweißstoffwechsel** ein.

Die Stoffwechselwirkungen von Insulin finden im Wechselspiel mit den **übrigen Pankreashormonen** Glucagon und Somatostatin, sowie den **gastrointestinalen Hormonen** GIP (Gastro-Intestinal-Peptide) und GLP-1 (Glucagon-Like-Peptide) statt. Diese abgestimmte Balance zwischen Insulin und Glukose bzw. Insulin und den gastrointestinalen Hormonen sowie den **Gegenregulationshormonen** Adrenalin, Noradrenalin, Wachstumshormon und Cortisol, ist beim Nichtdiabetiker Grundlage der Stoffwechselhomöostase und der Regulation der Blutglukosekonzentrationen im Bereich zwischen 80 und 140 mg/dl.

> Beim **Typ 1-Diabetiker** ist mit Ausnahme einer begrenzten Zeit nach der Diabetesmanifestation **keine endogene Insulinsekretion** mehr vorhanden, es besteht ein **absoluter Insulinmangel** (☞ Kap. 1).

Die Substitution von Insulin bei Typ 1-Diabetes muß darauf abzielen, dem Organismus die notwendigen Insulinmengen möglichst "physiologisch" anzubieten. Mit der subkutanen Insulingabe gelingt dies nur bedingt, da sich dadurch Insulin in hoher Konzentration in der Peripherie und nicht vor dem Stoffwechselorgan Leber befindet. Die Imitation erfolgt durch die Gabe von rasch verfügbarem, prandialem Insulin zu den Mahlzeiten sowie Substitution von Basalinsulin zwischen den Mahlzeiten und der Nacht. Damit wird versucht, nicht nur eine dem Nichtdiabetiker möglichst entsprechende Insulinversorgung auf die sich ändernden prandialen und die basalen Glukosekonzentrationen zu erzielen, sondern auch eine optimale Beeinflussung von Fett-, Eiweiß- und Mineralstoffwechsel.

Durch optimale Insulintherapie kann die Lebensqualität des Patienten verbessert, die Ausbildung von Folge- und Begleiterkrankungen vermindert, eine relativ normale Lebensführung ermöglicht und für den Patienten insgesamt eine der dem Nichtdiabetiker entsprechende Lebenserwartung erzielt werden.

5.2. Einstellungskriterien von Typ 1-Diabetikern

Die Kriterien einer guten Stoffwechseleinstellung wurden kürzlich von der International Diabetes Federation neu definiert (☞ Tab. 5.1). Sowohl zu

Zielparameter für HbA1c, Blutglukose, Lipide und Blutdruck bei Typ 1-Diabetikern			
Glukosestoffwechsel			
	Nicht-Diabetiker	adäquat	inadäquat
HbA1c (DCCT-standardisiert)	< 6,1	6,2 - 7,5	> 7,5
Nüchternblutglukose (Selbstmessung)			
mmol/l	4,0 - 5,0	5,1 - 6,5	> 6,5
mg/dl	70 - 90	91 - 120	> 120
Postpradialer Maximalwert			
mmol/l	4,0 - 7,5	7,6 - 9,0	> 6,5
mg/dl	70 - 135	136 - 160	> 160
$22.^{00}$ (vor der Nachtruhe)			
mmol/l	4,0 - 5,0	6,0 - 7,5	> 7,5
mg/dl	70 - 90	110 - 135	> 135
Lipide			
	niedriges Risiko	Risiko	hohes Risiko
Gesamtcholesterin			
mmol/l	< 4,8	4,8 - 6,0	> 6,0
mg/dl	< 185	185 - 230	> 230
LDL-Cholesterin			
mmol/l	< 3,0	3,0 - 4,0	> 4,0
mg/dl	< 115	115 - 155	> 155
HDL-Cholesterin			
mmol/l	> 1,2	1,0 - 1,2	< 1,0
mg/dl	> 46	39 - 46	< 39
Triglyceride			
mmol/l	< 1,7	1,7 - 2,2	> 2,2
mg/dl	< 150	150 - 200	> 200
Blutdruck			
normale Albuminausscheidung	< 135/85 mm Hg oder niedriger, falls leicht erzielbar		
erhöhte Albuminausscheidung	< 130/80 mm Hg oder niedriger, falls leicht erzielbar		

Tab. 5.1: Zielparameter für HbA1c, Blutglukose, Lipide und Blutdruck bei Typ 1-Diabetikern - Guidelines der European Diabetes Policy Group, 1998

hohe als auch zu niedrige Blutzuckerkonzentrationen müssen vermieden werden.

Die vorgegebenen Zielwerte bedürfen jeweils der Anpassung an den einzelnen Patienten und seine klinische Situation.

So sollen bei Patienten **mit proliferativer Retinopathie** in jedem Fall **Hypoglykämien vermieden** werden, da diese Blutungen am Augenhintergrund auslösen können. Dies bedeutet, daß bei dieser Patientengruppe eher der obere Bereich der "adäquaten" Einstellung angestrebt werden sollte.

Da bekannt ist, daß bei **niedriger Blutzuckermittellage** und bei niedrigen HbA1c-Werten mit einem **erhöhten Hypoglykämierisiko** gerechnet werden muß, sollten Patienten mit **eingeschränkter Hypoglykämiewahrnehmung** Blutzuckerkonzentrationen im Tages- und Nachtverlauf über 100 mg/dl anstreben, um nicht durch zu spät erkannte Hypoglykämien gefährdet zu werden.

Ähnliches gilt **auch für ältere Patienten mit klinisch** manifesten Begleiterkrankungen, wie Herz-Kreislauferkrankungen, koronarer Herzerkrankung, cerebralen Durchblutungsstörungen ect. und den damit verbundenen notwendigen Begleittherapien. Auch diese Patientengruppe sollte nach Möglichkeit Blutzuckerbereiche unter 100 mg/dl im Tages- und Nachtverlauf meiden.

5.3. Die unterschiedlichen Insuline und ihre Anwendung

5.3.1. Humaninsulin

Das heute in der Regel angewandte Insulin ist Humaninsulin, das durch gentechnologische oder biotechnologische Verfahren gewonnen wird. Humaninsulin weist, wie menschliches Insulin, ein Molekulargewicht von 5807 DA auf und unterscheidet sich weder in der Primärstruktur, d. h. der Aminosäuresequenz, noch in der Sekundär- und Tertiärstruktur, was die Verbindung der A- und B-Kette und die dreidimensionale Faltung anbelangt.

Therapeutisch **subkutan injiziertes Insulin** unterscheidet sich von endogen sezerniertem Insulin in folgenden Punkten:

1. Endogen sezerniertes Insulin liegt in hoher Konzentration in der Pfortader bzw. der Leber vor, in niedriger Konzentration in der Körperperipherie. Nach der Subkutaninjektion liegt Insulin in **hoher Konzentration in der Körperperipherie** vor, über die Kapillaren gelangt es in das venöse System und via Herzkreislauf in **verminderter Konzentration in die Leber** und die insulinsensiblen Organe **Muskulatur und Fettgewebe**.

2. Wirkeintritt, Wirkmaximum und Wirkdauer von subkutan injiziertem Insulin hängen von der Freisetzungskinetik aus dem Depot ab. Diese Freisetzungskinetik wird durch die unterschiedlichen Verzögerungssubstanzen Protamin, Surfen oder Zink und durch die verschiedenen physikalischen Zustandsformen des Insulins (gelöst, amorph oder kristallin) beeinflußt.

5.3.2. Tierische Insuline

Tierische Insuline, die bei uns nur noch eine untergeordnete Rolle bei der Therapie spielen, aber in vielen Ländern der dritten Welt noch häufig angewendet werden, müssen konventionell aus den Pankreata der entsprechenden Tierspezies extrahiert und gereinigt werden.

Rinderinsulin unterscheidet sich in **drei, Schweineinsulin** in **einer Aminosäure** von Humaninsulin. Aus der höheren, unterschiedlichen Aminosäurenzahl ergibt sich die **stärkere Antigenität** des Rinderinsulins, im Vergleich zu Schweine- und Humaninsulin. Weiterhin ist zu beachten, daß die tierischen Insuline, je nach Herstellungsverfahren, unterschiedliche Reinheitsgrade aufweisen und nicht immer pH-neutral sind.

Bei **allergischen Reaktionen** im Zusammenhang mit der Insulininjektion ist zu bedenken, daß Antikörper nicht nur gegen Insulin gerichtet sein können, sondern auch gegen die sich zusätzlich in der Insulinflasche befindlichen "Begleitstoffe". Es handelt sich dabei um die Konservierungsmittel Phenol, Kresol und/oder Methyl-4-Hydroxybenzoat bzw. die Verzögerungssubstanzen Protamin oder Surfen.

Bei Patienten, welche mit Insulin tierischen Ursprungs behandelt werden, können im Blut vorhandene **Insulinantikörper** die Insulinwirkung prolongieren.

Aus diesem Grunde ist es wichtig, darauf zu achten, daß bei Umstellungen von tierischem Insulin auf Humaninsulin die Gesamtdosis zunächst um ca. 10-15 % reduziert und anschließend dem Bedarf wieder angepaßt wird.

Einige tierische Insuline weisen einen **sauren pH-Wert auf.** Dies kann die Ursache für Lipodystrophien an den Injektionsstellen sein und besonders häufig zu Lipatrophien führen. Diese Veränderungen sieht man unter den neutralen Humaninsulinen nur noch selten.

5.3.3. Pharmakologische Eigenschaften der verschiedenen Insulinpräparationen

5.3.3.1. Normalinsulin

Humanes Normalinsulin (Alt-, Regular-Insulin) ist eine klare, pH-neutrale Lösung ohne Verzögerungssubstanzen. In der Insulinflasche liegen die **Insulinmoleküle als Hexamer** vor und werden in Form dieser Sechser-Komplexe subkutan injiziert. Dort findet zunächst die Dissoziation in Di- und Monomere statt. Die Monomere diffundieren zu den Kapillaren und gelangen so in den Blutstrom. **Dissoziation und Diffusion** sind die Ursachen für den verzögerten Wirkeintritt nach der Injektion. Diese Zeitspanne wird als **Verzögerungsphase** (lag-phase) in Bezug auf den Wirkungseinsatz bezeichnet. Sie dauert ca. 15-30 Minuten und bedingt den sog. **Spritz-Eß-Abstand,** d. h. den Zeitraum, den der Patient zwischen Insulininjektion und Mahlzeitenbeginn in Abhängigkeit von dem aktuellen Blutzuckerausgangswert abwarten sollte.

Durch Verkürzen oder Verlängern des Spritz-Eß-Abstandes kann sowohl eine Beeinflussung des Blutzuckerausgangswertes als auch eine bessere Harmonisierung der Insulinfreisetzung mit der aus der Mahlzeit ansteigenden Blutglukose erzielt werden. Bei niedrigen Blutzuckerkonzentrationen sollte der Spritz-Eß- Abstand eher kurz sein (0-15 Min.) bei höheren präprandialen Blutglukoseausgangswerten sollte der Spritz-Eß-Abstand länger sein (30-45 Min.). In der Regel beträgt er **15-30 Minuten** (3)

Der **Wirkeintritt** von Normalinsulin läßt sich bereits 15-30 Minuten nach der subkutanen Injektion nachweisen. Das Wirkmaximum liegt zwischen der **2. und 3. Stunde**, die **Wirkdauer** beträgt je nach Dosis **5-6 Stunden.** Erhöhung der Normalinsulindosis führt zu einer Verschiebung und Verstärkung des Wirkmaximums sowie Verlängerung der Wirkdauer (☞ Abb. 5.1).

Normalinsulin kann mit protaminverzögertem Insulin (NPH) unter Erhalt seiner charakteristischen Wirkeigenschaften gemischt werden. Zinkverzögerte Insuline (Lente-Insulin) oder kristalline Insuline sollten nicht mit Normalinsulin gemischt werden, da dann die charakteristische Normalinsulin-Wirkkinetik nicht mehr gewährleistet ist.

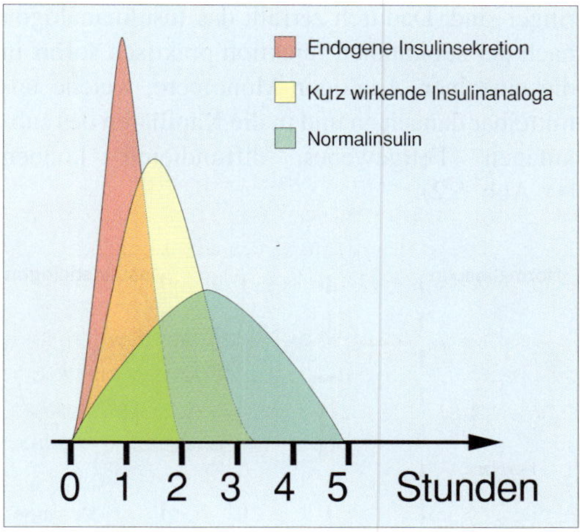

Abb. 5.1: Mittlere Wirkdauer kurz wirkender Insuline.

Normalinsulin kann **subkutan, intramuskulär, intravenös** und **intraperitoneal** appliziert werden.

5.3.3.2. Kurzwirksame Insulinanaloga

Ein **Insulinanalogon** ist ein Insulinmolekül, das eine veränderte Aminosäuresequenz gegenüber Humaninsulin aufweist. Je nachdem, an welcher Stelle des Moleküls diese Änderung stattgefunden hat, ergeben sich Änderungen der Wirkdauer, des Wirkmaximums und der Wirkstärke. Gleichzeitig können aber auch immunologische, mutagene und kanzerogene Eigenschaften durch solche Änderungen induziert werden.

Zum gegenwärtigen Zeitpunkt sind zwei kurzwirksame Insulinanaloga erhältlich:

1. Insulin Lispro [Lysin (B 28), Prolin (B 29)]

Hier wurde ein Austausch der Aminosäuresequenz auf Position Lysin B29 und Prolin B 28 am C-terminalen Ende der B-Kette des Insulinmoleküls vorgenommen (5).

2. Insulin Aspart [Asparagin (B 28)]

Hier wurde die Aminosäure Prolin (B 28) durch die Aminosäure Asparagin ersetzt.

Diese Änderungen führen dazu, daß die **Assoziationskräfte** zwischen den einzelnen Molekülen in dem Insulin-Analogon-Hexamer wesentlich geringer sind. Dadurch zerfällt das Insulinanalogon nach der subkutanen Injektion praktisch sofort in die einzelnen Analogon-Monomere, welche unmittelbar danach an und in die Kapillaren des subkutanen Fettgewebes diffundieren können (☞ Abb. 5.2).

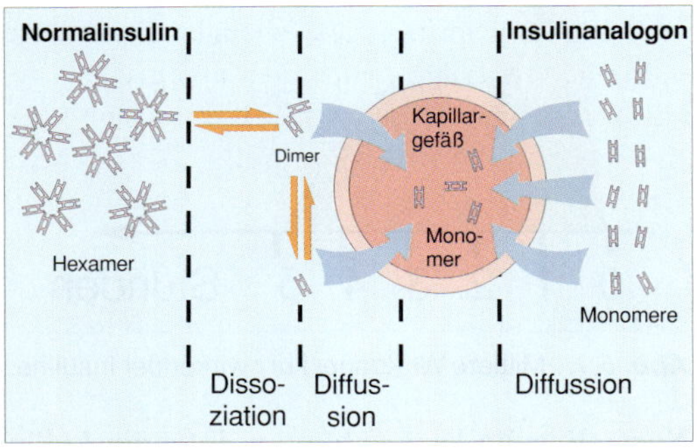

Abb. 5.2: Unterschiedliche Resorptionsabläufe von Normalinsulin und kurzwirksamen Insulinanaloga nach s.c.-Injektion.

Dadurch entsteht eine erhebliche **Verkürzung der sog. Lag-Phase,** was dazu führt, daß der **Spritz-Eß-Abstand** bei regelrechtem präprandialen Blutzucker-Ausgangswert entfallen kann. Die Insulin-Analogon-Freisetzungskinetik aus dem gespritzten Depot und der Konzentrationsanstieg im Blut sind im Vergleich zu Normalinsulin besser mit dem Blutzuckeranstieg nach der Mahlzeit harmonisiert. Der Patient kann in der Regel sofort nach der Injektion mit der Mahlzeit beginnen.

Wegen der schnellen Freisetzung kann es bei niedrigen präprandialen Blutzuckerwerten sogar ratsam sein, erst während oder nach der Mahlzeit zu injizieren. Die **maximale Konzentration** der Analoga wird, im Vergleich zu konventionellem Normalinsulin, schneller erreicht (nach ca. **1,0-1,5 Stunden**). Die **Wirkdauer** ist kürzer und beträgt im Vergleich zu konventionellem Normalinsulin nur **3-4 Stunden** (8; ☞ Abb. 5.1).

Im Gegensatz zu Normalinsulin führt die Erhöhung der Analogon-Menge nur zu einer geringeren Verschiebung des Wirkmaximums und der Wirkdauer.

In wieweit klinisch bedeutsame Unterschiede in der Wirkkinetik zwischen Insulin Lispro und Insulin Aspart bestehen, ist zum gegenwärtigen Zeitpunkt noch unklar.

5.3.4. Verzögerungsinsuline

Insuline, deren Wirkung im Vergleich zu Normalinsulin langsamer einsetzt und länger anhält, bezeichnet man als Verzögerungsinsuline. In Bezug auf die Wirkdauer unterscheidet man zwei Gruppen: **Intermediärinsuline** (**Wirkdauer ca. 12-18 Stunden**) und **langwirkende Insuline** (**Wirkdauer ca. 20 - 36 Stunden**).

5.3.4.1. Intermediärinsuline

Die wichtigsten Vertreter dieser Gruppe sind die **NPH-Insuline** (NPH=**N**eutral **P**rotamin **H**agedorn). Sie sind nach ihrem Entdecker, dem dänischen Diabetologen und Insulinforscher Hagedorn, benannt. Protamin ist ein Peptid, das sich mit Insulin im Verhältnis 5:1 verbindet. In das subkutane Fettgewebe injiziert, dissoziieren die Insulin-Moleküle von dem Protamin-Molekül. Dieses wird unter dem Einfluß fibrinolytischer Gewebsenzyme gespalten.

NPH-Insuline können mit Normalinsulin unter Erhalt der charakteristischen Wirkeigenschaften beider Insuline gemischt werden.

Der **Wirkeintritt von NPH-Insulin** nach subkutaner Gabe beginnt nach ca. **45-60 Minuten,** das **Wirkmaximum** liegt je nach injizierter Menge zwischen der **4. und 6. Stunde**. Die **gesamte Wirkdauer** beträgt wiederum in Abhängigkeit der injizierten Menge **8-14 Stunden**.

Da NPH-Insulin als trübe Suspension vorliegt, die beim Liegen sedimentiert, muß es vor dem Aufziehen in die Insulinspritze durch **Rollen zwischen den Handflächen in Mischung** gebracht werden.

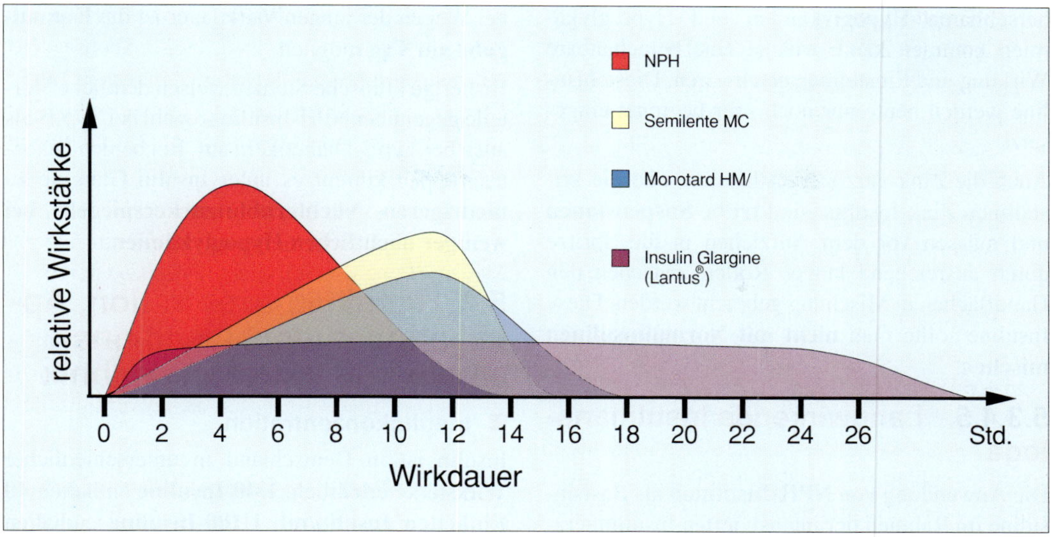

Abb. 5.3: Wirkstärke und -dauer der Verzögerungsinsuline nach klinischen Erfahrungswerten (schematisiert).

Dies gilt besonders auch für seine Verwendung in einem Insulin-Pen.

5.3.4.2. Mischinsuline

Mischinsuline sind **vorgefertigte Mischungen aus Normal- und NPH-Insulin**. Der Normal-Insulin Anteil in diesen festen Mischungen liegt je nach Präparation zwischen 10 und 50 %.

Entsprechend der Höhe des Normalinsulin-Anteils setzt die Wirkung nach 30-45 Minuten ein. Die Wirkmaxima richten sich nach dem jeweiligen prozentualen Anteil von Normal- bzw. NPH-Insulin. Die Wirkdauer von Mischinsulinen ist kürzer als bei gleicher Gesamtdosis des NPH- Insulins. Mischinsuline werden vorwiegend bei Patienten angewendet, die nur ein- oder zweimal am Tag Insulin injizieren und die Dosierung nicht verändern.

5.3.4.3. Surfeninsuline

Surfen, ein synthetischer Harnstoffabkömmling, bildet mit Insulin einen löslichen, klaren Komplex. Diese Insuline benötigen für ihre Stabilität ein saures Milieu und weisen somit einen niedrigen pH-Wert auf. Früher waren Surfen-Insuline die in Deutschland am häufigsten angewendeten Insuline (Depot-Insulin Hoechst, Depot-Insulin S Hoechst).

In der Wirkdauer sind sie den NPH-Insulinen ähnlich. Da Surfeninsuline jedoch ausschließlich aus tierischen Insulinen hergestellt werden und nicht immer einen optimalen Reinheitsgrad aufweisen, kann es an den Spritzstellen zu lokalen Reaktionen im Sinne von Lipatrophien oder allergischen Reaktionen kommen. Die Wirkdauer kann durch **Antikörperbildung bzw. -bindung** verlängert sein. Heute spielen Surfeninsuline praktisch keine Rolle mehr.

5.3.4.4. Lente-Insuline (Insulin-Zink-Suspensionen)

Bei den **Lente-Insulinen** wird die Insulinwirkung durch eine **höhere Zinkkonzentration** und durch unterschiedliche physikalische Zustandsformen des Insulins **(amorph, kristallin)** erzielt.

Insulin Semilente®, ein amorphes Schweineinsulin kann alternativ für NPH Insulin verwendet werden, insbesondere dann, wenn die längere Wirkdauer des Semi-Lente-Insulins als Nachtinsulin erwünscht ist.

Das gleiche gilt für **Insulin Monotard HM®**, welches aus einer 3:7 Mischung von amorphem und kristallinem Humaninsulin besteht.

Insulin Ultratard HM® ist eine Insulin-Zink-Suspension, welche früher als Basis der Basis-Bolus-Therapie angewandt wurde (11).

Die Wirkdauer der vorgenannten Insuline beträgt ca. 22-26 Stunden. Nachteilig ist, daß es aufgrund nicht berechenbarer Freisetzungskinetik zu unvorhersehbaren Hypoglykämien und Hyperglykämien kommen kann, welche eine berechenbare Wirkung und Einstellung erschweren. Diese Insuline werden heute nur noch sehr begrenzt eingesetzt.

Auch die Zink-verzögerten Insuline und die kristallinen Zink-Insuline sind **trübe Suspensionen** und müssen vor dem Aufziehen in die Spritze durch ausreichend langes Rollen zwischen den Handflächen in Mischung gebracht werden. Diese Insuline sollte man **nicht mit Normalinsulinen mischen**.

5.3.4.5. Langwirkende Insulinanaloga

Die Anwendung von **NPH-Insulinen** als Basisinsuline im Rahmen der intensivierten Insulintherapie hat **deutliche Limitierungen**:

- begrenzte, dosisabhängige Wirkdauer
- ausgeprägtes, dosisabhängiges Wirkmaximum (mit Gefahr der nächtlichen Hypoglykämie zwischen 2.00 und 4.00 Uhr morgens)
- Abhängigkeit der Wirkdauer vom Ort der Injektion
- starke Variabilität der Wirkung bei nicht ausreichendem Durchmischen vor der Injektion (besonders bei 1,5ml-Pen-Patronen)

Dies hat dazu geführt, daß NPH-Insuline im Rahmen der intensivierten Insulintherapie häufig **mehrfach am Tag angewendet** werden müssen, damit

- einerseits keine **Insulinlücken** (besonders in Kombination mit kurzwirkenden Insulinanaloga)
- andererseits keine ausgeprägten **Insulinmaxima** (Hypoglykämiegefahr)

entstehen.

Insulin Glargine (HOE 901) ist ein langwirkendes Insulinanalogon, bei dem in der A-Kette an Position 21 Asparagin gegen Glycin (A 21 Glycin) ausgetauscht und die B-Kette am Karboxylende um 2 Argininmoleküle verlängert wurde. Durch diese Strukturmodifikation entsteht eine Verlängerung der Wirkdauer dieses Analogons auf etwa 24 bis 30 Stunden. Insulin Glargine ist eine **klare Lösung**, die somit kein Aufmischen erforderlich macht. Der pH liegt bei 4,0. Nach subkutaner Gabe kommt es zur Präzipitation im Unterhautfettgewebe. Wegen der langen Wirkdauer ist die **Einmalgabe am Tag** möglich.

Bisherige klinische Studien weisen deutliche Vorteile gegenüber NPH-Insulin sowohl bei Typ 1- als auch bei Typ 2-Diabetikern auf. Bei beiden Diabetesgruppen kommt es unter Insulin Glargine zu **niedrigeren Nüchternblutzuckerspiegeln bei weniger nächtlichen Hypoglykämien.**

5.4. Insulinkonzentration, Applikationshilfen, Injektionsareale und Injektionstechnik

Insulinkonzentration

Insulin ist in Deutschland in unterschiedlicher Wirkstärke erhältlich: **U40-Insuline** enthalten **40 Einheiten Insulin/ml**, **U100-Insuline** enthalten **100 Einheiten Insulin/ml**.

U40-Insuline dürfen nur mit den konventionellen U40-Insulinspritzen injiziert werden, für U100-Insuline müssen besondere U100-Insulinspritzen verwendet werden, oder es finden die entsprechenden Insulinpatronen in den dazugehörigen Insulinpens Verwendung.

> Wird versehentlich U100-Insulin mit einer U40-Insulinspritze aufgezogen und injiziert, erhält der Patient eine 2,5 mal so hohe Insulinmenge und ist im höchsten Grade hypoglykämiegefährdet.

Unter klinischen Bedingungen lassen sich in Bezug auf Wirkkinetik und Wirkdauer keine wesentlichen Unterschiede zwischen U40- und U100-Insulinen feststellen.

Bei Patienten, die große Insulinmengen injizieren, ist es von Vorteil, ein U100-Insulin zu verwenden, da das Volumen im Vergleich zu U40-Insulin 2,5 mal geringer ist.

Im Rahmen der europäischen Harmonisierung ist auch in Deutschland eine Marktumstellung von U40- auf ausschließlich U100-Insuline vorgesehen.

Applikationshilfen

Die konventionellen Insulinspritzen können mehrfach verwendet werden, das Gleiche gilt für die Pen-Nadeln.

Die Verwendung von **Insulinpens** ist für die Patienten eine große Erleichterung, da der Vorgang des Insulinaufziehens entfällt. Der Pen kann auch leichter als ein konventionelles Insulin-Spritz-Besteck transportiert bzw. getragen werden. Unabdingbar ist eine **genaue Einweisung** des Patienten in die technische Handhabung des Pens. Dies gilt besonders für ältere Patienten, bei welchen sowohl Handhabung des Pens als auch der Pen selbst in regelmäßigen Abständen überprüft werden sollten (12).

Besonders wichtig in Bezug auf eine reproduzierbare gleichmäßige NPH-Wirkung ist das **ausreichende Mischen** der Suspension, **insbesondere bei Pen-Kartuschen mit kleinen Volumina (1,5 ml)**.

Für Patienten mit Schwierigkeiten beim Aufziehen des Insulins und solche, die nicht mit dem Insulin-Pen zurecht kommen, gibt es **Einmal-Pens** (z.B. Huma Ject, Novolet und Opti Set System). Die Handhabung dieser Geräte ist noch einfacher.

Injektionsareale

Als **Injektionsareale** eignen sich
- Abdomen
- Hüftregion
- Oberschenkelregion (Außenseite) und mit Einschränkung auch die
- Oberarmregion (cave i.m.-Injektion bei Patienten mit wenig Unterhautfettgewebe)

Aufgrund der Kapillarisierung des subkutanen Fettgewebes findet beim ruhenden Körper die **schnellste und gleichmäßigste Insulinfreisetzung aus der Abdominalregion** statt, hier sollten das Normalinsulin und das morgendliche Verzögerungsinsulin injiziert werden. Die Absorption aus der **Oberschenkelregion** ist etwas langsamer, weshalb hier das **Verzögerungsinsulin für die Nacht** injiziert werden sollte. Zu beachten ist, daß bei körperlicher Aktivität, insbesondere beim Laufen oder Joggen eine stärkere Durchblutung und dadurch eine schnellere Insulinfreisetzung und Wirkung erfolgen kann.

Kinder mit wenig subcutanem Fettgewebe sollten kurze Nadeln benutzen.

Stark **übergewichtige Patienten** mit dicker abdomineller Fettschicht können alternativ auch in die **Hüftregion** injizieren und sollten längere Injektionsnadeln verwenden.

Die **Oberarmregion** eignet sich nur dann zur Insulininjektion, wenn ausreichend subkutanes Fettgewebe vorhanden ist, da sonst die Gefahr einer intramuskulären Applikation mit wesentlich schnellerer Insulinwirkung droht.

Insulininjektion

Bei der Insulininjektion bildet der Patient korrekterweise eine Hautfalte, hebt diese etwas von der darunterliegenden Muskulatur ab und injiziert das Insulin in einem Winkel von etwa 45°-90° mittels konventioneller Insulinspritze oder Insulinpen in das subkutane Fettgewebe. Bei sehr kurzen **Pen-Nadeln** muß senkrecht, d.h. im 90 Grad-Winkel injiziert werden.

Bei **Pen-Gebrauch** ist es wichtig, daß die Nadel nach der Insulininjektion noch ca. **4-6 Sekunden im Unterhautfettgewebe verweilt,** um die gesamte Dosis korrekt aufzunehmen zu lassen. Vor dem Herausziehen der Spritze oder des Pens aus dem Unterhautfettgewebe sollte der Winkel der Insulinspritze, bzw. des Pens geändert werden, um ein Zurückfließen von Insulin aus dem Stichkanal zu verhindern.

Mit jedem Patienten sollte der korrekte Vorgang der Insulininjektion, der auch das vorangehende Mischen trüber Insuline beinhaltet, geübt werden. Dies gilt besonders für ältere Patienten, aber auch für solche, die zwar schon seit vielen Jahren Insulin injizieren, aber noch nie professionell in Insulinhandhabung und Injektionstechnik unterwiesen oder geschult wurden.

Darüber hinaus sollte der betreuende Arzt auch bei den langzeitgeführten Patienten in bestimmten Abständen die **Injektionsareale ansehen,** da bei chronischem Insulingebrauch und/oder nicht korrekter Injektionstechnik Lipodystrophien im Sinne von Hyper- oder Hypotrophien des subkutanen Fettgewebes entstehen können.

Diese Veränderungen lassen sich besonders häufig bei Patienten nachweisen, die immer in das gleiche, eng umschriebene Hautareal (4-5 cm des Abdomens) injizieren. In solchen Bezirken kann der Bindegewebsanteil erhöht sein, Kapillarisierung und Durchblutung sind vermindert. Die Insulinfreisetzung ist dann auch nicht mehr entsprechend der injizierten Insulinart kalkulierbar. Dies ist nicht selten Ursache für schwankende Blutglukosekonzentrationen. Der Wechsel dieser Injektionsareale verbessert die Blutzuckereinstellung und macht die Insulinwirkung für den Patienten wieder berechenbar.

5.5. Strategien der Insulinsubstitution

5.5.1. Indikation für Insulin

Die wichtigsten **Indikationen zur Insulintherapie** sind:

- **Typ 1-Diabetes:** in allen Phasen der Erkrankung
- **Gestationsdiabetes:** frühzeitig, um Blutzuckerkonzentrationen über 120 mg/dl im Tagesverlauf zu vermeiden
- **LADA** (**L**atent **A**utoimmune **D**iabetes of the **A**dult) - Verspätet manifestierter Typ 1-Diabetes, meist jenseits des 40. Lebensjahres mit Autoimmun-Phänomenen
- **Typ 2-Diabetes**:
  - **Schlanke** Patienten mit **Ketoseneigung** (ohne Nachweis von Autoimmunphänomenen)
  - **Patienten** mit **unzureichender Stoffwechseleinstellung unter Diät und Tablettenmedikation**
  - Patienten mit oraler Medikation **und temporärer Entgleisung durch Infektionen**, besondere Medikation (z.B. **Cortison**), andere Erkrankungen mit Erhöhung der Insulinresistenz (z.B. Tumore), bzw. **prä-, peri- und postoperativ**
- **Sekundäre Diabetesformen (fakultativ)**:
  - Pankreaserkrankungen (akute und chronische Pankreatitiden, Pankreaskarzinom)
  - Zustand nach Pankreatitis
  - Zustand nach Pankreatektomie
  - Patienten mit
    - Hämaochromatose
    - fortgeschrittener Leberzirrhose
    - endokrinen Erkrankungen wie Akromegalie oder Morbus Cushing

5.5.2. Klinische Anwendung von Insulin

Vorbedingung für die Anwendung von Insulin ist eine entsprechend strukturierte **Schulung.** Die Inhalte dieser Schulung dürfen nicht nur die Technik der Insulin-Injektion umfassen, sondern müssen auch die Wissensvermittlung in Bezug auf Dosisfindung- und Dosisanpassung, eine entsprechende Lebensführung und die Blutzuckerselbstkontrolle beinhalten (2).

> Es ist bekannt, daß eine möglichst genaue **Imitation der physiologischen Insulinsekretionsdynamik und -kinetik des Stoffwechselgesunden** die besten Stoffwechselergebnisse beim Diabetiker hervorruft. Diese Imitation gelingt am besten mit der **intensivierten Insulintherapie**.

Die **DCCT-Studie** (**D**iabetes **C**ontrol and **C**omplication **T**rial) hat gezeigt, daß im Vergleich zur konventionellen Therapie bei erfolgreichem Umsetzen der intensivierten Insulintherapie, d. h., mit Erzielen eines guten HbA1c-Wertes (unter 7,0 %), die mikro- und makrovaskulären Komplikationen der Zuckerkrankheit teilweise verhindert, beziehungsweise deutlich reduziert und ihre Ausbildung verzögert werden können. Deshalb muß diese Therapieform als **Standard bei allen Typ 1-Diabetikern** angestrebt werden (4).

> **Das Therapieziel sind Blutzuckerkonzentrationen im Tagesverlauf zwischen 80 und 140-160 mg/dl**. Strengere Kriterien werden bei schwangeren Diabetikerinnen angelegt. Hier sind Blutzuckerkonzentrationen im Tagesverlauf zwischen 70 und 120 mg/dl gefordert.

Vorsicht in Bezug auf das Therapieziel von Blutzuckerkonzentrationen zwischen 80 und 160 mg/dl ist bei **Patienten mit eingeschränkter Hypoglykämiewahrnehmung** sowie bei Patienten mit fortgeschrittener **diabetischer Retinopathie**, schwerer **koronarer Herzerkrankung, Hypertonie** und bei Patienten, die eine **lange Diabetesdauer mit verminderter Hypoglykämieerkennung** aufweisen, geboten. Hier sollte der untere Blutzucker-Zielbereich von 100-120 mg/dl im Tagesverlauf nicht unterschritten werden.

Der mit dem Arzt zu besprechende, individuelle Einstellungsbereich muß für den Patienten ein realisierbares Therapieziel darstellen. Unrealistische Therapieziele sind letztlich kontraproduktiv in Bezug auf Motivation und Mitarbeit des Patienten und können für ihn ein nicht unerhebliches Therapierisiko darstellen.

5.5.3. Intensivierte Insulintherapie

Definition

Intensivierte Insulintherapie ist definiert als:

- **getrennte Anwendung von Normal- und Basalinsulin**
- eine nach klinischen Gesichtspunkten **Blutglukose-orientierte Stoffwechseleinstellung** unter **Vermeidung von Hypoglykämien** über den Tag
- mit **niedrigen Blutzuckerkonzentrationen zwischen den Mahlzeiten** und **geringen Blutzuckeranstiegen postprandial**
- sowie **langfristig** eine optimale Langzeiteinstellung zur **Vermeidung von Folgeerkrankungen**

Das Basalinsulin wird in der Regel 1-3 mal am Tag injiziert, um die Stoffwechselerfordernisse des Intermediärstoffwechsels im Nüchternzustand, zwischen den Mahlzeiten und in der Nacht abzudecken. Davon getrennt erfolgt die Blutglukose- und Kohlenhydrat-adaptierte Gabe von kurzwirkendem Insulin oder Insulinanaloga zu den Mahlzeiten und zur Korrektur erhöhter Blutzuckerwerte.

Diese Therapieform verlangt vom Patienten nicht nur ein erhebliches theoretisches Wissen, sondern auch die Fähigkeit, dieses Wissen praktisch im Alltag umzusetzen (6, 14).

5.5.3.1. Algorithmen der Insulinsubstitution

Wie bereits angeführt, orientiert sich die Insulinsubstitution des Diabetikers an der Insulinsekretion des Stoffwechselgesunden. Davon abgeleitete Regeln **(Algorithmen)** müssen an den jeweiligen Patienten adaptiert werden.

Die Schwierigkeiten bei der Umsetzung der intensivierten Insulintherapie ergeben sich aus der Tatsache, daß der beim Nichtdiabetiker dynamische Vorgang der Insulinsekretion beim Typ 1-Diabetiker von der starren Absorptionskinetik und Wirkdauer der injizierten Insuline determiniert wird. Modifikationen sind durch

- Dosisvariation des Insulins
- Änderungen des Spritz-Eß-Abstandes
- Kohlenhydratvariation und
- körperliche Aktivität

möglich.

Weiterhin ist zu bedenken, daß sich die Höhe des aktuellen Blutzuckerspiegels aus **retrospektiven Elementen** wie vorangegangenen Insulindosierungen, körperlicher Aktivität und aufgenommener Nahrung zusammensetzt, die **auch prospektiv** bei der aktuellen Insulindosierung bedacht werden müssen.

Diese Fähigkeit, abstrahieren und kalkulieren zu können, ist nicht jedem Menschen gegeben und macht für einige Patienten die Insulinberechnung schwierig. Dadurch wird der Kreis der Patienten, der für diese Therapieform in Frage kommt, eingeschränkt.

Die Wirkung von 1 E **Normalinsulin** ist in **Abhängigkeit von der Tageszeit** unterschiedlich. Pro **Broteinheit (BE)** ist in der Regel **morgens** der Bedarf **am höchsten**, **mittags** am **niedrigsten** und **abends höher als mittags**. Nicht nur zur Kohlenhydratverstoffwechslung wird Insulin benötigt, auch für **reine Eiweißmahlzeiten** muß eine geringe Menge an Insulin injiziert werden (☞ Tab. 5.2).

Prandialer Insulinbedarf	
morgens	ca. 1,0-3,0 IE/BE
mittags	ca. 0,5-1,5 IE/BE
abends	ca. 1,0-2,0 IE/BE
ausschließlich eiweißhaltige Mahlzeiten	ca. 0,3 IE/50 kcal (210kJ) Eiweiß

Tab. 5.2: *Unterschiedlicher prandialer Insulinbedarf zu verschiedenen Tageszeiten.*

Entsprechend der Absorptionskinetik von kurzwirkendem Iinsulin ist je nach Höhe des Blutzuckers ein **Spritz-Eß-Abstand von 0-30 Minu-**

ten vor der Mahlzeit einzuhalten, um eine optimale Harmonisierung des postprandialen Blutzuckeranstiegs und der steigenden Insulinkonzentration aus dem subkutanen Depot zu gewährleisten (☞ Tab. 5.3).

Spritz-Eß-Abstand
• *Normalinsulin*: 15-30 min (in Abhängigkeit von dem gemessenen Blutzuckerausgangswert) • *kurzwirkende Insulinanaloga*: 0-15 min (negativer Spritz-Eß-Abstand bei niedrigem Blutzuckerausgangswert, d.h. Injektion während oder nach der Mahlzeit)

Tab. 5.3: Spritz-Eß-Abstand.

Der Spritz-Eß-Abstand muß bei niedrigen präprandialen Blutzuckerkonzentrationen geringer, bei höheren präprandialen Blutzuckerkonzentrationen länger ausfallen, wenn an der Dosierung nichts geändert wird.

Blutzuckerschwankungen beim Diabetiker entstehen nicht nur durch die Ingestion von Kohlenhydraten, sie können durch Einflüsse des Berufs- und Alltaglebens, Stress, Lücken in der zeitlichen Insulinverfügbarkeit sowie in überschießender Insulinwirkung begründet sein. Das führt dazu, daß Normalinsulin nicht nur als prandiales Insulin zu den Mahlzeiten eingesetzt wird, es kann auch als **Korrekturinsulin** bei erhöhten Blutzuckerwerten vor und zwischen den Mahlzeiten erforderlich sein. Im Mittel kann davon ausgegangen werden, daß **eine Einheit Normalinsulin** den **Blutzucker um ca. 40 mg/dl (20-60 mg/dl) senkt.** Bei stark erhöhten Werten und z.B. ketotischer Stoffwechsellage ist dieser Wert sehr viel geringer, d. h. 1 E wird den Blutzucker nur um 0 -20 mg/dl senken.

Bei sehr kurzdauernden Blutglukosespitzen kann eine Korrektur mit Insulin die Blutglukoselabilität verstärken, speziell, wenn sie Folge einer vorangegangenen Hypoglykämie war.

Nachts ist die Insulinsensitivität erhöht, weshalb **Normalinsulininjektionen** zur Korrektur in den Abendstunden und während der Nacht besonders **zurückhaltend** gehandhabt werden müssen.

Nicht nur bei hohen Blutzuckerkonzentrationen muß der Patient adäquat reagieren, auch bei niedrigen Blutzuckerkonzentrationen ist ein sofortiges Handeln durch den Patienten erforderlich, um Hypoglykämien zu vermeiden. Die kontrollierte Aufnahme von Kohlenhydraten ist in der Situation sinkender Blutzuckerkonzentrationen bzw. in der Hypoglykämie erforderlich.

Bei ausgeglichener Stoffwechsellage **hebt eine Broteinheit** (**BE**) den Blutzuckerspiegel im Mittel um ca. **40 mg/dl** (20-60 mg/dl) an (☞ Tab. 5.4). Bei niedrigen Blutzuckerwerten, wenn z.B. der Blutzuckerspiegel noch im Sinken ist oder der Abfall gerade gestoppt wurde, resultiert aus einer BE nur ein geringerer Blutzuckeranstieg, während bei höheren und ansteigenden Blutzuckerwerten ein deutlich höherer Anstieg (60-80 mg/dl) erfolgen kann.

Korrekturfaktoren	
eine IE Normalinsulin senkt den Blutzucker um	ca. 20-60 (40) mg/dl (1,1-3,2 [2,2] mmol/l
eine BE hebt den Blutzucker um	ca. 20-60 (40) mg/dl (1,1-3,3 [2,2] mmol/l

Tab. 5.4: Korrekturfaktoren zur Beeinflussung der Blutzuckerkonzentration.

Die **präprandialen Blutzuckerkonzentrationen** werden vor allem durch das vorangegangene Basalinsulin und je nach angewendetem Schema auch durch Normalinsulin determiniert. Wirkungsüberlagerungen beider Insuline können zu Hypoglykämien zwischen den Mahlzeiten führen. Der angestrebte präprandiale Blutzuckerbereich sollte zwischen 80 und 120 mg/dl liegen.

Die **präprandiale Normalinsulin**-Substitution sollte so bemessen sein, daß die Blutzuckerspiegel 60 Minuten nach dem Essen unter 160 mg/dl und 120 Minuten nach der Mahlzeit unter 140 mg/dl liegen (☞ Tab. 5.5).

Blutglukosezielwerte		
präprandial		80-120 mg/dl (4,4-6,7 mmol/l)
postprandial	60 min	<160 mg/dl (<8,9 mmol/l)
	120 min	<140 mg/dl (<7,8 mmol/l)
vor dem Zubettgehen		110-130 mg/dl (6,1-7,2 mmol/l)

Tab. 5.5: Blutglukosezielwerte.

Die **Funktion des Basalinsulins** leitet sich aus der kontinuierlichen "basalen" Insulinsekretion des Stoffwechselgesunden zwischen den Mahlzeiten und während der Nacht ab, um Stoffwechselwege, Enzyme und das Zusammenspiel der stoffwechselaktiven Hormone so zu bahnen, daß sich eine ausgeglichene Intermediärstoffwechsellage ausbildet (☞ Tab. 5.6).

Basaler Insulinbedarf
• 0,3-0,5 IE/kg KG
• 0,7-1,0 IE/Std.

Tab. 5.6: Bedarf an Basalinsulin.

Die **notwendige Basalinsulindosis** wird darüber hinaus von der Resistenz- bzw. Sensitivitätslage der glukosesensiblen Organe (besonders Muskulatur und Leber) bestimmt. Diese werden durch die Stoffwechseleinstellung selbst, d. h. der Höhe der mittleren Blutglukosekonzentration (**Glukosetoxizität**), das **Körpergewicht,** die **körperliche Aktivität** sowie zusätzliche Faktoren, wie z.B. erhöhte **Serum-Triglyceridkonzentrationen**, beeinflußt.

Da die heute üblichen NPH-Insuline relativ kurz wirken und ein ausgeprägtes Wirkmaximum aufweisen, gelingt es nicht immer, mit einer zweimaligen NPH-Insulininjektion den Basisstoffwechsel entsprechend optimal einzustellen. Es ist dann erforderlich, **NPH-Insulin dreimal in niedrigerer Einzeldosierung zu injizieren**. Die niedrigere Einzeldosis hat den Vorteil, daß die Absorptionsschwankungen und Wirkmaxima geringer sind und sich daraus eine stabilere Stoffwechselbasis ergibt.

Besonders die **frühen Morgenstunden** können für die Basalinsulinwirkung und -verfügbarkeit problematisch sein, da aufgrund der circardianen Hormonrhythmik Wachstumshormon und Cortisol, aber auch die Katecholamine erhöht sind. Dies erhöht die Insulinresistenzlage (**Dawn-Phänomen**) und kann dazu führen, daß NPH-Insulin nicht mehr kräftig genug bis in die frühen Morgenstunden zwischen 4.00 und 7.00 Uhr wirkt. Um die daraus resultierenden, erhöhten Blutzuckernüchternwerte zu vermindern, wird das **NPH-Insulin abends als bed-time-Insulin (gegen 22.00) injiziert**. Eine Alternative zum NPH-Insulin als nächtliches Basalinsulin ist das etwas länger wirkende **Insulin Semilente**. Dieses Insulin sollte dann eingesetzt werden, wenn trotz Dosiserhöhung des nächtlichen NPH-Insulins keine ausreichend niedrigen Nüchternblutzuckerkonzentrationen erzielt werden und/ oder nächtliche Hpoglykämien überwiegend im Zeitraum zwischen 2.00 und 4.00 auftreten.

Ähnlich der erhöhten Resistenzlage in den frühen Morgenstunden (Dawn-Phänomen) findet sich am **späten Nachmittag** eine **Phase erhöhter Insulinresistenz**. Diese wird als **Dusk-Phänomen** bezeichnet.

> Die Effektivität der basalen Insulindosierung über den Tag läßt sich mit **Mahlzeiten-Auslaßversuchen** überprüfen. Solche Tests sollten nur bei ausgeglichener Stoffwechsellage, d. h., normalen Nüchtern- bzw. präprandialen Blutzuckerwerten durchgeführt werden.

Beim **Frühstückauslaßversuch** wird morgens nur die entsprechende Basalinsulinmenge injiziert und stündlich bis zum Mittagessen der Blutzucker überprüft.

Beim **Mittagessenauslaßversuch** wird die Mittagsmahlzeit weggelassen. Morgens wird die übliche Normal- und Basalinsulininjektion vor dem Frühstück injiziert und anschließend in ein- bis zweistündigen Abständen der Blutzucker bis zum Abendessen kontrolliert.

Je nach Blutzuckerverlauf wird die Dosis des Basalinsulins angepaßt bzw. mittags eine zusätzliche Basalinsulingabe eingeführt.

Bei Betrachtung der Gesamtinsulin-Tagesdosis hat sich als wichtige Richtschnur ausgeglichener Einstellung ein **Normalinsulin-/Basalinsulinverhältnis von etwa 50:50 %** bewährt.

Bei idealer Einstellung, d.h. idealer Insulin-Blutzucker-Relation mittels intensivierter Insulintherapie, kann der Patient eine nahezu "freie" Diät und "freie" Mahlzeitenfolge einhalten sowie eine diabetesunabhängige Gestaltung seines Tagesablaufs vornehmen.

Betont werden muß jedoch nochmals ausdrücklich die Notwendigkeit der Blutzuckerselbstkontrolle, auf welcher die Berechnung der Insulindosierung basiert. Je freier der Lebensstil, umso häufigere Blutzuckerselbstkontrollen sind erforderlich!

Ohne entsprechende Blutzuckerselbstmessung ist eine intensivierte Insulintherapie nicht möglich!

Leider sieht die Realität der Typ 1-Diabetikerbetreuung anders aus. Die o. a. Behandlungsziele und Stoffwechseleinstellungen erweisen sich bei vielen Patienten als unrealistisch, da viele Ärzte und Patienten mit dem differenzierten Umgang von Insulin nicht vertraut sind. In nur einem geringen Prozentsatz der Patienten werden die HbA1c-Konzentrationen bestimmt. Ein großer Teil der Typ 1-Diabetiker ist immer noch ungeschult.

5.5.3.2. Grundschemata der intensivierten Insulintherapie

Abb. 5.3. zeigt die unterschiedlichen Kombinationen von Normalinsulin bzw. kurzwirkenden Insulinanaloga und Basalinsulin im Rahmen der intensivierten Insulintherapie.

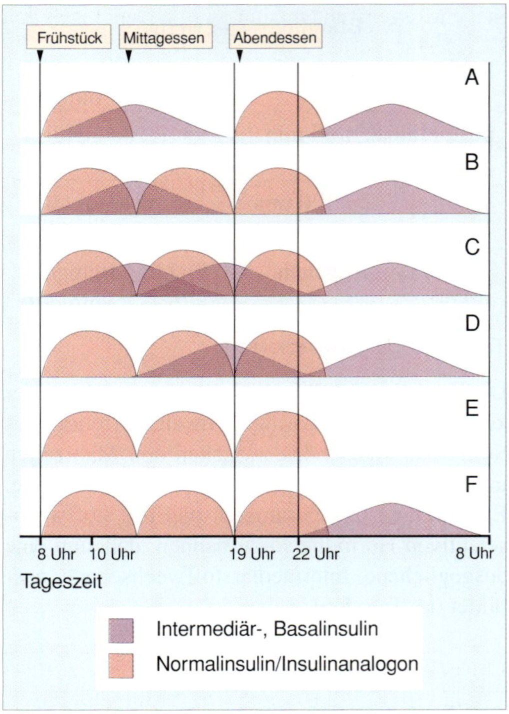

Abb. 5.3: Grundschemata der Insulinsubstitution bei intensivierter Insulintherapie.

Morgens: Normal- und Basal-Insulin, abends: Normal-Insulin, nachts: Basal-Insulin (N+B/-/N/B)

Bei diesem Insulinregime werden morgens Normal- und Basalinsulin vor dem Frühstück injiziert, abends Normalinsulin vor dem Abendessen und zur Nacht wiederum Basalinsulin. In der Regel gelingt es damit, den Blutzuckeranstieg nach dem Frühstück ausreichend abzudecken. Durch die Aufteilung der Abendspritze in die Injektion von Normalinsulin vor dem Abendessen und von Basalinsulin vor dem Zubettgehen werden im Vergleich zur zweimaligen Insulininjektion die Kohlenhydratverstoffwechselung des Abendessens und die bessere Insulinisierung der Nacht getrennt vorgenommen.

Das Erreichen niedriger Nüchternblutzuckerkonzentrationen kann aufgrund der Kinetik des NPH-Insulins schwierig sein, da bereits bei auch nur geringer Überdosierung des NPH-Insulins vor der Nacht Hypoglykämien zwischen 2 Uhr und 4 Uhr morgens auftreten können. Die **Umstellung** von **NPH-Insulin** auf **Insulin-Semilente**, das ein geringer ausgeprägtes Wirkmaximum hat und länger in die Morgenstunden hineinwirkt, bringt in vielen Fällen eine Verbesserung des Problems.

> Dieses Regime eignet sich besonders für Patienten bei **Umstellung von konventioneller Insulintherapie** mit zweimaliger Gabe eines Mischinsulins auf **intensivierte Insulintherapie**. Der Patient muß in der Umstellungsphase lernen, seine Normalinsulin-Algorithmen zum Frühstück und Abendessen anzuwenden sowie evtl. erforderliche Korrekturen der interprandialen Blutzuckerwerte vorzunehmen.

Ein **sensibler Zeitraum** dieses Regimes ist der **späte Vormittag**, da es zu Wirküberschneidungen des abklingenden Normal- und des ansteigenden Basalinsulins mit der Folge von Hypoglykämien kommen kann. In der Regel erfordert die morggendliche Normalinsulingabe auch die Einnahme eines zweiten Frühstücks.

Oft gelingt es nur auf Kosten einer hohen morgendlichen Basalinsulingabe, das Mittagessen und die Nachmittagsmahlzeit abzudecken. Dann ist die Aufteilung der morgendlichen Basalinjektion in eine morgendliche und eine mittägliche NPH-Injektion erforderlich.

Morgens: Normal- und Basal-Insulin, mittags: Normal-Insulin, abends: Normal-Insulin, nachts: Basal-Insulin (N+B/N/N/B)

Dieses Regime ist eine Erweiterung des vorangegangenen Insulinregimes, wobei eine zusätzliche Normalinsulingabe vor dem Mittagessen hinzukommt. Dadurch werden alle Hauptmahlzeiten mit Normalinsulin abgedeckt. Bei Patienten, die körperlich schwer arbeiten und sowohl kohlenhydratreiche als auch kalorienreiche Mahlzeiten zu sich nehmen, ergibt sich häufig die Notwendigkeit dieer zusätzlichen Normalinsulingabe, da das Mittagessen aufgrund der erforderlichen Menge nicht allein mit dem Basalinsulin abgedeckt werden kann.

Diese Insulinverteilung eignet sich besonders für erstmanifestierte Typ 1-Diabetiker, welche darin den Zusammenhang zwischen Nahrungsaufnahme und Normal-Insulinbedarf und auch die Notwendigkeit der basalen Insulinsubstitution gut nachvollziehen können.

Morgens: Normal- und Basal-Insulin, mittags: Normal- und Basal-Insulin, abends : Normal-Insulin, nachts: Basal-Insulin (N+B/N+B/N/B)

Diese Insulinfolge unterscheidet sich von der vorangegangenen durch die mittägliche Kombination aus Normal- und Basalinsulininjektion. Wichtig ist es bei diesem Regime, die Basalinsulindosierungen möglichst niedrig zu halten, um Überlappungen mit den Normalinsulininjektionen und dadurch Hypoglykämien zu vermeiden. Auch die Normalinsulindosierungen müssen aus diesem Grunde vorsichtig gehandhabt werden. Wenn das **Abendessen relativ spät am Tag eingenommen wird** und das mittägliche Basalinsulin nicht ausreichend lang in den Abend wirkt, kann die mittägliche **Basalinsulingabe in den Nachmittag verschoben werden**.

> Das Regime erfordert vom Patienten eine umfangreiche Schulung, die ihn befähigt, die Wirkungen der jeweiligen Insulininjektionen hinsichtlich Dauer und maximaler Wirkung voneinander differenzieren zu können, damit es nicht zu unvorhergesehener Addition von Insulinwirkungen und daraus resultierenden Hypoglykämien kommt.

Es eignet sich vor allem für **Patienten mit sehr unregelmäßigem Tagesablauf,** sowohl, was die Möglichkeit der Mahlzeitenaufnahme, Verschiebung und das Weglassen von Mahlzeiten, aber auch von Insulingaben anbelangt. Bei stimmiger Basalinsulinwirkung kann der Patient differenziert zu jedem Zeitpunkt auf die jeweiligen Erfordernisse reagieren.

Morgens: Normal-Insulin mittags: Normal- und Basal-Insulin, abends : Normal-Insulin, nachts: Basal-Insulin (N/N+B/N/B)

Für Patienten, welche nur ein kleines Frühstück einnehmen wollen bzw. Probleme mit vormittäglichen Hypoglykämien haben und ein zweites Frühstück aus Zeitgründen nicht einnehmen können, bietet es sich an, die morgendliche Basalinjektion auf den Mittag zu verschieben und den Vormittag nur mit dem morgendlichen Normalinsulin bzw. dem ausklingenden nächtlichen Basalinsulin des Vortages abzudecken.

	kurzwirksame Insulinanaloga	Normalinsulin
Wirkeintritt	15 min	ca. 30-45 min
Wirkmaximum	1-1,5 Std.	nach 2-3 Std.
Wirkdauer	ca. 2-4 Std.	ca. 4-6 Std.
Spritz-Eß-Abstand	In der Regel nein. Bei niedrigen präprandialen Blutglukosewerten Injektion erst nach dem Essen erforderlich	in der Regel 15-30 min vor der Mahlzeit
Zwischenmahlzeit	In der Regel nicht erforderlich. Separat berechnen und spritzen, falls sie nach der vorangegangenen Insulinanalogon-Injektion eingenommen wird	in der Regel wegen der längeren Wirkdauer von Normalinsulin erforderlich
Blutzuckerkorrektur	bereits nach 2-3 Std. möglich	nach 3-4 Std. möglich
Mischen mit NPH-Insulin	nein	ja

Tab. 5.7: Unterschiedliche Eigenschaften kurzwirksamer Insulinanaloga und Normalinsulin.

- **Morgens: Normal-Insulin, mittags: Normal-Insulin, abends: Normal-Insulin (N/N/N/-)**

Diese Insulinverteilung ist darauf abgestellt, die Blutzuckeranstiege nach den Hauptmahlzeiten am Tag zu kompensieren. Es kann eine Übergangslösung zur Vollinsulinisierung bei Patienten in der **Frühphase eines Diabetes Typ 1** sein, wenn die diabetische Stoffwechsellage bereits zu einem sehr frühen Zeitpunkt diagnostiziert wurde und der Patient bei nur mäßig erhöhten postprandialen Blutzuckerkonzentrationen noch eine ausreichende endogene basale Insulinsekretion und regelrechte morgendliche Nüchternblutzuckerkonzentrationen aufweist. Auch bei Patienten mit spätmanifestiertem Typ 1-Diabetes bzw. LADA-Diabetes kann diese Behandlungsform eine Übergangslösung bis zur Vollinsulinisierung sein.

- **Morgens: Normal-Insulin, Mittags: Normal-Insulin, abends: Normal-Insulin, nachts: Basal-Insulin (N/N/N/B)**

Bei diesem Regime werden die Hauptmahlzeiten über den Tag durch präprandiale Insulingaben kompensiert. Für die Nacht wird der basale Insulinbedarf mit bed-time-Basalinsulin abgedeckt.

Der basale Insulinbedarf während des Tages wird durch die Normalinsulingabe mit abgedeckt. Um eine ausreichend lange Wirkung der einzelnen Insulindosierungen über 4-6 Stunden zu gewährleisten, sind die Einzeldosierungen an Normalinsulin in der Regel relativ hoch (> 6-10 IE).

Diese Insulinsequenz wird häufig in den Mittelmeerländern angewendet und ist mit den dort üblichen Lebensgewohnheiten und der dort üblichen kohlenhydratreichen Kost sehr gut kompatibel.

5.5.4. Die Anwendung von kurzwirkenden Insulinanaloga

Auf die unterschiedlichen pharmakokinetischen Eigenschaften der **Insulinanaloga** Insulin Lispro und Insulin Aspart wurde bereits eingegangen. Bei ihrer Anwendung im Rahmen der intensivierten Insulintherapie ist zu bedenken, daß die Tatsache der **kürzeren Wirkdauer** mit weniger Hypoglykämieneigung am späten Vormittag einhergeht. Dies resultiert aus dem Vorteil der geringeren Überschneidungsrate mit dem morgendlich injizierten Basalinsulin.

Ein **Nachteil** der kürzeren Wirkdauer ist, daß **bei Zwischenmahlzeiten eine zusätzliche Insulininjektion** erforderlich werden kann, wenn die Zwischenmahlzeit - zeitlich gesehen - zu weit von der vorangegangenen Hauptmahlzeit liegt, oder einen hohen Kohlenhydrat- und Kaloriengehalt aufweist.

Aufgrund der kürzeren Wirkdauer kann **bei erhöhten Blutzuckerkonzentrationen früher nachkorrigiert werden** (☞ Tab. 5.6) (13).

Die Anwendung der kurzwirkenden Insulinanaloga kann analog den bei der intensivierten Insulintherapie beschriebenen Normalinsulinanwendungen erfolgen. Bei allen Therapieschemata ist aber sehr sorgfältig auf eine ausgeglichene Basalinsulinsubstitution zu achten. In Langzeitstudien hat sich bei Patienten, die von Normalinsulin auf kurzwirkende Insulinanaloga umgestellt wurden, eine deutlich **geringere Hypoglykämierate** sowohl während des Tages als auch in der Nacht gezeigt. Für den Patienten sind die kurzwirkenden Insulinanaloga besser kalkulierbar und aufgrund des entfallenen oder verkürzten Spritz-Eß-Abstandes besser in den privaten und beruflichen Alltag zu integrieren.

Bei ausgeglichenen präprandialen Blutzuckerkonzentrationen entfällt der Spritz-Eß-Abstand, bei erhöhten präprandialen Blutzuckerwerten sollte je nach Ausgangswert 10-20 Minuten mit der Mahlzeit gewartet werden. Bezüglich des Spritz-Eß-Abstandes ist festzustellen, daß bei **niedrigen präprandialen Ausgangswerten** kurzwirkende Insulinanaloga **während oder nach der Mahlzeit** injiziert werden müssen, da es sonst - aufgrund ihres schnellen Wirkeinsatzes - zu Hypoglykämien während oder unmittelbar nach dem Essen kommen kann.

Die Injektion nach der Mahlzeit kann bei sehr fettreicher Nahrungsaufnahme bzw. bei Patienten mit verzögerter Magenentleerung erforderlich sein. Allerdings ist bei dieser Patientengruppe die Indikation für kurzwirkende Analoga mit Zurückhaltung zu stellen.

Zu bedenken ist weiterhin, daß kurzwirkende Insulinanaloga im Vergleich zu Normalinsulin weniger zur basalen Insulinbereitstellung beitragen. Bei Umstellung auf kurzwirkende Insulinanaloga ist es daher notwendig, die Anzahl der Basalinsulininjektionen zu kontrollieren und evtl. zu erhöhen. Meist sind **drei Basalinsulingaben** (morgens, mittags/nachmittags, zur Nacht) erforderlich.

Die Vorzüge der Therapie und die Verbesserung der Stoffwechseleinstellung durch kurzwirkenden Insulinanaloga hängen ganz entscheident von der Qualität der Basalinsulinverabreichung ab.

Unterschiede im Vergleich zu Normalinsulin bei der hormonellen Gegenregulation oder bei der Hypoglykämiewahrnehmung sind bis jetzt nicht bekannt geworden.

Bei **Umstellung von Normalinsulin auf kurzwirkende Insulinanaloga** sollte, obwohl die Wirkstärke beider Insuline bei gleicher Dosis gleich ist, während der ersten Tage die **Dosierung der kurzwirkenden Insulinanaloga um ca. 10 % reduziert** werden. Durch engmaschige Blutzuckermessungen, vor allem auch postprandial, sollte der Patient die unterschiedliche Wirkcharakteristik des neuen Insulins in Bezug auf Spritz-Eß-Abstand, Wirkmaximum und Wirkdauer sowie Korrektureigenschaften erlernen.

5.5.5. Insulinpumpentherapie

Bei einer Reihe von Patienten gelingt es trotz mehrfacher Insulinapplikation im Rahmen der intensivierten Insulintherapie nicht, stabile Stoffwechselverhältnisse herzustellen. In diesen Fällen kann die kontinuierliche, subkutane Insulininfusion mittels Insulinpumpenbehandlung eine Verbesserung herbeiführen.

Der **Vorteil** der Insulinpumpentherapie liegt in der Möglichkeit die Basalrate, wenn nötig, **stündlich bis mehrstündig unterschiedlich zu dimensionieren,** so daß sich ein individuelles **Basalratenprofil** ergibt, was mit konventionellen NPH oder Lente-Insulinen nicht möglich ist. Auf der Basis dieser basalen Insulinversorgung sind dann die präprandialen Insulinmengen abrufbar. Dies erleichtert den Pumpenträgern Mahlzeiten zu verschieben oder auszulassen. Die Insulinpumpentherapie kann eine Alternative für Patienten mit stark schwankender Stoffwechsellage bzw. häufigen Hypoglykämien und für schwangere Patientinnen sein. Auch unregelmäßige Essenszeiten und Schichtarbeit sind häufig Anlaß, auf eine Insulinpumpentherapie umzustellen.

Dem Patienten muß vor Umstellung auf eine Insulinpumpentherapie klargemacht werden, daß sich an der **Anzahl der erforderlichen Blutzuckerselbstkontrollen** im Vergleich zur intensivierter Insulintherapie **nichts ändert**, daß diese sogar eher häufiger erforderlich sein können. Weiterhin entfällt auch nicht die jeweilige präprandiale Dosisfestlegung durch den Patienten.

Patienten, die auf eine Insulinpumpe eingestellt werden wollen, sollten vorher mindestens 3-6 Monate eine **intensivierte Insulintherapie mit Dosisanpassung** durchgeführt haben. Erst wenn sich diese Therapieform als unbefriedigend erwiesen hat, sollte die Pumpenbehandlung in Erwägung gezogen werden.

Es gibt Hinweise, daß **Insulin Lispro** deutliche **Vorteile als Pumpeninsulin** gegenüber Normalinsulin bietet. Auch als Pumpeninsulin kommt die schneller einsetzende Wirkung vorteilhaft zum Tragen. Als Nachteil hat sich gezeigt, daß es bei einem Pumpendefekt schneller zur Entwicklung von Hyperglykämie und Azidose kommt.

Insulinpumpenträger müssen **psychische Stabilität** aufweisen und ein hohes Maß an **Verantwortungsbewußtsein**, besonders auch in Hinblick auch auf die notwendigen Selbstkontrollen, besitzen. Von Vorteil ist es, wenn sie nicht allein, sondern in einer Familie oder Partnerschaft leben.

Insulinpumpen sollten nur von Diabeteszentren ausgehändigt werden, die eine 24- Stunden-Ansprechbarkeit für den Patienten gewährleisten können, sowie Erfahrung in der Schulung und Betreuung von Insulinpumpenträgern aufweisen.

5.5.6. Konventionelle Insulintherapie - Grundschemata

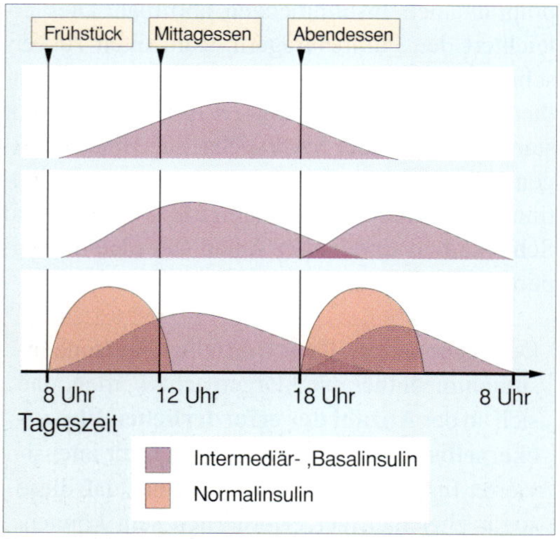

Abb. 5.4: Grundschema der Insulinsubstitution bei konventioneller Insulintherapie.

Diese Therapieform besteht aus einer **zweimaligen, selten einmaligen Insulininjektion** pro Tag. Sie kommt für Patienten in Frage, bei denen eine intensivierte Insulintherapie nicht indiziert ist, oder diese nicht durchführen können oder wollen.

Patienten mit Typ 1-Diabetes, die unter dieser Therapieform eine gute Stoffwechseleinstellung erzielen, müssen auch bei langjähriger Anwendung deshalb nicht auf die sonst bei Typ 1-Diabetes "obligate" intensivierte Insulintherapie umgestellt werden.

Bei der (ein- bzw.) zweimaligen Insulingabe gibt die Absorptionskinetik der Insulinart, in der Regel ein Mischinsulin oder NPH-Insulin, die tageszeitliche Verteilung der erforderlichen Mahlzeiten und entsprechenden Kohlenhydratmengen vor. Der **Tagesablauf** ist somit **starr** und **weitgehend von der Absorptionskinetik und dem Wirkprofil des Insulins bestimmt**. Dies erfordert von dem Patienten ein **hohes Maß an Disziplin**.

Zweimalige Insulingabe eines Misch-, bzw. Intermediärinsulins

Die zweimalige Insulingabe findet morgens vor dem Frühstück und abends vor dem Abendessen statt.

In der Regel wird morgens wegen der hormonell bedingten Insulinresistenz der höhere Anteil der Gesamtinsulintagesdosis benötigt. Das **Verhältnis der Insulinmenge morgens zu abends** beträgt bei stoffwechselstabilen Patienten etwa **2/3 zu 1/3.**

Entsprechend den Ernährungsgewohnheiten und der Insulinresistenzlage können die **Mischungsverhältnisse** zwischen Normal- und Basalinsulin, z.B. mittels unterschiedlicher Mischinsuline, angepaßt werden.

Bei zu hohem Normalinsulinanteil in der Morgenspritze besteht die Gefahr von **vormittäglichen Hypoglykämien**, besonders dann, wenn der Patient zusätzlich körperlich aktiv ist. Dem zweiten Frühstück kommt in diesem Falle eine besondere Bedeutung zu.

Die **Steuerungsmöglichkeiten** auf unterschiedliche Blutzuckertageswerte im Rahmen der konventionellen Insulintherapie sind gering. Sie setzen Blutzuckerselbstkontrolle voraus und bestehen in der **Veränderung des Spritz-Eß-Abstandes** oder dem individuellen **freien Mischen von Normal-**

und Basalinsulinanteil in der Morgen-, bzw. Abendspritze sowie der Variation der Kohlenhydratmenge.

Wie bereits ausgeführt, setzt dies jedoch

- Blutzuckerselbstkontrollen
- die manuelle Fähigkeit
  - Normal- und Basalinsulin individuell zu mischen oder
  - mit zwei verschiedenen Pens bzw. Spritzen zu injizieren

  sowie
- eine intensive Schulung der Patienten

voraus. Ist der Patient in der Lage, Blutzuckerselbstkontrollen durchzuführen, so kann er zusätzlich zur **Korrektur erhöhter Werte** geringe Mengen Normalinsulin nach einem **vorgegebenen Schema** zwischen oder zu den Mahlzeiten injizieren.

> Solche **Schemata**, bei denen bestimmten Blutzuckerbereichen definierte Insulinmengen zugeordnet werden, sind **nicht ungefährlich**, da die zusätzlich zu injizierende Insulinmenge nicht nur als Korrekturinsulin, sondern auch im prospektiven Tagesablauf gesehen werden muß.

Bei hochbetagten und pflegebedürftigen Patienten in Alten- und Pflegeheimen, bei Patienten die von Drittpersonen betreut werden und bei Patienten mit kognitiven und intellektuellen Einschränkungen durch Alter, Krankheit oder Behinderung wird man höhere Blutzuckermittelwerte im Tagesverlauf in Kauf nehmen müssen, um durch eine zu straffe Stoffwechseleinstellung gefährliche Hypoglykämien zu vermeiden.

5.6. Welcher Patient eignet sich für welche Therapieform?

Grundsätzlich gilt, daß für jeden Patienten und jede Therapieform Schulungen und Selbstkontrolle für ein Gelingen der Therapie Voraussetzung sind. Bei der **intensivierten Insulintherapie** mit Dosisanpassung muß der Patient in der Lage sein, die aktuelle Insulindosis für die anstehende Mahlzeit im Verhältnis zu dem Kohlenhydratanteil und der Kalorienmenge zu berechnen und für den weiteren Tagesablauf Wirkdauer und Wirkmaxima der angewandten Insuline harmonisch in Einklang zu bringen. Er sollte auch ein Gespür dafür entwickeln, mit unvorhergesehenen Situationen, die eine Änderung der Insulindosis verlangen, wie z.B. beruflichen und privaten Belastungen oder körperlicher Aktivität, umgehen zu können.

Dies gilt z.B. auch für Patienten, die in **Wechselschichten** arbeiten.

Patienten, die Schwierigkeiten mit der Dosisberechnung haben und/oder die Zusammenhänge zwischen Insulinwirkung und Kohlenhydratmengen nicht verstehen oder nicht compliant sind, sollten aus Gründen der Selbstgefährdung mit einfacheren Insulinsubstitutionsverfahren therapiert werden, z.B. unter zu Hilfenahme von Dosisanpassungsschemata.

Unabhängig von der Therapieform ist es wichtig, daß jeder Patient an ein Diabetesteam angebunden ist mit dem Ziel der kontinuierlichen guten Betreuung und optimalen Langzeiteinstellung.

Auf die von den europäischen Diabetesgesellschaften geforderten metabolischen Zielkriterien für Typ 1-Diabetiker wurde bereits eingegangen. Die Begründungen für diese Zielkriterien ergeben sich aus der DCCT-Studie. Allgemein gilt, daß die Einstellung umso "besser" sein sollte, je jünger ein Patient ist.

Die **Insulintherapie des diabetischen Kindes** gestaltet sich aufgrund schwieriger Tagesplanung, hoher Alltagsspontanität, der schwierigeren psychologischen Situation und der erforderlichen Einbeziehung der Eltern oder zumindest eines Elternteils komplizierter. Das Etablieren einer intensivierten Insulintherapie wird nicht immer in vollem Maße möglich sein, auch, weil sich permanent das Problem der "Selbstverletzung" durch Blutzuckerselbstkontrolle und Insulininjektion stellt.

Ähnliches gilt auch für den **alt gewordenen Typ 1-Diabetiker** mit limitierter Lebenserwartung, der sich aus Gründen altersbedingter körperlicher und geistiger Einschränkungen nur noch vermindert selbst um seinen Diabetes kümmern kann. Besonders bei Abhängigkeit von Drittpersonen kann es erforderlich sein, auf konventionelle Therapie umzustellen, wobei dann ein höheres Blutzuckerniveau in Kauf genommen werden muß.

5.7. Ursachen erhöhter Blutzucker- und HbA1c-Werte

Der **Hauptursachen** einer unbefriedigenden **Stoffwechsellage** sind:

- mangelnde Schulung/**mangelndes Wissen**
- zu **seltene Blutzuckerselbstkontrolle**n
- **Fehler bei der Insulininjektio**n (z.B. Injektion in lipatrophische bzw. lipohypertrophische Bezirke)
- **Unfähigkeit, Algorithmen anzuwenden**
- **unzureichende Diätkenntnisse**
- **fehlende Motivation**
- zusätzliche Erkrankungen und andere **Streßfaktoren** (z.B. Infektionen, Familie, Beruf)

Bei unzureichender Stoffwechseleinstellung ist es wichtig, sich einen Überblick über die mittlere Höhe der Tagesblutzuckerwerte zu verschaffen. Dies geschieht durch prä- und postprandiale Blutzuckermessungen sowie ein bis zwei nächtliche Blutzuckerkontrollen. Dann sollte nach "**systematischen Fehlern"**, wie z.B. dem Auftreten von Hypo- oder Hyperglykämien, immer zum gleichen Tageszeitpunkt, gesucht werden.

Zu hohe Blutzuckerkonzentrationen (Glukosetoxizität) führen zu Insulinresistenz. Bei jüngeren Patienten kann sich eine **mentale Abwehrhaltung** gegenüber der Erkrankung ("Warum gerade ich?", "Null Bock" auf Diabetes) hinzuaddieren. Jugendliche Patienten belastet das "Anderssein" gegenüber gleichaltrigen Freunden und die sich daraus ergebenden Restriktionen besonders. Insulininjektionen werden "nach Gefühl" ohne Blutzuckerkontrolle durchgeführt. In dieser Lebensphase ist eine besonders intensive und einfühlsame Betreuung erforderlich.

5.7.1. Zu hohe/zu niedrige Nüchternblutzuckerkonzentrationen

Die Höhe der Nüchternblutzuckerkonzentration resultiert aus der Höhe der abendlichen bzw. nächtlichen Insulingabe, der Menge der Nahrungsaufnahme während dieses Zeitraums und der individuellen Ausbildung des Dawn-Phänomens.

Zu hohe Blutzuckerwerte sind in der Regel durch **nicht mehr ausreichende Insulinkonzentration und -wirkung** in den Morgenstunden bedingt. Die Dosiserhöhung vor dem Abendessen bzw. vor der Nacht als Ausgleich ist, bei Verwendung von NPH-Insulin, wegen der Gefahr nächtlicher Hypoglykämien nur begrenzt möglich. Von einem sog. NPH-Versagen spricht man, wenn die Differenz zwischen den Blutzuckerwerten um 2.00 nachts und vor dem Frühstück größer ist als 50 mg/dl (2,8 mmol/l). Die Umstellung von NPH-Insulin auf Insulin Semilente® bzw. Lente-Insulin kann eine Verbesserung bringen. Wichtig ist es, die Dosis von Semilente im Vergleich zur NPH-Dosis zunächst um ca. 20 % zu reduzieren, um Hypoglykämien zu vermeiden.

In seltenen Fällen kann bei zu hoher abendlicher/nächtlicher Basalinsulinmenge eine nicht erkannte Hypoglykämie vorliegen (meistens in der Zeit zwischen 2.00 und 4.00 Uhr) und dann den reaktiv erhöhten hyperglykämischen Wert morgens im Rahmen der hormonellen Gegenregulation bedingen. Die Therapie der Wahl in diesem Fall wäre die Reduktion der Insulinmenge vor der Nacht.

Differentialdiagnostisch muß als Ursache erhöhter Nüchternblutzuckerwerte auch an die Möglichkeit einer **Magenentleerungsstörung** im Rahmen einer Gastroparese bei autonomer Neuropathie gedacht werden. Die zum Abendessen aufgenommenen Kohlenhydrate werden dann über die Nacht mit Verzögerung resorbiert, wodurch ein erhöhter Nüchternwert resultiert. In dieser Situation kann die Gabe eines **Prokinetikums** (Metoclopramid) hilfreich sein.

Diese unterschiedlichen Ursachen unterstreichen die Bedeutung der zumindest gelegentlich notwendigen nächtlichen Blutzuckerselbstkontrolle.

Zu niedrige Blutzuckerwerte morgens nüchtern sind in der Regel Ausdruck einer **zu hohen Basalinsulindosierung vor der Nacht**. Weiterhin können eine **vergessene Spätmahlzeit** oder die **verstärkte körperliche Aktivität am Vortag** zu niedrigen Blutzuckerwerten am nächsten Morgen führen. Nach sportlichen Aktivitäten sollte deshalb auch an die Verminderung der Insulindosis vor der Nacht gedacht werden.

5.7.2. Zu hohe Blutzuckerwerte nach dem Frühstück

Die **pp-Werte nach dem Frühstück** werden vom Nüchternblutzuckerausgangswert, der präprandialen Dosis des kurzwirkenden Insulins, der Insulinfreisetzungskinetik, Art und Menge des aufgenommenen Frühstücks und der Magenentleerungsgeschwindigkeit bestimmt.

Bei zu hohen postprandialen Blutzuckerwerten kann, falls an der Zusammensetzung des Frühstücks nichts geändert werden soll, der präprandiale Spritz-Eß-Abstand verlängert und/oder eine Erhöhung des Normalinsulinanteils (Einheiten pro BE) vorgenommen werden. Hilfreich kann auch die **Umstellung von Normalinsulin auf schneller und kurz wirkende Insulin-Analoga** sein.

Bei **schwangeren Patientinnen** ist die Vermeidung von erhöhten pp-Blutzuckerwerten besonders wichtig. Hier hat sich die **Aufteilung der Normalinsulininjektion** vor der jeweiligen Mahlzeit in eine erste Injektion, die etwa 50 % der Normalinsulindosis ausmachen sollte, ca. 90-60 Minuten vor dem Frühstück, und in eine zweite Normalinsulininjektion mit der restlichen Menge an Normalinsulin ca. 30 Minuten, bzw. unmittelbar vor dem Frühstück, bewährt. Die vorgezogenen Injektionszeiten sowie die Mengenverteilung, wie auch die Kohlenhydratverteilung zwischen erstem und zweiten Frühstück, müssen individuell angepasst werden.

5.7.3. Hypoglykämien am Vormittag

Besondere Hypoglykämieneigung besteht am **späten Vormittag bei morgendlicher Injektion von Normal- und Basalinsulin,** da es hier zur **Überlappung der nachlassenden Wirkung des Normalinsulins** mit der **ansteigenden Konzentration und Wirkung des Basalinsulins** kommt. Kritisch kann das besonders bei unvorhergesehener körperlicher Aktivität oder Ausfall des zweiten Frühstücks sein. Wenn die zusätzliche Kohlenhydrataufnahmen nicht gewünscht wird, ist die Normalinsulingabe morgens zu vermindern oder von Normalinsulin auf Insulin-Analoga umzustellen.

Eine weitere Möglichkeit wäre, **die morgendliche Basalinsulingabe vor die Mittagsmahlzeit zu verschieben (N/N+B/N/B)**. Diese Variante hat den Vorteil, daß am Vormittag nur noch der ausklingende Anteil des nächtlichen Basalinsulins und das morgendliche Normalinsulin wirksam sind, das vor dem Mittagessen injizierte Basalinsulin länger in den Nachmittag wirkt und daraus bessere Abendwerte resultieren.

Außerdem ist hier die Möglichkeit gegeben, das **erste Frühstück gering zu halten**, wie sich dies, auf Grund des modernen Arbeitsstils, immer mehr durchsetzt.

Umgekehrt können bei zu hohen Werten am späten Vormittag das zweite Frühstück vermindert und/oder die morgendliche Normalinsulinmenge erhöht werden.

5.7.4. Bedeutung der Mittagswerte

Die **Mittagswerte** werden in der Regel von der Höhe des morgendlichen Normal- und Basalinsulins bestimmt. Die Verstoffwechselung der Mittagsmahlzeit geschieht durch Anpassung der präprandialen Normalinsulinmenge, wobei zu bedenken ist, daß die Mittagszeit auch in die Hauptwirkzeit des morgendlich applizierten Basalinsulins fällt.

Patienten unter konventioneller Insulintherapie decken das Mittagessen mit der morgendlichen Basalinsulingabe ab.

Bei diesen Patienten ist zu beachten, daß Veränderungen der Mischinsulindosis morgens immer auch zu Lasten des Normalinsulinanteils gehen, die dann bei der Bemessung des Frühstücks und während des Vormittags bedacht werden müssen.

5.7.5. Der abendliche und nächtliche Blutzucker

Problematisch kann der Zeitraum am **Nachmittag** bzw. am **späten Nachmittag und frühen Abend** sein, besonders dann, wenn das Abendessen relativ spät stattfindet. Häufig reichen die morgendliche Basalinsulinmenge und/oder die mittägliche Normalinsulingabe nicht aus, um eine ausreichende Beeinflussung der Blutzuckerkonzentration bis in den späten Nachmittag und Abend (19.00 bis 22.00) zu erzielen. Es ist dann die zusätzliche Einführung einer dritten Basalinsulininjektion vor dem Mittagessen oder vor der Nachmittagsmahlzeit zu erwägen. In der Regel ist dazu eine geringe Menge (3-6 Einheiten) ausreichend. Bei zu hoher Dosierung werden nicht nur die Blutzuckerkonzentrationen vor dem Abendessen, sondern auch vor der Nacht verändert, was dann wiederum mit der Dimensionierung des nächtlichen Basalinsulins interferiert.

Die **Normalinsulinmenge vor dem Abendessen** soll nicht nur den Kohlenhydratanteil abdecken, sondern auch den Zeitraum nach dem Abendessen, bis die Wirkung des Bed-time(22.00)-Verzögerungsinsulins einsetzt

Der 22.00-Nachtwert ist als Einstiegswert in die Nacht besonders für Kinder und Jugendliche sowie alleinstehende Typ 1-Diabetiker von großer Bedeutung. **Zu diesem Zeitpunkt sollten Blutzuckerwerte zwischen 100 und 130 mg/dl angestrebt werden**, um nicht mit einem zu tiefen Ausgangswert in die Nacht zu gehen. Bei niedrigeren Blutzuckerwerten muß vor der Nacht entweder eine zusätzliche Kohlenhydrataufnahme erfolgen oder die Dosis des nächtlichen Basalinsulins verändert werden, was dann wiederum eine kürzere Wirkdauer mit Insulindefizit in den frühen Morgenstunden nach sich ziehen kann.

Vorsicht ist bei zu hohen 22.00 Uhr Werten **mit zusätzlicher Korrektur durch Normalinsulin** geboten. Falls überhaupt, sollte der Patient hier sehr vorsichtig in der Dosiswahl sein, da wegen der gesteigerten nächtlichen Insulinempfindlichkeit leicht Hypoglykämien induziert werden können.

5.7.6. Exogene und endogene Beeinflussung der Insulinwirkung und der Stoffwechseleinstellung

Massage der Injektionsstelle führt zu Beschleunigung der Insulinresorption. Das Gleiche gilt für **Temperaturerhöhungen,** z.B. in der Sauna oder bei direkter Sonnenbestrahlung.

Körperliche Aktivität kann die Insulinfreisetzung- und wirkung beschleunigen bzw. verstärken und bei fehlender zusätzlicher Kohlenhydrataufnahme zu Unterzuckerungen führen.

Kurzfristige und kurzdauernde körperliche Aktivitäten lassen sich am besten mit einigen **"Sport BE's"** ausgleichen, bzw. durch **Reduktion der vorangegangenen Insulindosierung** beeinflussen.

Auch nach **Beendigung der köperlichen Aktivität** ist Vorsicht geboten, die Insulinsensitivität ist noch erhöht. Es kann notwendig sein, die **Abend-, bzw. Nachtdosis zu reduzieren**, um Hypoglykämien zu vermeiden.

Länger dauernde sportliche Aktivitäten, wie z.B. während eines Skiurlaubs, können die Reduktion der Insulin-Tages-Dosis um 30-50 % erforderlich machen, da die Insulinempfindlichkeit durch die körperliche Daueraktivität erhöht wird, der Glukoseverbrauch gesteigert ist und somit der Insulinbedarf sinkt.

Bei schlecht eingestellter Stoffwechsellage mit erhöhten Blutzuckerwerten (Blutzuckerkonzentrationen über 250 mg/dl) kann körperliche Aktivität, insbesondere bei Aceton-positivem Urinbefund (vorher kontrollieren!) allerdings auch zu einer weiteren Erhöhung des Blutzuckers und zur Ketonkörperbildung führen.

Bei Frauen können **zyklusabhängige Hormonschwankungen** die **Insulinwirkung und den Insulinbedarf** beeinflußen. So besteht prämenstruell häufig ein höherer Insulinbedarf als in der ersten Zyklushälfte. Ähnliches gilt für die Veränderungen der Insulindosis während der **Schwangerschaft**, die in der Frühschwangerschaft eher reduziert werden muß und gegen Ende der Schwangerschaft erheblich zunehmen kann. Post partum sinkt der Insulinbedarf wieder schnell und deutlich ab.

Bei **im Tagesverlauf ständig zu hoher Blutzuckerstoffwechsellage** kann eine bestehende Insulinresistenz und verminderte Insulinwirkung am besten durchbrochen werden, wenn ein ausgewogenes Verhältnis zwischen Normal- und Basalinsulin hergestellt wird (mindestens 50 %:50 %). In der Regel geht dies mit einer **Erhöhung des Normalinsulinanteils** und der **Normalinsulininjektionsfrequenz** vor jeder Mahlzeit einher.

Bei Patienten, die auf konventionelle Insulintherapie mit einer festen Insulinmischung eingestellt sind, ist der nächste erforderliche Schritt die individuelle Mischung von Basal- und Normalinsulin morgens und das Aufteilen der Abendspritze in die Normalinsulininjektion vor dem Abendessen und die Basalinsulininjektion vor der Nacht.

Häufig ist eine Anpassung der Gesamtinsulindosis erforderlich. Dies kann sowohl Erhöhung als auch Verminderung bedeuten.

5.8. Hypoglykämie - Hauptnebenwirkung der Insulintherapie

Als **Hypoglykämien sind Blutzuckerkonzentrationen unter 50 mg/dl** definiert. Während der Nichtdiabetiker nur selten, z.B. während starker körperlicher Anstrengungen, erniedrigte Blutzuckerkonzentrationen entwickelt, kann dies beim insulinbehandelten Diabetiker auch ohne offensichtliche äußere Ursache erfolgen.

Als Ausdruck der cerebralen Unterversorgung mit Glukose können eine Vielfalt von psychischen und neurologischen Symptomen auftreten. Die **typischen adrenergen Symptome** beinhalten Zittern, Tachykardie, Schwitzen, Nervösität, Agressivität und Hunger. Als **neurogene Symptome** lassen sich Koordinationstörungen, Verlangsamung in Denken, Handeln und Sprechen, Müdigkeit, cerebrale Krämpfe und im Extremfall Bewußtlosigkeit objektivieren.

5.8.1. Ursachen und Verlauf der Hypoglykämie

Bei Typ 1-Diabetikern unter Insulintherapie ist die **Hypoglykämie immer Ausdruck von aktuell zu starker Insulinwirkung an den insulinsensiblen Organen**. Die folgende Übersicht. faßt die unterschiedlichen Faktoren, die zu einer Hypoglykämie führen können, zusammen:

- **zu hohe Insulindosis**, entweder als Einzeldosis oder als Überlappungseffekt zweier miteinander oder in zu kurzem Abstand nacheinander verabreichten Insulininjektionen
- **zu starke körperliche Anstrengung** mit zu geringer oder zu später Kohlenhydrataufnahme
- **zu hoher Alkoholgenuß** (Hemmung der Glukoneogenese in der Leber)
- **Gastroparese** (verzögerte Kohlenhydratresorption) bei "vorzeitiger" Normalinsulinwirkung
- **Gewichtsabnahme** mit der Folge verbesserter Insulinwirkung
- **Senkung der Glukosetoxizität** durch verbesserte Stoffwechseleinstellung
- **Medikamente**, welche zur Verstärkung der Insulinwirkung führen

Nicht selten findet man als Ursachen einer Hypoglykämie zwei oder mehrere Faktoren, wie z.B. zu geringe Kohlenhydrataufnahme und gleichzeitige körperliche Aktivität. Auf die Bedeutung der Blutzuckerselbstkontrolle muß in diesem Zusammenhang erneut hingewiesen werden.

Die Empfindung für niedrige Blutglukosekonzentrationen kann sich im Laufe des Lebens eines Diabetikers ändern. Die **Hypoglykämiewahrnehmung,** insbesondere bei Langzeitdiabetikern, kann eingeschränkt sein oder fehlen.

Dies ist eine besonders gefährliche Situation, da durch Wegfall der Warnsymptome die Kohlenhydrataufnahme als erforderliche Schutzmaßnahme nicht oder zu spät durch den Patienten erfolgt.

Die Symptome der Hypoglykämie sind teilweise durch die **Sekretion der Gegenregulationshormone** bestimmt. Wenn die Sekretion der Gegenregulationshormone Glucagon, Adrenalin, Noradrenalin und Cortisol eingeschränkt ist, wie dies bei Typ 1-Diabetikern mit langer Diabetesdauer der Fall sein kann, führt dies nicht nur zu einem schnelleren Blutzuckerabfall und verlangsamten Blutzuckeranstieg nach einer Hypoglykämie, sondern auch zu einer Einschränkung der Symptomentwicklung im Rahmen der Hypoglykämie.

Man unterscheidet **drei verschiedene Schweregrade** von Hypoglykämien:

- Leichte Hypoglykämien, bei welchen sich der Patient selbst helfen kann
- Hypoglykämien, bei welchen der Patient auf Fremdhilfe angewiesen ist
- Schwere Hypoglykämien mit Bewußtlosigkeit (Krankenhauseinweisung erforderlich)

Insbesondere bei Langzeitdiabetikern kann bereits bei Blutzuckerkonzentrationen zwischen 50 und 70 mg/dl die **intellektuelle Leistungsfähigkeit eingeschränkt** sein und adäquates Reagieren, z.B. im Straßenverkehr oder bei bestimmten Arbeitsabläufen, nicht mehr gewährleistet sein. Hypoglykämische Symptome sind umso geringer ausgebildet, je langsamer der vorangegangene Blutzuckerabfall ist.

Stark schwankende Blutzuckerstoffwechsellage und **repetitive Hypoglykämien** führen zu verminderter Glucagon- und Adrenalinantwort und vermindern dadurch auch die Erkennung und Wahrnehmung der Hypoglykämiesymptome (Hypoglycämia unawareness).

Bei Patienten mit manifester Hypoglykämiewahrnehmungsstörung kann durch strikte Vermeidung von Hypoglykämien versucht werden die Symptomerkennnung wieder zurückzugewinnen.

> Deshalb sollte der angestrebte Blutzuckerzielbereich jeglicher Blutzuckereinstellung bei dieser Patientengruppe nicht unter 100 mg/dl liegen.

5.8.2. Therapie der Hypoglykämie

Leichte Hypoglykämien

Patienten, die Symptome der Hypoglykämie rechtzeitig erkennen, haben Zeit, eine Blutzuckermessung durchzuführen und dann, je nach Tiefe der Blutzuckerkonzentration, **1-2 BE** in Form von schnell resorbierbaren **Kohlenhydraten**, wie Traubenzucker, glukosehaltigen Säften oder Getränken (Apfelsaft, Coca Cola) zu sich zu nehmen. Wichtig ist es, daß die Kohlenhydrataufnahme zeitnah zu den Symptomen erfolgt und der Patient nicht abwartet, z.B. unter der Vorstellung, daß in einer halben Stunde sowieso das Mittagessen fällig sei. Es sollte ein klarer zeitlicher Zusammenhang zwischen Symptomerkennung, Blutzuckerselbstkontrolle und Kohlenhydrataufnahme bestehen

Bei stärker ausgebildeten Symptomen und schon tieferen Werten muß der Patient vor der Blutzuckerselbstkontrolle erst die Kohlenhydrataufnahme vornehmen und unmittelbar danach den Blutzucker messen, damit schon während des Meßvorganges die Kohlenhydratresorption beginnt. Hier können individuell 2-4 BE erforderlich sein.

Hypoglykämien mit notwendiger Fremdhilfe

Ist der Patient nicht mehr handlungsfähig, können Angehörige eine **Glucagoninjektion** vornehmen, oder,. falls der Schluckreflex noch vorhanden ist, eine **glukosehaltige Paste** (Jubin®) in die Backentasche einführen. Der Vorteil dieser Glukosezubereitung ist, daß sich diese Glukosemasse im Mund von selbst auflöst und nicht zerbissen bzw. gekaut werden muß.

Erfolgt nicht innerhalb kurzer Zeit eine vollständige Wiederansprechbarkeit und Handlungsfähigkeit, muß ein Arzt hinzugezogen werden.

Schwere Hypoglykämie mit Bewußtlosigkeit

Bei jeder **Hypoglykämie mit Bewußtlosigkeit** ist ein **Arzt zu verständigen.** Zwischenzeitlich kann durch Angehörige eine Glucagoninjektion vorgenommen werden. Versuche oraler Kohlenhydrataufnahme sind beim bewußtlosen Patienten kontraindiziert.

Die Therapie der Hypoglykämie des bewußtlosen Patienten durch den Arzt besteht in der Regel in der i.v.-Bolus-Verabreichung **hochprozentiger Glukoselösung** (40-100 ml, 20-40 %ige Glukose) und, falls die Bewußtlosigkeit fortbesteht oder der Patient noch nicht komplett ansprechbar ist, in anschließender höherprozentiger Glukoseinfusion (10-20 %ige Glukoselösung).

Die Entscheidung ob ein Patient stationär weiterbehandelt werden muß, trifft der Arzt vor Ort. Bei gut geschulten Patienten, wird man bei sofortiger Wiederansprechbarkeit und, wenn sich eine Erklärung für die Hypoglykämie findet, von einer stationären Aufnahme absehen können. Treten bei einem Patienten im Rahmen seiner Behandlung rezidivierend Hypoglykämien auf, wird man eine solche Hypoglykämie zum Anlaß nehmen, ihn vom Diabetologen neu einstellen zu lassen.

Besonders **Hypoglykämien** in Verbindung mit **Alkohol** sind gefährlich, weil durch die Alkoholwirkung die Glukoneogenese zusätzlich eingeschränkt ist und die Glycogenreserven dann schneller aufgebraucht werden. Dadurch ist in diesen Fällen die Glucagoninjektion weniger wirksam. Bei eingeschränkter Bewußtseinslage sind sowohl die intravenöse Glukoseapplikation als auch eine stationäre Nachbeobachtungsphase erforderlich.

Bei Alkoholgenuß sollte zur Vorbeugung einer Hypoglykämie deshalb immer eine gewisse Menge an Kohlenhydraten gegessen werden.

Eine **Gefahr** bei der **Hypoglykämieselbstbehandlung** durch den Patienten liegt darin, daß **zuviel Kohlenhydrate** aufgenommen werden. Aus Panik und Angst vor einer Bewußtlosigkeit werden überschießend zuviel BE´s gegessen, da es eine gewisse Zeit dauert, bis der wieder normalisierte Blutzuckerspiegel die Hunger- und Angstsymptome des Patienten zum Verschwinden bringen. Es ist wichtig, dem Patienten zu erklären, daß bei dann erhöhten Blutzuckerwerten nicht gleich wieder mit zusätzlichen Normalinsulingaben reagiert werden soll. Der Organismus benötigt in dieser Situation etwas Zeit, um die Glykogenreserven wieder zu füllen. Nach 30-60 Minuten sollte erst einmal eine erneute Blutzuckerselbstkontrolle stattfinden und entsprechend dem Ergebnis gehandelt werden.

Patienten, die eine **Hypoglykämiewahrnehmungsstörung** aufweisen, müssen in **definierten Abständen** des Tages (und der Nacht) **Blutzuckerselbstmessungen** vornehmen, um rechtzeitig niedrige Blutzuckerspiegel zu erkennnen und behandeln zu können.

Die **Angst vor Hypoglykämien** stellt ein großes Problem bei der Diabetikerbetreuung dar. Die Patienten befürchten, in der Situation der Hypoglykämie die Kontrolle über ihren Körper zu verlieren, sozial auffällig zu werden, Organschäden, besonders Gehirnschäden bei Bewußtlosigkeiten zu erleiden und/oder in der Hypoglykämie zu versterben. Deshalb sollte das Thema Hypoglykämie im Gespräch mit dem Arzt und in den Schulungen mit großer Sensibilität angegangen werden, am besten unter Einbeziehung von Angehörigen.

5.9. Literatur

1. Amiel, S., R. Pottinger, H. Archibald, G. Chusney, D. Cunnah, P. Priaor, E. Gale: Cerebral function during Hypoglycaemia: The effect of antecedent glucose control. Diab. Care 14 (1991) 109-118

2. Assal, J. Ph., I. Mühlhauser, A, Pernet, R. Gfeller, V. Jörgens, M. Berger: Patient education as the basic for diabetes care and clinical practice an research. Diabetologie 28 (1985) 602-613.

3. Brange J.: Galenics of Insulin. The physical-chemical and pharmaceutical aspects of insulin and insulin preparations. Springer, Berlin, 1987.

4. DCCT-Research group: Diabetes control and complications trial (DCCT): Results of feasibility study. Diab. Care 10 (1987) 1-19.

5. Dimarchi, R. D., M. G. Trautmann: Insulin Lispro: Molekularstruktur und biologische Wirkungen. Diabet. Stoffw. 5 (1996) 113-116.

6. Hirsch, I. B., R. Farkas-Hirsch, J. S. Skyler: Intensive insulin therapy for treatment of type 1 diabetes. Diab. Care 13 (1990) 1265-1283.

7. Hoeldtge, R. G. Boden, C. Shuman, O. Owen: Reduced epinephrine secretion and hypoglycaemia unawareness in diabetic autonomic neuropathy. Ann, Intern. Med. 96 (1982) 459-462.

8. Howey, D. C., R. R. Browsher, R. L. Brunelle, F. J. Woodworth: Insulin lyspro human insulin: A rapidly absorbed analog of human insulin. Diabetes 43 (1994), 396-402

9. Howorka, K.: Funktionelle nahe normoglykämische Insulinsubstitution. Lehrinhalte, Praxis und Didaktik. Springer, Berlin 1988.

10. Pramming, S., B. Thorstansson, I. Bendtson, B. Ronn, C. Binder: Nocturnal hypoglycaemia in patients receiving conventional treatment with insulin. Brit. Med. J. 291 (1985) 376-379

11. Rosak, C., B. O. Böhm, P. H. Althoff, K. Schöffling: Das Basis-Bolus-Konzept: Rennaisance eines alten Therapieschemas. Med. Klin. 10 (1986) 341-344.

12. Rosak, C., G. Burkard, J. A. Hoffmann, E. Humburg, D. Look, R. Landgraf: Metabolic effect and acceptance of an insulin pen treatment in 20262 diabetic patients. Diabet. Nutr. Metab. 6 (1993) 189-195.

13. Rosak C., B. O. Böhm: Behandlung mit Insulin, In: Mehnert H., E. Standl, K. H. Usadel: Diabetologie in Klinik und Praxis. Thieme, Stuttgart 1999 (p 182-211)

14. Waldhäusl, W. K.: Physiological basis of insulin treatment - Clinical aspects. Diabetologia 29 (1986) 837-849.

Therapieprinzipien und Therapiestrategien bei der Behandlung von Typ 2-Diabetikern

W. Bachmann

6. Therapieprinzipien und Therapiestrategien bei der Behandlung von Typ 2-Diabetikern

6.1. Vorbemerkungen zur Pathogenese und therapeutische Konsequenzen

In der Entwicklung des Typ 2-Diabetes sind **Insulinresistenz** mit sekundärer Hyperinsulinämie und **gestörte Insulinsekretion** die wichtigsten pathophysiologischen Faktoren. Die Mehrzahl der betroffenen Patienten mit Typ 2-Diabetes sind dabei im Rahmen des metabolischen Syndroms zu sehen (1).

Dies bedeutet, daß auf genetischer Basis und zunehmend dominanten Umwelteinflüssen (Gewichtszunahme, Bewegungsmangel) ein Hochrisikosyndrom für kardiovaskuläre Erkrankungen entsteht.

Neben der gestörten Glukosetoleranz sind in individueller Ausprägung die Risikofaktoren

- Dyslipoproteinämie
- erhöhter Blutdruck
- Übergewicht
- gestörte Fibrinolyse
- gestörte oxidative Mechanismen sowie
- Albuminurie (Mikro-/Makro-)

zu finden. Inwieweit dabei Insulinresistenz/Hyperinsulinämie einen eigenständigen Risikofaktor für kardiovaskuläre Erkrankungen darstellt oder nur eine begleitende, evtl. verstärkende Rolle spielt, wird zur Zeit noch widersprüchlich diskutiert (2,3).

In der Gesamtsicht des Typ 2-Diabetes ergibt sich daraus ein sehr **komplexes, heterogenes Krankheitsbild**. Für das Individuum sind jedoch die einzelnen Komponenten durchaus zu beschreiben und damit auch in der Therapie zu berücksichtigen. Im medizinischen Alltag ist davon auszugehen, daß weit mehr als 90 % der Typ 2-Diabetiker in diesem Kontext zu sehen sind. Zur klinischen Manifestation des Typ 2-Diabetes kommt es, wenn - wohl auf der Basis eines genetischen Defektes - eine weitere Insulinsekretionssteigerung bei fortbestehender Insulinresistenz nicht mehr möglich ist. Damit kann die Glukosehomöostase nicht mehr aufrecht erhalten werden, da ein (relativer) Insulinmangel entsteht.

Die häufigsten manifestationsauslösenden Faktoren sind das Übergewicht und die verminderte körperliche Aktivität der Betroffenen, die in erheblichem Maße die endogene Insulinresistenz verschlechtern.

Im Verlauf des Diabetes, und auch altersbedingt, nimmt die Insulinresistenz über die Jahre geringgradig zu, während sich die Insulinsekretion, individuell unterschiedlich rasch, vermindert. Dies führt über Jahre und Jahrzehnte zur Progression des Diabetes, die bestimmt wird von der kontinuierlich nachlassenden Insulinproduktion ohne abrupte Verschlechterungen (4).

Für die **Therapieentscheidungen** beim einzelnen Patienten ist es unerläßlich, diese pathophysiologischen Faktoren sowie den aktuellen Stand des individuellen Krankheitsbildes und den bisherigen Verlauf mit einzubeziehen. So führen **Gewichtsreduktion und körperliche Aktivität bei übergewichtigen Patienten zu jedem Zeitpunkt des Krankheitsverlaufs zur Verbesserung der Insulinsensitivität** und vermindern dadurch das Risiko für kardiovaskuläre Erkrankungen.

Dementsprechend muß es ständiges therapeutisches Ziel sein, alle Möglichkeiten auszuschöpfen, um die Insulinsensitivität zum einen zu erhöhen und zum anderen - falls erforderlich - das Insulinsekretionsdefizit auszugleichen.

Deshalb müssen für den einzelnen Patienten alle uns zur Verfügung stehenden nichtmedikamentösen wie medikamentösen Behandlungsmöglichkeiten differentialtherapeutisch genützt werden. Letzteres bedeutet den frühzeitigen Einsatz unterschiedlicher therapeutischer Ansatzpunkte durch Kombination oraler Antidiabetika bereits in niedriger Dosierung sowie die rechtzeitige Gabe von Insulin um schon geringe Insulindefizite auszugleichen.

Der individuelle Behandlungsverlauf ist somit mehr durch additive Therapiemaßnahmen als durch -umstellungen gekennzeichnet.

Die Komplexität der heterogenen Erkrankung Typ 2-Diabetes im metabolischen Syndrom verbietet die Annahme einer allgemeingültigen Therapie bzw. Therapiesequenz für alle Patienten.

6.2. Einstellungskriterien

Entsprechend der Komplexität des klinischen Bildes bei Typ 2-Diabetikern ist es **unzureichend, sich allein mit einer Verbesserung der diabetischen Stoffwechsellage zu begnügen**. Da sich die einzelnen Faktoren wie Dyslipoproteinämie, Hochdruck oder Übergewicht gegenseitig und insbesondere bezüglich der diabetischen Stoffwechsellage und der Ausbildung von kardiovaskulären Folgeerkrankungen negativ beeinflussen, gilt es, die therapeutischen Möglichkeiten der einzelnen Faktoren gegeneinander abzuwägen und in Einklang zu bringen (☞ Tab. 6.1).

Kriterium	Ziel
Gewicht (bei übergewichtigen Patienten)	Im 1. Jahr: Reduktion um 5-10 % des Körpergewichts
Blutdruck	<130/85 mmHg
Cholesterin	<200 mg/dl
LDL-Cholesterin	<100 mg/dl
HDL-Cholesterin	>40 mg/dl
Triglyceride	<150 mg/dl

Tab. 6.1: Zielkriterien für Körpergewicht, Blutdruck und Blutlipide bei Typ 2-Diabetikern.

Der **wichtigste Kontrollparameter** der diabetischen Stoffwechsellage ist das **HbA1c/HbA1**. Fructosamin, Nüchtern- und postprandiale Blutzucker und Blutzuckertagesprofile sind zusätzlich erforderlich zur Erkennung von Stoffwechselentgleisungen und deren Therapiekorrekturen.

Für die Mehrzahl der Typ 2-Diabetiker muß heute die Forderung nach einer normoglykämischen Stoffwechseleinstellung "von Anfang an" gestellt werden. Bezogen auf das HbA1c bedeutet dies bei einem oberen Normalwert von ≤ 6 %:

- Für Patienten bis zum 50. Lebensjahr: HbA1c < 6 %
- Für Patienten bis zum 75. Lebensjahr: HbA1c < 7 %
- Für Patient älter als 75 Jahre: HbA1c < 8 %.

Auch für **Bluthochdruck, Fettstoffwechselstörung und Übergewicht gilt die Forderung nach Normalisierung** (☞ Tab. 6.1). Dabei ist zu beachten, daß Verbesserungen dieser Faktoren die diabetische Stoffwechselsituation verbessern können, so daß im Verlauf eine Verminderung der medikamentösen antidiabetischen Therapie notwendig werden kann.

6.3. Differentialtherapie mit oralen Antidiabetika

Orale Antidiabetika dürfen erst dann zum Einsatz kommen, wenn der Versuch einer Lebensstiländerung (Ernährung, körperliche Aktivität) ausreichend lange erfolgte (3-6 Monate) und entweder nicht umgesetzt werden konnte oder aber das angestrebte Therapieziel nicht erreicht wurde.

An oralen Antidiabetika stehen sechs Substanzen bzw. Substanzgruppen zur Verfügung. Dies sind:

- *Nichtinsulinotrope Substanzen*
  - α-Glukosidase-Hemmer
  - Metformin
  - Thiazolidindione
- *Insulinotrope Substanzen*
  - Sulfonylharnstoffe
  - Benzoesäurederivate
  - Nateglinide (D-Phenylalanin)

Für den differentialtherapeutischen Einsatz der oralen Antidiabetika müssen neben deren blutzuckersenkenden Wirkung auch ihre Beeinflussung der im metabolischen Syndrom vereinten Ri-

	Red.-Kost	Körperliche Aktivität	Insulin	Sulfonylharnstoffe/ Repaglinide	Metformin	α-Glukosidasehemmer	Thiazolidindione
Insulinresistenz/ Hyperinsulinämie	+	+	-	-	+	0/+	+
Fettstoffwechsel	+	+	+	0/+	+	+	+/0
Hochdruck	+	0/+	0/-	0/-	0/+	0/+	0
Übergewicht	+	0	-	-	+	+	-
+ günstige Beeinflussung; - negative Beeinflussung; 0 kein Effekt							

Tab. 6.2: Auswirkungen einer blutzuckersenkenden Behandlung auf zusätzliche Risikofaktoren bei Typ 2-Diabetes ("Metabolisches Syndrom").

sikofaktoren für kardiovaskuläre Erkrankungen bedacht werden (☞ Tab. 6.2).

6.3.1. α-Glukosidase-Hemmer

Es stehen die beiden Präparate Acarbose (Glucobay®) und Miglitol (Diastabol®) zur Verfügung. Da nur für Acarbose ausreichende klinische Studien und umfangreiche praktische Erfahrung vorliegen, beziehen sich die heutigen Kenntnisse überwiegend auf dieses Präparat. Miglitol ist erst seit kurzem auf dem Markt. Sein Einsatz sollte deshalb noch kritisch erfolgen.

Wirkmechanismus (5,6,7)

- Die Kohlenhydratverdauung im oberen Dünndarm erfolgt durch die enzymatische Abspaltung (**α-Glukosidasen**) von Monosacchariden aus Oligo- oder Polysacchariden. Durch **kompetitive Hemmung dieser Enzyme** durch Acarbose bzw. Miglitol wird die **Glukoseaufnahme in das Blut verzögert und vermindert**. Als Ergebnis wird der unmittelbare postprandiale Blutzuckeranstieg reduziert, die Kohlenhydrataufnahme in das Blut jedoch insgesamt über die Zeit verlängert
- Durch nachfolgend vermehrtes Auftreten von niedermolekularen Kohlenhydraten im Ileum wird dort das **Enterohormon Glucagon-like-peptide 1 (GLP-1)** sezerniert, das im Pankreas die glukoseabhängige Insulinsekretion stimuliert
- Verbesserung der Insulinsensitivität der Organe, möglicherweise sekundär als Folge der Blutzuckersenkung und niedrigerer Insulinplasmakonzentrationen

Die nicht im Dünndarm resorbierten und dadurch vermehrt im Dickdarm anfallenden Kohlenhydrate werden bakteriell lysiert, wobei Gase und kurzkettige Fettsäuren entstehen, die von der Colonschleimhaut resorbiert werden. Ein Energieverlust der aufgenommenen Kohlenhydrate erfolgt durch diese Medikamente somit nicht.

Während Acarbose nahezu vollständig im Darm verbleibt und über die Faeces ausgeschieden wird, wird Miglitol überwiegend resorbiert. Eine Metabolisierung erfolgt im Organismus nicht. Miglitol wird unverändert über die Nieren ausgeschieden, zusätzliche Wirkungen an den inneren Organen sind bislang nicht beschrieben.

Nebenwirkungen

Schwere Nebenwirkungen sind nicht bekannt. Von Bedeutung sind **gastrointestinale Beschwerden** wie Meteorismus, Flatulenz, Diarrhoen und selten abdominale Schmerzen. Ursache dafür sind die Gase, welche bei der bakteriellen Lyse der Kohlenhydrate im Colon anfallen. Die Nebenwirkungsrate kann durch niedrig dosierten Therapiebeginn (25-50 mg) und langsame Dosissteigerung deutlich vermindert werden.

Arzneimittelwechselwirkungen

Nicht bekannt.

Klinischer Einsatz

Als Monotherapie und in Kombination mit Metformin, Sulfonylharnstoffen, Insulin (☞ Abb. 6.1).

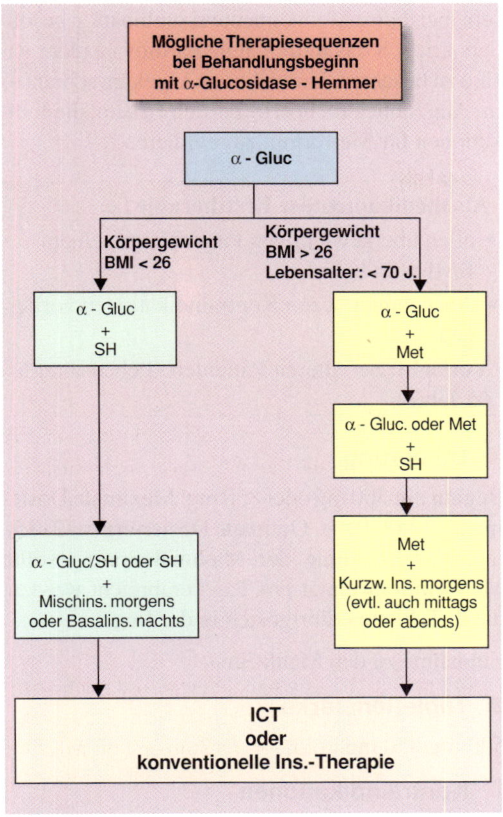

Abb. 6.1: Mögliche Therapiesequenz bei Therapiebeginn mit α-Glukosidase-Hemmer. Abkürzungen: **α-Gluc** = α-Glukosidasehemmer, **Met** = Metformin, **SH** = Sulfonylharnstoff, **Ins** = Insulin, **ICT** = Intensivierte konventionelle Insulintherapie.

Als **medikamentöse Ersttherapie** bei:

- Patienten mit fehlender oder nur milder Symptomatik
- Blutzucker nüchtern < 150 mg/dl, pp < 250 mg/dl
- bei auffallend starkem pp-Blutzuckeranstieg (> 80 mg/dl)

unter diesen Aspekten: alle Typ 2-Diabetiker, unabhängig von Gewicht oder Alter

Dosierung

Beginn in niedriger Dosis (25 - 50 mg) mit langsamer Steigerung über Wochen. Maximale Dosis 3x100 mg. Die Tabletteneinnahme erfolgt unmittelbar vor Beginn der Mahlzeiten. Üblicherweise sollte die Therapie mit dem Frühstück begonnen werden. Hypoglykämien können bei Monotherapie nicht auftreten, bei Kombination mit Sulfonylharnstoffen oder Insulin muß der Patient auf die Gefahr von Hypoglykämien hingewiesen werden, die ausschließlich mit Traubenzucker zu behandeln sind. (Aufgrund des Wirkmechanismus werden die üblichen Disaccharide nicht rasch genug resorbiert).

Tablettenstärke

50 mg und 100 mg.

Kontraindikationen

Konsumierende Erkrankungen, chronisch-entzündliche Darmerkrankungen, "Magen-Darm-Anfälligkeiten".

6.3.2. Metformin

Seit Ende der 70er Jahre steht in Deutschland nur noch Metformin (Glucophage®, einige Generika) als einziges Biguanid-Präparat zur Verfügung. Buformin und Phenformin wurden damals - als Folge von vermehrt beobachteten Lactacidosen - aus dem Handel genommen.

Wirkmechanismus

Metformin verbessert die Insulinsensitivität der Organe (7, 8). Dies führt

- in der **Skelettmuskulatur** zu einer **vermehrten Glukoseaufnahme**
- in der **Leber** zu einer **Hemmung der Glukoneogenese und der Glykogenolyse** sowie
- in **Fettgeweben** (v. a. abdominal) zu einer **Hemmung der Lipolyse**. Die damit verbundene verminderte Freisetzung von Freien Fettsäuren ist einer der entscheidenden Effekte, die eine verminderte Glukoseabgabe in der Leber bewirken
- Der früher beschriebene hemmende Effekt auf die Glukoseresorption im Darm scheint klinisch von untergeordneter Bedeutung zu sein

Nebenwirkungen

Gastrointestinale Beschwerden wie Diarrhoen und abdominelle Schmerzen. Bei Nichtbeachtung der Kontraindikationen, Gefahr der Laktacidosen (50 % tödlicher Verlauf). Bei Auftreten von Nebenwirkungen sofort Absetzen des Präparates.

Arzneimittelwechselwirkungen

Keine.

Klinischer Einsatz

Als Monotherapie und in Kombination mit α-Glukosidase-Hemmern, Sulfonylharnstoffen, Benzoesäurepräparate und Insulin. **Bevorzugt bei übergewichtigen Patienten** (☞ Abb. 6.2).

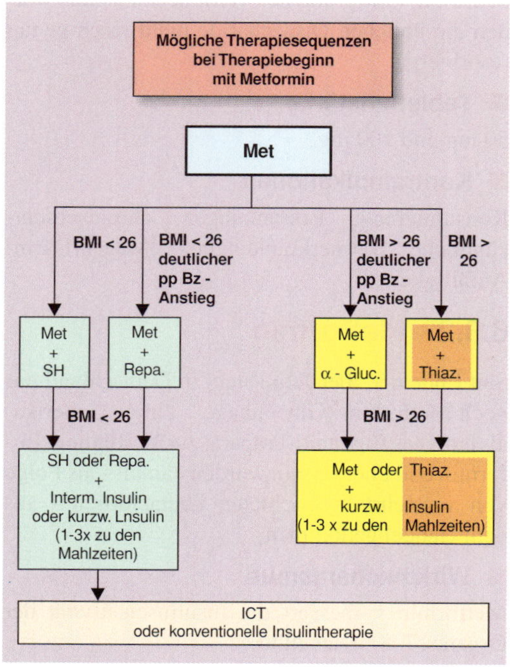

Abb. 6.2: Mögliche Therapiesequenz bei Therapiebeginn mit Metformin. Abkürzungen: **α-Gluc** = α-Glukosidasehemmer, **Met** = Metformin, **Thiaz** = Thiazolidindion, **Repa** = Repaglinide, **SH** = Sulfonylharnstoff, **Ins** = Insulin, **ICT** = Intensivierte konventionelle Insulintherapie.

Im Verlauf der UKPDS (United Kingdom Prospective Diabetes Study) wurden bei übergewichtigen Patienten unter einer Monotherapie mit Metformin - im Vergleich zu Sulfonylharnstoff und Insulin - bei gleicher Blutglukoseabsenkung eine verminderte Mortalität durch kardiovaskuläre und mikroangiopathische Folgeerkrankungen festgestellt (13).

Bei Kombination von Metformin mit den verwendeten Sulfonylharnstoffpräparaten (Glibenclamid, Chlorpropamid) erhöhte sich in dieser Studie das Mortalitätsrisiko hingegen deutlich. Da es sich jedoch nur um eine relativ kleine Patientengruppe handelte und in der Vergleichsgruppe mit einer Sulfonylharnstoff-Monotherapie besonders günstige Ergebnisse vorlagen, bestehen an der Aussagewertigkeit dieses Befundes erhebliche Unsicherheiten. Dies sollte jedoch Grund genug sein, bei dieser Medikamentenkombination besonders kritisch das individuelle kardiovaskuläre Risiko zu beachten. Unter diesen Aspekten scheint es im Augenblick nicht erforderlich zu sein, die Indikationen für Metformin zu revidieren.

Als **medikamentöse Ersttherapie** bei

- allen übergewichtigen Patienten mit einem BMI > 26 kg/m²
- Ausnahmen: wenn Kontraindikationen vorliegen

Vorsicht: bei älteren Patienten (Lebensalter > 65 Jahre)

Dosierung

Beginn mit 500 mg oder 850 mg. Maximale Dosierung bis 3x850 mg. Optimale Dosierung bei 2x850 mg. Zur Erzielung der Maximalwirkung sollte Metformin zweimal pro Tag verabreicht werden, die 3. Tablette erübrigt sich in der Regel.

Einnahme zu den Mahlzeiten.

Tablettenstärke

500 mg/850 mg.

Kontraindikationen

- **Niereninsuffizienz mit einem Kreatinin > 1,2 mg/dl** (Cave: Auch bei "normalem" Kreatinin kann bei betagten Patienten eine Nierenfunktionseinschränkung vorliegen.)
- Alle **Situationen, die mit Sauerstoffmangel einhergehen** und/oder zu einer Organischämie führen können, wie akute und chronische Lungenerkrankungen, Zustand nach Herzinfarkt, dekompensierte Herzinsuffizienz, chronische Lebererkrankungen, höheres Alter
- Patienten unter einer **Reduktionskost** mit einer Gesamtkalorienmenge von < 1000 kcal/d
- Vor **Angiographien** mit jodhaltigen Kontrastmittelgaben sowie vor **Operationen** mit möglichen Kreislaufkomplikationen sollte **Metformin abgesetzt werden**

6.3.3. Thiazolidindione

Aus dieser Substanzgruppe sind bislang

- Troglitazon (Rezulin®)
- Rosiglitazon (Avandia®) und
- Pioglitazon (Actos®)

in einigen Ländern (u.a. USA, Japan) zugelassen. In Europa stehen Rosiglitazon und Pioglitazon unmittelbar vor der Markeinführung.

Wirkmechanismus

Thiazolidindione werden als **Insulinsensitizer** bezeichnet, da sie die Insulinwirkung an den peripheren Organen, insbesondere am Fettgewebe, der Muskulatur und der Leber, verbessern und somit zu einer Einsparung von endogenem oder exogenem Insulin führen (25, 26, 27). Auf molekularer Ebene ist die Bindung an den **PPARγ-Rezeptor** (Peroxisome Proliferator Activated Rezeptor) der entscheidende Mechanismus. Durch Aktivierung dieses Zellkernrezeptors werden vielfältige Reaktionen ausgelöst, die unmittelbar die Insulinsensitivität erhöhen. So wird über eine **Transkription von insulinempfindlichen Genen** die **Expression von Glukosetransportmolekülen** gefördert, wodurch eine vermehrte Glukoseaufnahme in die Zelle erfolgt. Die erhöhte Insulinempfindlichkeit des Organismus wird auch ausgedrückt durch eine verminderte Glukoseabgabe der Leber (**Hemmung der Glukoneogenese**) sowie den **Abfall der freien Fettsäuren** und der Insulinkonzentrationen im Blut.

> Voraussetzung der Wirksamkeit ist die Anwesenheit von Insulin. Damit greifen diese Substanzen möglicherweise in einen in der Pathogenese des Typ 2-Diabetes entscheidenden Mechanismus ein.

Allerdings kann die Vielfalt der durch Thiazolidindione auslösbaren Effekte noch nicht ausreichend erfaßt und erklärt werden. Darüber hinaus sind unterschiedliche Wirkungen der verschiedenen Substanzen (z.B. auf den Fettstoffwechsel) zu beachten.

Nebenwirkungen (☞ Tab. 6.3)

Allen Präparaten gemeinsam sind eine geringe, dosisabhängige **Gewichtszunahme**, das vermehrte Auftreten von **peripheren Ödemen** (bei bis zu 8 % aller Patienten) und nahezu regelhaft eine geringe **Abnahme von Hämoglobin/Hämatokrit**. Letztere werden erklärt durch eine Zunahme des Plasmavolumens; die Abnahme von Hb/Hk wären demnach Folge einer Hämodilution. Nach 8-12 Wochen stellt sich meist eine stabile Situation ein, Anämien sind nicht zu befürchten.

Unter der Therapie mit Troglitazon können in seltenen Fällen akute toxische Leberschädigungen auftreten, die in Einzelfällen bis zum Leberversagen führten. Da Leberschädigungen v.a. in den ersten Wochen und Monaten auftreten, werden in den Ländern, in denen Troglitazon bereits zugelassen ist, anfangs monatliche Leberenzymkontrollen gefordert. Der Einsatz von Troglitazon bleibt aber problematisch. In den USA wurde das Präparat zwischenzeitlich vom Markt genommen.

Aufgrund dieser hepatotoxischen Nebenwirkungen von Troglitazon wurde in den klinischen Studien der Präparate Rosi- und Pioglitazon gerade diesem Aspekt erhöhte Aufmerksamkeit zugewandt. Bislang konnte kein erhöhtes Leberrisiko für diese beiden Substanzen erkannt werden.

Auch bezüglich kardialer Nebenwirkungen wurden alle drei Substanzen in den klinischen Studien

Nebenwirkungen der Thiazolidindione			
	Rosiglitazon	Pioglitazon	Troglitazon
Gewichtszunahme	++	++	+/0
Ödemneigung	+	++	+/0
Anämie (Hb-Abfall)	0/+ (in ersten 4-8 Wochen)	+ (in ersten 10-12 Wochen)	+/0 (in ersten 4-8 Wochen)
LDL-Erhöhung	0/+	0	0
Schwere Leberschädigung	nein	nein	selten
Kardiovaskuläre Nebenwirkungen	nein (?)	nein (?)	nein
++ häufig, ausgeprägt; + seltener; 0 kein Einfluß			

Tab. 6.3: Nebenwirkungen der Thiazolidindione.

kritisch überprüft, da zum einen in Tierversuchen eine Gewichtszunahme des Herzmuskels und am Menschen die oben beschriebene Ödembildung und Plasmavolumenzunahme beobachtet werden.

Arzneimittelwechselwirkungen

Trotz sehr hoher Plasmaeiweißbindung (99 %) bislang keine bekannt, insbesondere auch nicht zu Sulfonylharnstoffen und Metformin.

Klinischer Einsatz

In Monotherapie und in Kombination mit Metformin, Sulfonylharnstoffen und Insulin. Aufgrund der bisherigen Erfahrungen erscheint auch die Kombination mit einem α-Glukosidase-Hemmer und Repaglinide möglich und theoretisch sinnvoll. Dazu liegen noch keine klinischen Untersuchungen vor. Bei der individuellen Auswahl des Präparates sollte auch die **unterschiedliche Beeinflussung des Fettstoffwechsels** berücksichtigt werden (☞ Tab. 6.4). Da in Deutschland noch keine dieser Substanzen zugelassen wurde, sollte für den klinischen Einsatz die Entscheidung der Zulassungsbehörden abgewartet werden.

Dosierungen

- *Rosiglitazon* (Avandia®): (2 mg) - 4 mg - 8 mg
- *Pioglitazon* (Actos®): (15 mg) - 30 mg - 45 mg
- *Troglitazon* (Rezulin®): (200 mg) - 400 mg - 800 mg

Der Therapiebeginn sollte mit einer mittleren Dosis erfolgen, die Effektivität der Wirkung kann erst nach 4-8 Wochen ausreichend beurteilt werden.

Tablettenstärke

- *Rosiglitazon*: 2 mg, 4 mg, 8 mg
- *Pioglitazon*: 15 mg, 30 mg
- *Troglitazon*: 200 mg, 400 mg

Kontraindikationen

Anamnestisch oder aktuelle Lebererkrankungen, konsumierende Krankheiten, Herzinsuffizienz.

6.3.4. Sulfonylharnstoffe

Von den 8 Sulfonylharnstoffpräparaten (☞ Tab. 6.5) sind in Deutschland nur Glibenclamid und Glimepirid von praktischer Bedeutung. Die über eine kürzere Insulinfreisetzung wirkenden Präparate

- Glipizid
- Tolbutamid und
- Glisoxepid

sind ebenso wie das über die Leber/Darm eliminierte

- Gliquidon

zu Unrecht nur wenig eingesetzt. Durch die kurzwirkende Insulinfreisetzung zu den Mahlzeiten ist die Hypoglykämiegefahr vermindert. Darüber hinaus wird das Insulin bedarfsgerechter angeboten als bei langwirkenden Substanzen. Eine Zwischenstellung nimmt Glimepirid ein, das sowohl eine lange Wirkdauer als auch eine rasche, kurzfristige Insulinfreisetzung zu den Mahlzeiten aufweist. Gliquidon - und mit Einschränkung auch Glimepirid - können auch bei niereninsuffizienten Patienten, jedoch nur unter sorgfältiger Stoffwechselkontrolle eingesetzt werden, da sie überwiegend über Leber/Darm ausgeschieden werden. Alle anderen Sulfonylharnstoffe sollten bei höhergradiger Niereninsuffizienz (Kreatinin > 3 mg/dl) nicht angewandt werden. Innerhalb der Sulfonylharnstoffgruppe kann somit eine sinnvolle Differentialtherapie durchgeführt werden (9, 11).

Wirkmechanismus

Die **Hauptwirkung** aller Sulfonylharnstoffpräparate ist die **Stimulation der glukoseinduzierten**

	FFS	Triglyceride	ges. Cholesterin	HDL-Cholesterin	LDL-Cholesterin	LDL/HDL	gChol/HDL
Troglitazon	0/+ dosisabhängig	+ dosisabhängig	0/-	0/+ dosisabhängig	0/-	0	0
Rosiglitazon	+	0	-	+	0/-	0/+	0/+
Pioglitazon	+	+	0	+	0	+	+
+ positive Beeinflussung; - negative Beeinflussung; 0 neutrales Verhalten							

Tab. 6.4: Einfluß der Thiazolidindione auf die Blutlipide.

Insulinproduktion und -sekretion in den B-Zellen der Langerhans´schen Inseln. Dies geschieht durch Bindung an einen spezifischen Sulfonylharnstoffrezeptor, wodurch es zu einem Verschluß ATP-abhängiger Kaliumkanäle und zur Öffnung spannungsabhängiger Calciumkanäle der Zellmembran kommt. Darüber hinaus besitzen alle Sulfonylharnstoffe auch eine periphere, sog. extrapankreatische Wirkung im Sinne einer Verbesserung der Insulinwirkung. Sie ist aber für die blutzuckersenkende Wirkung der meisten Präparate klinisch unbedeutend. Bei Glimepirid scheint dies jedoch ein zu berücksichtigender Faktor zu sein, was, im Vergleich zu anderen Präparaten, durch deutlich niedrigere Insulinkonzentrationen im Blut - bei gleicher Effektivität auf den Blutzucker - belegt werden kann. Dieses Präparat zeichnet sich darüber hinaus sowohl durch eine lange Wirkdauer (Einmalgabe) als auch durch eine sehr kurzfristige Insulinfreisetzung zu den Mahlzeiten aus.

Nebenwirkungen

Neben seltenen allergischen Reaktionen sowie Leberenzymerhöhungen ist bei den Sulfonylharnstoffen besonders die **Gefahr der Hypoglykämie** von Bedeutung. Dies gilt für alle Sulfonylharnstoffpräparate. Hypoglykämien sind jedoch vor allem bei **Glibenclamid** aufgrund seiner starken blutzuckersenkenden Potenz und seiner langen Wirkdauer zu beachten. Insbesondere bei multimorbiden, älteren Patienten sollte Glibenclamid deshalb heute nicht mehr angewendet werden (10), die Dauertherapie bedarf der engen regelmäßigen Kontrolle. Im Rahmen der UKPDS (angewandt wurden Glibenclamid und Chlorpropamid) konnten zwei immer wieder zitierte, angebliche Nebenwirkungen der Sulfonylharnstoffe widerlegt werden. Zum einen konnte über einen Verlauf von 6 Jahren gezeigt werden, daß **Sulfonylharnstoffe nicht zu einer Erschöpfung der Insulinproduktion der B-Zellen führen**, sondern im Gegenteil, daß unter Sulfonylharnstoffen die Insulinproduktion über den gesamten Studienzeitraum auf einem höheren Niveau als unter anderen Medikamenten erfolgte (4). Zweitens konnte über einem Zeitraum von mehr als 10 Jahren **kein erhöhtes kardiovaskuläres Risiko** und v. a. **keine erhöhte kardio-**

Sulfonylharnstoffpräparate				
Chem. Kurzbezeichnuna	Warenname	Tablettenstärke	Dosierung	Charakteristiken
Tolbutamid	z.B. Rastinon®, Artosin®	0,5 g/l g	0,5-3,0 g	rasche, kurze Insulinfreisetzung
Glisoxepid	Pro Diaban®	4 mg	2-12 mg	rasche, kurz anhaltende Insulinfreisetzung
Glibenclamid	Euglucon® N (zahlreiche Generika)	1,75/3,5 mg	1,75-10,5 mg	verzögerte, lang anhaltende Insulinfreisetzung
Glibornurid	Glutril®, Gluborid®	25 mg	12,5-75 mg	verzögerte, lang anhaltende Insulinfreisetzung
Gliquidon	Glurenorm®	30 mg	15-120 mg	verzögerte, lang anhaltende Insulinfreisetzung
Gliclazid	Diamicron®	80 mg	40-240 mg	verzögerte, lang anhaltende Insulinfreisetzung
Glipizid	Glibenese®	5 mg	2,5-15 mg	rasche, kurz anhaltende Insulinfreisetzung
Glimepirid	Amaryl®	1, 2 und 3 mg	0,5-3 mg	lang anhaltende Wirkdauer, rasche Insulinfreisetzung, periphere Wirkung betont

Tab. 6.5: Übersicht über die Sulfonylharnstoffpräparate zur Therapie des Typ 2-Diabetes. In Deutschland sind nur Glibenclamid und Glimepirid von praktischer Bedeutung.

vaskuläre Mortalität unter Sulfonylharnstoffen beobachtet werden (12).

Arzneimittelwechselwirkungen

Die blutzuckersenkende Wirkung der Sulfonylharnstoffe kann durch die gleichzeitige Gabe von nichtsteroidalen Antirheumatika, Salicylate, Sulfonamide, Cumarine, Propenizid, MAO-Hemmer und Betablocker verstärkt werden.

Klinischer Einsatz

Als **Monotherapie bei schlanken Typ 2-Diabetikern** sowie in Kombination mit α-Glukosidase-Hemmern, Metformin, Thiazolidindionen und Insulin n (☞ Abb. 6.3).

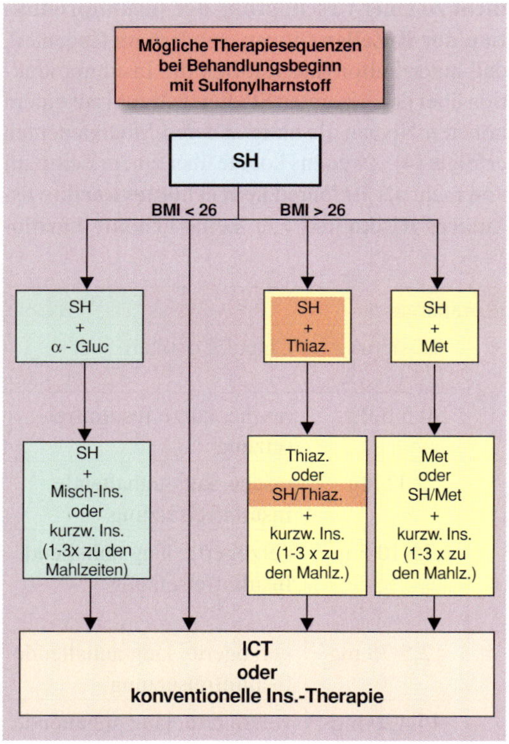

Abb. 6.3: Mögliche Therapiesequenz bei Erstbehandlung mit Sulfonylharnstoff. Abkürzungen: **α-Gluc** = α-Glukosidasehemmer, **Met** = Metformin, **Thiaz** = Thiazolidindion, **SH** = Sulfonylharnstoff, **Ins** = Insulin, **ICT** = Intensivierte konventionelle Insulintherapie.

Als **medikamentöse Ersttherapie** bei

- normal- bis gering übergewichtigen Patienten mit einem BMI < 26 kg/m² (zu beachten: in dieser Patientengruppe, v. a. zwischen 35. und 45. Lebensjahr, befinden sich relativ viele, sich spät manifestierende Typ 1-Diabetiker, sog. LADA)
- ausgeprägte Symptome der Hyperglykämie (v.a. Gewichtsabnahme!) unabhängig von Gewicht und Lebensalter
- bevorzugte Präparate: *Glisoxepid, Gliquidon, Glimepirid*
- bei Niereninsuffizienz: *Gliquidon*

Dosierung

Beginn der Therapie mit ½ handelsüblichen Tablette, je nach Stoffwechselwirkung langsame Steigerung auf maximal 3 Tabletten. Die Erstgabe erfolgt zum Frühstück, bei höherer Dosierung Verteilung auf 2 Mahlzeiten (maximal 2-0-1).

Ausnahme Glimepirid:

- Einmaldosierung zum Frühstück aufgrund einer längeren HWZ
- Steigerung auf maximal 3 mg

In den letzten Jahren hat sich bei allen Sulfonylharnstoff-Präparaten der **Trend zu einer niedrigeren Dosierung** durchgesetzt, wobei in der Regel nicht mehr als eine (zwei) Tablette pro Tag verabreicht wird. Dies gilt auch bei Kombinationen mit anderen oralen Antidiabetika. In Einzelfällen, insbesondere bei langjährig gutem Therapieerfolg und schlanken Patienten, kann die Steigerung auf die maximale Dosis jedoch durchaus effektiv sein.

Tablettenstärke

☞ Tab. 6.5.

Kontraindikationen

Patienten mit schweren konsumierenden Erkrankungen, fortgeschrittener Niereninsuffizienz (Ausnahme Gliquidon) oder Leberinsuffizienz, Allergien gegen Sulfonylharnstoffe.

6.3.5. Benzoesäurederivate

Repaglinide ist seit kurzem als das erste Benzoesäurepräparat auf dem Markt (23, 24, 31). Die klinische Erfahrung ist noch unzureichend, deshalb ist besonders kritischer Einsatz erforderlich. Weitere Substanzen sind in klinischen Prüfung.

Wirkmechanismus

Über einen spezifischen Rezeptor (ähnlich dem der Sulfonylharnstoffe) an der B-Zelle der Langerhans´schen Insel führt Repaglinide zur **Insulinstimulation**. Die **Insulinfreisetzung erfolgt rasch und kurzzeitig in Abhängigkeit von der Glukosekonzentration** im Blut. Aufgrund der kurzen Wirkdauer ist das Präparat vor jeder großen Mahlzeit einzunehmen.

Nebenwirkungen

Außer Hypoglykämien sind bislang noch keine schweren Nebenwirkungen beobachtet worden. Hypoglykämien treten in der Regel zwei bis vier Stunden nach den Mahlzeiten auf. Nächtliche Hypoglykämien sind äußerst selten. Die Hypoglykämieinzidenz ist niedriger als bei den "klassischen" Sulfonylharnstoffpräparaten.

Arzneimittelwechselwirkungen

In vitro-Untersuchungen weisen darauf hin, daß bei gleichzeitiger Gabe von Antimykotika (Ketoconazol, Miconazol) sowie des Antibiotikum Erythromycin deren Wirkung vermindert werden kann. Eine Abschwächung der blutzuckersenkenden Wirkung kann durch Rifampizin, Barbiturate oder Carbamazepine erfolgen.

Klinischer Einsatz

Als Monotherapie bei schlanken sowie in Kombination mit Metformin bei übergewichtigen Patienten (☞ Abb. 6.4).

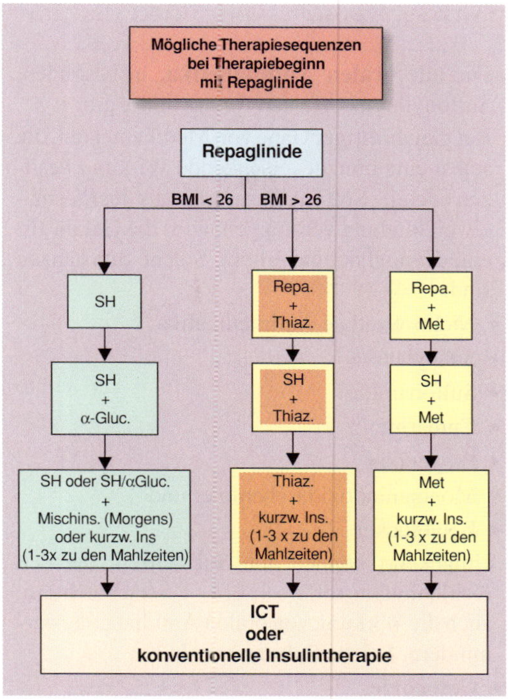

Abb. 6.4: Mögliche Therapiesequenz bei Behandlungsbeginn mit Repaglinide. Abkürzungen: **α-Gluc** = α-Glukosidasehemmer, **Met** = Metformin, **Thiaz** = Thiazolidindion, **Repa** = Repaglinide, **SH** = Sulfonylharnstoff, **Ins** = Insulin, **ICT** = Intensivierte konventionelle Insulintherapie.

Als medikamentöse **Ersttherapie** bei:

- allen Patienten mit noch wenig ausgeprägter Stoffwechselentgleisung: Nüchternblutzucker: < 150 mg/dl, pp < 250 mg/dl
- bevorzugt bei starkem pp-Blutzuckeranstieg um > 80 mg/dl

Zurückhaltung bei hohem Körpergewicht mit BMI > 30 kg/m²!

Dosierung

Bei Ersttherapie 0,5 mg pro Mahlzeit. Bei Therapiewechsel von anderen oralen Antidiabetika beginnend mit 1-2 mg pro Mahlzeit. Maximaldosis 4 mg bei bis zu 4 Mahlzeiten. Einzunehmen mit Beginn der Mahlzeit.

Tablettenstärke

1 mg und 2 mg.

Zur Beachtung:

Für **alle oralen Antidiabetika,** insbesondere Sulfonylharnstoffe und Repaglinide, gilt:
Bei gleichzeitiger Gabe von Medikamenten, die selbst eine blutzuckersenkende Wirkung besitzen oder die Sulfonylharnstoffe aus der Plasmaeiweißbindung verdrängen, wird die Gefahr für eine Hypoglykämie erhöht. Solche Substanzen sind:

- Nichtsteroidale Antirheumatika
- Salicylate
- Sulfonamide
- Cumarine
- Propenizid
- Monoaminooxidasehemmer und
- Betablocker

Umgekehrt können alle Substanzen, die den Kohlenhydratstoffwechsel verschlechtern, auch die Wirkung von oralen Antidiabetika vermindern. Solche Substanzen sind:

- Corticoide
- Diuretika
- Phenothiazine
- Schilddrüsenhormonpräparate
- Oestrogene
- orale Kontrazeptiva
- Phenytoin
- Nikotinsäurepräparate
- Sympatikomimetika
- Calciumblocker und
- Isoniazid

Deshalb erfordert das An- oder Absetzen solcher Medikamente bei einer Therapie mit oralen Antidiabetika sorgfältige Stoffwechselkontrollen in kürzeren Abständen.

6.3.6. D-Phenylalaninderivate

Nateglinide ist ein Aminosäurederivat, das zur Zeit in umfangreichen klinischen Studien für den Einsatz bei Typ 2-Diabetes geprüft wird. Als D-Phenylalaninderivat unterscheidet es sich grundsätzlich von den beiden als insulinotropen Substanzen bekannten Wirkstoffklassen Sulfonylharnstoffe und Repaglinide.

Nateglinide stimuliert die postprandiale glukoseinduzierte Insulinfreisetzung durch Hemmung der K^+-ATP-Kanäle der B-Zellen des Pankreas. Die Insulinfreisetzung erfolgt noch rascher und kurzfristiger als durch Repaglinide. Da zwischen den Mahlzeiten, nachts und im Nüchternzustand bei niedriger Blutglukose die Insulinfreisetzung nur sehr gering ist, ist die Gefahr einer Hypoglykämie sehr gering.

Auf Grund der kurzen Wirkdauer ist Nateglinide jeweils vor den großen Mahlzeiten einzunehmen. Die in klinischen Studien angewandten Einzeldosen sind 30 mg, 60 mg und 120 mg.

6.4. Therapie mit gewichtsreduzierenden Wirkstoffen

6.4.1. Antiadiposita

Nach Empfehlungen der "Deutschen Adipositas-Gesellschaft" sollen **Antiadiposita nur nach ausreichend langen nichtmedikamentösen Therapieversuchen** (mehr als 12 Wochen) eingesetzt werden. Sie dürfen jedoch nicht ohne begleitende Maßnahmen, wie Einhaltung einer Reduktionskost und regelmäßiger körperlicher Bewegung verordnet werden. Dies gilt auch für übergewichtige Typ 2-Diabetiker erst ab einem Body-Mass-Index größer 30 kg/m^2, obwohl diese Patienten ein erhöhtes kardiovaskuläres Risiko besitzen. Bei Typ 2-Diabetes führt die Gewichtsreduktion meist zu einer Verbesserung der diabetischen Stoffwechsellage (durch Verminderung der Insulinresistenz) und der Fettstoffwechselsituation (Absenkung der Triglyceride, Erhöhung des HDL-Cholesterins). Die Kosten für diese Medikamente werden bislang nicht von den Kassen übernommen.

6.4.1.1. Orlistat

Orlistat (Xenical®) ist das erste Präparat aus der Gruppe der Lipasehemmer, das bei therapieresistenter Fettsucht eingesetzt wird (29).

Wirkmechanismus

Diese Substanz hemmt die intestinalen Lipasen, wodurch die Resorption des Nahrungsfettes um bis zu 30 % reduziert wird. Durch Hemmung der Fettresorption wird die Gewichtsreduktion erleichtert. Dies führt auch zur Verbesserung der meist bei Übergewicht bestehenden Dyslipoproteinämie.

Die Substanz wird selbst nicht resorbiert und wird unverändert im Stuhl ausgeschieden.

Nebenwirkungen

Gastrointestinale Nebenwirkungen, insbesondere zu Beginn der Behandlung. Diese sind:

- Flatulenz
- fettige und vermehrte Stühle
- vermehrt Stuhlgang

sowie

- in manchen Fällen Stuhlinkontinenz

Ob die verminderte Resorption von fettlöslichen Vitaminen auf Dauer negative Auswirkungen hat, ist bislang noch nicht beurteilbar.

Arzneimittelwechselwirkungen

Nicht bekannt.

Klinischer Einsatz

Bei **extremer, bislang therapieresistenter Adipositas** (Body-Mass-Index > 30 kg/m²) zur Erzielung von Gewichtsreduktion. Als Monotherapie zusammen mit Reduktionskost auch in Kombination mit Sulfonylharnstoff oder Insulin.

Dosierung

3x120 mg zu den Mahlzeiten.

Tablettenstärke

120 mg.

Kontraindikationen

Body-Mass-Index < 30 kg/m².

6.4.1.2. Sibutramin

Im Rahmen der Entwicklung antidepressiver Substanzen wurde die gewichtsreduzierende Wirkung von Sibutramin (Reductil®) beobachtet (30).

Wirkmechanismus

Sibutramin führt zu einer **Hemmung der Wiederaufnahme der beiden Neurotransmitter Serotonin und Noradrenalin im Hypothalamus**. Durch synergetische Verstärkung beider Wirkungen werden sowohl das Sättigungsgefühl verstärkt als auch die Thermogenese erhöht. Dadurch werden die Energiezufuhr gebremst und der Energieverbrauch gesteigert.

Da unter einer Sibutramin-Behandlung sich neben der Gewichtsreduktion auch eine positive Verschiebung im Verhältnis Taillen- zu Hüftumfang beobachten läßt, ist davon auszugehen, daß sich durch diese Therapie das besondere risikoassoziierte intraabdominelle Fett verringert.

Nebenwirkungen

An Nebenwirkungen können Schwindel, Mundtrockenheit, Inappetenz sowie eine leichte Anhebung von Herzfrequenz und Blutdruck auftreten.

Arzneimittelwechselwirkungen

Klinisch relevante Interaktionen mit anderen Medikamenten sind bislang nicht beobachtet worden. Aufgrund theoretischer Überlegungen zum Wirkmechanismus sollte Sibutramin nicht zusammen mit Medikamenten, die Cytochrom P450 in der Leber hemmen (z.B. Ketoconazol, Cyclosporine, Erythromycin) oder Medikamenten, die die Serotoninkonzentration im Blut anheben (z.B. Serotoninagonisten, Dihydroergotamin, Opiate), verordnet werden.

Klinischer Einsatz

Wie Orlistat. Das Präparat sollte jedoch **bevorzugt als Monotherapie** eingesetzt werden. Ein Ansprechen auf die Therapie ist bereits nach 4 Wochen beurteilbar. Patienten mit Kreislaufinstabilität wie Z.n. Herzinfarkt oder Schlaganfall, schwerer KHK oder schwerer Herzinsuffizienz sowie mit Rhythmusstörungen sollte Sibutramin nicht verordnet werden.

Dosierung

10-30 mg/Tag. Einmalgabe, Beginn mit 10 mg, nach frühestens 12 Wochen Dosissteigerung möglich.

Tablettenstärke

10 mg, 15 mg

Kontraindikationen

Body-Mass-Index < 30 kg/m², schwere Leberfunktionsstörungen, schwer einstellbarer Bluthochdruck, schwere Herzerkrankungen NYHA 3 und 4, Depressionen.

6.4.2. Appetithemmer

Unter Appetithemmern gibt es eine Reihe von Sympatikomimetika und Serotoninantagonisten. Diese Substanzgruppe war belastet durch das Auftreten von pulmonalen Hypertonien. Auch für die zuletzt zugelassene Substanz Dexfenfluramin wurde dieser Verdacht in Einzelfällen ausgesprochen. Das Medikament selbst wurde 1997 aus dem

Handel gezogen, nachdem Herzklappenschädigungen beschrieben wurden (28).

Da heute effektivere und nebenwirkungsärmere Medikamente zur Verfügung stehen, sollten diese Substanzen nicht mehr eingesetzt werden.

6.5. Kombinationen oraler Antidiabetika

Aufgrund unterschiedlicher Wirkmechanismen sind Sulfonylharnstoffe/Repaglinide, Metformin, α-Glukosidaseinhibitoren und auch die neuen Thiazolidindione miteinander kombinierbar. **Kombinationen von oralen Antidiabetika werden heute frühzeitig begonnen**, meist vor Erreichen der jeweiligen Maximaldosis des Einzelpräparates, wenn das Therapieziel noch nicht errreicht wurde. Dieses Vorgehen bewährt sich insbesondere bei älteren Patienten. In der Regel beschränkt man sich auf zwei Substanzen, die **gleichzeitige Verabreichung von drei Medikamenten sollte die Ausnahme bleiben**.

6.5.1. Kombinationen, die bei der Ersttherapie mit α-Glukosidase-Hemmer von klinischer Bedeutung sind (☞ Abb. 6.1)

■ α-Glukosidase-Hemmer plus Metformin

Bei guter klinischer Verträglichkeit kann vor der zusätzlichen Gabe von Metformin die Maximaldosis von 3x100 mg eines α-Glukosidase-Hemmers angestrebt werden. Bei gastrointestinalen Beschwerden empfiehlt sich die Reduktion auf eine verträgliche Dosis vor Zugabe von Metformin. Eine klare Indikation dieser Kombination besteht bei **deutlich übergewichtigen Patienten** (Body-Mass-Index > 30 kg/m²). Beginn der Metformintherapie mit einmal 500 bzw. 850 mg. Bei guter Verträglichkeit steigern auf die Regeldosis 2x850 mg. Zu beachten bleiben gastrointestinale Nebenwirkungen, die allerdings selten sind, wenn der α-Glukosidase-Hemmer vorher gut vertragen wurde.

■ α-Glukosidase-Hemmer plus Sulfonylharnstoff/Repaglinide

Bevorzugt bei Patienten, bei denen sich Metformin verbietet und mit maximaler Dosierung des α-Glukosidase-Hemmers keine ausreichende Stoffwechseleinstellung erreicht wird. Zugabe eines vorzugsweise **längerwirkenden Sulfonylharnstoffs** wie z. B. Glimepirid oder Glibenclamid in niedriger Dosierung. Bei gleichzeitiger Gabe kurzwirkender Sulfonylharnstoffe oder Repaglinide ist die Gefahr der Hypoglykämie unmittelbar nach den Mahlzeiten durch zeitliche Wirk-Addition erhöht. Deshalb ist diese Kombination eher nicht zu empfehlen. Die Sulfonylharnstoffdosis sollte mit 3,5 mg Glibenclamid oder 2 mg Glimepirid niedrig gehalten werden.

Immer wenn Sulfonylharnstoffe eingesetzt werden, können **Hypoglykämien** auftreten. Der Patient ist entsprechend zu schulen. Er ist darüber hinaus zu informieren, daß bei Hypoglykämien die orale Zufuhr von Traubenzucker erforderlich ist, da aufgrund des Wirkmechanismus der α-Glukosidaseinhibitoren Di- oder Oligosaccharide nicht schnell genug resorbiert werden können.

6.5.2. Kombinationen, die bei der Ersttherapie mit Metformin von klinischer Bedeutung sind (☞ Abb. 6.2)

■ Metformin plus Sulfonylharnstoff/Repaglinide

Diese Kombination ist dann effektiv einzusetzen, wenn bei mäßig bis stark übergewichtigen Patienten trotz 2x850 mg Metformin das Stoffwechselziel nicht erreicht wird. Kombiniert wird vorzugsweise mit einem kurzwirkenden Sulfonylharnstoff (Glisoxepid) oder Repaglinide (in niedrigster Dosierung). Alternativ bietet sich, ebenfalls in niedriger Dosis, Glimepirid an.

> Je übergewichtiger ein Patient ist, um so niedriger sollte die Sulfonylharnstoffdosis gehalten werden.

Dies gilt insbesondere für Glibenclamid-Präparate. Bei wenig übergewichtigen Patienten kann die Sulfonylharnstoffdosis bis auf 2 Tabletten bzw. 2 mg Glimepirid gesteigert werden. Bei Verwendung von Repaglinide kann bis auf 3x4 mg gesteigert werden. Die Dosisanhebung von Sulfonylharnstoff/Repaglinide sollte jedoch höchstens in vierwöchigen Abständen erfolgen. Durch Zugabe von Sulfonylharnstoffen/Repaglinide ist der Patient hypoglykämiegefährdet. Entsprechende

Schulung und Aufklärung des Patienten ist notwendig.

Metformin plus α-Glukosidaseinhibitoren

Die Zugabe eines α-Glukosidaseinhibitors zu einer Metformintherapie (2x850 mg) empfiehlt sich bei noch **deutlich übergewichtigen Patienten** sowie Patienten mit einem überwiegend postprandialen Blutzuckeranstieg. Beginn der α-Glukosidasetherapie in niedriger Dosierung (25 bis 50 mg), Steigerung um jeweils 50 mg in Wochenabständen. Gastrointestinale Nebenwirkungen können bei Zugabe von α-Glukosidaseinhibitoren zu Metformin häufiger auftreten als bei umgekehrtem Vorgehen.

6.5.3. Kombinationen, die bei der Ersttherapie mit Sulfonylharnstoff/Repaglinide von klinischer Bedeutung sind (☞ Abb. 6.3+6.4)

Sulfonylharnstoff/Repaglinide plus Metformin

Da mit Sulfonylharnstoff oder Repaglinide eine Ersttherapie in der Regel nur bei schlanken und wenig übergewichtigen Patienten (Body-Mass-Index < 26 kg/m²) erfolgen sollte, ist eine nachfolgende Kombination mit Metformin in der Regel die Ausnahme. Diese macht Sinn, wenn aufgrund des bisherigen klinischen Verlaufs eine **ausgeprägte Insulinresistenz** unterstellt werden kann (früher deutlich übergewichtig, oder Gewichtszunahme unter der bisherigen Sulfonylharnstoff-Behandlung, oder Nachlassen einer über Jahre erfolgreichen Sulfonylharnstoff-Therapie). Die Metformindosis sollte 2x500 oder besser 2x850 mg betragen. Durch die damit verbundene Stoffwechselverbesserung können nun **Hypoglykämien** auftreten. Dies ist mit dem Patienten zu besprechen. Bei deutlicher Stoffwechselverbesserung ist die Sulfonylharnstoffdosis zu reduzieren.

Sulfonylharnstoff/Repaglinide plus α-Glukosidaseinhibitoren

Bei schlanken oder im Therapieverlauf übergewichtig gewordenen Patienten mit noch relativ guten Nüchternblutzuckern (< 150 mg/dl) und **überhöhtem Anstieg der postprandialen Blutzuckerspiegel** (auf > 200 mg/dl) sollte bereits bei niedriger Sulfonylharnstoff-Dosierung Acarbose/Miglitol hinzugegeben werden. Auch hier ist die einschleichende Dosierung erforderlich und eine wöchentliche Steigerung, entsprechend dem Stoffwechseleffekt, bis maximal 3x100 mg, möglich. Die Aufklärung der Patienten über das mögliche Auftreten von **Hypoglykämien**, die nur mit Traubenzucker zu behandeln sind, ist wichtig.

Aufgrund des zeitlichen Zusammentreffens des Maximums der blutzuckersenkenden Wirkung durch α-Glukosidaseinhibitoren und Repaglinide sollte diese Kombination nur in Ausnahmefällen verwendet werden. Hier besteht die erhöhte Gefahr einer Hypoglykämie unmittelbar nach den Mahlzeiten.

6.5.4. Kombinationen, die bei der Ersttherapie mit Thiazolidindionen von klinischer Bedeutung sind

Aufgrund der bisherigen klinischen Erfahrungen, insbesondere mit Troglitazon sowie umfangreichen klinischen Studien mit allen drei Substanzen, sind Kombinationen sowohl mit Metformin als auch mit Sulfonylharnstoffen und Insulin möglich. Theoretisch gilt dies auch für Kombinationen mit α-Glukosidase-Hemmern und Repaglinide, dazu liegen jedoch noch keine Untersuchungen vor.

Da Rosi- und Pioglitazon vor der Markteinführung in Deutschland stehen, sollten die Indikationsentscheidungen der Zulassungsbehörde abgewartet werden.

6.6. Die Insulinbehandlung des Typ 2-Diabetikers

Sowohl über den richtigen Zeitpunkt im Erkrankungsverlauf als auch über die Art und Weise der Insulintherapie bei Typ 2-Diabetes sind die Meinungen unterschiedlich. Dies liegt daran, daß es noch immer **keine, für alle Patienten zutreffende, allgemein gültige und akzeptierte Definition des Typ 2-Diabetes** gibt. Unterstellt man als wesentliche pathophysiologische Faktoren Insulinresistenz mit sekundärer Hyperinsulinämie und gestörte bzw. verminderte Insulinsekretion mit relativem Insulinmangel und eine **langsame Verschlechterung** dieser Faktoren über Jahre und Jahrzehnte (Zunahme der Insulinresistenz, Abnahme der Insulinsekretionskapazität), so muß eine **medikamentöse Therapie kontinuierlich und additiv erfolgen**.

Sprunghafte Veränderung von einem Therapiekonzept zum anderen sollten deshalb vermieden werden.

Dies gilt auch für die Notwendigkeit einer Insulintherapie, wenn durch nichtmedikamentöse Maßnahmen und orale Antidiabetika das individuell definierte Therapieziel nicht mehr erreicht wird. Es liegt in der Natur der Erkrankung, daß bei kontinuierlicher Verminderung der Insulinsekretion ein (relatives) Insulindefizit auftritt, das therapeutisch durch exogene Insulinverabreichung zu substituieren ist.

Unter diesen Aspekten ist eine Insulintherapie als erste medikamentöse Maßnahme (nach Ernährungstherapie und körperlicher Aktivität) problematisch.

Es gibt dafür aufgrund der bekannten pathophysiologischen Faktoren keine ausreichenden Argumente, es sei denn, daß eine Unsicherheit in der Diagnose "Typ 2-Diabetes" besteht. Diagnostische Schwierigkeiten können dabei insbesondere bei zwei Gruppen von Patienten auftreten (☞ Abb. 6.5):

- Patienten mittleren Alters (35. bis 55. Lebensjahr), schlank (um Normalgewicht, BMI < 25) mit milder oder fehlender Hyperglykämie-Symptomatik
- Patienten jüngeren bis mittleren Alters (20. bis 35. Lebensjahr), übergewichtig (BMI > 26) mit "klassischer" Hyperglykämie-Symptomatik (u.a. Gewichtsabnahme in den letzten Wochen bis Monaten ohne ersichtlichen Grund), meist Aceton-positiver Urinbefund

In beiden Gruppen sollte bei unzureichenden Therapieergebnissen unter oralen Antidiabetika bereits nach wenigen Wochen/Monaten auf eine ICT umgestellt werden. Bei diesen Patienten liegt mit großer Wahrscheinlichkeit ein Typ 1-Diabetes oder eine andere insulinbedürftige Diabetesform vor, so daß die Erstdiagnose "Annahme eines Typ 2-Diabetes" rasch revidiert werden muß.

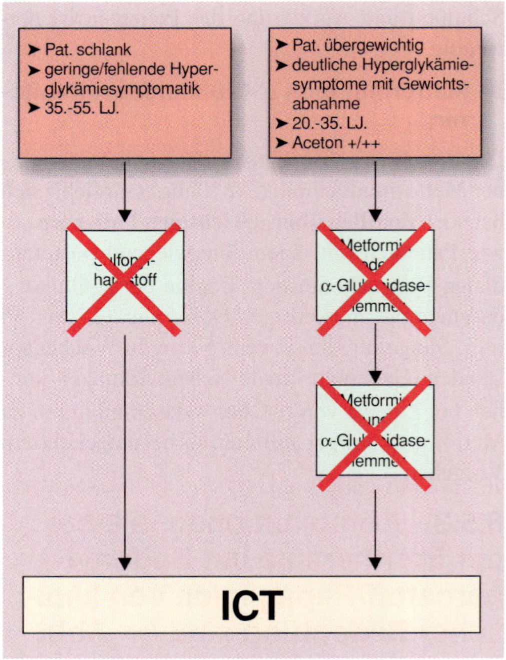

Abb. 6.5: Therapeutisches Vorgehen bei "pathophysiologisch unklaren" Patienten.

Bei Verdacht auf eine Diabetesform des Erwachsenenalters (LADA) mit autoimmuner Ätiologie kann heute durch immunologische Messungen (ICA-, Insulin- und GAD-Antikörper) die Diagnose gesichert werden.

Eine Insulintherapie als Erstmedikation bei einem klassischen übergewichtigen Typ 2-Diabetiker, noch dazu in jungen Jahren, erhöht über eine meist regelhafte Gewichtszunahme und negative Einflüsse auf Fettstoffwechsel und Blutdruck das kardiovaskuläre Risiko gerade dieser Patientengruppe.

Da die Mehrzahl der Typ 2-Diabetiker übergewichtig ist, haben die Bemühungen um **Gewichtsreduktion durch Ernährungsumstellung und körperlich aktivierende Maßnahmen höchste Priorität**. Deshalb darf eine Insulintherapie erst dann begonnen werden, wenn mit einer erfolgreichen Differentialtherapie mit oralen Antidiabetika das Therapieziel nicht mehr erreicht wird.

Diese Situation wird allgemein als "Sekundärversagen" (der Sulfonylharnstoffe) bezeichnet. Leider wird- noch immer - dieser Zeitpunkt der Insulinbedürftigkeit nahezu regelhaft verzögert.

Eine wesentliche Forderung zum Therapieverhalten bei Typ 2-Diabetes muß es deshalb sein, **daß rechtzeitig im "Sekundärversagen" Insulin zum Einsatz kommt**.

6.6.1. Indikation zur Kombination von oralen Antidiabetika mit Insulin

Im letzten Jahrzehnt hat sich die Kombinationsbehandlung aus oralen Antidiabetika, insbesondere Sulfonylharnstoffen, und Insulin als Einstieg in die Insulintherapie bei Typ 2-Diabetes zunehmend durchgesetzt. In zahlreichen vergleichenden Studien und Metaanalysen hat sich gezeigt, daß die **Kombinationstherapien der konventionellen Insulintherapie zumindest ebenbürtig sind** (14, 15). Als Vorteile haben sich

- eine **geringere Gewichtszunahme**
- **weniger Hypoglykämien** und
- zum Teil erhebliche **Einsparung des zu injizierenden Insulins**

herausgestellt

Bei einer unbefriedigten Insulinmonotherapie werden zunehmend Metformin und α-Glukosidase-Hemmer ergänzend eingesetzt. Auch hier werden Vorteile, wie Insulindosisreduktion und bessere Stoffwechseleinstellung, gegenüber der Monotherapie mit Insulin herausgestellt, die allerdings noch durch zu wenige Studien belegt sind (16, 17).

Eine Stoffwechselverbesserung mit gleichzeitiger Insulindosisreduktion ist auch für die zusätzliche Gabe von Thiazolidindionen zu erwarten. Da diese Präparate demnächst auf den Markt kommen, sollten - wie bereits erwähnt - diesbezüglich die Entscheidungen der Zulassungsbehörde abgewartet werden.

6.6.1.1. Kombinationsbehandlung Sulfonylharnstoff/Insulin

Die Kombination Sulfonylharnstoff/Insulin orientiert sich an folgenden theoretischen wie praktischen Gesichtspunkten:

- Das zum Zeitpunkt des "Sekundärversagens" relevante **Insulindefizit**, das über Jahre entstanden ist, soll durch **kleine Insulindosen ausgeglichen** werden um eine zusätzliche exogene Hyperinsulinämie zu verhindern
- Die positive Wirkung des **Sulfonylharnstoffs** mit **glukosestimulierter endogener Insulinfreisetzung zu den Mahlzeiten** und Anlieferung des Insulins über die Pfortader zur Leber (verbraucht mehr als 50 % des Insulins) soll erhalten bleiben
- Der mögliche Nutzen einer **extrapankreatischen Wirkung der Sulfonylharnstoffe** im Sinne einer Erhöhung der peripheren Insulinsensitivität und damit einer Einsparung exogenen Insulins soll bestehen bleiben

Aufgrund dieser Gesichtspunkte bleibt für jede Form der Kombination Sulfonylharnstoff/Insulin als Dogma, daß **mit möglichst niedrigen Insulindosen auszukommen ist**.

Die nahezu ausschließlich in der Kombination angewandten Sulfonylharnstoffpräparate sind Glibenclamid und in den letzten Jahren zunehmend Glimepirid (vermeintlich ausgeprägtere extrapankreatische Wirkmechanismen).

Möglichkeiten der Kombinationstherapie Sulfonylharnstoff/Insulin

1. Sulfonylharnstoff/Mischinsulin morgens (in der Regel mit 20-30 % Normalinsulinanteil)

Diese Form der Kombinationstherapie ist begründet auf der Vorstellung eines **primär entstehenden Insulindefizits am Morgen**, zum einen aufgrund circadian erhöhter Insulinresistenz und zum anderen wegen des relativ kohlenhydratreichen Frühstücks in Deutschland (18).

Diese Therapie sollte vor allem bei Patienten mit normalem Gewicht oder nur geringem Übergewicht nach zunächst langjährig erfolgreicher Sulfonylharnstoff-Therapie, auch bei vorbestandener Kombination mit Metformin oder einem α-Glukosidase-Hemmer, angewandt werden.

Zu Beginn der Insulintherapie sollen 4-6 Einheiten eines humanen Mischinsulins gegeben werden. Eine Dosissteigerung um 2 bis 4 Einheiten erfolgt in wöchentlichen oder noch längeren Abständen. Bei Patienten, die im Therapieverlauf durch erhöhte Nüchternblutzucker bei ansonsten guten Blutzuckertagesprofilen auffallen, empfiehlt es sich, entweder vor dem Abendessen oder vor dem Schlafengehen, 4 Einheiten des gleichen Insulins als 2. Injektion hinzuzugeben. Ob Mischinsuline mit Lispro-Insulin als rasch wirkende Komponente (z.B. Humalog Mix 25®) wegen des - möglicherweise - zu vernachlässigenden Spritz-Eß-Abstandes bei Typ 2-Diabetikern vorteilhaft sind, ist nur im individuellen Einsatz beurteilbar

2. Sulfonylharnstoff/Basalinsulin zur Schlafenszeit ("bed-time-insulin")

Dieses Therapiekonzept konzentriert sich auf die **Normalisierung des Nüchternblutzuckers** durch eine "bed-time"-Insulin-Gabe unter Beibehaltung der Sulfonylharnstoffwirkung für den Tag (19). Auffallend ist dabei jedoch, daß häufig sehr hohe (bis über 60 Einheiten!) Insulindosen verwandt werden müssen. Dies erklärt sich damit, daß in den frühen Morgenstunden (Anstieg der Insulinresistenz) noch genügend Insulin zur Verfügung sein muß. Dabei wird jedoch mißachtet, daß während der Nacht die Insulinsensitivität deutlich erniedrigt ist, wodurch das Hypoglykämierisiko erhöht wird. Dies kann möglicherweise durch Verwendung von 24-Stunden wirksamen, echten Basalinsulinen, dessen 1. Vertreter noch in diesem Jahr zur Verfügung stehen wird, verbessert werden.

Auch diese Kombinationsform ist vorteilhaft bei normalgewichtigen bis wenig übergewichtigen Typ 2-Diabetikern, bei denen die Insulindosis möglichst niedrig gehalten werden kann.

Der Beginn erfolgt mit 6-8 Einheiten Basalinsulin. Eine Dosissteigerung erfolgt ebenfalls in höchstens wöchentlichen Abständen um 2 Einheiten. Bei mehr als 20 Einheiten sollte über Therapiealternativen nachgedacht werden (z. B. intensivierte Insulintherapie).

3. Sulfonylharnstoff/Normal- bzw. kurzwirkende Insulinanaloga (Lispro-, Aspartinsulin)

Unter pathophysiologischen Gesichtspunkten erscheint der Einsatz von kurzwirkenden Insulinen zu den Mahlzeiten bei norm- und übergewichtigen Patienten eine sinnvolle und attraktive Therapiealternative zu sein.

Dies gilt insbesondere für jüngere Patienten mit dem **Therapieziel Normoglykämie** und dem Wunsch nach einer flexiblen Tagesgestaltung.

Während die basale Insulinversorgung durch den Sulfonylharnstoff gewährleistet ist, wird das **prandiale Defizit durch kurzwirkendes Insulin ausgeglichen**. Publizierte Studien liegen dazu noch nicht vor.

Auch hier empfiehlt sich der Beginn mit 4 Einheiten Normalinsulin oder eines Insulinanalogons vor dem Frühstück. Die vorsichtige, in Wochenabständen durchzuführende Insulindosissteigerung sollte ebenfalls 2 Einheiten nicht überschreiten. Zur **Beurteilung des Therapieerfolges** müssen **postprandiale** wie **präprandiale Blutzucker** hinzugezogen werden. Für die Mehrzahl der Patienten reicht anfänglich die Insulinsubstitution vor dem Frühstück. Bei wenigen Patienten - oder im weiteren Verlauf über Jahre - kann es notwendig werden, daß auch vor dem Mittagessen oder Abendessen Insulin in gleicher Form hinzugegeben werden muß. Die Einzeldosen sollten nur in Ausnahmefällen höher als 12-16 Einheiten pro Injektion betragen. Neben der Stoffwechseleinstellung ist v. a. die **Gewichtsentwicklung zu beachten**.

Gewichtszunahme bedeutet in der Regel Überinsulinisierung! Je höher das Übergewicht, um so wichtiger ist es, möglichst wenig und kurzwirkendes Insulin anzuwenden.

Diese Therapieform ermöglicht die frühzeitige Insulingabe bei sich gerade verschlechternder Stoffwechselsituation unter oraler Medikation. Eine rasche und nachhaltige Stoffwechselkorrektur ist oft mit niedrigsten Insulindosen (4 Einheiten) über einen langen Zeitraum möglich.

6.6.1.2. Sulfonylharnstoff/Metformin/Insulin

Bei jahrelang effektiver oraler Kombinationstherapie mit Sulfonylharnstoffen und Metformin und noch deutlichem Übergewicht ist es durchaus erfolgversprechend bei Notwendigkeit der Insulintherapie die vorbestehende Kombination der oralen Medikamente zu belassen. Dabei soll insbesondere der Effekt von Metformin auf die periphere Insulinresistenz genützt werden. In der Praxis ist hier wie bei den besprochenen Kombinationen Sulfonylharnstoff/Insulin zu verfahren. Bevorzugt sollten bei den **übergewichtigen Patienten kurzwirkende Insuline/Insulinanaloga** zu den Mahlzeiten eingesetzt werden.

6.6.1.3. Sulfonylharnstoff/α-Glukosidase-Hemmer/Insulin

Ähnliches gilt für diese orale Kombinationstherapie beim Übergang zu Insulin. Die Beibehaltung des α-Glukosidaseinhibitors sollte jedoch nur bei Verwendung von Misch- oder Basalinsulinen erfolgen. Bei Verabreichung von Normalinsulin oder Insulinanaloga zu den Mahlzeiten ist die Gefahr der Hypoglykämien nach dem Essen aufgrund des zeitlichen Synergismus der Blutzuckersenkung erhöht.

Bei allen vorbeschriebenen Kombinationen sollte die Sulfonylharnstoffdosis, falls vorher eine maximale Dosierung bestand, auf eine mittlere Dosierung reduziert werden, z. B. auf 2x3,5 mg Tablette Glibenclamid oder 2 mg Glimepirid.

6.6.1.4. Metformin/Insulin

Bei **übergewichtigen** Typ 2-Diabetikern, die unter einer Metformin- oder Metformin-/α-Glukosidase-Hemmer-Therapie unzureichende Stoffwechselergebnisse erzielen, ist die Kombination von **Metformin und einem kurzwirkenden Insulin oder Analagon** einer zusätzlichen Therapie mit einem Sulfonylharnstoff vorzuziehen. Bei diesen Patienten besteht in der Regel eine ausreichende basale Insulinsekretion, so daß lediglich das prandiale Insulin zu substituieren ist. Auch hier ist darauf zu achten, daß mit niedrigen Insulindosen begonnen (4-8 E) und nur langsam gesteigert wird. Die Insulinsubstitution beginnt zum Frühstück, nicht selten ist die zusätzliche Gabe des Insulins vor dem Abend- oder Mittagessen erforderlich.

Wegen des Synergismus der postprandialen Blutzuckerabsenkung von kurzwirkendem Insulin und α-Glukosidase-Hemmern sollten letztere, bei vorbestehender Kombination mit Metformin, abgesetzt werden.

Zusammengefaßt haben Therapieregime mit Kombinationen von oralen Antidiabetika mit Insulin gegenüber einer Insulinmonotherapie bei Typ 2-Diabetes folgende Vorteile:

- Die **Chance zu einer früh(recht-)zeitigen Insulintherapie** bei "gerade entgleisender" Stoffwechselsituation, da eine Injektion leichter akzeptiert wird als die Aussicht auf eine Therapieumstellung mit mehrmals täglichen Insulininjektionen
- **Geringere Alltagsbeeinträchtigung** und für ältere Patienten - die von Dritten abhängig sind - besseres Therapiemanagement, da die Insulininjektion in der Regel nur einmal täglich notwendig wird
- Meist **bessere Stoffwechseleinstellung** mit ausgeglichenem Blutzuckerprofil und Verminderung der Hypoglykämiegefahr.
- **Geringere Gewichtszunahme**
- Durch niedrige Insulindosen und mittlere Dosierung der oralen Antidiabetika sind die **Kosten der Therapie geringer** als bei den möglichen Therapiealternativen (konventionelle Insulintherapie, intensivierte Insulintherapie, orale Kombinationen)
- Durch geringeren Gewichtsanstieg und Verhinderung einer exogenen Hyperinsulinämie mit negativer Beeinflussung des Fettstoffwechsels und des Blutdrucks sowie einer meist besseren Stoffwechseleinstellung kann eine **Verminderung des kardiovaskulären Risikos** von Typ 2-Diabetikern angenommen werden

6.6.2. Insulinmonotherapie bei Typ 2-Diabetes

Bei vorbestehender Insulinresistenz muß nahezu jede Insulintherapie mit dem Ziel einer guten, normnahen Stoffwechseleinstellung mit relativ hohen Insulindosen (bis > 80 E/Tag) durchgeführt werden (20, 21). Je mehr Insulin injiziert wird, um so größer ist dessen Beitrag, die vorbestehende endogene Hyperinsulinämie additiv zu verstärken.

Obwohl die Wertigkeit der Hyperinsulinämie als Risikofaktor für kardiovaskuläre Folgeerkrankungen unterschiedlich diskutiert wird (2, 3, 22), sollte auch bei der **Insulinmonotherapie die Dosis so niedrig wie möglich** gehalten werden.

6.6.2.1. Konventionelle Insulintherapie

Sie besteht in einer **ein- oder zweimaligen Injektion eines humanen Mischinsulins**, wobei meist vorgegebene Mischungen (20-30 % Normal-/70 - 80 % NPH-Insulin) verwandt werden. In Ausnahmefällen, insbesondere bei der alleinigen abendlichen Injektion, können auch Insuline mit geringerem oder fehlendem Normalinsulinanteil verwandt werden.

Das Insulin wird in der Regel vor dem Frühstück und/oder vor dem Abendessen injiziert. Dabei sollte ein **Spritz-Eß-Abstand** von wenigstens **30, besser 45 (60) Minuten** eingehalten werden, da bei Typ 2-Diabetikern das Insulin, neben der verzögerten Wirkung aufgrund der Insulinresistenz, aus den subcutanen Depots langsamer resorbiert wird als bei Typ 1-Diabetikern.

Da relativ viele Patienten in der täglichen Routine den notwendigen Spitz-Eß-Abstand nicht einhalten wollen oder können, ist die kürzliche Einführung von fixen Mischungen mit Lispro-Insulin (Humalog Mix 25®) möglicherweise von Vorteil.

Die konventionelle Insulintherapie ist leider noch immer die häufigste Form der Insulinbehandlung bei Typ 2-Diabetes. Dies ist weniger begründet durch pathophysiologische Gesichtspunkte oder Effektivitätskriterien (20), sondern wohl allein traditionell. Sie führt meist nicht zum erwünschten Therapieziel.

Deshalb ist eine konventionelle Insulintherapie nur dann durchzuführen, wenn sich besser begründbare Kombinationen aus Insulin und oralen Antidiabetika oder eine intensivierte Insulintherapie nicht durchführen lassen.

Diese Kriterien erfüllen meist nur **ältere**, von täglicher **Pflege durch Dritte abhängige Patienten**, bei denen auch die Insulininjektionen von diesen durchgeführt werden müssen. Therapieziel bei diesen Patienten ist weniger eine gute Stoffwechseleinstellung zur Verhinderung von Folgeerkrankungen, sondern vielmehr eine **Reduzierung der Hyperglykämie-Symptomatik**. Dazu gehört auch eine gelegentlich imponierende Verbesserung der cerebralen Leistungsfähigkeit älterer Patienten durch nur wenige Einheiten Insulin. Zu beachten ist allerdings, daß gerade diese pflegebedürftigen, häufig multimorbiden Patienten durch Hypoglykämien besonders gefährdet sind (cerebrale Schädigungen, 10).

Die konventionelle Insulintherapie ist die Therapie der Wahl bei hochbetagten, eher schlanken, älteren Typ 2-Diabetikern - unabhängig wie lange der Diabetes besteht und ob früher im Leben ein Übergewicht bestanden hatte.

Durchführung

Auch für den Beginn einer konventionellen Insulintherapie gilt, daß möglichst mit niedrigen Insulindosen begonnen wird und die Dosissteigerung langsam erfolgt. Als mittlere Startdosis kommen eine Insulinmenge von 16 Einheiten morgens und - wenn nötig - zusätzlich 4-6 Einheiten abends in Frage. Trotz aller Einschränkung bezüglich der Effektivität dieser Therapie sollte auch hier das individuelle Therapieziel (HbA1c auch bei älteren Patienten < 8 %) nicht aus den Augen verloren werden. Bei unzureichendem Therapieerfolg gibt es keine Dosisbegrenzungen nach oben. Die notwendigen Steigerungen sollten jedoch immer langsam (wöchentlich) und in kleinen Schritten (4-6 E.) durchgeführt werden. Bei hohen Dosen ist immer zu hinterfragen, ob nicht unbemerkte Hypoglykämien – insbesondere auch nächtliche – übersehen werden.

6.6.2.2. Intensivierte Insulintherapie

Unter einer intensivierten Insulintherapie versteht man heute die **intensivierte konventionelle Insulinbeandlung mit 3 oder mehr täglichen Injektionen** oder die Behandlung mit einer **Insulinpumpe**. Bei Typ 2-Diabetes besteht nur im Ausnahmefall, z.B. während einer Schwangerschaft, eine Indikation für die Pumpentherapie.

Auch für die intensivierte konventionelle Insulintherapie mit 3 oder 4 täglichen Injektionen gilt, daß meist nur mit hohen Insulindosen, die im Verlauf nahezu regelhaft weiter erhöht werden müssen, ein normoglykämisches Therapieziel erreicht werden kann (20, 21). Bei dem - theoretisch sinnvollen - Versuch, mit niedriger Dosis auf Dauer auszukommen, ergibt sich kein Vorteil gegenüber der konventionellen Insulintherapie (32, 33, 34) oder der kombinierten Behandlung Insulin/Sulfonylharnstoff (33).

Die am häufigsten angewandten Therapieschemata einer intensivierten Insulintherapie bei Typ 2-Diabetes sind:

	Regime 1	Regime 2
nüchtern:	Normal-insulin	Mischinsulin (30/70-50/50) oder individuelle Mischung Normal-/Basalinsulin
mittags:	Normal-I.	-
abends:	Normal-I.	Normal-I.
nachts:	Basal-I.	Basal-I.

Tab. 6.6: Therapieschemata einer intensivierten Insulintherapie bei Typ 2-Diabetes.

Eine **Indikation für die intensivierte Insulintherapie** ergibt sich bei unzureichenden Stoffwechselergebnissen unter einer konventionellen Insulintherapie, einer intensivierten Kombinationstherapie (orale Antidiabetika plus dreimal Normalinsulin) und bei allen schwangeren Typ 2-Diabetikerinnen, die mit alleinigen diätetischen Maßnahmen die für sie geltenden, strengen Einstellungskriterien nicht erreichen.

Bei der Entscheidung für eine Insulinmonotherapie sollte heute - mit Ausnahme älterer, pflegeabhängiger Menschen - immer die intensivierte konventionelle Insulintherapie angewandt werden. Dabei gelten dann die gleichen Kriterien wie für Typ 1-Diabetiker (☞ Kap. 5.5.3.)

Bei Übergang von einer **konventionellen Insulintherapie** mit 2 auf 4 Injektionen pro Tag sollte die erste Normalinsulindosis vor dem Abendessen verabreicht werden. Am gleichen Abend erfolgt die erste Gabe des Basalinsulins vor dem Schlafengehen. Ab dem nächsten Morgen fährt man mit Normalinsulin-Injektionen vor den jeweiligen großen Mahlzeiten fort. Damit sind die 4 Injektionen/Tag etabliert. Durch Dosisanpassung erfolgt nun die Stoffwechseleinstellung.

Der Übergang von der **konventionellen** zur dreimaligen Insulininjektion ist vergleichbar, wobei morgens das Mischinsulin belassen wird.

6.6.3. Blutzucker-Selbstkontrolle

Wie bei der intensivierten Insulintherapie des Typ 1-Diabetes erfordert diese Therapieform auch bei Typ 2-Diabetes eine **regelmäßige Blutzuckerselbstkontrolle** und die **Notwendigkeit der Insulindosisanpassung**. Deshalb sind dafür in der Regel nur **jüngere und gut schulbare Patienten geeignet**.

Aber auch allen anderen Patienten mit einer Insulintherapie, ob nun in Kombination mit oralen Antidiabetika oder unter konventioneller Insulintherapie, sollte die Möglichkeit der Blutzuckerselbstkontrolle gegeben werden. Da gerade ältere Patienten bei der Nahrungsaufnahme erheblichen Tagesschwankungen unterliegen, muß auch bei ihnen unter Mithilfe des Pflegepersonals eine Schulung der Insulindosisanpassung durchgeführt werden. Die Blutzuckerselbstkontrolle gibt zudem Sicherheit in der Therapie, motiviert die Patienten bezüglich ihrer diätetischen Bemühungen um eine gute Stoffwechseleinstellung und läßt eine Hypoglykämiegefährdung frühzeitig erkennen.

Demgegenüber werden häufig die hohen Kosten der Blutzucker-Selbstkontrolle - auch im Vergleich zur Harnzucker-Selbstkontrolle - ins Feld geführt. Dies muß natürlich bei der Entscheidung für eine Blutzucker-Selbstkontrolle mit einbezogen werden. Für die Mehrzahl der Typ 2-Diabetiker sind vernünftige Kompromisse sinnvoll, in dem man sich, je nach Therapie, für punktuelle Messungen entscheidet

6.6.4. Versagen der Insulintherapie

Trotz aller Bemühungen um eine optimale Stoffwechseleinstellung gibt es Patienten, die auch unter einer Insulinmonotherapie nicht ausreichend gut einstellbar sind. Als Therapieversager müssen Patienten mit

- starker Gewichtszunahme
- hohen Insulindosen (> 100 E) und
- unzureichender Stoffwechseleinstellung

angesehen werden.

Folgende Therapieversuche sind in dieser Situation möglich:

- **Zugabe von Metformin** (2x850 mg), eines α-Glukosidaseinhibitors (einschleichende Dosierung bis 3x100 mg), eines Thiazolidindions oder in Einzelfällen auch eines Sulfonylharnstoffes (mittlere Dosis) zur bestehenden Insulintherapie
- **Absetzen von Insulin und Beginn mit einer oralen Kombination** aus Sulfonylharnstoff und Metformin oder eines α-Glukosidaseinhibitors oder eines Thiazolidindions
- **Dosissteigerung** (evtl. unter Einsatz der s.c.-Insulinpumpe), bis das **angestrebte Therapieziel** erreicht wird, dann Dosisreduktion unter Erhalt der Stoffwechselgüte
- **Intravenöse Insulingabe** als Dauerinfusion und i. v. Bolusgaben zu den Mahlzeiten. Wenn das angestrebte Blutzuckerprofil erreicht ist, kann wieder auf die intensivierte Insulintherapie umgestellt werden

> Alle diese Therapieversuche sollten unter stationären Bedingungen in einer Klinik mit diabetologischem Sachverstand erfolgen.

Hier kann im Vorfeld auch der Versuch einer kurzfristigen Stoffwechselverbesserung durch **ärztlich überwachte körperliche Aktivierung** und/oder durch Einlegen von **Obst-/Reis-/Hafertagen** unternommen werden.

6.7. Der multimorbide Typ 2-Diabetiker

Der Typ 2-Diabetes ist zum einen eine Wohlstandskrankheit mit einer engen Beziehung zu überhöhtem Körpergewicht und körperlicher Passivität und zum anderen eine Alterserkrankung, da die Insulinsekretion natürlicherweise im Alter ab- und die Insulinresistenz zunimmt.

> Bei der Behandlung multimorbider älterer Patienten muß zum einen die Gesamtzahl aller notwendigen Medikamente und zum anderen die veränderte Pharmakokinetik vieler Medikamente in die therapeutischen Überlegungen einbezogen werden.

Darüber hinaus gilt es insbesondere auch auf Wechselwirkungen verschiedener Medikamente zu achten. Wie bei vielen anderen Erkrankungen älterer Patienten hat sich auch die medikamentöse Therapie des Diabetes auf das Notwendige zu beschränken, um die aktuelle Lebensqualität zu erhalten. Dabei gilt es vorrangig, Symptome der Hyperglykämie zu verhindern, wie körperliche Müdigkeit, Polyurie oder cerebrale Beeinträchtigungen. Vor allem bei **schlanken Patienten mit "cerebralem Hyperglykämiesyndrom" ist die konventionelle Insulintherapie die Behandlung der Wahl** mit zum Teil erstaunlich guten Ergebnissen. Durch diese konventionelle Insulintherapie können eine Reihe von Medikamenten, wie sie zum Beispiel in Kombinationstherapieformen notwendig sind, eingespart und subjektive Beeinträchtigungen, wie sie bei der intensivierten Insulintherapie auftreten, verhindert werden.

> Entscheidend ist das Wohlbefinden des Patienten. Dies verlangt soviel Therapie wie nötig, aber nicht eine theoretisch mögliche Maximaltherapie, die sich womöglich an unrealistischen Zielen orientiert.

6.8. Literatur

1. Reaven, G. M.: Role of insulin resistance in human disease, Diabetes 37: 1595-1607, 1988

2.Shinozaki, K., Suzuki, M., Ikebuchi, M., Takaki, H., Hara, Y., Tsushima, M., Harano, Y.: Insulin resistance associated with compensatory hyperinsulinemia as an independent risk factor for vascospastic angina, Circulation 92: 1749-1757, 1995

3. American Diabetes Association: Consensus Development Conference on Insulin Resistance; Diabetes Care 21: 310-314, 1998

4. U.K. Prospective Diabetes Study 16 - Overview of 6 years' therapy of type II diabetes: A progressive disease, Diabetes 44: 1249-1258, 1995

5. Puls, W.: Pharmacology of glucosidase inhibitors, In: Handbook of Experimental Pharmacology: Oral Antidiabetics. Vol 119. Kuhlmann, J., Puls, W., Eds., Berlin, Springer, 1996, S.497-525

6. Lebovitz, H. E.: α-Glucosidase inhibitors as agents in the treatment of diabetes, Diab. Review. 6:132-145, 1998

7. Standl, E., Janka, H. U., Mehnert, H.: Behandlung mit nicht-insulinotropen oralen Antidiabetika. In Diabetologie in Klinik und Praxis. Mehnert, H., Standl, E., Usadel, K.-H., Eds., Stuttgart, New York, Thieme, 1999, S 163-181

8. Cusi, K., DeFronzo, R. A.: Metformin: a review of its metabolic effects, Diab. Review. 6: 89-131, 1998

9. Haupt, E, Standl, E., Mehnert, H.: Behandlung mit insulinotropen oralen Antidiabetika (Sulfonylhamstoffen), In Diabetologie in Klinik und Praxis. Mehnert, H., Standl, E., Usadel, K.-H., Eds., Stuttgart, New York, Tieme, 1999, S 147-162

10. Bachmann, W., Löbe, A., Lacher, F.: Medikamentös bedingte Hypoglykämien bei Typ 2-Diabetes, Diabet. Stoffw. 4: 83-89, 1995

11. Panten, U., Schwanstecker, M., Schwanstecker, C.: Sulfonylurea receptors and mechanism of sulfonylurea action, Exp. Clin. Endocrinol. Diabet. 104:1-9, 1996

12. UKPDS Group: Intensive blood control with sulfonylureas or insulin compared with conventional treatment and risk of complications in patients with type 2 diabetes (UKPDS 33), Lancet: 837-853, 1998

13. UKPDS Group: Effect of intensive blood glucose control with metformin on complications in overweight patients with type 2 diabetes (UKPDS 34), Lancet: 854-865, 1998

14. Johnson, J. L., Wolf,S. L., Kabadi, U. M.: Efficacy of Insulin and Sulfonylurea Combination Therapy in Typ II Diabetes, Arch. Intern. Med. 156: 259-264, 1996

15. Pugh, J. A., Ramirez, G., Wagner, M. L., Tuley, M., Sawyer, J., Friedberg, S. J.: Is Combination Sulfonylurea and Insulin Therapy Useful in NIDDM Patients? A Metaanalysis, Diabetes Care 15: 953-959, 1992

16. Slama, G.: The insulin sparing effect of metformin in insulin-treated diabetic patients, Diabète et Metab. 17: 241-243, 1991

17. Kelley, D. E., Bidot, P., Freedman, Z. et al.: Efficacy and safety of acarbose in insulin-treated patients with type 2 diabetes, Diabetes Care 21: 2056-2061, 1988

18. Lotz, N., Bachmann, W., Ladik T.: Die Kombinationstherapie Insulin/Sulfonylharnstoff in der Langzeittherapie des Typ-II-Diabetes nach "Sekundärversagen", Klin. Wo. 66: 1979-1084, 1988

19. Riddle, M. C.: New tactics for type 2 diabetes: regimens based on intermediate-acting insulin taken at bedtime, Lancet 1: 192-195, 1985

20. Abraira, C., Colwell, J. A., Nuttall, F. Q. et al.: Veterans Affairs Cooperative Study on Glycemic Control and Complications in Type II Diabetes (VA CSDM), Diab. Care 18:1113-1123, 1995

21. Henry, R. R., Gumbiner, B., Ditzler, T., et al.: Intensive conventional insulin therapy for type II diabetes, Diabetes Care 16: 21-31, 1993

22. Després, J.-P., Lamarche, B., Mauriège, P. et al.: Hyperinsulinemia as an independent risk factor for ischemic heart disease. N. Engl. J. Med. 334: 952-957, 1996

23. Graul, A., Castaner, J.: Repaglinide. Drugs of the Future 21:694-699,1996

24. Wolffenbüttel, B.H.R., Graal, M.B.: New treatment for patients with type 2 diabetes mellitus, Postgrad. Med. J. 72: 657-662, 1996

25. Bethge, H., Häring, H. U.: Die Thiazolidindione - ein neues Therapieprinzip beim Typ 2-Diabetes, Drug. Res. 48 (1): 97-119, 1998

26. Grossman, S. L., Lessem, J.: Mechanism and clinical effects of tiazolidindiones, Exp. Opin. Invest Drugs 6:1025-1040, 1997

27. Schwartz, S., Raskin, P., Fonseca, V., Graveline, J. F.: Effect of troglitazone in insulin-treated patients with type II diabetes mellitus, N. Engl. J. Med. 338: 861-866, 1998

28. Connolly, H. M., Crary, J. L., McGoon, M. D., et al.: Valvular heart disease associated with fenfluramine-phentermine, N. Engl. J. Med. 337: 581-588, 1997

29. Hollander, P.A., Elbein, S. C., Hirsch, I. B.: Role of Orlistat in the treatment of obese patients with type 2 diabetes, Diabetes Care 21: 1288-1294, 1998

30. Weintraub, M., Rubio, A., Golik, A. et al.: Sibutramine in weight control: a dose-ranging, efficacy study, Clin. Pharmacol. Ther. 50 : 330-337, 1991

31. Goldberg, R. B., Einhorn, D., Lucas, C. P., et al.: A randomized placebo-controlled trial of repaglinide in the treatment of type 2 diabetes, Diabetes Care 21:1897-1903,1998

32. Lindström, T. H., Arnquist, H. J., von Schenk, H. H.: Effect of conventional and intensified insulin therapy on free insulin profiles and glycemie control in NIDDM, Diabetes Care 15: 27-34,1992

33. Yki-Järvinen, H., Kauppila, M., Kujansuu, E., et. al.: Comparison of insulin regimens in patients with non-insulin-dependent diabetes mellitus, N. Engl. J. Med. 327: 1426-1433,1992

34. Peterson, K., R., Wilson, M., Kesson, C. M., et al.: Comparison of basal and prandial insulin therapy in patients with secondary failure of sulfonylurea therapy, Diabet. Med. 8: 40-43, 1991

Klinischer Alltag, Akutkomplikationen und Führung älterer Diabetiker

E. Haupt

7. Klinischer Alltag, Akutkomplikationen und Führung älterer Diabetiker

7.1. Führung des Diabetikers im medizinischen Alltag

7.1.1. Endoskopien und Kontrastmittelapplikation

Endoskopische Eingriffe sind beim Diabetiker in der Regel problemlos durchzuführen. Im Tagesablauf der Klinikroutine müssen Diabetiker immer zuerst eingeplant werden. Ist Nüchternheit erforderlich, wird man orale Antidiabetika oder Insulin nur kurz vorher aussetzen und den Glukose-Stoffwechsel engmaschig im Auge behalten. Die antidiabetische Therapie wird dann mit der nächsten Mahlzeit wieder aufgenommen.

Die **intravenöse Applikation von Röntgenkontrastmitteln** kann bei Diabetikern mit Nephropathie auch noch bei normalen Serumkreatininwerten ein akutes Nierenversagen mit terminaler Niereninsuffizienz auslösen. Das Risiko für das Auftreten eines akuten Nierenversagens ist bei Diabetikern mit Nephropathie mindestens 5x so hoch wie bei nierengesunden Diabetikern. Röntgenkontrastmittel sind starke **Vasokonstriktoren**. Sie führen zu einer deutlichen Verminderung der renalen Perfusion. Prädisponierende Faktoren sind eine Hypohydratation, eine schwere Herz- oder Leberinsuffizienz, Faktoren, die ebenfalls zumindest zeitweise mit einer Minderung der renalen Durchblutung assoziiert sind. Die Verwendung ionischer oder nicht-ionischer Kontrastmittel hat keinen unterschiedlichen Einfluß auf die Entstehung des akuten Nierenversagens.

I.v. Pyelographien, Herzkatheter, Gefäßdarstellungen und Dilatationen erfordern teilweise große Kontrastmittelmengen. Deshalb muß die Indikation zur Röntgenkontrast-Untersuchung bei Diabetikern mit kompensierter Niereninsuffizienz nach strengsten Kriterien gestellt werden.

Wichtig ist die Anpassung der Kontrastmitteldosis an das Serumkalium nach Cigarrosa (9):

$$\text{Maximaldosis} = \frac{\text{5 ml/kg Körpergewicht}}{\text{Serumkalium mg/dl}}$$

Faktoren wie Hypohydratation, Herz- und Leberinsuffizienz müssen vor Kontrastmittelapplikation weitgehend kompensiert sein. Wenn keine Kontraindikation gegen eine Flüssigkeitszufuhr besteht, muß eine **geringe Volumenexpansion** angestrebt werden. Dazu beginnt man bereits vor der Kontrastmittelapplikation mit der intravenösen Gabe von physiologischer Kochsalzlösung, die zu einer Steigerung der Diurese führt. Diese Maßnahme muß **während und bis 24 Std. nach der Kontrastmittelapplikation** fortgesetzt werden (☞ Tab. 7.1+7.2).

Prophylaxe allgemeiner dosisunabhängiger Kontrastmittelreaktionen (Anaphylaxie)
• Allergieanamnese • orale Steroide: Prednisolon je 30 mg 12 Std. und 2 Std. vor KM-Applikation • bekannter schwerer KM-Zwischenfall: - KM-Applikation nur bei dringlicher Indikation - obligate Verwendung nichtionischer KM - obligat H_1-Blocker (z.B. 400 mg Tagamet) + i.v-Steroide: Prednisolon 200 mg 15 min vor KM-Applikation - Notfallausrüstung bereithalten - danach engmaschigere Stoffwechselkontrollen und Therapieadaptation

Tab. 7.1: Prophylaxe allgemeiner dosisunabhängiger Kontrastmittelreaktionen (Anaphylaxie).

Prophylaxe chemisch-toxischer Kontrastmittelreaktionen mit Dosisabhängigkeit bei Diabetikern
• strenge Indikationsstellung • KM-Menge reduzieren, Cigarrosa-Formel anwenden • Volumenmangel vor Untersuchung ausgleichen • Prähydratation (cave chronische Nieren- oder Herzinsuffizienz): Infusion halbisotoner NaCl-Lsg., 1 ml/kg/Std. über 12 Std. vor der Untersuchung • Furosemid- und/oder Mannitolgabe erhöht das Risiko eines akuten Nierenversagens bei Diabetikern

Tab. 7.2 Prophylaxe chemisch-toxischer Kontrastmittelreaktionen mit Dosisabhängigkeit bei Diabetikern.

Die orale antidiabetische Therapie mit Biguaniden (in Deutschland: Metformin) ist an eine intakte Nierenleistung gebunden, da diese Substanzen rein nephrogen eliminiert werden müssen und bei Kumulation wegen einer eingeschränkten Nierenfunktion die Gefahr der Laktatazidose besteht.

Deshalb muß **Metformin 48 Stunden vor einer geplanten Kontrastmittelgabe abgesetzt werden**. Es empfiehlt sich dann die kurzfristige Umstellung auf ein Sulfonylharnstoffderivat oder auf Insulin.

Auch **48 Stunden vor Operationen muß Metformin abgesetzt werden**.

7.1.2. Operation und Narkose

Diabetiker müssen sich häufiger Operationen unterziehen als Stoffwechselgesunde. Die Multimorbidität führt dazu, daß die meisten Diabetiker irgendwann in ihrem Leben einmal operiert werden müssen. Alle operativen Fachgebiete haben sich mit dem Problem der perioperativen Führung von Diabetikern auseinanderzusetzen, da die unterschiedlichsten Organsysteme betroffen sein können (z.B. Herz, Abdomen, Auge, Nieren). Es gibt eine Reihe wichtiger, aktuell gültiger Empfehlungen, die zeigen, daß sich alle Beteiligten der besonderen Problematik bewußt sind (11,12,13).

Die Sorgfalt hinsichtlich der Indikationsstellung und bei der perioperativen Überwachung sind sicherlich auch der Grund dafür, daß Diabetiker ohne die besonderen Risiken vaskulärer oder neuropathischer Folgeschäden heute keine Erhöhung der perioperativen Morbidität und Mortalität mehr haben (17).

Auch Wundheilungsstörungen und die postoperative Infektionsgefahr sind unter diesen Bedingungen denjenigen von Stoffwechselgesunden vergleichbar (21). Der Diabetiker als Risikopatient für chirurgische Eingriffe hat selbst bei großen Eingriffen, beispielsweise in der koronaren Bypasschirurgie, eine dem Stoffwechselgesunden vergleichbare Prognose, wenn seitens des ärztlichen und nichtärztlichen Personals entsprechende Grundkenntnisse vorhanden und ein diabetologisch erfahrener Internist und Anästhesist verfügbar sind.

Metabolische Besonderheiten

Das **Postaggressionssyndrom** als Streßantwort des Organismus führt zu einer hormonell und sympathisch gesteuerten Stimulation des Katabolismus mit **Steigerung der Glukoneogenese,** der **Glykogenolyse,** der **Proteolyse** und der **Lipolyse**. Der Einfluß kontrainsulinärer hormoneller Faktoren verstärkt die periphere Insulinresistenz und hemmt die endogene Insulinsekretion.

Beim Stoffwechselgesunden werden diese metabolischen Veränderungen durch eine angepaßte endogene Insulinsekretion kontrolliert. Beim Diabetiker mit verminderter oder fehlender Anpassung der Insulinkonzentrationen an den gesteigerten Bedarf kann hieraus eine Stoffwechselstörung mit Hyperglykämie, Ketonämie, Ketoazidose und Lactatazidose resultieren.

Das Postaggressionsyndrom hat aber auch **Einflüsse auf die Rheologie durch eine aktivierte Hämostase mit erhöhter Thromboseneigung** und einer gestörten Anpassung der Makro- und Mikrozirkulation mit konsekutiver Mangelversorgung der Gewebe und Wundheilungsstörungen.

Therapie

Angesichts dieser komplexen kontrainsulinären Einflüsse bedarf es in der perioperativen Phase einer sorgfältig angepaßten Insulinsubstitution. Planbare Operationen sollten bei einer schlechten Stoffwechseleinstellung mit Nüchternblutzuckerspiegeln > 180 mg/dl und/oder postprandial > 230 mg/dl verschoben werden.

Perioperativ ist eine normoglykämische Stoffwechseleinstellung nicht erforderlich. Als pragmatischer Kompromiß gelten Blutglukosewerte zwischen 110 und 180 mg/dl (9).

Dazu ist in der Regel bei großen, langdauernden Eingriffen für insulinbehandelte Typ 2-Diabetiker und immer für Typ 1-Diabetiker eine **kontinuierliche i.v.-Insulinversorgung** nötig. Auch bei Typ 2-Diabetikern ohne vorherige Insulintherapie kann selbst bei kleinen, kürzer dauernden Eingriffen außer der konsequenten Stoffwechselüberwachung oft eine vorübergehende perioperative Insulingabe erforderlich sein. Besondere Aufmerksamkeit ist dabei auf die **Vermeidung jeglicher Hypoglykämiegefährdung** zu legen (☞ Tab. 7.1), d.h. daß bei diesen Patienten eine konsequente Blutzuckerüberwachung stattfinden muß.

Abgesehen vom Vorgehen bei leichteren oder mittelschweren operativen Eingriffen (☞ Tab. 7.3) wird heute durchweg eine perioperative Insulininfusionsbehandlung durchgeführt. Diese erfolgte bisher üblicherweise mit einer Perfusorfüllung aus 50 ml 0,9 %iger NaCl und 50 IE Normalinsulin. Parallel dazu läuft eine getrennte Infusion mit 5 %iger Glukose und den erforderlichen Elektrolyten (100 - 200 ml/h). Neuerdings sehen die Leitlinien des European Diabetes Policy Group die Verwendung eines **Glukose-Insulin-Kalium-(GIK) Regimes** mit **500 ml 10 %iger Glukose**, **16 IE Normalinsulin** und **10 mmol Kaliumchlorid** vor, wobei der Insulinanteil bei Übergewichtigen um 4 IE erhöht und bei Untergewichtigen um 4 IE verringert werden muß. 80 ml/h werden mittels Perfusor appliziert (9).Die GIK-Zufuhr wird in Abhängigkeit von der Höhe der Blutglukose gesteuert (stündliche Kontrollen), in hypoglykämischen Bereichen wird sie gestoppt. Serumkalium muß alle 4 Stunden kontrolliert werden.

Bei Operationen am offenen Herzen ist der intraoperative Insulinbedarf besonders groß, da die kardioplegischen Lösungen häufig glukosehaltig sind und da adrenerge Medikamente sowie die Bedingungen der Hypothermie die Insulinresistenz zusätzlich steigern.

Bei folgenden Eingriffen muß postoperativ mit einem **Abfall des Insulinbedarfs** mit der Gefahr von Hypoglykämien gerechnet werden:

- Amputation einer Extremität bei Gangrän
- Exstirpation eines infizierten Organs (z.B. Gallenblase)
- Drainage eines Abszesses oder einer Phlegmone
- Hypophysektomie, Adrenalektomie, Phäochromozytomoperation
- Entbindung (per Sektio)

Die postoperative Steuerung wird erleichtert, wenn planbare Eingriffe an Diabetikern in die frühen Morgenstunden und zum Wochenanfang gelegt werden.

7.1.3. Akuter Myokardinfarkt

Der akute Myokardinfarkt ist bei Diabetikern gegenüber Nichtdiabetikern mit einer erhöhten Frühmortalität und auch mit einer deutlich schlechteren Langzeitprognose verbunden. Als mögliche Ursachen werden

- eine diffusere Arteriosklerose der Koronararterien, die die Infarktgröße beeinflußt
- ein gestörtes postischämisches Remodeling mit dem häufigeren Auftreten von Herzinsuffizienz und den Diabetes-assoziierten Störungen der Gerinnung und Fibrinolyse sowie
- autonome Neuropathie und Herzrhythmusstörungen

diskutiert.

Eine gute Stoffwechseleinstellung verbessert die Prognose dramatisch.

Auf der **Intensivstation** sollte ein **Blutzuckerzielbereich von 120 bis 180 mg/dl** erreicht werden. Dies ist sehr häufig nur mit Insulinapplikationen möglich. Bewährt hat sich auch die **kontinuierliche intravenöse Insulinapplikation mit dem Perfusor** (50 ml 0,9 %ige NaCl u. 50 IE Normalinsulin). Die Insulinzufuhr wird in Abhängigkeit von der Höhe der Blutglukose gesteuert (stündliche Kontrollen) und ähnlich wie bei der perioperativen Insulininfusionsbehandlung wird sie bei Blutzuckerwerten unterhalb des Zielbereiches gestoppt.

1. Leichte Operation	
diätetisch eingestellter Diabetes	Blutglukosekontrollen
mit Sulfonylharnstoffen eingestellter Diabetes	• Aussetzen der Therapie • Blutglukosekontrollen • Wiederaufnahme der Sulfonylharnstoffbehandlung vor der ersten postop. Mahlzeit • evtl. praeoperative Umstellung auf Insulin bzw. Insulin in Bereitschaft
insulinbehandelter Diabetes	• präoperativ kein Frühstück • 50 % der üblichen Insulindosis als Verzögerungsinsulin • vor, während und nach der Operation 5 % Glukose i. v. • falls erforderlich Normalinsulin zur Therapie von BZ-Spitzen • Blutglukosekontrollen • vor der ersten postop. Mahlzeit Wiederaufnahme der s. c. Insulintherapie • Frühmorgens operieren!
2. Mittelschwere Operation	
diätetisch eingestellter Diabetes	• 5 %ige Glukose i. v. bis zur ersten postop. Mahlzeit • Blutglukosekontrollen
mit Sulfonylharnstoffen eingestellter Diabetes	• 5 %ige Glukose i. v. • Wiederaufnahme der Sulfonylharnstoff-Therapie vor der ersten postop. Mahlzeit • Blutglukosekontrollen • Insulin in Bereitschaft; je nach Blutglukosewert evtl. praeoperative Umstellung auf Insulin
insulinbehandelter Diabetes	• vor der Operation kein Frühstück • 50 % der üblichen Insulindosis als Verzögerungsinsulin • 5 %ige Glukose i. v. (150-200 g pro Tag) • Blutglukosekontrollen • Vor der ersten postop. Mahlzeit Wiederaufnahme ders.s. c. Insulintherapie • dosisangepaßt an Blutglukose und Nahrungsaufnahme • Frühmorgens operieren • Alternativ wird auch für diese Fälle zunehmend das Vorgehen mittels einer Insulininfusion bevorzugt
3. Schwere Operation mit anschließender parenteraler Ernährung für mehrere Tage	
diätetisch behandelter Diabetes	• ausreichende parenterale Ernährung • Insulin in Bereitschaft • Blutglukosekontrollen
mit Sulfonylharnstoffen behandelter Diabetes	• Präoperative Umstellung auf eine Insulintherapie
insulinbehandelter Diabetes	• Umstellung auf Insulininfusion (ggf. am Abend vorher die Hälfte der üblichen s. c. Insulindosis) • engmaschige Blutglukosekontrollen; • mit Beginn der regulären oralen Ernährung Wiederaufnahme der s. c. Insulintherapie

Tab. 7.3: Schema für die perioperative Behandlung von Patienten mit Diabetes mellitus (nach M. Berger,1995)

In der Studie über "Diabetes Insulin-Glukose Infusion in Acute Myocardial Infarction" (DIGAMI) wurden diabetische Herzinfarktpatienten mit einer Insulin-Glukoseinfusion über wenigstens 24 Std. (500 ml 5 %ige Glukose und 80 IE Normal-Insulin, 30 ml/h) und anschließender Therapie mit multiplen Insulindosen täglich über mindestens 3 Monate mit einer konventionellen behandelten Kontrollgruppe verglichen (19,20). Die Letalität in der Akut-und Folgezeit konnte dadurch bei der intensiv behandelten Gruppe um ca. 30 % reduziert werden.

Obgleich der **Nutzen einer thrombolytischen Therapie bei Diabetikern besonders groß ist**, wird nach den Untersuchungen des Augsburger Herzinfarktregisters nur bei 16 % der diabetischen Herzinfarktpatienten eine Thrombolyse vorgenommen (18). Begründet wird dies häufig mit der Gefahr von retinalen Blutungen bei dem Vorliegen einer gleichzeitigen diabetischen Retinopathie. Mittlerweile hat sich gezeigt, daß retinale Blutungen bei Diabetikern unter thrombolytischer Therapie extrem selten sind.

Eine Retinopathie stellt deshalb keine Kontraindikation für eine Thrombolysebehandlung dar.

Das Augsburger Herzinfarktregister zeigt auch eine ähnliche **Zurückhaltung bei der Therapie mit Betarezeptorenblockern**, die bei Diabetikern nur in 35 % vorgenommen wird, obgleich der **Langzeitnutzen** mit kardioselektiven Betablockern gerade bei Diabetikern **eindeutig nachgewiesen** wurde (18). Befürchtungen in Richtung einer Verschlechterung der metabolischen Einstellung mit verringerten Warnsymptomen einer Hypoglykämie und verlängerten Unterzuckerungszuständen sind aber durch Studien mit kardioselektiver Betablockade ausgeräumt worden.

7.1.4. Diabetes mellitus und Infektionen

In der Zeit vor der therapeutischen Anwendung von Insulin und bis zur Entwicklung moderner antibakterieller Behandlungsverfahren haben Infektionskrankheiten als Todesursache von Diabetikern eine bedeutende Rolle gespielt. Es besteht Klarheit darüber, daß die Auswirkungen einer Infektionskrankheit den Diabetiker schwerer treffen als den Stoffwechselgesunden. Dies äußert sich in einer Verschlechterung der Stoffwechsellage, einem erhöhtem Bedarf an Insulin oder oralen Antidiabetika sowie in einer erschwerten Behandlungsführung.

Trotzdem ist die früher oft geäußerte Vermutung, daß Diabetiker generell infektionsanfälliger seien als Stoffwechselgesunde, heute nicht mehr aufrecht zu erhalten.

Eine überhöhte Infektionsgefährdung besteht bei unkontrollierter diabetischer Stoffwechsellage mit deutlicher Hyperglykämie und Ketoazidose. Bei Patienten mit diabetischen Folgeschäden, stenosierender Angiopathie und Neuropathien, ist das Infektionsrisiko ebenfalls erhöht und bedarf besonderer diagnostischer Aufmerksamkeit (14).

7.1.4.1. Harnwegsinfekt

Harnwegsinfekte sind sicherlich neben den infektiösen Hauterkrankungen die häufigsten und wichtigsten entzündlichen Erkrankungen des Diabetikers. Oft fällt das **Fehlen klinischer Symptome** auf (autonome Neuropathie), wodurch Diagnostik und Therapie erschwert und verzögert werden. Ansonsten zeigt das klinische Bild akuter und chronischer Harnwegserkrankungen gut eingestellter Diabetiker keine Abweichung von dem der Stoffwechselgesunden. Auffällig sind jedoch **hartnäckigere Verläufe und die Tendenz zu chronischen Krankheitsbildern**. Bei Diabetikern mit neurologischen Symptomen ist der Hauptteil von aszendierenen Harnwegsinfektionen auf die **Restharnbildung** wegen Sphinkterschwäche und Blasenatonie zurückzuführen (autonome Neuropathie). Die hämatogene Ausbreitung von E.coli und Klebsiellen mit dem Resultat einer Pneumonie oder einer Sepsis wird bei Diabetikern in der Mehrzahl der Fälle auf Harnwegsinfekte zurückzuführen sein.

7.1.4.2. Candida-Mykosen

Für den Diabetologen sind Auswirkungen von Pilzerkrankungen ein tägliches Problem. Pruritus vulvae und Balanitiden, aber auch intertriginöse Ekzeme zwischen Hautfalten findet man häufig bei schlechter Stoffwechseleinstellung, wobei die Erkrankungen mit der Höhe des HbA 1c-Wertes korreliert sind. In der Regel verschwinden sie oft schon bei besserer Einstellung der diabetischen Stoffwechsellage auch ohne spezielle Therapie.

7.1.4.3. Pyodermien

Pyodermien treten häufig vor der Diagnosestellung eines manifesten Diabetes oder bei unkontrollierter Stoffwechselstörung in Form einer Furunkulose auf. Bei solchen Patienten stellen Hautläsionen, etwa im Bereich der Füße, aber auch an den Fingern besondere Risiken dar. Schwere Mischinfektionen der Haut und des subkutanen Gewebes ausgehend von solchen Hautläsionen und einer Besiedlung mit Streptokokken, Staphylokokken, gramnegativen Bakterien und auch Pilzen führen zu komplizierten Erysipelen, die intensiver chirurgischer und antibiotischer Therapie bedürfen.

7.1.4.4. Therapeutische Gesichtspunkte

Da ein unkontrollierter oder schlecht geführter Diabetes zu Infektionserkrankungen prädisponiert, ist die **gute Einstellung der wichtigste Faktor der Prophylaxe und Therapie**. Häufig ist bei Patienten unter oraler antidiabetischer Therapie eine **Umstellung auf Insulin** notwendig. Die Infektion des Diabetikers sollte möglichst prompt und energisch behandelt werden, um schwere Entgleisungen des Stoffwechsels schon im Initialstadium zu unterdrücken und die Gefahr der Beschleunigung von chronischen Diabeteskomplikationen zu verringern. Routinekontrolluntersuchungen z.B. des Harnsedimentes führen bei den häufig klinisch stummen Infektionen der ableitenden Harnwege zur schnelleren Diagnosestellung, so daß die Therapie bereits im Anfangsstadium der Krankheit einsetzen kann. Zur konstruktiven Präventivmedizin des den Diabetiker führenden Arztes gehört auch die Aufklärung des Patienten über die Gefahr banaler Hautverletzungen und die Information zur richtiger Körperhygiene, wobei der Fußpflege eine besonders wichtige Rolle zukommt. (Prophylaxe des diabetischen Fußes, ☞ Kap. 3.8.5.).

Die antibiotische Therapie von Infektionserkrankungen unterscheidet sich beim Diabetiker nicht von der des Stoffwechselgesunden. Mit der Möglichkeit einer eingeschränkten Nierenfunktion bei diabetischer Nephropathie muß jedoch gerechnet werden, so daß bei der Auswahl der Pharmaka ihre Nephrotoxizität berücksichtig werden muß. In erster Linie gilt dies für Amphotericin B, das für die Therapie von generalisierten Pilzinfektionen eingesetzt wird. In geringem Maße nephrotoxisch sind Steptomycin, Kanamycin, Gentamycin, Viomycin, Colistin und Polymyxin B. Viele dieser Substanzen sind heute durch nebenwirkungsärmere Antibiotika verdrängt worden.

Die während einer Infektion regelmäßig verschlechterte Stoffwechsellage erfordert eine intensivere Überwachung. Häufige Kontrollen des Stoffwechsels sind meist unumgänglich, da die Dosierung von Insulin und antidiabetischen Substanzen den speziellen und wechselnden Bedingungen angepaßt werden muß. Ein generelles Therapieschema für die Ausnahmesituation einer Infektion läßt sich nicht erstellen, da das Ausmaß der genseitigen Beeinflussung keinen Regeln unterliegt.

> Infektionen sind auch heute noch die häufigsten Auslöser einer Ketoazidose oder eines diabetischen Komas.

7.2. Diabetische Komaformen

Obwohl das **Coma diabeticum** bis 1922, vor der Einführung von Insulin, die unweigerliche Todesursache für alle damals noch nicht so bezeichneten Typ 1- und viele Typ 2-Diabetiker bedeutet hat und auch heute noch in vielen Entwicklungsländern eine häufige Todesursache darstellt, ist es aufgrund der Fortschritte in der medizinischen Betreuung, der Schulung der Patienten zur Selbstkontrolle und der viel frühzeitigeren Diagnose in unseren Breiten zu einem seltenen Ereignis geworden (7). Dies gilt insbesondere für erwachsene Typ 1-Diabetiker, aber auch für das sogenannte Manifestations-Koma Jugendlicher und diabetischer Kinder. Auch die Metformin-induzierte Lactatazidose ist ein seltenes Ereignis geworden, da die Kontraindikationen der Biguanidtherapie sorgfältiger beachtet werden. Im Gegensatz zu diesen beiden Komaformen sind die hyperosmoralen, nicht azidotischen Zustände älterer Typ 2-Diabetiker häufiger und werden leider auch oft zu spät erkannt.

7.2.1. Coma diabeticum und Ketoacidose

7.2.1.1. Pathophysiologie

Insulinmangel führt zu charakteristischen Stoffwechselvorgängen vor allem im Leber-, Fett- und Muskelgewebe. Mit Wegfall des antilipolytischen Effektes von Insulin kommt es zu einer **enorm gesteigerten Lipolyse** und zu einem verstärkten Abbau der freien Fettsäuren zur Energiegewinnung. Gleichzeitig besteht aber nicht die Möglichkeit, deren Endstufen, wie beispielsweise das Acetyl-Co-A, in den Citratzyklus einzuschleusen, wodurch es zu einer **Anhäufung von Ketonkörpern** wie Acetoacetat, Betahydroxybutyrat und Aceton und damit zu einer schweren metabolischen Acidose kommt. Parallel zu dieser Entwicklung **steigen die Blutzuckerspiegel** primär als Folge einer stark **gesteigerten Glykogenolyse** mit einem totalen Verbrauch der Glykogenvorräte, wie auch sekundär durch die **gesteigerte hepatische Glukoneogenese**. Die Substrate hierfür sind Lactat, Pyruvat, Alanin und andere glukoplastische bzw. glukoneogenetische Aminosäuren und Glycerin.

Diese biochemischen Stoffwechselveränderungen haben pathophysiologische Folgen, die das klinische Erscheinungsbild der diabetischen Ketoazidose bestimmen. Durch **Hyperglykämie und Ketose** kommt es zu einem starken **Anstieg der Serumosmolarität**, gefolgt von einem Ausstrom von Zellwasser in den extrazellulären Raum und **Dehydratation der Zellen**. Hyperglykämie und Hyperosmolarität führen zunächst zu einer **osmotischen Diurese** mit massiven Wasser- und Elektrolytverlusten.

> Obwohl die wesentlichen primären Störungen, die zur diabetischen Ketoazidose führen, Folge der verminderten Insulineffekte sind, ist die gestörte Nierenfunktion für Wasser, Elektrolyte, Glukose und Ketonkörper für die weitere Entwicklung von Dehydratation, Azidose und Elektrolytverlusten verantwortlich.

Der Patient kann die Zwangspolyurie schließlich nicht mehr durch entsprechende Trinkmengen ausgleichen, wodurch es zu einem **erheblichen Verlust an Körperwasser** (Größenordnungen bis zu 12 und mehr Liter) kommt. Die **Dehydratation**, zunächst im Intrazelluärraum, setzt sich dann auch auf den Extrazellulärraum fort und verringert das zirkulierende Plasmavolumen um bis zu 25 Prozent mit der Gefahr der hypovolämischen Kreislaufinsuffizienz. Um das zirkulierende Plasmavolumen zu konservieren, wird Natrium zu Lasten einer vermehrten Kaliumausscheidung retiniert.

Ein diabetisches Koma kann sich in Abhängigkeit vom Grad des Insulinmangels innerhalb weniger Stunden entwickeln. Bei relativen Insulinmangel, beispielsweise im Zusammenhang mit einem Infekt, bei dem die Insulindosis nicht erhöht wurde, entwickelt sich die diabetische Ketoazidose über ein bis mehrere Tage. In den letzten Jahren haben sich diabetische Komata gelegentlich sogar auch bei Insulinpumpenträgern entwickelt. Ursache war in diesen Fällen praktisch immer eine gestörte Insulinzufuhr durch Katheter- oder andere Pumpendefekte.

> Das Vollbild des Coma diabeticum hat auch heute noch ein Letalitätsrisiko von ca. 5-20 Prozent.

7.2.1.2. Ursachen und Symptomatologie

Die diabetische Ketoazidose und das Coma diabeticum werden durch einen kritischen Mangel an Insulin verursacht. Eine derartige Situation kann besonders unter folgenden Umständen eintreten:

- Fehlende exogene Insulinzufuhr
  - Manifestation eines bisher unbekannten Diabetes
  - Unterlassene Injektion, Unterbrechen der Insulinzufuhr bei Insulinpumpentherapie
  - Mangelhaft eingestellte Typ 2-Diabetiker unter oraler Therapie (bei Insulinbedürftigkeit)
- Ungenügende exogene Insulinzufuhr
  - ungenügende Dosisadaptation
  - technische Fehler bei Abmessung und Injektion durch den Patienten
  - erhöhter Insulinbedarf:
  - Infekt (Pneumonie, Harnwegsinfekt u.a.)
  - Operation, Unfall
  - Gastrointestinale Erkrankungen
  - Herzinfarkt
  - Hyperthyreose
  - Therapie mit Kortikosteroiden

> In zirka 25 Prozent handelt es sich um ein sogenanntes Manifestationskoma bei Typ 1-diabetischen Kindern und Jugendlichen.

Mit 40 Prozent stellen **Infektionen die häufigste auslösende Ursache** dar (1). Irrtümliches Absetzen oder eine drastische Verminderung der Insulintherapie durch mangelhaft informierte Patienten und Ärzte, z.B. bei Erbrechen oder Inappetenz, in der irrigen Vorstellung, Unterzuckerungen vorbeugen zu müssen, oder nach der fatalen Meinung "wer nicht essen kann, benötigt auch kein Insulin", sind leider keine seltenen Auslöser für eine diabetische Ketoazidose. Auch artefizielle Provokationen im Rahmen eines Münchhausen-Syndroms oder anderer psychopathologischer Erkrankungen kommen in Einzelfällen immer wieder vor. Eigentlich vermeidbar ist ein operativer Eingriff wegen eines "akuten Bauches" im Rahmen der **Pseudoperitonitis diabetica** durch eine diabetische Ketoazidose, wodurch die Entwicklung eines diabetischen Komas erst richtig gebahnt wird.

Die Leitsymptome einer diabetischen Ketoazidose sind in Tab. 7.4 dargestellt.

Leitsymptome der diabetischen Ketoazidose
subjektiv
• Polydipsie
• Polyurie
• Inappetenz
• Erbrechen
• Muskelschwäche
• Müdigkeit
• unbestimmte Oberbauchbeschwerden
objektiv
• Exsikkose
• Gewichtsverlust
• ausgetrocknete Schleimhäute
• Hypotonie
• Tachykardie
• Schwäche
• Apathie
• Schläfrigkeit
• tiefe Atmung (Kussmaulsche Atmung) und Acetongeruch der Atemluft (Fehlen bei hyperosmolarem, nichtketoazidotischem Dehydratationssyndrom)

Tab. 7.4: Leitsymptome der diabetischen Ketoazidose (nach P. Althoff, 1994).

Grundsätzlich kann jede Störung des Allgemeinbefindens für den Diabetiker ein erstes Zeichen der diabetischen Ketoazidose sein. Durch die Selbstbestimmung von Blutglukose und Urinaceton hat der Patient die Möglichkeit, diese Situation bereits in einem sehr frühen Stadium festzustellen bzw. auszuschließen.

In den Vorstadien des Komas spielt die Bestimmung des Azetons zur Einschätzung des Stoffwechsels eine größere Rolle als beim manifesten Koma. Nicht selten ist es dann nicht möglich, Harn für die Untersuchung zu gewinnen. In diesen Fällen ist es möglich, **Ketonkörper in der Tränenflüssigkeit** oder im Serum zu bestimmen.

Bei der schweren ketoazidotischen Stoffwechseldekompensation (Blutzuckerkonzentrationen zwischen 500 und 1200 mg/dl) ist die **fortlaufende Untersuchung folgender Parameter** angezeigt:

- **Blutglukose stündlich** zur Überwachung der Insulinbehandlung
- **Azeton initial** zur Abgrenzung von anderen Koma-Formen
- **Kalium im Serum**
  - bei Therapiebeginn
  - bei beginnendem Abfall der Blutglukose und
  - nach 2-6-12 Stunden, je nach Kalium-Substitution und Krankheitsverlauf
- Blutgasanalyse mit
  - pH-Wert
  - pCO_2
  - $pHCO_3$
- **Natrium im Serum** zur Überwachung bei der Rehydratation
- **Serum-Osmolalität, spez. Gewicht** und **Osmolalität im Harn**
- Verlaufsbeobachtung von **Blutdruck und Temperatur** - engmaschig

7.2.1.3. Therapie

Eine verzögerte Diagnosestellung und damit eine Verzögerung des Therapiebeginns verschlechtert die Prognose entscheidend. Deshalb muß der erste hinzugezogene Arzt umgehend, d.h. schon vor dem Transport in die Klinik, mit der **Volumensubstitution** durch eine **Infusion mit physiologischer Kochsalzlösung** (ca 160 - 200 Tropfen/min.) beginnen.

Bei den heute schnellen Transportmöglichkeiten in die Klinik wird eine initiale Insulintherapie besser nicht durchgeführt, da Insulingabe ohne aktuellen Kaliumwert gefährlich sein kann. **Vor sofortiger Bicarbonatgabe im Notarztwagen muß dringend gewarnt werden**, weil ein entstehender Kaliummangel dadurch noch auf dem Transport bedrohliche Ausmaße mit allen Komplikationen (Herzrhythmusstörungen) erreichen kann.

Die European Diabetes Policy Group hat 1998 folgendes Vorgehen empfohlen (10):

- **Notwendige Allgemeinmaßnahmen** auf der Intensivstation:
  - Kontrolle von Atmung, Kreislauf, Wasser- und Elektrolythaushalt
  - Blasenkatheter zur Bilanzierung
  - zentralvenöser Katheter zur Messung des ZVD
  - Magensonde (wegen Magenatonie und Pylorospastik mit Brechreiz)
  - engmaschige Laborkontrollen (Blutzucker stündlich, Kalium und Blutgase alle 2 Stunden)
- Die **spezifische Therapie** muß sich an den folgenden Gesichtspunkten orientieren:
  - Hydratation und Hyperosmolarität
  - Insulinmangel
  - Ketoazidose
  - Elektrolytmangel

Beim **Ausgleich des Flüssigkeitsverlustes** ist zu beachten, daß sich beim Coma diabeticum infolge der Exsikkose zwar eine Hypernatriämie findet, aber dennoch ein renaler Natriumverlust besteht. Bei nur mäßiger Hypernatriämie (> 150 mmol/l) kann mit physiologischer 0,9 %iger NaCl-Lösung rehydriert werden. Die Zufuhr hypotoner Lösungen (z.B. 0,45 % NaCl) erhöht das Risiko einer zu raschen Flüssigkeitsverschiebung in den Liquorraum und ist daher auch bei erheblicher Hypernatriämie nur vorsichtig vorzunehmen. In der **ersten Stunde werden etwa 1000 ml infundiert, danach in Abhängigkeit vom ZVD**.

ZVD (cm H_2O)	Infusionsmenge (l/Std.)
< 3	1
3 - 8	0,5 - 1
8 - 12	0,5
> 12	0,25

In den ersten 8 Stunden beträgt der durchschnittliche Flüssigkeitsbedarf 5 - 6 Liter. Nach der achten Stunde reichen oft 250 ml/h (1).

Zum **Ausgleich des Insulinmangels** werden initial 10 - 15 IE Normalinsulin i.v. appliziert, danach in **Abhängigkeit von der Höhe der Blutglukosekonzentration, des pH-Wertes und dem Allgemeinzustand des Patienten 10 IE Normalinsulin/h** über Perfusor. Besteht vor der Insulintherapie eine Hypokaliämie (was selten der Fall ist), muß diese von Beginn an behandelt werden. **Der Blutzucker darf nicht schneller als um 100 mg/dl pro Stunde** und zunächst je nach Ausgangswert nicht unter 250 - 400 mg/dl gesenkt werden. Daraus ergibt sich der Vorteil, daß **Hypokaliämien** seltener auftreten und auch eine geringere Gefahr für ein **Hirnödem** besteht. Fällt unter der anfänglichen Insulindosierung der Blutzucker innerhalb von 2 Stunden nicht oder nur wenig ab, müssen die Dosen verdoppelt werden. Hat man einen Blutzuckerspiegel von 250 - 400 mg/dl erreicht, wird die Zufuhr von Normalinsulin angepaßt, damit zunächst eine Equilibrierung bei gleichzeitiger Infusion von 5 %iger Glukoselösung stattfinden kann.

Die **Azidose** wird unter der Insulinwirkung durch Hemmung der Lipolyse wirksam bekämpft, wodurch leichtere Formen keiner Korrektur bedürfen. Nur bei einem pH < 6,9 wird eine **sehr vorsichtige Bicarbonatgabe** begonnen (nur ein Drittel des errechneten Bedarfs geben, um eine sonst drohende gefährliche Hypokaliämie zu vermeiden).

Die **Kaliumsubstitution** setzt nach Beginn der Insulintherapie ein, sobald der Blutzucker zu sinken beginnt. In Abhängigkeit von der Höhe des Serum-Kaliums und vom aktuellen Blut-pH-Spiegel gelten Substitutionsdosen nach folgenden Angaben:

Serumkalium (mmol/l)	Kaliumsubstitution (mmol/Std.)	
	wenn pH > 7,2	wenn pH < 7,2
6,0	0	0
5,0 - 5,9	10	20
4,0 - 4,9	10 - 20	20 - 30
3,0 - 3,9	20 - 30	30 - 40
2,0 - 2,9	30 - 40	40 - 60

Eine niedrig dosierte Insulintherapie und ein langsamer Ausgleich der Stoffwechselentgleisung senken die Komplikationsrate.

Die bei der Behandlung des Coma diabeticum ablaufenden Wasserverschiebungen ins ZNS benötigen eine gewisse Zeit zur Normalisierung. Deshalb ist es nicht ungewöhnlich, wenn der Patient trotz Normalisierung von Blutzucker und pH sowie Volumen - und Elektrolytausgleich nicht sofort erwacht und die Bewußseinsstörung erst verzögert verschwindet.

7.2.2. Hyperosmolares Koma

Das hyperglykämische, hyperosmolare, nicht ketoacetotische Dehydratationssyndrom - "Hyperosmolares Koma" - mit den **Charakteristika** einer **exzessiven Hyperglykämie**, **hypertoner Dehydratation** sowie **extra - und intrazellulärer Hyperosmolarität** geht häufig mit **Bewußtseineintrübung** auch ohne Ketoazidose einher und ist pathogenetisch eine Variante der klassischen diabetischen Ketoazidose. Zumeist sind ältere Typ 2-Diabetiker betroffen, wobei Nebenerkrankungen wie Infektionen, apoplektische Insulte, Pankreatitis, Diarrhoeen oder auch spezielle medikamentöse Behandlungsformen, etwa mit Diuretika, Phenytoin, Steroiden oder Cimetidin auslösende Faktoren sein können.

Die Ausbildung des hyperosmolaren Komas erfolgt oft schleichend über längere Zeit. Es ist gekennzeichnet durch eine **zunehmende Verschlechterung der Stoffwechsellage** durch **Polyurie**, **Durst** und **allgemeine körperliche Schwäche**. Die Patienten bemerken die allmähliche Dehydratation nicht, ihr Durstgefühl läßt nach, und eine ausreichende Flüssigkeitszufuhr bleibt aus.

Das Fehlen einer Hyperketonämie und Azidose bedingt die noch vorhandenen Insulinsekretionskapazität des Pankreas, die zwar im Mißverhältnis zu den stark erhöhten Glukosewerten im Serum steht, dennoch aber ausreicht, die periphere Lipolyse und die hepatische Ketogenese zu hemmen.

Parameter der Diagnose und Therapiekontrolle sind:

- **Glukose im Blut**
- **Osmolalität im Serum**. Hier finden sich Werte > 350 mosmol/l
- **Körpertemperatur** (wegen der häufigen Hypothermie)
- **Bestimmung des Azetons** zur Abgrenzung von der Ketose
- **Elektrolyte** (K^+ und Na^+ zur Einschätzung der bedeutenden Verluste und zur Therapiekontrolle **bei der Volumenrestitution)**
- **Überwachung der Kreislaufparameter**:
  - RR
  - Pulsfrequenz
  - EKG
  - zentraler Venendruck
- **Untersuchung des Säure-Basenhaushalts**

Führendes Symptom ist hier die Somnolenz. Zur Diagnosesicherung ist die Untersuchung der Serum-Osmolalität im Osmometer durch Messung der Gefrierpunktserniedrigung angezeigt.

> Serum-Osmolalität:
> Normalbereich 290 - 300 mosm/l

Steht kein Osmometer zur Verfügung, kann die Osmolarität nach folgender Formel ermittelt werden:

> Osmolarität in mosmol/l =
> (Serumnatrium in mval/l +5)x2 + R
> R = weitere somotisch wirksame Blutbestandteile, z.B. Glukose (je 100 mg/dl Blutglukose: R = +5,5 mosm/l)

Beispiel

Na: 130 mval/l

BG: 300 mg/dl

→ (130+5)x2 + (3x5.5) = 286,5 mosm/l

Die Behandlung erfolgt im wesentlichen wie beim ketoazidotischen Koma diabeticum. Die Infusionbehandlung steht dabei aber ganz im Vordergrund. Oft ist der Insulinbedarf niedrig. Insbesondere ist bei diesen in der Regel älteren Patienten, darauf zu achten, daß die kardiovaskuläre Situation nicht durch eine zu aggressive Flüssigkeitssubstitution überlastet wird.

7.2.3. Laktatazidose

Eine Hyperlactatämie als Ursache einer schweren metabolischen dekompensierten Azidose wird selbst bei Stoffwechselgesunden in fast allen Finalzuständen kardiovaskulären Versagens, wie auch bei sonstigen Zuständen einer schweren Gewebshypoxie beobachtet.

> Eine Lactatazidose liegt vor, wenn eine Anreicherung von Milchsäure (> 8 mmol/l) zu einer schweren dekompensierten metabolischen Azidose geführt hat. Schock und akutes Nierenversagen sind mögliche Folgen.

Eine Hyperlactatämie ist physiologischer Zustand einer temporären Sauerstoffschuld im Gewebe.

Das **klinische Bild** ist unspezifisch. Auch bei dieser Form der Azidose bestehen

- Appetitlosigkeit
- Übelkeit
- Erbrechen
- Oberbauchschmerzen
- Muskelschmerzen und
- Muskelschwäche

Adynamie mit Antriebsmangel, eine zunehmende Verwirrtheit und Desorientierung und eine auffallende Unruhe können ebenfalls vorkommen. Primär ist der Blutdruck nicht erniedrigt, obwohl bereits häufig eine Tachykardie besteht. Eine Exikkose fehlt in der Regel, ebenso wie der Acetongeruch bei der tiefen Kussmaulschen Atmung.

Für die Diabetologie sind **Lactatazidosen**, wie sie **bei der antidiabetischen Behandlung mit Biguaniden** vorkommen können, von besonderer Bedeutung. Im Gegensatz zu den nicht mehr gebräuchlichen lipophilen Biguaniden wie Phenformin und Buformin ist die **Lactatazidosegefährdung unter dem hydrophilen Metformin deutlich geringer**, da die Nierenelimination besser funktioniert (6). Gleichwohl findet sich bei der steigenden Metforminverordnung auch eine Erhöhung der Lactatazidosen. Die in Tab. 7.3 aufgelisteten Kontraindikationen für den Einsatz von Metformin müssen deshalb streng beachtet werden.

7.2.3.1. Diagnostik der Laktazidose

Erhöhte Laktatkonzentrationen und eine entsprechende metabolische Azidose finden sich bei allen Zuständen einer Hypoxie im Gewebe als Ergebnis anaerober Energiegewinnung aus Glukose.

Dieser Vorgang läuft bevorzugt in der Skelettmuskulatur, dem Gehirn, den Erythrozyten und in der Darmwand ab. Verstärkt wird diese **Typ-A-Laktazidose** durch Muskelarbeit, und alle Arten von Schockzuständen.

Bei der **Typ-B-Laktazidose** kommt es durch Zufuhr z.B. von Biguaniden (Metformin), Cyaniden, Äthanol, Methanol, Streptozotozin oder durch große Mengen der Nicht-Glukose-Kohlehydrate Fructose, Sorbit und Xylit zur vermehrten Bildung von Laktat. Normalerweise verstoffwechseln Leber und Niere auch vermehrt anfallende Laktatmengen. Werden sie jedoch zusätzlich belastet, z.B. durch ein Überangebot an Alkohol oder geschädigt durch ein Trauma, ist die Resynthese zu Glukose gestört, was die Laktazidose verstärkt.

Um die Diagnose einer klinisch relevanten, therapiebedürftigen Laktazidose stellen zu können reicht der Nachweis exzessiv erhöhter Laktatspiegel in Verbindung mit einer Azidose aus.

Erfassung des Risikos einer Laktazidose

Das Risiko einer klinisch manifesten streng behandlungsbedürftigen Laktazidose liegt vor bei folgenden Gegebenheiten:

- Biguanid-Intoxikation
- Diabetes mellitus + Biguanid-Behandlung
- besonders bei folgenden Begleiterkrankungen:
  - Schock
  - septischen Erkrankungen
  - Leukosen
  - Nieren-, Leber-, Herzerkrankungen
  - Alkoholintoxikation mit Kreislaufversagen
  - generell bei Diabetes mellitus + Alkohol
  - Diabetes mellitus + Nulldiät
  - Fructosegabe + Zweiterkrankung

Das Zusammentreffen mehrerer auslösender Faktoren erhöht das Risiko einer Laktazidose erheblich.

Diagnose

Eine Laktazidose liegt vor, wenn eine Laktat-(Milchsäure)-Konzentration von 72 mg/dl (8 mmol/l) im Serum überschritten wird → bei einem pH-Wert < 7,25.

Das **klinische Bild ist uncharakteristisch** und geprägt durch **schleichend progrediente Hinfälligkeit** und **Beeinträchtigung des Bewußtseins**. Häufig wird es durch eindrucksvollere Symptome von Begleiterkrankungen maskiert. Hier ist es oft lebensrettend, die Risikosituation zu erfassen und dann gezielt nach einer Laktazidose zu suchen.

Untersuchungsmethoden

Gemessen wird der Laktatspiegel. Im Falle stark erhöhter Werte sind die Bedingungen, unter denen die Blutentnahme erfolgt, zweitrangig.

Blutentnahmetechnik

Im Normbereich und im Bereich mäßig erhöhter Werte kommt es bereits durch geringe Muskelarbeit, wie z.B. durch das Ballen einer Faust bei der Blutentnahme, oder durch die Hypoxie beim Stauen der Vene zu irreführenden Anstiegen der Laktatspiegel. **Die Blutentnahme sollte also nach Möglichkeit in Ruhe, ohne Faustschluß und bei einer Stauung von unter 30mmHg erfolgen**.

7.2.3.2. Therapie der Lactatazidose

Bei der Therapie der Biguanid-induzierten Lactatazidose ist zwischen symptomatischen und kausalen Maßnahmen, also der Elimination der Biguanide zu unterscheiden. Die Lactatazidose ist eine **klare Indikation zum Einsatz von Natriumbicarbonat**. Der Infusionsbehandlung sind jedoch durch drohende Natrium- und Volumenüberlastung natürliche Grenzen gesetzt. Die Infusionsgeschwindigkeit beträgt ja nach klinischem Zustand maximal 200 mmol/h bei ständiger Kontrolle des Blut-pH. Speziell bei den meist oligoanurischen Patienten hat sich inzwischen die **Hämodialyse als kausale Behandlungsmaßnahme** bewährt. Nur so ist eine beschleunigte Elimination der die Stoffwechselentgleisung verursachenden Biguanide möglich. Außerdem werden gleichzeitig große Lactatmengen eliminiert und bei Gabe von Natriumbicarbonat überflüssiges Natrium und Volumen entfernt.

Die Lactatazidose hat eine sehr ungünstige Prognose. **Die Letalität schwankt zwischen 40 und 100 Prozent**. Besonders groß ist sie bei der durch Phenformin induzierten Lactatazidose (ca. 70 %), deutlich geringer bei Metformin (30 %). Bei exakter Beachtung der Kontraindikationen läßt sich eine Metformin-induzierte Lactatazidose vermeiden.

7.3. Hypoglykämien des Diabetikers

Hypoglykämien sind häufige und als bedrohlich erlebte Ereignisse insulinbehandelter Diabetiker. Auch Typ 2-Diabetiker erleiden Hypoglykämien, nicht nur unter **Insulintherapie** sondern auch unter der oralen Therapie mit **stark wirksamen insulinotropen Sulfonylharnstoffen (Glibenclamid)**, die bei älteren Patienten häufig sogar letal enden (4, 5)

Schwerere Hypoglykämien werden vom Diabetiker immer als einschneidend erlebt. Sie verursachen körperliche Beschwerden, zwingen den Patienten zur Unterbrechung seiner aktuellen Tätigkeit und können zum vorübergehenden Verlust seiner körperlichen und geistigen Integrität führen. Außerdem besteht immer die Möglichkeit schwerer körperlicher Verletzungen. Für die meisten insulinbehandelten Diabetiker sind Hypoglykämien das größte Problem, und ihre Angst vor Hypoglykämien ist oft stärker als die Angst vor schwerwiegenden Folgeerkrankungen.

Das Risiko kann durch eine adäquate Schulung des Patienten, durch Blutzuckerselbstkontollen und die Einbindung von Angehörigen, beispielsweise durch die Unterweisung in die Handhabung der Glukagon-Fertigspritze, gesenkt werden.

7.3.1. Definition, Einteilung, Häufigkeit

Beim Nichtdiabetiker spricht man von einer Hypoglykämie bei **Blutzuckerspiegeln unter 50 mg/dl**, verbunden mit dem **gleichzeitigen Auftreten von Hypoglykämiesymptomen**, oder bei **Blutglukosekonzentrationen unter 40 mg/dl**, auch wenn keine Symptome bestehen. Für Diabetiker sind solche Definitionen unbrauchbar. Da Hypoglykämien von der Schnelligkeit und Effektivität der Gegenregulation und von der Geschwindigkeit des Blutzuckerabfalls abhängig sind, können bei schlecht eingestellten Diabetikern Hypoglykämiesymptome schon bei Blutzuckerspiegeln um 100 mg/dl auftreten, während normnah eingestellte Langzeitdiabetiker mit abgeschwächter oder fehlender gegenregulatorischer Adrenalinreaktion selbst Blutglukosewerte von 30 mg/dl nicht mehr wahrnehmen können.

Nach praktischen Gesichtspunkten unterscheidet man zwischen

- leichten, selbstbehandelbaren Hypoglykämien und
- schweren Episoden, bei denen der Patient der Hilfe durch andere bedarf, aber noch bei Bewußtsein ist, sowie
- den schweren Episoden mit Bewußtlosigkeit

Diese Einteilung wird dem Patientenempfinden nicht in jedem Fall gerecht. So kann auch eine leichte Hypoglykämie vom Diabetiker als sehr schwerwiegend empfunden werden, wenn sie die körperliche oder geistige Leistungsfähigkeit beispielsweise beim Autofahren oder während eines Geschäftsgespräches beeinträchtigt. Statistisch gesehen erlebt ein normnah eingestellter Diabetiker leichte Hypoglykämien zirka ein- bis zweimal pro Woche, dazu kommt schätzungsweise die gleiche Zahl von Hypoglykämien, die der Patient selbst nicht wahrnimmt. Schwere Ereignisse mit der Notwendigkeit der Fremdhilfe erlebt der Patient zirka zweimal/Jahr und schwere Hypoglykämien mit Bewußtseinsverlust ca. dreimal in 40 Diabetiker-Jahren (8).

Bei mit Sulfonylharnstoffen behandelten Typ 2-Diabetikern (in der Regel Glibenclamid) muß bei 1,4 % der Patienten mit dem Auftreten einer schweren Hypoglykämie pro Jahr gerechnet werden (24).

7.3.2. Physiologie und Pathophysiologie der Hypoglykämie sowie Symptome

Die Erhaltung der Normoglykämie durch ein komplexes System von an der Glukose-Homöostase beteiligten Hormone gehört zu den vital notwendigen Regulationen des Organismus. Schließlich ist das **zentrale Nervensystem unter normalen Bedingungen ausschließlich auf Glukose als Energielieferant angewiesen**. Bei Plasmaglukosewerten von etwa 70 mg/dl werden die **gegenregulatorischen Hormone** aktiviert. Die Sekretion von **Glukagon**, **Adrenalin**, **Noradrenalin**, **Wachstumshormon** und **Cortisol** nimmt zu, was normalerweise ausreicht, um den Blutzucker wieder zu erhöhen und Hirnleistungsstörungen zu verhindern. Der Diabetiker, der auf eine Hypoglykämie hinsteuert, hat immer einen absolut oder relativ zu hohen Insulinspiegel, der den Blutzucker in tiefere Bereiche senkt. Eine weitere Stimulation des sympathochromaffinen Systems führt schließlich zu den typischen autonomen Hypoglykämiesymtomen wie Schwitzen, Zittern, Unruhe und Herzklopfen.

Patienten mit kurzer Diabetesdauer zeigen eine normale Gegenregulation und sind durch die typischen Symptome der Hypoglykämie meist frühzeitig vorgewarnt, so daß sie schnell reagieren können. Mit **zunehmender Diabetesdauer** kommt es dann aber zu einer **verminderten Sekretion von Glukagon** während der Hypoglykämie und nach langer Diabetesdauer schließlich auch zu einer **Abschwächung der Adrenalinantwort**. Patienten mit einer solchermaßen gestörten Gegenregulation können zwar noch Hypoglykämiewarnsymptome haben, ihr Fehlen ist aber häufiger. Ein anderes Problem besteht darin, daß besonders scharf eingestellte Langzeitdiabetiker scheinbar eine Veränderung der Ansprechbarkeit auf Adrenalin durch eine Veränderung der adrenergen Sensitivität erleben. Auch bei diesen Patienten ist häufig die Wahrnehmung adrenerger Frühwarnsymptome gestört.

Bei einem weiteren Abfall der Blutglukose auf etwa 40 mg/dl treten als Zeichen der zunehmenden Funktionseinschränkung des zentralen Nervensystems die sogenannten **neuroglykopenischen Symptome** auf. Sie manifestieren sich als

- Konzentrationsschwäche
- Seh- und Sprachstörungen
- Verlangsamung und
- Wesensveränderungen

	Phasen	Symptome, klinische Zeichen
autonom	Parasympathikotone Reaktion	• Heißhunger • Übelkeit • Erbrechen • Schwäche
	Sympathikotone Reaktion	• Unruhe • Schwitzen • Tachykardie • Tremor • Mydriosis • Hypertonus
neuroglukopenisch	Zentralnervöse Reaktion	• Sprachstörungen • Sehstörungen • Kopfschmerzen • Psychosyndrom (Verstimmung, Reizbarkeit, Wutausbrüche, Konzentrationsschwäche, Verwirrtheit) • Automatismen (Grimassieren, Greifen, Schmatzen) • Konvulsionen • Lokale Zeichen (Hemiplegie, Aphasie) • Doppelbilder • Somnolenz • Hemiparesen • Koma

Tab. 7.5: Phasen, Symptome und klinische Zeichen der Hypoglykämie.

Ab Spiegeln von 30 mg/dl folgen

- Bewußtseinsstörungen, manchmal sogar Krampfanfälle
- schließlich resultiert Koma

> Der völlig bewußtlose Patient zeigt einen gut gefüllten Puls bei Tachykardie mit normo- bis hypertonen Blutdruckwerten und feuchter, blasser Gesichtsfarbe. Es besteht eine motorische Unruhe mit Tremor, Hyperreflexie und Rigidität. Unter Umständen kommt es zu generalisierten oder halbseitenbetonten tonisch- klonischen Krämpfen und lateralen Streckkrämpfen mit Stuhl- und Urinabgang wie während eines epileptischen Anfalls.

Die einzelnen Phasen der Hypoglykämie und ihre Symptome sowie die klinischen Zeichen sind in Tabelle 7.5 zusammengestellt.

Besonders bei älteren Typ 2-Diabetikern unter der Therapie mit stark wirksamen insulinotropen Sulfonylharnstoffen maskiert sich die schwere Hypoglykämie häufig durch Hemiparesen unter dem klinischen Bild der Apoplexie mit der Gefahr des verspäteten Einsatzes der lebensrettenden Glukosegabe (15).

7.3.3. Diagnose der Hypoglykämie

Blutglukosewerte unter 50 mg/dl, (Schätzungen mit einem Teststreifen sind ausreichend) sind hinweisend für eine Hypoglykämie. Höhere Blutglukosewerte schließen eine Hypoglykämie als Ursache einer Bewußtlosigkeit allerdings nicht aus. Eine länger zurückliegende Hypoglykämie kann zu einer passageren Hirnschädigung geführt haben, obwohl inzwischen der Blutglukosespiegel wegen der nachlassenden Insulinwirkung wieder angestiegen ist. Da Blutzuckerteststreifen bei jedem Notfalleinsatz präsent sein sollten, ist heute die früher übliche Diagnosis ex juvantibus durch Glukosegabe nicht mehr angezeigt.

7.3.4. Therapie der Hypoglykämie

Der mit seinem Diabetes vertraute und geschulte Patient wird leichtere Hypoglykämien selbst innerhalb weniger Minuten durch Zufuhr rasch resorbierbarer Kohlenhydrate beheben können. Besonders geeignet sind Fruchtsaftgetränke, Cola und Limonaden, die meist 10 %igen Kohlenhydratlösungen entsprechen. Traubenzucker in fester Form kann in jeder Tasche mitgeführt werden und ist so stets rasch verfügbar. Zur Behandlung einer leichten Hypoglykämie reichen 10-20 Gramm Kohlenhydrate aus (4 Täfelchen Dextro-Energen enthalten 20 g Glukose).

Bei der schweren Hypoglykämie verringern sich die Gefahren mit der Schnelligkeit durchgeführter therapeutischer Maßnahmen. Angehörige insulinbehandelter Patienten sollten mit den therapeutischen Erfordernissen der Situation vertraut gemacht werden. Dazu gehört auch der Umgang mit der **Glukagon-Fertigspritze** (1mg Glukagon), die der Angehörige dem bewußtseinsgetrübten Patienten, der nicht mehr schlucken kann, entweder subkutan oder intramuskulär injizieren muß. In mehr als 95 % der Fälle wachen die Patienten nach 10 - 15 min auf. Allerdings steigt der Blutglukosespiegel durch die Glukagoninjektion nur um 20 - 30 mg/dl. Dies reicht zwar oft, um das Bewußtsein wieder zu erlangen, der Patient muß daraufhin jedoch bald zusätzlich Kohlenhydrate zu sich nehmen, um ein neuerliches Absinken der Blutglukosespiegel zu verhindern.

Der Arzt im Notfalleinsatz spritzt dem bewußtlosen Diabetiker 20 - 40 ml 40 %iger Glukose. Erlangt der Patient das Bewußtsein nicht innerhalb von 10 Minuten, kann eine cerebrale Schädigung durch eine protrahierte, oft mehrstündige Hypoglykämie vorliegen. Dann muß unbedingt die Einweisung in eine Klinik erfolgen, wo der noch bewußtlose Hypoglykämiepatient trotz nachgewiesener Hyperglykämie (der Blutzucker sollte zwischen 200 und 250 mg/dl eingestellt werden), nunmehr einer **Hirnödemtherapie** mit Dexamethasongaben und Entwässerung mittels Furosemid unterzogen wird.

Hypoglykämien älterer Typ 2-Diabetiker unter der Therapie mit stark wirksamen insulinotropen Sulfonylharnstoffen (Glibenclamid) sind wegen ihres rekurranten Verlaufes besonders gefährliche Ereignisse, die eine sorgfältige, tagelange Nachbeobachtung erforderlich machen. Nach Glibenclamid muß wegen seiner langen Wirkungsdauer bei 30 - 50 % der Hypoglykämiepatienten mit Rezidiven in den ersten 3 Tagen gerechnet werden (15). Unter Umständen treten Rezidive auch noch nach 6 Tagen auf. Nicht selten stellt sich danach heraus, daß viele dieser Typ 2-Diabetiker ohne Sulfonylharnstoffe auskommen, d.h. die Indikation zu diesem sehr stark wirksamen Sulfonylharnstoff von vorneherein falsch gestellt worden war (4).

7.3.5. Ursachen und Maßnahmen zur Vorbeugung

Das Fehlen einer strukturierten Patientenschulung, bei der die Selbstadaptation der Insulindosis an die unterschiedlichen Gegebenheiten des Tagesablaufs systematisch trainiert worden ist, und die auch heute noch weitverbreiteten inadäquaten Insulintherapien sind die wesentlichsten Ursachen für hohe Hypoglykämieraten (18). Daneben gibt es **organbezogene Ursachen** für ein erhöhtes Hypoglykämierisiko, wie eine **eingeschränkte Nierenfunktion** und **Lebererkrankungen**, aber auch Malnutrition und Alkoholismus. Insbesondere stellen aber die Verhaltensfehler der Patienten selbst gewichtige Faktoren für das Auftreten schwerer Hypoglykämien dar. Ein häufiges Problem ist der zögerliche Einsatz von Traubenzucker oder anderer rasch resorbierbarer Kohlenhydrate. Es wird zu oft gewartet, ob die Hypoglykämie nicht von alleine wieder verschwindet, oder weil die nächste Mahlzeit ohnehin bald ansteht. Wichtige weitere Ursachen sind unzureichende vorbeugende Maßnahmen vor und nach körperlicher Belastung. Während Hypoglykämien bei leichter und kurzer körperlicher Belastung durch zusätzliches Essen von Kohlenhydraten verhindert werden können, reicht dies nicht bei intensiveren und längerdauernden körperlichen Aktivitäten. Sie erfordern eine Reduktion der Insulindosis, die in Abhängigkeit von den geplanten Aktivitäten 50 - 80 Prozent betragen kann. Nach intensiven Belastungen am Abend können Hypoglykämien auch noch am nächsten Tag auftreten. Ein typisches Beispiel ist ein Tanzabend, an dem auch noch vermehrt Alkohol konsumiert wurde. Ohne entsprechende vorbeugende Maßnahmen ist die Hypoglykämie in der Nacht oder am nächsten Vormittag vorprogrammiert. Auch mäßiger **Alkoholgenuß** hat ein hohes Hypoglykämiegefährdungspotential, insbesondere, **wenn nicht gleichzeitig Kohlenhydrate aufgenommen werden** Die häufigsten Ursachen für Hypoglykämien sind in Tabelle 7.6 dargestellt.

Ursachen von Hypoglykämien
• Vorausgegangene Muskeltätigkeit
• Verspätete oder zu geringe Nahrungsaufnahme als Folge von Diätunkenntnis, mangelnde Disziplin, Inappetenz, Vergeßlichkeit
• Fehlerhafte Insulindosierung
• Fehlerhafte Insulininjektion
• Verbesserung der Stoffwechsellage durch Reduktionskost
• Postinitiale Remission eines Typ 1-Diabetes
• Inappetenz infolge konsumierender Erkrankungen oder durch Pharmaka
• "Hypoglykämia factitia"

Tab. 7.6: Ursachen von Hypoglykämien (nach E. Tögel)

> Die beste vorbeugende Maßnahme ist die regelmäßige Blutzuckerselbstkontrolle, die der gut geschulte Diabetiker unter intensivierter Insulintherapie regelmäßig betreibt. Er muß die Meßergebnisse sorgfältig protokollieren und mit seinem behandelnden Arzt besprechen. Diese Maßnahmen sind besonders wichtig bei Patienten mit eingeschränkter Hypoglykämiewahrnehmung. Der Arzt wird dadurch sehr schnell erkennen, ob sein Patient die notwendigen Selbstadaptationen der Insulindosis richtig durchführt, er wird systematische Fehler frühzeitig korrigieren sowie Störfaktoren beseitigen.

Da fast 60 Prozent der Hypoglykämien **während der Nacht** auftreten, ist die Blutglukosemessung bei Patienten mit intensivierter Insulintherapie vor dem Schlafengehen unverzichtbar. Liegen dann die Blutzuckerwerte unter 120 mg/dl, müssen 10 bis 20 g Kohlenhydrate zusätzlich gegessen werden. Gelegentliche Blutzuckerkontrollen zwischen 2 und 3 Uhr nachts sind ein wichtiger Sicherheits-Check und lassen die Notwendigkeit von Dosisveränderungen des abendlichen oder zur Nacht gespritzten Verzögerungsinsulins bzw. einer zusätzlichen Kohlenhydratzufuhr frühzeitig erkennen.

Oft beeinflussen psychische Faktoren die richtige Hypoglykämievorbeugung. So werden Symptome gelegentlich verharmlost. Eine übertriebene Angst vor Folgeerkrankungen treibt manche Patienten zu einer unnötig "scharfen" Blutzuckereinstellung bis an die Hypoglykämiegrenze. Andererseits kann eine besonders große Angst vor Hypoglykämien eine gute Stoffwechselführung unmöglich machen. Patienten, die trotz ausreichender Schulung schwere Hypoglykämien haben, bedürfen einer intensiven und langfristigen Betreuung auch unter Nutzung eines strukturierten Hypoglykämie-Wahrnehmungs-Trainings.

Jeder Diabetiker muß darauf achten, daß sein "Gesundheitspass Diabetes" sorgfältig und immer zusammen mit seinen Ausweispapieren geführt wird. Damit leistet er nicht nur den wichtigsten Beitrag zur Qualitätssicherung seiner Langzeitbetreuung, sondern ist auch für die Helfer im Notfalleinsatz sofort als Diabetiker erkennbar, so daß im Falle der Bewußtlosigkeit das Augenmerk schnell auf die richtige therapeutische Intervention gelenkt wird.

7.4. Besonderheiten bei älteren Diabetikern, Führung im Seniorenheim

Mit zunehmenden Alter steigt die Zahl der Diabetiker in der Bevölkerung, ebenso nimmt die Zahl derer zu, die Hilfe und Pflege benötigen. Alten Menschen mit Diabetes zu helfen und sie fachkundig zu unterstützen ist eine große Herausforderung, die vor allem von Altenpflegerinnen, Gemeindeschwestern, Pflegern und Krankenschwestern geleistet werden muß. Richtig ernährt, fachkundig überwacht und gepflegt, lassen sich Risiken und Schäden durch falsche Ernährung, mangelnde Kontrollen der Stoffwechselwerte, Vernachlässigung der Fußpflege vermindern und Einbußen an Lebensqualität vermeiden. Professionelle, kundige Pflege und Altenpflege vermindert Kosten und schafft mehr Lebensqualität im Alter.

7.4.1. Psychologische Aspekte, Therapieziele, Umsetzung

Alte Menschen sind in vermehrtem Maße auf sich alleine gestellt; dazu beigetragen hat ein zunehmend geringer werdender Familienzusammenhalt, häufiger Ortswechsel junger Familien und die nur noch auf Kleinfamilien abgestellte Wohnungssituation. Als Folge der fehlenden sozialen Einbindung sind allgemeine psychosoziale Probleme häufig, die völlig unabhängig von den zusätzlichen Belastungen durch den Diabetes mellitus berücksichtigt werden müssen. Isolation, langsames Nachlassen der Kräfte für die Bewältigung der Alltagsaufgaben und schließlich noch die Belastungen durch den Diabetes selbst führen fast immer zu Resignation, häufig aber auch zu aggressivem Verhalten und depressiven Verstimmungen.

Selbst in der Heimsituation ist der Diabetiker in mancher Hinsicht ein Ausgegrenzter, beispielsweise schon dadurch, daß er ein anderes, vielleicht "faderes" Essen vorgesetzt bekommt als andere Senioren. Eine Spirale aus Unzufriedenheit, vorprogrammierten "Diätssünden", gefolgt von Mißtrauen auf Seiten des betreuenden Arztes und des Pflegepersonals beginnt sich zu drehen, was weitere Aggressionen auf beiden Seiten schürt.

Wie intensiv die ärztliche Betreuung eines älteren Diabetikers in einem Pflege- oder Altenheim auch sein mag, die eigentliche Behandlung obliegt im größten Maße dem Pflegepersonal. Vor allem, wenn der Diabetiker nur ungenügend in der Lage ist, mit seiner Erkrankung selbstverantwortlich umzugehen, verdankt er die Qualität seiner Behandlung größtenteils dem Wissen, Können und Engagement dieses Personals. Da der Arzt in der Regel nicht im Heim praktiziert, bekommt gerade bei der Umsetzung seiner Anordnungen die Beziehung zwischen Patient und Pflegepersonal eine besondere Bedeutung. Sie kann sehr konfliktbeladen sein, wenn z.B. unliebsame ärztliche Anordnungen durchgesetzt werden müssen.

Die **individuelle Festlegung leicht umzusetzender und erreichbarer Therapieziele** ist deshalb unerläßlich. Die Stoffwechselorientierung an den Kriterien der Normoglykämie ist in diesen Lebensabschnitten insofern schon obsolet, als sie ältere Menschen einer verstärkten Hypoglykämiegefährdung aussetzen würde. **Therapieziele sind in erster Linie auf Aspekte der Lebensqualität, z.B. Symptomfreiheit, und der Vermeidung von Akutkomplikationen gerichtet**. Das Erreichen eines HbA 1c-Zielbereichs zwischen 7 - 8 % ist für den Lebensabschnitt 65 - 75-jähriger ausreichend. Bei über 75-jährigen genügen HbA1c-Werte um 8 %. Da es nur wenig stark übergewichtige und kaum adipöse diabetische Senioren gibt, können Ernähungsvorgaben gelockert werden. Einfachere, aber ungefährliche Therapieschemata entlasten den Alltag.

All dies setzt viel Einfühlungsvermögen, aber auch gewisse medizinische und diätetische Kenntnisse des Pflegepersonals voraus, das durch eine entsprechende Schulung die Krankheit besser verstehen lernt und die Anweisungen des Arztes sowie die Ernährungsempfehlungen verantwortlich umsetzen kann. Ein strukturiertes Lernprogramm steht für Ärzte und Arzthelferinnen bereit, es kann durchaus aber auch für Altenpfleger und Gemeindeschwestern eingesetzt werden. Die Ausbildungszeit beträgt derzeit nur 2 ½ Tage. Die Anmeldung erfolgt über den Hausarzt bei der zuständigen kassenärztlichen Vereinigung. Leider sind solche Angbote praktisch weitgehend ungenutzt.

7.4.2. Ernährung

Essen und Trinken ist für viele ältere Menschen das einzige, was sie noch mit Genuß erleben können. Die Ernährung wird dadurch zum Inhalt größter Aufmerksamkeit und bedarf deshalb besonderer Beachtung.

Müssen sich ältere Menschen selbst versorgen, ist die Verordnung einer Diät, die auf der Berechnung von BE oder gar von Kalorien basiert, wenig realistisch.

Dies gilt auch für die Verordnung vieler kleinerer Mahlzeiten, die vielleicht auch noch zu einem bestimmten Zeitpunkt eingenommen werden sollen. Alte Menschen können nur noch einfachere Strukturen einer diabetesgerechten Ernährung akzeptieren, z.B. mit der sogenannten **"Einer"-Regel**, die den Umgang mit Nahrungsmitteln erleichtern hilft:

- eine Scheibe Brot
- ein Joghurt
- eine Tasse Milch

- eine Kartoffel
- ein Apfel

Auch ambulante Essensdienste können die Versorgung alter Diabetiker lediglich zu einem kleinen Teil abdecken. Zur diabetesgerechten Ernährung gehört nicht nur das Mittagessen, das bei Essensdiensten häufig nicht den Forderungen einer diabetesgerechten Kost entspricht. Diese Kost ist nämlich oft kohlenhydratreduziert, dabei aber besonders fett- und eiweißreich.

Ein besonders schwieriges Problem für die Ernährung alter Diabetiker in Heimen ergibt sich aus der Organisationsstruktur solcher Institutionen. Ähnlich wie in Krankenhäusern richtet sich der Tagesablauf nicht nach den Bedürfnissen der Bewohner und Patienten, sondern nach den Arbeitszeiten der Mitarbeiter. Ein weiterer kritischer Punkt in der Heimernährung älterer Diabetiker ergibt sich daraus, daß sie oft ein anderes Essen erhalten als Nichtdiabetiker. Hieraus können soziale Konflikte entstehen und in Zank und Streitereien enden. Versteht man die Ernährung des Diabetikers als eine gesunde und ausgewogene Kost, so läßt sich dieses Problem ohne größere Schwierigkeiten vermeiden, wenn man allen Heimbewohnern eine vergleichbare gesunde und ausgewogene Ernährung angedeihen läßt.

7.4.3. Körperhygiene und Fußpflege

Bei der allgemeinen Körperhygiene steht die **Intertrigo-Prophylaxe** im Vordergrund. Haut und Hautfalten müssen sauber und trocken gehalten werden, um Pilzinfektionen vorzubeugen. Besondere Beachtung gilt dem **Genitoanalbereich**. Auch muß darauf geachtet werden, daß die **Mundhygiene** älterer Menschen nicht vernachlässigt wird. Probleme bringt hier die verminderte Speichelsekretion im Alter. Deshalb müssen die Zähne mehrfach am Tag geputzt und Zahnprothesen entsprechend oft gereinigt werden.

Eine ganz besondere Bedeutung hat bei älteren Diabetikern die **Inspektion der Füße** und die Kontrolle bzw. Hilfe bei den notwendigen Fußpflegemaßnahmen. Fußprobleme gehören zum Alltag diabetischer Senioren. Deshalb ist die Gefahr chirurgischer Interventionen bis hin zur Amputation bei vernachlässigter Fußpflege älterer Menschen besonders groß. Viele alte Patienten können die Fußpflege nicht mehr selbst durchführen, sei es durch Sehbehinderung oder weil sie die Füße nicht mehr erreichen. Sie sind deshalb auf eine professionelle, medizinische Fußpflege angewiesen, die allerdings nur vom diabetologisch versierten Fußpfleger durchgeführt werden sollte. Es ist vollkommen unverständlich, daß die Kassenärztliche Vereinigung im Verbund mit den Krankenkassen diese wichtige medizinische Fußpflege als verordnungsfähige Leistung 1994 gestrichen hat.

7.4.4. Medikamente

Für die verschiedenen medikamentösen antidiabetischen Therapiestrategien gelten für den alten diabetischen Patienten:

- Einfachheit
- niediges Gefährungspotential
- Kombinationstherapieformen

Danach gilt für die Sulfonylharnstofftherapie, daß der Beginn niemals mit der stärksten und am längsten wirksamen Substanz Glibenclamid gemacht werden darf, sondern mehr die Auswahl besser steuerbarer oder mit niedrigerem Hypoglykämierisiko behafteter Substanzen, wie Glimepirid, Glisoxepid o.ä. berücksichtigt. Niemals sollte die Sulfonylharnstoffmonotherapie bis zu den Maximaldosen ausgereizt werden. Frühzeitige Kombinationen mit anderen oralen Antidiabetika (z.B. kleine Dosen von Acarbose; auch kleine Dosen von Metformin, cave Kontraindikationen) oder mit Insulin sind angezeigt (3). Reines Verzögerungsinsulin kann beispielsweise in geringer Dosierung vor dem Schlafengehen gespritzt werden, wodurch der Tag dann wieder besser mit oralen Antidiabetika abzudecken ist. Möglich sind auch zusätzliche kleine Insulingaben vor dem Frühstück. Die Insulinmonotherapie kann bei älteren Menschen ganz überwiegend in Form einer Mischinsulinapplikation vor dem Frühstück und dem Abendessen durchgeführt werden.

Für ältere Diabetiker ist auch der Einsatz der neuen insulinotropen Substanz Repaglinide interessant. Repaglinide ermöglicht mit seiner nur kurzen mahlzeitbezogenen Insulinausschüttung einen sehr flexiblen Umgang mit dem ernährungsbezogenen Tagesablauf nach dem Motto “one meal - one pill, no meal - no pill” und mindert somit das Hypoglykämierisiko, das im Vergleich zu anderen insulinotropen Substanzen (Sulfonylharnstoffe, insbesondere Glibenclamid), deutlich niedriger ist.

7.4.5. Beratung, Schulung, Selbstkontrolle

Auch alte Menschen können geschult werden. Allerdings muß dabei akzeptiert werden, daß sowohl die Lernkapazität als auch die Merkfähigkeit vermindert sind. Schulung des alten Menschen muß sich dem einzelnen Betroffenen zuwenden, weil ja durch die Maßnahmen in erster Linie die *persönliche* Lebensqualität verbessert werden soll. Durch die Schulung kann die Einsichtsfähigkeit und die Akzeptanz gefördert werden, so daß hieraus eine fruchtbare Kooperation bei der Langzeitführung erwächst, die der Betroffene in Eigenverantwortung mitgestalten kann. Sie entlastet die Bemühungen von Gemeindeschwestern und Altenpflegern. Seit langer Zeit besteht ein (sogar abrechnungsfähiges) Basisprogramm für die Diabetikerschulung, das auch von Krankenschwestern und Altenpflegerinnen erlernt werden kann und das nur wenige, allerdings wichtige Grundkenntnisse vermittelt. Das Basisprogramm ist auf vier Unterrichtseinheiten ausgelegt. Solche Gruppenschulungen für ältere Diabetiker lassen sich auch in Sozialstationen oder Altersheimen einrichten. Der Betroffene hat dadurch den zusätzlichen Vorteil, daß er erkennt, daß auch andere ältere Diabetiker unter seinen oder ähnlichen Problemen leiden. Der Gruppe kommt darüber hinaus die Funktion des Co-Therapeuten zu. Die Basisschulungen beinhalten vier Themen:

- Grundlagen des Diabetes
- diabetesgerechte Ernährung
- Harnzuckerselbstkontrolle und
- Fußpflege

Einzelne diabetesinteressierte Ärzte und ihre Helferinnen sind bereits in solche Aktivitäten integriert.

Seit vielen Jahren leisten die praktisch in jeder Stadt angesiedelten Diabetiker-Selbsthilfeorganisationen einen wichtigen, dankenswerten, ehrenamtlichen Dienst. Es wäre wünschenswert, auch diese Aktivitäten mehr in die Heimprogramme einzubinden, da auf diese Weise die derzeit bestehenden Lücken bei der Information, Motivation und Schulung vieler Senioren gemindert werden könnten. Darüber hinaus könnten Senioren dadurch auch noch positive Impulse zur Abwendung ihrer sozialen Vereinsamung erhalten.

7.5. Literatur

1. Althoff, P.H., K.H. Usadel, H. Mehnert: Akute Komplikationen (Hypoglykämie, Koma, Laktazidose, alkoholische Ketoazidose). In: Mehnert, H., E. Standl, K.-H. Usadel (eds.), Diabetologie in Klinik und Praxis, pp 289-332, Thieme Stuttgart, New York 1999

2. Berger, M.: Die perioperative Betreuung des Diabetikers. In: M. Berger (ed.), Diabetes mellitus, pp 568-573, Urban und Schwarzenberg, München, Wien, Baltimore 1995

3. Bachmann, W., H. Mehnert: Kombinationstherapie Insulin/Sulfonylharnstoff, Karger, Basel 1983

4. Bachmann, W., A. Löbe, F. Lacher: Medikamentös bedingte Hypoglykämien bei Typ-2-Diabetes. Diabet.Stoffw. 4 (1995) 83-88

5. Berger, W.: 88 schwere Hypoglykaemiezwischenfälle unter der Behandlung mit Sulfonylharnstoffen. Schweiz. med. Wschr. 101 (1971) 1013-1019

6. Berger, W., R. Amrein: Laktatazidosen unter der Behandlung mit den drei Biguanid-Präparaten Phenformin, Buformin und Metformin - Resultate einer gesamtschweizerischen Umfrage 1977. Schweiz. Rdsch. Med. (Praxis) 67 (1978) 661

7. Berger, W., U.Keller, D. Vorster: Die Letalität des Coma diabeticum am Kantonsspital Basel in den zwei aufeinanderfolgenden Beobachtungsperioden 1968 - 1973 und 1973 - 1978 mit konventioneller Insulintherapie und Behandlung mit niederen Insulindosen. Schweiz.med.Wschr. 109 (1979) 1820-1830

8. Binder, C., J.Bendtson: Hypoglycemia. Baillieres clin. Endocrinol Met. 6 (1992) 23-37

9. Cigarrosa, R., R. Lange, R. Williams, D. Willis: Dosing of contrast media to relevent nephropathie in patients with renal disease. Amer. J. Med. 86 (1989) 649-652

10. European Diabetes Policy Group: A Desktop Guide to Type 1 (Insulin-dependent) Diabetes mellitus. Exp Clin Endocrinol Diabetes 106 (1998) 240-269

11. Gill, G. V., K..G. M. M. Alberti: The care of the diabetic patient during surgery. In: Alberti, K. G. M. M., R.A. DeFronzo, H. Keen, P.Zimmet (eds.): International Textbook of Diabetes, pp. 1174-1183. Wiley & Sons, Chichester-New York 1992

12. Hammonds, W.: Anesthesia for the diabetic patient. In: Davidson, J.K. (ed): Diabetes mellitus. A Problem-Oriented Approach, 2nd. ed., pp. 648-655. Thieme, New York 1991

13. Hauner, H., F.A. Gries: Die perioperative Betreuung des Diabetikers.Internist 33 (1992) 387-395.

14. Haupt, E.: Diabetes mellitus und Infektionskrankheiten. In: Mehnert, H., E. Standl, K.-H. Usadel (eds.). Diabetologie in Klinik und Praxis, pp 541-544, Thieme Stuttgart, New York 1999

15. Haupt, E., E. Standl, H. Mehnert: Behandlung mit insulinotropen oralen Antidiabetika (Sulfonylharnstoffen). In: Mehnert, H., K. Schöffling, E. Standl, K.-H. Usadel (eds.): Diabetologie in Klinik und Praxis, pp 147-161, Thieme Stuttgart, New York 1999

16. Haupt E., R. Herrmann, A. Benecke-Timp, H. Vogel, A.. Haupt, C. Walter: The KID Study II: Socioeconomic baseline characteristics, psycho-social strain, standard of current medical care and training on the Federal Insurance for Salaried Employees' Institution (BfA) diabetic patients in the inpatient rehabilitation. Exp Clin Endocrinol Diabetes (1996) 104, 378-386

17. Hjortrup, A., C. Sorensen, E. Dyremose: Influence of diabetes mellitus on operative risk. Brit. J. Surg. 72 (1985) 783-785

18. Löwel H, R. Dinkel, A. Hörmann, J. Stieber, E. Görtler: Herzinfarkt und Diabetes: Ergebnisse der Augsburger Herzinfarkt-Follow-up Studie 1985-1993. Diabet. Stoffw. 5, Suppl 1 (1996) 19-23

19. Mahnberg K., S. Efendic, L.E. Ryden: Feasibility of Insulin-Glucose-Infusion in Diabetic Patients with Acute Myocardial Infarction. Diabets Care 17 (1994) 1007-1014

20. Malmberg, K: Prospective randomized study of intensive insulin treatment on long term survival after acute myocardial infarction in patients with diabetes mellitus. Brit. Med. J. 314 (1997) 1512-1413

21. McMurray, J.F.: Wound healing with diabetes mellitus. Surg. Clin. N. Amer. 64 (1984) 769-778

22. Mühlhauser, I., J. V. Santiago, G. B. Bolli: The frequency of severe hypoglycaemia during intensive insulin therapy. Diab. Nutr. Metab. 1 (1988) 77-88.

23. Pudel, V.: Ernährungsberatung. Deutsches Ärzteblatt 90 (1993) 1400-1402

24. UKPDS 33 Intensive blood-glucose control with sulfonylureas or insulin compared with conventional treatment and risk of complications in patients with type 2 diabetes. The Lancet 352 (1998) 837-853

25. Waadt G., G. Duran, P. Herschbach: Klinische Diagnose psychosozialer Balastungen: Der Fragebogen zu Alltagsbelastungen bei Diabetes mellitus. In: Kohlmann CW., B. Kulzer (eds.) Diabetes und Psychologie, Huber, Bern, 1995

26 Wienken, E., M.-L. Kohnhorst: Was macht Ernährungsberatung bei Adipositas so schwierig? Ernährungs-Umschau 40 (1993)

27. Zielke, M., J. Sturm (Hrsg.) Handbuch für stationäre Verhaltenstherapie. Belz, Psychologie Verlags-Union, Weinheim 1994

Sozialmedizinische Aspekte im Alltag von Diabetikern

R. Petzoldt

8. Sozialmedizinische Aspekte im Alltag von Diabetikern

8.1. Diabetes und soziales Umfeld

Das Leben mit Diabetes hat für den Alltag der Diabetiker neben der medizinisch-therapeutischen eine psychosoziale Dimension. Denn die soziale Stellung des Menschen in der Gesellschaft ist weitgehend von seiner Fähigkeit und Bereitschaft, Leistungen zu erbringen, mitbestimmt. Diese Fähigkeit kann durch chronische Krankheiten wie den Diabetes und seine Komplikationen eingeschränkt werden.

Zwischen dem Diabetes und dem sozialen Umfeld bestehen wechselseitige Beziehungen:

- Der Diabetes ist geeignet, den sozialen Status des Betroffenen zu beeinflussen
- Soziale Gegebenheiten können Einfluß auf den Diabetes, auf seine Behandlung und seinen Verlauf nehmen

Der Diabetes kann den sozialen Status beeinflussen, wenn es krankheitsbedingt im einzelnen zur Arbeitsunfähigkeit (1), zur Berufs- oder Erwerbsunfähigkeit, zur Arbeitslosigkeit (2) oder zum Ausschluß von bestimmten Berufen oder beruflichen Tätigkeiten (3) kommt. Der soziale Status kann den Diabetesverlauf ungünstig prägen, z.B. über eine schlechtere Stoffwechseleinstellung bei zuckerkranken Kindern aus geschiedenen Ehen (4) oder bei Diabetikern mit niedrigerem Einkommen (5). Sozial vermittelte Einschränkungen können oft durch falsche Vorstellungen der Umwelt über die eingeschränkte Leistungsfähigkeit von Menschen mit Diabetes entstehen; die Diabetiker fühlen sich als belastend stigmatisiert und ungerechtfertigt diskriminiert.

In diesen Situationen erwarten Diabetiker von ihren Ärzten nicht nur kompetente medizinische Versorgung sondern darüber hinaus Hilfe oder Vermittlung von Hilfe bei ihren jeweiligen sozialen Problemen. Für die belasteten Diabetiker und ihre engagierten Ärzte ist jedoch auch eine gewisse Distanz zu empfehlen, um zu einer richtigen Einschätzung des sozialen Problems und der möglichen Hilfen oder Lösungen zu kommen. Denn nicht alle diskriminierend erscheinenden sozialen Erschwernisse sind tatsächlich vermeidbare Diskriminierungen (6).

Diskriminierung - differenziert betrachtet
discriminare (lateinisch) = unterscheiden, trennen
• Legitime Diskriminierung • Illegitime Diskriminierung • Selbstdiskriminierung

Tab. 8.1: Diskriminierung - differenziert betrachtet (nach L. Malcherczyk, Finck H.: Diabetes und Soziales, 2. Auflage, Kirchheim, Mainz, 1999).

Als "**legitime Diskriminierung**" ist eine juristisch begründbare Ungleichbehandlung aufgrund von gesetzlichen Bestimmungen, Eignungsrichtlinien oder Verordnungen zu verstehen (Beispiel: gegen den vorgegebenen Ausschluß insulinspritzender Diabetiker vom Beruf des Piloten gibt es keine sachlichen Argumente). Als "**illegitime Diskriminierung**" ist die Benachteiligung von Diabetikern trotz gleicher Eignungsvoraussetzungen für einen bestimmten Beruf anzusehen (Beispiel: Ausschluß einer Diabetikerin von der Ausbildung zur Krankenschwester). Die "**Selbstdiskriminierung**" einzelner Diabetiker, die den Diabetes als Grund für Forderungen auf Sonderbehandlung oder als Entschuldigung für Fehlverhalten anführen, schadet ihnen selbst und dem öffentlichen Status aller Diabetiker (Beispiel: Hypoglykämie als vorgeschobene Erklärung für einen Straßenverkehrsunfall unter Alkoholeinwirkung oder als Begründung für Fehlverhalten).

Grundsätzlich kann der Arzt bei seinen Bemühungen um die soziale Stellung der Diabetiker jedoch voraussetzen, daß die meisten Diabetiker ihren Platz in Familie, Beruf und Gesellschaft ohne soziale Einschränkungen ausüben können. Diabetiker sind nicht per se leistungsschwächer, "behindert" oder gar "hilflos". Wenn es dennoch bei Einzelnen durch den Diabetes zu solchen Einschränkungen kommt, sollten sie so maßvoll wie möglich gehalten werden; der Arzt kann dazu auch durch Vermittlung fachlich-kompetenter Hilfe, z.B. über Sozialdienste oder Beratungsdienste, beitragen.

8.2. Leistungseinschränkung durch Diabetes

Leistungseinschränkungen durch den Diabetes sind zwar nicht sehr häufig, im einzelnen können aber sowohl der Diabetes als auch die Nebenwirkungen der Diabetestherapie oder chronische Diabeteskomplikationen die psychophysische und berufliche Leistungsfähigkeit der Diabetiker einschränken (☞ Tab. 8.2).

Leistungseinschränkung durch Diabetes - sozialmedizinisch relevant
Bedingungen der Stoffwechselführung
• z.B. Aufwand am Arbeitsplatz • z.B. berufsbedingte Beeinträchtigung der Stoffwechselkontrolle • z.B.Leistungsminderung durch Hypoglykämien
Nebenwirkungen der Diabetestherapie
• vor allem: Hypoglykämien - z.B. Arbeiten mit Absturzgefahr - z.B. berufliche Personenbeförderung - z.B. verantwortliche Überwachungsfunktionen - z.B. berufsmäßiger Waffengebrauch
chronische Diabeteskomplikationen
• diabetische Neuropathie • diabetische Retinopathie • diabetische Nephropathie • kardiale, cerebrale und periphere Angiopathie

Tab. 8.2: Sozialmedizinisch relevante Leistungseinschränkung durch Diabetes.

Diese folgenschwere Verknüpfung - der Diabetes führt zu einer Leistungseinschränkung, die Leistungseinschränkung führt zur Einschränkung der sozialen Stellung des Diabetikers - ist oft auch **durch sozialmedizinisches Engagement beeinflußbar**, wie am Beispiel der Hypoglykämie als häufigster Ursache für eine Leistungseinschränkung mit möglicher Gefährdung im Straßenverkehr deutlich wird. Prinzipiell kann die Hypoglykämie als Nebenwirkung der Insulintherapie zu einem "plötzlichen, unvorhersehbaren Leistungszusammenbruch" führen, der zur situativen, temporären Fahruntüchtigkeit führt. Tatsächlich können eine "Neigung zu häufigen Hypoglykämien" oder häufige schwere Hypoglykämien nach den Verordnungsvorgaben zur Feststellung einer generellen Fahruntüchtigkeit führen, weil die "Mindestanforderungen hinsichtlich der körperlichen und geistigen Tauglichkeit für das Führen eines Kraftfahrzeuges" vorübergehend nicht konstant erfüllt sind (7). Als Konsequenz dieser in sich schlüssigen Begründung der geltenden ministeriellen Begutachtungsleitlinien "Krankheit und Kraftverkehr" (8) müssen Diabetiker mit Neigung zu schweren Hypoglykämien Einschränkungen der Fahrerlaubnis hinnehmen. Durch eine therapeutische Umstellung kann aber auch einmal diese Neigung zu schweren Hypoglykämien und die daraus begründete partielle Fahruntüchtigkeit so deutlich und nachweisbar verringert werden, daß in einer späteren Begutachtung die zuvor begründete Einschränkung der Fahrerlaubnis abgeschwächt oder aufgehoben werden kann.

Das Beispiel macht gegebene Zusammenhänge zwischen Krankheit einerseits und daraus resultierender sozialer Begrenzung andererseits deutlich und weist auf manchmal gegebene **Möglichkeiten zur Abhilfe** hin:

- Unter bestimmten Bedingungen kann der Diabetes zu Leistungseinschränkungen und damit zu sozialen Einschränkungen führen
- Durch ärztliche Einflußnahme, z.B. über eine therapeutische Anpassung, können nicht selten diabetesbedingte Leistungseinschränkungen so begrenzt werden, daß die sozialen Einschränkungen abgebaut oder aufgehoben werden können
- Die vorgegebenen Richtlinien, Leitlinien, Verordnungen, Regeln zur Beurteilung der sozialen Konsequenzen einer diabetesbedingten Leistungseinschränkung enthalten oft Hinweise auf Ausnahmen und werden im Laufe der Zeit neueren Erkenntnissen angepaßt, so daß auch von dieser Seite her sozialmedizinisches Engagement dazu helfen kann, soziale Einschränkungen zu begrenzen

Natürlich lassen sich dabei nicht immer umfassende, befriedigende und endgültige Lösungen für die soziale Belastung der Diabetiker finden. Fast immer muß auch damit gerechnet werden, daß sich die sozialmedizinischen Probleme des einzelnen Diabetikers ändern können und daß sich die Möglichkeiten zur sozialen Hilfe im Laufe der Zeit wandeln. Die Beurteilung sozialmedizinischer Probleme bei Diabetikern und die Darstellung sozialmedizinischer Hilfen bleiben wechselnden Bedingungen unterworfen und sind damit zeitgebunden. Der sozialmedizinische, ärztliche Einsatz für Diabetiker besteht also auf der einen Seite aus direkter therapeutischer Hilfe und andererseits auch in der Vermittlung fachlich kompetenter Hilfe durch "Sozialdienste" oder "Beratungsdienste" (☞ Tab. 8.3).

Fachlich-kompetente sozialmedizinische Hilfe
• Sozialdienste von Diabeteszentren • Institutionelle Beratungsstellen, z.B. - Örtliches Arbeitsamt - Industrie- und Handelskammern - Gesetzliche Rentenversicherungsträger (BfA, LVAen u.a.) - Versicherungsälteste der Rentenversicherungen - Personalräte der öffentlichen Arbeitgeber - Kommunale Fürsorge- und Hauptfürsorgestellen - Versorgungsamt - Kreiswehrersatzamt, Musterungsstellen - Straßenverkehrsamt - Versicherungsträger

Tab. 8.3: Fachlich-kompetente sozialmedizinische Hilfe.

8.3. Berufs- und Arbeitsleben

"*Diabetiker ohne andere schwerwiegende Krankheiten oder ausgeprägte Diabetesfolgeerkrankungen können nahezu alle Berufe und Tätigkeiten ausüben, zu denen sie nach Neigung, Begabung, praktischen Fähigkeiten und Ausbildung geeignet erscheinen*" - so lauten die "**Empfehlungen zur Beratung bei Berufswahl und Berufsausübung von Diabetikern**" (9,33), die vom Ausschuß Soziales im Auftrag der Deutschen Diabetes-Gesellschaft im Jahre 1999 aktualisiert wurden (☞ Tab. 8.4).

Es gibt Probleme, die die Berufsausübung einzelner Diabetiker einschränken können und die deshalb auch bei der Berufswahl berücksichtigt werden müssen. Dies sind vor allem mögliche Hypoglykämien insulinbehandelter Diabetiker. Alltäglich sind die Fragen nach der Risikoabwägung für insulinspritzende Diabetiker mit Hypoglykämieneigung bei **risikoreichen Berufen**, also insbesondere bei Berufen oder Tätigkeiten, die mit einer Selbstgefährdung oder mit einer Fremdgefährdung einhergehen können:

- Berufliche Personenbeförderung oder Transport gefährlicher Güter
- Waffengebrauch
- Überwachungsfunktion mit alleiniger Verantwortung für das Leben anderer
- Arbeiten mit Absturzgefahr oder an anderen gefährlichen Arbeitsplätzen
- Arbeiten im Überdruck

Geltende **Sicherheitsvorschriften und Unfallverhütungsvorschriften** in bestimmten Berufen führen dazu, daß insulinspritzende Diabetiker wegen ihrer grundsätzlichen Hypoglykämiegefährdung davon ausgeschlossen bleiben. Durch entsprechende Vorschriften ist in der Regel ausgeschlossen, daß insulinbehandelte Diabetiker mit Hypoglykämiegefährdung als Berufskraftfahrer zur Personenbeförderung, als Lokomotivführer oder als Flugzeugführer beruflich tätig sein können.

8.3.1. Bewerbung

Es gibt viele Hinweise dafür, daß Diabetiker ihre Krankheit in Bewerbungsgesprächen lieber verschweigen und manchmal ihren Diabetes auch während der Berufstätigkeit verheimlichen, um die befürchteten beruflichen Diskriminierungen zu vermeiden (10).

Was sollten Diabetiker über eine Bewerbung um einen Arbeitsplatz wissen - was kann man ihnen raten?

Es gibt keine Verpflichtung, von sich aus den Diabetes zu offenbaren. Wenn man aber vor Abschluß des Arbeitsvertrages die Frage nach der Erkrankung unrichtig beantwortet, kann der Arbeitsvertrag durch den Arbeitgeber aufgelöst werden, sofern für den besetzten Arbeitsplatz ein Leistungsvermögen vorausgesetzt wird, das der Arbeitnehmer wegen seiner Erkrankung nicht besitzt. Der Arbeitgeber hat also bei der Einstellungsverhandlung die Pflicht, den künftigen Arbeitnehmer über die Anforderungen des Arbeitsplatzes zu unterrichten und festzustellen, ob dabei überdurch-

Empfehlungen zur Beratung über Berufswahl und Berufsausübung von Diabetikern
Grundlagen
• *Diabetiker ohne schwerwiegende andere Krankheiten oder schwere Diabeteskomplikationen können nahezu alle Berufe und Tätigkeiten ausüben, zu denen sie nach Neigung, Begabung, praktischen Fähigkeiten und Ausbildung geeignet erscheinen. Eine abgeschlossene berufliche Ausbildung ist für jeden Diabetiker anzustreben.* • *Wahl und Ausübung eines Berufes oder einer Tätigkeit können für einzelne Diabetiker durch bestimmte Bedingungen des Berufes und (oder) des Diabetes eingeschränkt sein. Deshalb sind einige Berufe für Diabetiker nicht oder weniger geeignet.* • *Die Beratung über Wahl und Ausübung eines Berufes sollte für jeden Diabetiker individuell und in enger Kooperation mit einem diabetologisch erfahrenen Arzt und bei Bedarf auch mit dem Betriebsarzt erfolgen.*
Bewertung einschränkender Bedingungen
• *Bedingungen, welche die Wahl der Ausübung eines Berufes oder einer Tätigkeit durch Diabetiker beeinflussen können, lassen sich gliedern in* - *Selbst- und Fremdgefährdung durch plötzlich auftretende Unterzuckerungszustände (Hypoglykämien),* - *Beeinträchtigungen der Planbarkeit des Tagesablaufes und der Selbstkontrolle des Stoffwechsels,* - *Auftreten anderer Krankheiten und eine evtl. absehbare oder nicht ausschließbare Gefahr von plötzlichen Gesundheitsstörungen, die fremder Hilfe bedürfen,* - *berufliche Expositionen, die das Auftreten von akuten oder chronischen Folgen des Diabetes begünstigen.* • *Bei der Beratung von Diabetikern muß die Hypoglykämieneigung besonders berücksichtigt werden, da eine Hypoglykämie die Leistungsfähigkeit - meist nur für Minuten - vermindern und in seltenen Fällen auch zu einer Beeinträchtigung des Bewußtseins führen kann. Das Auftreten von Hypoglykämien kann daher bei manchen beruflichen Tätigkeiten andere Menschen oder den Diabetiker selbst gefährden. Das Risiko für das Auftreten von schweren Hypoglykämien kann durch Anpassung der Stoffwechseleinstellung und evtl. Hypoglykämietraining vermindert werden. Schwere Hypoglykämien können eine Gefahr bedeuten bei* - *Beruflicher Personenbeförderung oder Transport gefährlicher Güter (z.B. Piloten, Lokführer, Bus- und LKW-Fahrer)* - *Waffengebrauch (z.B. Schutzpolizei)* - *Überwachungsfunktion mit alleiniger Verantwortung für das Leben anderer. Dies gilt für Verkehrskontrollen und -lenkung des Straßen-, Schienen-, Wasser- und Luftverkehrs und für einen Teil der Leitstände im Industriebereich* - *Arbeiten mit Absturzgefahr oder an anderen gefährlichen Arbeitsplätzen (Dachdecker, Gerüstbauer, Bauarbeiter an Hochbauten). Ähnlich zu bewerten sind Tätigkeiten an gefährlichen Maschinen, an Hochöfen und beim Stahlabstich* - *Arbeiten im Überdruck*
Berufsberatung
• *Die Beratung des Diabetikers bei der Berufswahl sollte sich vor allem an Neigung, Begabung und Fähigkeiten des Betroffenen orientieren. Sie muß die geltenden Rechtsnormen und Richtlinien sowie andere Vorschriften berücksichtigen, wie z.B. die den Diabetes betreffenden berufsgenossenschaftlichen Grundsätze für arbeitsmedizinische Vorsorgeuntersuchungen oder Richtlinien wie die "Begutachtungs-Leitlinien zur Kraftfahreignung" des Gemeinsamen Beirates für Verkehrsmedizin.* • *Tritt der Diabetes bei einem Beschäftigten auf, der eine für seine Erkrankung geeignete Tätigkeit hat, so sollte als erstes überlegt werden, ob nicht durch eine Umsetzung im Betrieb die Erfahrung aufgrund der bisher ausgeübten Tätigkeit weiter verwertet werden kann. Wenn dies nicht möglich ist, muß eine Beratung zum Berufswechsel mit nachfolgender Umschulung erfolgen.*

Tab. 8.4: "Empfehlungen zur Beratung bei bei Berufswahl und Berufsausübung von Diabetikern" (Auszüge aus: Diabetes und Stoffwechsel 8 [1999] XXI-XXV).

schnittliche Anforderungen gestellt werden oder ob besondere gesundheitliche Belastungen zu erwarten sind. Der zukünftige Arbeitnehmer hat bei der Bewerbung die **Offenbarungspflicht**, dem Arbeitgeber Tatsachen mitzuteilen, die den Bewerber für eine Stelle ungeeignet erscheinen lassen. Dies könnte der Diabetes mit seinen Therapiekomplikationen (mit Hypoglykämien) oder mit seinen chronischen Komplikationen sein, wenn dadurch die Eignung für die vorgesehene Tätigkeit auf Dauer oder in periodisch wiederkehrenden Abständen eingeschränkt ist (6).

Berufswahl
17jährige Schülerin, Typ 1-Diabetes seit 10 Jahren unter intensivierter Insulintherapie, ungünstige Stoffwechseleinstellung mit einem HbA1c von 8,3 %, Adipositas mit einem Body-Mass-Index von 29,1 kg/m2, Nikotinabusus, orale Kontrazeption.
Berufswunsch: Krankenschwester
Die Berufsausbildung ist zu befürworten. Die Schülerin sollte aber - nach Schulung - für eine Stoffwechselbesserung sorgen und ihre Risiken abbauen.

Diabetiker müssen also nicht grundsätzlich ihren Diabetes angeben, unseres Erachtens ist es aber langfristig schwierig und belastend, den Diabetes zu verheimlichen und damit die eigene berufliche Sicherheit und auch das Arbeits- und Beschäftigungsklima zu belasten. **Empfehlenswert ist ein offener und aktiver Umgang mit dem Diabetes und seinen möglichen Auswirkungen auf die berufliche Tätigkeit**. So kann man nur dringend raten, daß sich Diabetiker zum Vorstellungsgespräch eine aktuelle Bescheinigung ihrer Ärzte mitnehmen, in der festgestellt wird, daß der Arzt den Bewerber als gut geschulten zuverlässigen Diabetiker kennt und daß er ihn für die angestrebte Tätigkeit oder Arbeitsstelle für geeignet hält (6).

Das Verhalten in Bewerbungssituationen kann auch im Rahmen einer Schulung zur Stärkung der sozialen Kompetenz eingeübt werden; wir haben damit gute Erfahrungen machen können (11).

8.3.2. Verhalten am Arbeitsplatz

Arbeitsplatzprobleme ergeben sich für den Diabetiker nicht nur durch die mögliche Verheimlichung seines durch Hypoglykämien begrenzten Leistungsvermögens und durch die daraufhin möglich werdende Auflösung des Arbeitsvertrages. Probleme am Arbeitsplatz können auch durch Unkenntnis und falsche Sorgen auf Seiten der Arbeitgeber und bei den Mitarbeitern entstehen. Trotz Aufklärungsbemühungen aller Fachgesellschaften und Laienorganisationen bleibt die falsche Befürchtung verbreitet, daß Diabetiker grundsätzlich ein schlechteres Leistungsvermögen haben und daß es durch ihr gesundheitliches Handicap zu betriebswirtschaftlichen Problemen kommen kann.

Durch ein **offenes Umgehen mit ihrem Diabetes** und mit der notwendigen Diabetesbehandlung auch gegenüber dem Arbeitgeber und den Mitarbeitern und Kollegen können Diabetiker diesem Mißverständnis sicher am besten begegnen; dabei sollten die Diabetiker ihr **berufliches Leistungsvermögen voll nutzen** und die Krankheit nicht grundsätzlich als Argument für Sonderregelungen und Arbeitserleichterungen verwenden. Es ist belegt, daß gut geschulte Typ 1-Diabetiker ohne chronische Diabeteskomplikationen auch bei langer Diabetesdauer eine einem Gesunden vergleichbare Stellung im Berufsleben einnehmen können (12).

Selbstdiskriminierung
24jähriger Fotolaborant, Typ 1-Diabetes seit 15 Jahren, intensivierte Insulintherapie, HbA1c 7,4 %, Abmahnung wegen beruflicher Fehler und wegen sexueller Belästigung einer Kollegin. Schutzbehauptung: "Dabei hatte ich eine Hypoglykämie"
Cave: Selbstdiskriminierung
Diese Argumentation schadet dem öffentlichen Status aller Diabetiker und hilft individuell auch nicht.

Ein **Schulungsprogramm** zur beruflichen Mobilität des Diabetikers, zu seinem Verhalten in belastenden beruflichen Situationen und zum Umgang mit Hypoglykämien am Arbeitsplatz (11) kann dazu beitragen, daß Diabetiker hilfreiche Verhaltensweisen und Informationen entwickeln und trainieren und damit ihren Umgang mit realisierbaren und nicht realisierbaren beruflichen Anforderungen und mit besonderen (Hypoglykämie-)Problemen am Arbeitsplatz verbessern.

8.3.3. Beschäftigung im Beamtenverhältnis

Auch bei der Übernahme von Diabetikern in das Beamtenverhältnis und bei ihrer Beschäftigung im öffentlichen Dienst kommt es nicht nur darauf an, daß die Bewerber gesundheitlich in der Lage sind, die Anforderungen des konkreten Arbeitsplatzes zu erfüllen. Nach den geltenden "**Richtlinien über die Beschäftigung von Diabetikern im öffentlichen Dienst**" (13) sollen Diabetiker bei Bewerbungen um Beamtenstellen frei von diabetesspezifischen Komplikationen an Augen und Nieren sein.

Diabetiker im öffentlichen Dienst
• *Der generelle Ausschluß des Diabetikers von pensionsberechtigten Anstellungen im Staatsdienst und in vergleichbaren Institutionen ist aus medizinischen Gründen nicht gerechtfertigt.* • *Für die Einstellung in die genannten Tätigkeiten kommen alle arbeitsfähigen Diabetiker in Betracht, deren Stoffwechselstörung mit Diät allein, mit Diät und oralen Antidiabetika und (oder) Insulin auf Dauer gut einstellbar ist. Durch eine gute Stoffwechselkontrolle wird das Risiko diabetesspezifischer Komplikationen verringert.* • *Diabetische Bewerber um solche Stellen sollten frei von diabetesspezifischen Komplikationen an Augen und Nieren sein. Die Feststellung solcher Befunde hat durch fachärztliche Augenhintergrunduntersuchungen (Fundoskopie) sowie durch den kompletten Harnstatus und die Bestimmung des Kreatininwertes im Serum zu erfolgen.* (aus den "Richtlinien über die Beschäftigung von Diabetikern im öffentlichen Dienst. Runderlaß des Innenministers vom 22.11.1982. Mbl NW (1982) 1918")

Tab. 8.5: Einstellung und Beschäftigung von Diabetikern im öffentlichen Dienst - Richtlinien der Deutschen Diabetes-Gesellschaft (Auszüge)

Nach einer ärztlichen Beurteilung müssen sie gesundheitlich geeignet und für die vorgesehene Tätigkeit dienstfähig sein und dürfen keine Krankheiten haben, die eine vorzeitige dauernde Dienstunfähigkeit erwarten lassen; damit wird die volle Dienstfähigkeit bis zum Erreichen der Altersgrenze erwartet. Bei Schwerbehinderten wird die Übernahme in ein **Beamtenverhältnis auf Lebenszeit** möglich, wenn angenommen werden kann, daß sie nicht vor Ablauf von 10 Jahren dienstunfähig werden (☞ Tab. 8.5).

Verbeamtung
23jähriger Post-Mitarbeiter, Typ 1-Diabetes seit dem 16. Lebensjahr. Intensivierte Insulintherapie, HbA1c 6,9 %. Einmalig schwere Hypoglykämie, keine chronischen Diabeteskomplikationen.
Antrag auf Verbeamtung
Nach den "Richtlinien" ist die Verbeamtung des Antragstellers ohne Schwierigkeiten möglich.

Diese Richtlinien der Deutschen Diabetes-Gesellschaft gelten für die Einstellung und Beschäftigung von nicht schwerbehinderten Diabetikern im öffentlichen Dienst, sofern nicht **spezielle Dienstvorschriften** gelten, nach denen dann entschieden werden muß. Für die entsprechenden Dienstbereiche gelten

- die Polizeidienstvorschrift
- die Zentrale Dienstvorschrift der Bundeswehr
- die Tauglichkeitsanweisung Nr. 42 zur Beschäftigung von Diabetikern im Betriebsdienst der Deutschen Bundesbahn
- die Tauglichkeitskriterien der Post oder
- die Diensttauglichkeitsvorschriften des Zolldienstes

Beispielhaft seien die Regelungen beschrieben, die zur "**Beschäftigung von Diabetikern im Betriebsdienst der Deutschen Bundesbahn**" (☞ Tab. 8.6) gelten. Sie beruhen auf der Tauglichkeitsanweisung Nr. 42 der Deutschen Bundesbahn, für die der Ausschuß Soziales der Deutschen Diabetes-Gesellschaft diese Empfehlungen in Abstimmung mit dem Bahnärztlichen Dienst der Deutschen Bundesbahn zur Beschäftigung von Diabetikern im Betriebsdienst der Deutschen Bundesbahn ausgearbeitet und veröffentlicht hat.

Beschäftigung von Diabetikern im Betriebsdienst der Deutschen Bundesbahn
I. Diabetiker, die rein diätetisch, aber nicht mit Sulfonylharnstoffen oder Insulin behandelt werden:
Bei ausschließlich diätetisch eingestellten Diabetikern besteht keine Einschränkung der Tauglichkeit für Tätigkeiten im Betriebsdienst einschließlich des Alleindienstes besonderer Art.
II. Diabetiker, die mit Sulfonylharnstoffen behandelt werden:
Bei Sulfonylharnstoff-behandelten Diabetikern können in seltenen Fällen Hypoglykämien auftreten. Hypoglykämiegefährdete Patienten sind nicht tauglich für den Alleindienst besonderer Art, das Gleiche gilt für die Beschäftigung dieser Diabetiker im unregelmäßigen Wechseldienst. Ansonsten gelten die gleichen Richtlinien wie für Gruppe I. In jedem Falle sind alle mit Sulfonylharnstoffen behandelten Diabetiker für Tätigkeiten im Betriebsdienst tauglich, sofern sie gut kooperieren, ihren Stoffwechsel hinreichend gut regulieren und regelmäßig anfallende Nachtschichten ausgeschlossen sind.
III. Diabetiker, die mit Insulin behandelt werden:
Insulinbehandelte Diabetiker sind zwar grundsätzlich untauglich für Tätigkeiten im Betriebsdienst, im unregelmäßigen Wechseldienst und im regelmäßigen Schichtdienst bei Einschluß von Nachtschichten, sie können aber bei guter Stoffwechseleinstellung durch gute Kooperation tauglich sein für Verkehrsdienst oder Werkstättendienst, auch mit zeitweiligen Betriebsdiensttätigkeiten. Qualität der Stoffwechseleinstellung und Hypoglykämiegefährdung sind durch Zeugnis des behandelnden Arztes bzw. eines Diabetologen zu beurteilen.

Tab. 8.6: Empfehlungen zur Beschäftigung von Diabetikern im Betriebsdienst der Deutschen Bundesbahn.

Empfehlungen zur Beurteilung von Diabetikern durch Bahnärzte sind in einer Tauglichkeitsverordnung (15) festgelegt. Nach Gesprächen mit der Deutschen Bahn AG (10) ist zu erwarten, daß diese Verordnung stets aktualisiert wird. Nach Gesprächen mit Bahnärzten (10) und nach eigenen Erfahrungen bei der zusammen mit Bahnärzten durchgeführten Betreuung und Beurteilung von insulinspritzenden Diabetikern werden die Möglichkeiten der flexiblen und engagierten Interpretation der Empfehlungen im Interesse der Diabetiker deutlich; so konnten wir im Einzelfall trotz eines insulinbehandelten Typ 2-Diabetes eine Tätigkeit im Betriebsdienst, im unregelmäßigen Wechseldienst und in regelmäßigem Schichtdienst partiell ermöglichen. Alle an dieser Entscheidung Beteiligten - Diabetiker, behandelnde und begutachtende Ärzte - übernehmen damit eine große Verantwortung, die im Einzelfall aber tragbar erscheint.

8.3.4. Schwerbehindertengesetz

Das "Gesetz zur Sicherung der Eingliederung Schwerbehinderter in Arbeit, Beruf und Gesellschaft" (Schwerbehindertengesetz; SchwbG; Bundesgesetzblatt I 1986) dient besonders der Sicherung des Zugangs von Schwerbehinderten ins Berufsleben. Das Schwerbehindertengesetz erfaßt die Auswirkungen einer Behinderung oder Schädigungsfolge in allen Lebensbereichen. Dabei gilt als "Maß für Auswirkungen eines Mangels an funktioneller Intaktheit, also für einen Mangel an körperlichem, geistigem oder seelischem Vermögen" der **Grad der Behinderung**, der **GdB**. Als Behinderung ist jeder regelwidrige körperliche, geistige und seelische Zustand anzusehen, der vom Typischen für länger als sechs Monate abweicht und einen GdB von wenigstens 10 v. H. bedingt (☞ Tab. 8.7).

Für die Begutachtung des Grades der Behinderung entscheidend sind die "**Anhaltspunkte für die ärztliche Gutachtertätigkeit im sozialen Entschädigungsrecht und nach dem Schwerbehindertengesetz**" (14).

Diabetiker und Schwerbehindertengesetz
*§ 1: **Schwerbehinderte** im Sinne dieses Gesetzes sind Personen mit einem Grad der Behinderung von wenigstens 50, sofern sie ihren Wohnsitz, ihren gewöhnlichen Aufenthalt oder ihre Beschäftigung auf einem Arbeitsplatz im Sinne des § 7 Abs. 1 rechtmäßig im Geltungsbereich dieses Gesetzes haben.*
*§ 2 **Gleichgestellte**: (1) Personen mit einem Grad der Behinderung von weniger als 50, aber wenigstens 30, bei denen im übrigen die Voraussetzungen des § 1 vorliegen, sollen auf einer Feststellung nach § 4 auf ihren Antrag vom Arbeitsamt Schwerbehinderten gleichgestellt werden, wenn sie infolge ihrer Behinderung ohne die Gleichstellung einen geeigneten Arbeitsplatz im Sinne des § 7 Abs. 1 nicht erlangen oder nicht behalten können. Die Gleichstellung wird mit dem Tag des Einganges des Antrages wirksam. Sie kann befristet werden. (2) Auf Gleichgestellte ist dieses Gesetz mit Ausnahme des § 47 und des Elften Abschnitts anzuwenden.*
*§ 3 **Behinderung**: (1) Behinderung im Sinne dieses Gesetzes ist die Auswirkung einer nicht nur vorübergehenden Funktionsbeeinträchtigung, die auf einem regelwidrigen körperlichen, geistigen oder seelischen Zustand beruht. Regelwidrig ist der Zustand, der von dem für das Lebensalter Typischen abweicht. Als nicht nur vorübergehend gilt ein Zeitraum von mehr 6 Monaten. Bei mehreren sich gegenseitig beeinflussenden Funktionsbeeinträchtigungen ist deren Gesamtauswirkung maßgeblich. (2) Die Auswirkung der Funktionsbeeinträchtigung ist als Grad der Behinderung (GdB), nach Zehnergraden abgestuft, von 20 bis 100 festzustellen. (3) Für den Grad der Behinderung gelten die im Rahmen des § 30 Abs. 1 des Bundesversorgungsgesetzes festgelegten Maßstäbe entsprechend.*

Tab. 8.7: Auszüge aus der aktuellen Fassung des Schwerbehindertengesetzes.

Diese Anhaltspunkte stellen eine Richtlinie zur Beurteilung von Behinderungen und Schädigungsfolgen dar, von denen in der Regel nur abgewichen werden kann, wenn es gut begründet wird. Derzeit ist der Ausschuß Soziales der Deutschen Diabetes-Gesellschaft mit Vorschlägen darum bemüht, die noch geltenden GdB-Tabellen für den Diabetes von 1983 (14) zu verändern. Bisher gelten folgende **Bewertungen des Diabetes mellitus**:

- Durch Diät allein (ohne blutzuckerregulierende Medikation) oder durch Diät und Kohlenhydratresorptionsverzögerer oder Biguanide (d. h. orale Antidiabetika, die allein nicht zur Hypoglykämie führen) ausreichend einstellbar:
  - GdB 10
- Durch Diät und Sulfonylharnstoffe (auch bei zusätzlicher Gabe anderer oraler Antidiabetika) ausreichend einstellbar
  - GdB 20
- Durch Diät und orale Antidiabetika und ergänzende Insulininjektionen ausreichend einstellbar
  - GdB 30
- Durch Diät und alleinige Insulinbehandlung gut einstellbar
  - GdB 40
- Durch Diät und alleinige Insulinbehandlung schwer einstellbar (häufig bei Kindern, auch gelegentliche, ausgeprägte Hypoglykämien):
  - GdB 50

Häufige und ausgeprägte Hypoglykämien sowie Organkomplikationen sind in ihren Auswirkungen entsprechend zusätzlich zu bewerten. Wer einen GdB von mindestens 50 aufweist, gilt als "schwerbehindert" und erhält auf Antrag einen Schwerbehindertenausweis.

Neben der Festlegung des GdB können nach dem Schwerbehindertengesetz zusätzlich bestimmte Merkmale festgestellt und mit dem Recht auf zusätzliche **Vergünstigungen**, auf den sogenannten **Nachteilsausgleich**, in den Schwerbehindertenausweis eingetragen werden:

- **G**, erheblich gehbehindert (§ 59 SchwBG)
- **H**, hilflos (§ 59 SchwBG)
- **Bl**, blind (§ 59 SchwBG)
- **aG**, außergewöhnlich gehbehindert (§ 60 SchwBG)
- **B**, ständige Begleitung notwendig (§ 60 SchwBG)

- **RF**, Befreiung von der Rundfunkgebührenpflicht unter Voraussetzung einer wesentlichen Sehbehinderung (GdB von mindestens 60), einer Hörminderung, die die ausreichende Verständigung trotz Hörhilfe unmöglich macht, oder einer ständigen Hinderung, an öffentlichen Veranstaltungen jeder Art teilzunehmen

Der **Antrag auf Feststellung der Behinderung** muß an das Versorgungsamt gestellt werden. Die Versorgungsämter haben nach Eingang des Antrags die Feststellung zu treffen, ob Behinderungen vorliegen, wie hoch der durch alle Behinderungen in seiner Gesamtheit bedingte GdB ist und ob Voraussetzungen für die Inanspruchnahme von Nachteilsausgleichen gegeben sind. Zu dieser Feststellung holen die **Versorgungsämter** Befundberichte der behandelnden Ärzte und ggf. auch Gutachten ein. Gegen die getroffene Entscheidung des Versorgungsamtes ist den Antragstellern der Rechtsweg durch einen Widerspruch und die Klage bei Sozialgerichten möglich.

Schwerbehinderung
Ein Vater fragt: "Soll ich für meinen 11jährigen zuckerkranken Sohn den Schwerbehinderten-Ausweis mit der Feststellung der Hilflosigkeit beantragen und annehmen?"
Pro und Contra bedenken
Bei der Beantwortung und Entscheidung sollten die gesetzlich verankerten Vorteile und mögliche Nachteile durch Diskriminierung berücksichtigt werden.

Nicht jedem Diabetiker ist die Antragstellung nach dem Schwerbehindertengesetz zu empfehlen. Trotz der gesetzlich verankerten Vorteile, die das Schwerbehindertengesetz den Betroffenen bietet, sollte man auch die **möglichen und nicht immer auszuschließenden Nachteile bedenken**, die in einer sozialen Stigmatisierung und einer illegitimen Diskriminierung durch die Umwelt, aber auch in der Beeinträchtigung des Selbstwertgefühls und der Verstärkung des Hanges zur Passivität liegen können. Der Schwerbehindertenstatus kann insbesondere bei jüngeren Diabetikern, die eine lange berufliche Laufbahn vor sich haben, zum Handicap in der beruflichen Weiterentwicklung werden.

Fachlich-kompetente Beratung von Diabetikern zu Problemen und Fragen bei der Anwendung des Schwerbehindertengesetzes bieten kommunale Fürsorgestellen und Hauptfürsorgestellen und Versorgungsämter sowie Sozialdienste von Diabeteszentren (☞ Tab. 8.3); besonders informativ zum Thema ist ein für Diabetiker geschriebener Ratgeber (6). Mit einer fachlich-kompetenten Beratung können Diabetiker Hilfe bei der Antragstellung, eine vorläufige Klärung ihrer möglichen Vorteile aus der Anwendung des Schwerbehindertengesetzes, Empfehlungen zum Verhalten als Träger eines Schwerbehindertenausweises und Informationen über rechtliche Möglichkeiten bei juristischen Auseinandersetzungen zur Frage der Schwerbehinderung erwarten.

8.3.5. Arbeitsfähigkeit und Arbeitslosigkeit

Kooperative, gut eingestellte Typ 1-Diabetiker, die unter regelmäßiger Schulung selbständig erfolgreich ihren Stoffwechsel führen, sind nicht häufiger krank oder wegen Krankheit arbeitsunfähig als Nichtdiabetiker (16, 17). Die Arbeitsfähigkeit des einzelnen Diabetikers wird aber neben seiner Bereitschaft zur Kooperation auch durch mögliche Behandlungseinflüsse, chronische Diabeteskomplikationen und zusätzliche Krankheiten bestimmt.

Bedauerlicherweise ist aber die Arbeitslosigkeit bei Typ 1-Diabetikern höher als bei Nichtdiabetikern, wie eine Untersuchung aus Nordrhein-Westfalen für die Altersklasse der 15- bis 19jährigen im Vergleich mit der gleichaltrigen Normalbevölkerung zeigte (2). Arbeitslos ist ein Arbeitnehmer, der vorübergehend nicht beschäftigt ist oder nur eine kurzzeitige Beschäftigung ausübt. Der Arbeitnehmer hat Anspruch auf **Arbeitslosengeld**, wenn er arbeitslos ist, sich beim Arbeitsamt arbeitslos gemeldet und Arbeitslosengeld beantragt hat, der Arbeitsvermittlung zur Verfügung steht und die Anwartschaftszeit erfüllt hat. Arbeitslosengeld wird erst von dem Tag an gewährt, an dem sich der Arbeitnehmer beim Arbeitsamt persönlich arbeitslos gemeldet hat. Auch arbeitslose Diabetiker, die während dieser Zeit Arbeitslosengeld oder Arbeitslosenhilfe beziehen, sind versicherungspflichtig. Für sie sind Pflichtbeiträge zur Rentenversicherung von der Bundesanstalt für Arbeit zu zahlen (6).

Anspruch auf **Arbeitslosenhilfe** hat, wer bedürftig ist, keinen Anspruch auf Arbeitslosengeld hat, arbeitslos ist, der Arbeitsvermittlung zur Verfügung steht, sich beim Arbeitsamt persönlich gemeldet und einen entsprechenden Leistungsantrag gestellt hat und innerhalb des letzten Jahres vor Erfüllung dieser Voraussetzungen Arbeitslosengeld bezogen hat.

Arbeitslosigkeit
51jähriger Typ 1-Diabetiker (seit 34 Jahren), Schwerbehinderten-Ausweis: GdB 50 %. Drohende Arbeitslosigkeit nach fast 30jähriger Betriebszugehörigkeit wegen konjunkturbedingter allgemeiner Reduzierung des Personals in die Arbeitslosigkeit.
Was tun?
Wahrscheinlich werden Kündigungsschutz und/wegen GdB 50 % nicht Abhilfe schaffen; es droht die Arbeitslosigkeit.

8.3.6. Berufsunfähigkeit und Erwerbsunfähigkeit

Der Diabetes mellitus und seine Komplikationen können zu Gesundheitsschäden und Funktionseinschränkungen und damit zu Benachteiligungen führen, die die Berufsfähigkeit oder die Erwerbsfähigkeit des Diabetikers infrage stellen. **Berufsunfähig** wird ein Diabetiker sein, der aus gesundheitlichen Gründen in seinem Beruf oder in einem zumutbaren anderen Beruf nicht mehr als die Hälfte dessen verdienen kann, was ein gesunder Versicherter verdienen würde. **Erwerbsunfähig** wird ein Diabetiker sein, der nicht mehr in der Lage ist, eine Tätigkeit regelmäßig auszuüben, oder der nur geringfügige Einkünfte erzielen kann.

Die **Erwerbsunfähigkeitsrente** soll den weggefallenen Verdienst ersetzen. Eine Erwerbsunfähigkeitsrente wird also gewährt, wenn der Versicherte eine regelmäßige Erwerbstätigkeit nicht mehr ausüben kann. Die **Berufsunfähigkeitsrente** soll den gesundheitlich bedingten Minderverdienst ausgleichen. Sie wird dann gewährt, wenn die Tätigkeit im bisherigen Beruf nicht mehr weitergeführt werden kann, wenn ansonsten aber noch eine anders geartete Erwerbstätigkeit möglich ist.

8.3.7. "Rehabilitation vor Rente"

Die Einschränkung der Berufsfähigkeit oder der Erwerbsfähigkeit muß nicht zwingend zu einer Berentung führen. Vor einer Berentung kommen zunächst Rehabilitationsmaßnahmen in Betracht; der **Anspruch auf Rehabilitationsleistungen** ergibt sich in der Bundesrepublik Deutschland aus § 10 SGB I:

"Wer körperlich, geistig oder seelisch behindert ist oder wem eine solche Behinderung droht, hat unabhängig von der Ursache der Behinderung ein Recht auf die Hilfe, die notwendig ist, um

- *die Behinderung abzuwenden, zu beseitigen, zu bessern, ihre Verschlimmerung zu verhüten oder ihre Folgen zu mindern,*
- *ihm einen seinen Neigungen und Fähigkeiten entsprechenden Platz in der Gemeinschaft, insbesondere im Arbeitsleben, zu sichern."*

Bei einer Begutachtung der Berufsfähigkeit oder der Erwerbsfähigkeit gilt also der Grundsatz "Rehabilitation vor Rente".

Reha vor Rente
56jähriger ehemaliger politischer Beamter, Typ 1-Diabetes seit 46 Jahren, Adipositas, Retinopathia diabetica, wiederholt schwere Hypoglykämien, HbA1c 8,7 %. Leistungsknick nach Rücktritt vom Amt.
"Bekomme ich als Diabetiker früher meine Rente?"
Über die Schulung während der Rehabilitation kann die Diabetestherapie verbessert werden. Typischerweise wird während der Rehabilitation über die Frage der weiteren beruflichen Tätigkeit entschieden werden können.

In unserer Gesellschaft wird der Eingliederung ins Erwerbsleben ein besonders hoher Stellenwert beigemessen; vorrangiges Ziel der Sozialleistung ist es daher, die Arbeitskraft zu erhalten, die Gefährdung der Erwerbsfähigkeit zu beseitigen und eine geminderte Erwerbsfähigkeit möglichst zu bessern oder voll wiederherzustellen. Diese Maßnahmen haben Vorrang vor den Rentenleistungen (aus 18).

"Rehabilitation umfaßt die Gesamtheit aller Maßnahmen medizinischer, schulisch-pädagogischer, beruflicher und sozialer Art, die erforderlich sind, um für den Behinderten die bestmöglichen körperlichen, seelischen und sozialen Bedingungen zu schaffen. Diese sollen ihn befähigen, aus eigener Kraft einen möglichst normalen Platz in der Gesellschaft zu behalten oder wiederzuerlangen. ... Der Auftrag der Rehabilitation umfaßt also die Hilfe zur Erhaltung oder Wiedergewinnung der aktiven Teilnahme am normalen Leben, insbesondere im Beruf, aber auch in Familie und Gesellschaft" (19).

Mit der medizinischen Rehabilitation soll den Menschen geholfen werden, die mit bleibenden gesundheitlichen Beeinträchtigungen leben müssen und die trotz gesundheitlicher Defizite und Funktionseinschränkungen durch die Stabilisierung noch vorhandener Kräfte sowie durch zusätzliche Hilfen ein möglichst normales Leben führen können. Für die **medizinische Rehabilitation** sind verschiedene Rehabilitationsträger zuständig (☞ Tab. 8.8; aus 18).

Neben der medizinischen Rehabilitation müssen auch Maßnahmen der beruflichen Rehabilitation in Betracht gezogen werden, wenn die beruflichen Aussichten infolge der Erkrankung des Diabetikers oder infolge seiner Behinderung mehr als vorübergehend gemindert sind und wenn er deshalb besonderer Hilfe bedarf. Zur **beruflichen Rehabilitation** zählen zum Beispiel:

- eine stufenweise Belastung
- eine innerbetriebliche Umsetzung
- eine behindertengerechte Ausstattung des Arbeitsplatzes
- Hilfen zur Erreichung des Arbeitsplatzes
- Umschulungsmaßnahmen
- evtl. praktische Hilfen (z.B. orthopädische Schuhe, Sehhilfen u.a.)

Träger medizinischer Rehabilitationsmaßnahmen (18)
• Gesetzliche Krankenversicherungen (GKV): - Ortskrankenkassen - Betriebskrankenkassen - Innungskrankenkassen - Seekrankenkasse - Landwirtschaftliche Krankenkassen - Bundesknappschaft - Ersatzkassen
• Gesetzliche Rentenversicherungen (GRV): - Arbeiterrentenversicherung (Landesversicherungsanstalten, Bahnversicherungsanstalt, Seekasse) - Angestelltenversicherung (Bundesversicherungsanstalt für Angestellte) - knappschaftliche Rentenversicherung (Bundesknappschaft)
• Landwirtschaftliche Altershilfe (LwAH): - Landwirtschaftliche Alterskassen
• Gesetzliche Unfallversicherung (GUV): - Berufsgenossenschaften, - Unfallversicherungsträger der öffentlichen Hand
• Kriegsopferversorgung/Kriegsopferfürsorge (KOV/KOF): - Versorgungsämter - Hauptfürsorgestellen
• Bundesanstalt für Arbeit (BA)
• Sozialhilfe: - örtliche Träger - überörtliche Träger

Tab. 8.8: Träger medizinischer Rehabilitationsmaßnahmen (aus 18).

Die Voraussetzungen für Leistungen der Rehabilitation für Diabetiker sind gegeben, wenn deren Erwerbsfähigkeit wegen Krankheit oder körperlicher, geistiger oder seelischer Behinderung erheblich gefährdet oder gemindert ist und wenn bei ihnen die Rehabilitationsleistungen voraussichtlich eine Minderung der Erwerbsfähigkeit abwenden oder die Erwerbsfähigkeit bessern oder wiederherstellen können. Neben dieser **Rehabilitationsbedürftigkeit** muß auch eine **Rehabilitationsfähigkeit** für die Gewährung von Leistungen zur Rehabilitation gegeben sein; dies setzt voraus, daß der

Betroffene für aktive Rehabilitationsmaßnahmen belastbar ist, daß hinsichtlich seiner Leistungsfähigkeit im Erwerbsleben eine positive Prognose gestellt werden kann und daß der Betroffene ausreichend motiviert und mental in der Lage ist, das Therapieangebot anzunehmen und umzusetzen (20).

Fachlich-kompetente Auskunft zu Fragen über Leistungen der gesetzlichen Rentenversicherung können die Auskunfts- und Beratungsstellen der gesetzlichen Rentenversicherungsträger, die Versicherungsältesten der Rentenversicherungen sowie die Sozialdienste von Diabeteszentren geben; auf wichtige und **hilfreiche Literatur** dazu sei verwiesen (6, 18).

8.3.8. Hinweise für ein Rentengutachten

Das ärztliche Gutachten für den Rentenversicherungsträger oder das Sozialgericht muß eine detaillierte und differenzierte Stellungnahme zu den Funktionseinschränkungen und zu den noch erhaltenen Funktionen des Diabetikers enthalten. Bei Diabetikern spielen für mögliche Funktionseinschränkungen vor allem Fragen der Stoffwechselsituation (Instabilität, Hypoglykämien) und Probleme möglicher chronischer Diabeteskomplikationen (Retinopathie, koronare Herzkrankheit, periphere arterielle Verschlußkrankheit, Niereninsuffizienz, Polyneuropathie, diabetisches Fußsyndrom) eine wichtige Rolle. Ihre Bedeutung für die **Beurteilung der Notwendigkeit einer Rente** wird in dem ärztlichen Gutachten durch eine klare Darstellung deutlich gemacht (☞ Tab. 8.9).

Rentengutachten
• durch Anamnese und Befunderhebung überzeugend dargestelltes Krankheitsbild
• nach dem Schweregrad geordnete Diagnosen
• Epikrise mit Darstellung der Funktionsstörungen oder Behinderungen unter Berücksichtigung der beruflichen Tätigkeitsmerkmale
• Beginn der Leistungsminderung im Berufsleben
• Leistungsfähigkeit im Berufsleben nach Stunden
• qualitative Einschränkungen, die die berufliche Tätigkeit beeinflussen können (sog. negatives Leistungsbild)
• sogenanntes positives Leistungsbild, sofern die Leistungsfähigkeit im bisherigen Beruf eingeschränkt ist
• individuelle Prognose der Krankheit
• Stellungnahme zu Rehabilitationsmaßnahmen

Tab. 8.9: Wichtige Aussagen in einem Rentengutachten.

Der für den Rentenversicherungsträger begutachtende Arzt muß feststellen, welche leistungsmindernden Funktionsstörungen durch den Diabetes, durch die Nebenwirkungen seiner Therapie und durch die chronischen Diabeteskomplikationen hervorgerufen worden sind (18, 20). Das Ausmaß der leistungsmindernden Funktionsstörungen wird danach bewertet, inwieweit die Störungen noch reversibel bzw. besserungsfähig sind (z.B. durch eine bessere Einstellung des Diabetes) oder ob bereits irreversible schwere Komplikationen vorliegen. Es ist **Aufgabe des Gutachters**, dazu Stellung zu nehmen, ob Rehabilitationsmaßnahmen vorrangig sind oder ob eine befristete oder unbefristete Leistungsminderung anzunehmen ist.

Für die **sozialmedizinische Beurteilung der Diabeteskomplikationen** ist eine umfassende Abklärung aller gegebenen Funktionsstörungen erforderlich. Zur Beurteilung der Retinopathia diabetica ist nicht deren Stadieneinteilung sondern der Funktionszustand des Sehorgans für das Leistungsvermögen ausschlaggebend; Umschulungen jüngerer Versicherter auf Sehbehindertenberufe können durch die Rentenversicherungsträger erfolgen. Kardiovaskuläre Komplikationen können determinierende Faktoren für das Leistungsvermögen sein; bei der koronaren Herzkrankheit wird das Ausmaß der Koronarinsuffizienz durch die noch verbliebene Ergometerleistung beurteilt. Sitz und Ausmaß von arteriellen Läsionen sind Kriterien, die vor allem bei Berufen mit längeren Gehstrecken berücksichtigt werden müssen. Das Leistungsvermögen bei diabetischer Nephropathie wird durch das Ausmaß der dabei verursachten Niereninsuffizienz bestimmt; die körperliche Leistungsfähigkeit kann durch die Anämie geprägt sein; Diabetiker mit chronischem Nierenversagen sollten keiner körperlich schweren Arbeit mehr nachgehen. Die diabetische Polyneuropathie und die darauf beruhenden Funktionsstörungen verschiedener Organe müssen vom Gutachter gezielt beurteilt werden (18, 20).

8.3.9. Wehrdienst und Zivildienst

In Deutschland gilt ein Diabetiker unabhängig vom Schweregrad seiner Erkrankung nach den zur Zeit gültigen Bestimmungen für den Wehrdienst im Frieden als nicht tauglich bzw. als nicht wehrdienstfähig (21). Diese Beurteilung erfolgt nach der **Zentralen Dienstvorschrift** (ZDV) 46/1, nach der auch Zivildienstpflichtige und Zivildienstleistende auf ihre Dienstfähigkeit beurteilt werden. Auch für Zivildienstverpflichtete und Zivildienstleistende mit Diabetes gilt danach: Nicht zivildienstfähig.

Für **Berufssoldaten und Soldaten auf Zeit**, die am Diabetes erkranken, muß durch ein truppenärztliches Gutachten über ihre Dienstfähigkeit und die weitere Beschäftigung bei der Bundeswehr entschieden werden. Soldaten auf Zeit können in besonderen Fällen auf eigenen Antrag vorzeitig aus ihrem Dienstverhältnis entlassen werden.

8.4. Versicherungen

Die **gesetzlichen Rentenversicherungsträger** sind zu den beschriebenen Hilfen und Leistungen für ihre Versicherten verpflichtet. Die finanzielle Sicherung bei Berufs- und Erwerbsunfähigkeit sowie im Alter stellt aber für viele Diabetiker ein besonderes Problem dar. Dies wird vor allem dann deutlich, wenn die Betroffenen schon vor dem Abschluß von Kranken- und Lebensversicherungsanträgen zuckerkrank waren.

Private Krankenversicherungen, Unfallversicherungen und Lebensversicherungen sind bemüht, sich vor zu großen Aufwendungen für einzelne Versicherte zu schützen. Deshalb verlangen sie grundsätzlich von Antragstellern eine Gesundheitsprüfung, bei der ein erhöhtes Risiko für Krankheit, Unfall oder vorzeitigen Tod erkannt werden soll. Höhere Zuschläge für das erhöhte Risiko oder auch die Ablehnung des Antragstellers können die Folge sein.

Diabetiker weisen aufgrund ihrer Erkrankung ein erhöhtes Risiko für weitere Erkrankungen und Tod auf. Dieses Risiko ist jedoch nach Diabetestyp, Alter, Diabetesdauer und gegebenen chronischen Krankheitskomplikationen unterschiedlich hoch. Zur individuellen Beurteilung sollte der Gutachter den Diabetiker nicht nach einer einmaligen Stoffwechselkontrolle, sondern nach einer gründlichen Befragung und Untersuchung beurteilen.

Gelegentlich werden Diabetikern **Lebensversicherungen** mit einer bestimmten Laufzeit und ohne Zuschläge angeboten; solche Angebote sollte man kritisch prüfen, aber auch gezielt nutzen. Bei einer notwendigen ärztlichen Stellungnahme für Lebensversicherungen wünschen Versicherungsträger Angaben zur Lebenserwartung und Mortalität des Diabetikers in Abhängigkeit von Manifestationsalter und Lebensalter, aber auch in Berücksichtigung der gegebenen Krankheitskomplikationen.

Zu Versicherungsfragen geben vor allem die Versicherungsträger selbst Auskunft. Fachlichkompetente Beratung für Diabetiker können aber auch Sozialdienste von Diabeteszentren geben. Aktuell und informativ ist das "**Diabetes-Journal**" als Periodikum für Diabetiker (22).

8.5. Kinder und Jugendliche mit Diabetes mellitus

Kinder und Jugendliche mit Diabetes mellitus stehen im Vergleich zu ihren gesunden Altersgenossen unter einer großen Belastung durch die täglichen Aufgaben der Krankheitsbewältigung. Sie sind dabei besonders auf die **Hilfe und Fürsorge ihrer Eltern** aber auch auf das Verständnis der Umwelt und auf das **Engagement der Betreuer, Erzieher und Lehrer** angewiesen. Gerade bei Kindern und Jugendlichen mit Diabetes mellitus ist die Gefahr der Diskriminierung im Sinne einer Benachteiligung, Herabsetzung, Herabwürdigung oder unterschiedlichen Behandlung im sozialen Umfeld zu befürchten. Der Umgang mit der Krankheit Diabetes fällt den nicht darüber informierten Erziehern oder Lehrern oft schwer. Die sich daraus ergebende Sonderstellung der Kinder und Jugendlichen ist oft durch Angst und Unwissenheit bei den Betreuern und im Umfeld begründet. In dieser Situation ist vorrangig Aufklärungsarbeit zu leisten, um der Diskriminierung von Kindern und Jugendlichen mit Diabetes mellitus im Kindergarten, in der Schule, bei Freundschaft oder beim Sport entgegenzuwirken.

8.5.1. Im Kindergarten

Kindern mit Diabetes ist der Besuch des Kindergartens grundsätzlich möglich. Es ist aber besonders wichtig, **daß die Erzieherinnen über das Wesen des Diabetes informiert sind,** daß sie erfahren und kennenlernen, wie alle krankheitsbezogenen Vorkommnisse durch wenige, einfache Einzelmaßnahmen zu beherrschen sind. Die Erzieherinnen sollten von den Eltern also über den Diabetes informiert werden und besonders auf wichtige Einzelheiten hingewiesen werden:

- die Notwendigkeit regelmäßiger Zwischenmahlzeiten auch während der Zeit im Kindergarten
- das mögliche Auftreten von Hypoglykämien mit Besprechung der typischen Symptome
- die Möglichkeit gelegentlich auftretender symptomarm verlaufender Hypoglykämien mit Verhaltensauffälligkeiten oder plötzlich auftretenden Bewußtseinsstörungen
- die rasche Beseitigung von Hypoglykämien durch Gabe von schnell resorbierbaren Kohlenhydraten
- die Telefonnummer der Eltern sowie des Kinderarztes oder des Diabeteszentrums (für eventuelle Notfälle)

Als Informationshilfe dient die Broschüre über "**Kinder mit Diabetes im Kindergarten**" (23), die alle wesentlichen Informationen über die Diabetesbehandlung und die Behandlung einer Hypoglykämie für die Erzieherinnen deutlich macht; auch Hinweise über das Verhalten bei Ausflügen und zur Frage, was man den anderen Kindergartenkindern über den Diabetes erzählen kann, sind darin enthalten.

8.5.2. In der Schule

Auch für Lehrerinnen und Lehrer gibt es eine Informationsbroschüre über den Diabetes (24), mit deren Kenntnis es ihnen möglich wird, betroffene Schüler mit Diabetes in den Schulbetrieb zu integrieren und ihnen bei gelegentlichen Problemen sachgerecht zu helfen. Mit einem Runderlaß (25, 26) des Kultusministers des Landes Nordrhein-Westfalen wurden die **Empfehlungen der Deutschen Diabetes-Gesellschaft für die schulische Betreuung und Versorgung von zuckerkranken Kindern und Jugendlichen** (Empfehlungen, die in Zusammenarbeit mit dem Deutschen Diabetiker-Bund überarbeitet wurden) mit der Bitte um Beachtung an alle Lehrerinnen und Lehrer weitergegeben.

Ziel dieser Informationen und Empfehlungen ist es wiederum, daß die Pädagoginnen und Pädagogen von der Notwendigkeit von Zwischenmahlzeiten wissen und darauf achten, daß die mitgebrachten Lebensmittel zu den individuell definierten Zeiten eingenommen werden. Lehrerinnen und Lehrer müssen auch wissen, daß zuckerkranke Kinder und Jugendliche während des Unterrichts gelegentlich Kohlenhydrate zu sich nehmen müssen, um einer Hypoglykämie zu begegnen. Deshalb sollten Lehrer und Mitschüler die Symptomatik einer Hypoglykämie erkennen, darauf reagieren können und für den Notfall auch den Aufbewahrungsort der Glukagonspritze kennen.

Nach pädiatrischer Erfahrung (27) durchlaufen ein Drittel aller Kinder mit Diabetes die Schule ohne besondere Probleme, während bei zwei Dritteln von Seiten der Lehrer eine mehr oder minder starke Rücksichtnahme erforderlich wird. Stoffwechselschwankungen während des Schulvormittags mit Hypoglykämien ziehen meist auch Leistungsschwankungen nach sich. Besonders hinzuweisen ist auf die Hypoglykämiegefährdung bei längerer Belastung, wie sie sich auch bei einem längeren Schulweg zu Fuß oder mit dem Fahrrad ergeben können.

8.5.3. Berufswahl und Führerschein

Bei der sozialmedizinischen Betreuung jugendlicher Diabetiker gibt es vor allem zu zwei Problemkreisen immer wiederkehrende Fragen zur Berufswahl und zum Führerschein.

Auf den **Leitsatz zur freien Berufswahl** (9,33) sei noch einmal hingewiesen: *"Diabetiker ohne schwerwiegende andere Krankheiten oder ausgeprägte Diabetesfolgeerkrankungen können nahezu alle Berufe und Tätigkeiten ausüben, zu denen sie nach Neigung, Begabung, praktischen Fähigkeiten und Ausbildung geeignet erscheinen. Eine abgeschlossene berufliche Ausbildung ist für jeden Diabetiker anzustreben"*. Die vermehrte Arbeitslosigkeit unter Jugendlichen mit Diabetes (2) macht deutlich, wie wichtig hier die Empfehlungen bei Berufswahl und Berufsausübung für Diabetiker sein können. Durch Beachtung der "**Informationen für Arbeitgeber**" (28) kann ein jugendlicher Diabetiker, der sich um einen Ausbildungsplatz oder eine Arbeitsstelle bewirbt, im **Bewerbungsgespräch** deutlich machen, daß er selbst allen Anforderungen an eine verantwortungsvolle Diabetesführung einerseits und die angestrebte Ausbildung oder berufliche Tätigkeit andererseits gewachsen ist.

Führerschein
17jähriger Typ 1-Diabetiker, HbA1c 6,9 %, problemlose Hypoglykämien, Beginn des Fahrunterrichts.
Frage: "Muß ich bei der Bewerbung um den Führerschein angeben, daß ich zuckerkrank bin?"
Antwort: "Nein, neuerdings soll nicht mehr danach gefragt werden."

Für alle Jugendlichen hat der **Führerscheinerwerb** einen besonders hohen Stellenwert. Die Besonderheiten, die sich dabei für den Diabetiker ergeben, werden im Rahmen dieses Kapitels ausführlich behandelt.

8.5.4. Schwerbehindertengesetz

Bei der Anwendung des Schwerbehindertengesetzes gibt es für Kinder und Jugendliche mit Diabetes mellitus neben den allgemeingültigen Verfahrensweisen einige Besonderheiten zu beachten.

Auch Kinder und Jugendliche mit Diabetes mellitus werden nach den allgemeingültigen Kriterien beurteilt; ihre Leistungseinschränkung wird durch **Beurteilung des Grades der Behinderung** (GdB) beschrieben.

Gerade bei Kindern und Jugendlichen mit Diabetes erfordert aber die Feststellung einer Behinderung sehr viel Einfühlungsvermögen und Fingerspitzengefühl, weil die durch diese Feststellung aktuell gewonnenen finanziellen Vorteile durch spätere Nachteile bei Ausbildung und Beruf erkauft werden können. So sind nach verschiedenen Erfahrungen Kinder und Jugendliche mit Diabetes, die einen Schwerbehindertenausweis führen, schwerer zu vermitteln, wenn es um eine Ausbildung oder um den Wechsel eines Arbeitsplatzes geht. Die Beschreibung der "**Hilflosigkeit**" wird von manchem Diabetiker als gesellschaftliche Stigmatisierung und Diskriminierung verstanden; denn bis zum 16. Lebensjahr steht dem Diabetiker nur dann ein Steuerfreibetrag zu, wenn im Schwerbehindertenausweis auch der Eintrag des Merkzeichens "H" (Hilflosigkeit) erfolgt.

Über die Möglichkeiten des Schwerbehindertenstatus hinausgehende weitere Hilfen sind nach den **Bestimmungen des Bundessozialhilfegesetzes** möglich; sie beinhalten Hilfe bei der Berufswahl sowie zur Förderung in geeigneten Berufsausbildungsstätten und werden von den zuständigen Gesundheitsämtern vermittelt.

8.6. Diabetiker in Altenheimen

Die Zahl der Diabetiker, die in ihrer eigenen Wohnung leben, aber der dauerhaften Hilfe und Pflege bedürfen, ist ebenso wenig bekannt, wie die Zahl der **Diabetiker, die in Altenheimen versorgt werden**. Es ist aber bei der Altersstruktur der Bevölkerung mit Diabetes davon auszugehen, daß auch in Altenheimen eine große Zahl von Diabetikern betreut wird. Diese Betreuung sollte die ärztliche Versorgung durch den Hausarzt, die diätetische Versorgung durch die Heimküche und die pflegerische Versorgung durch die Fachkräfte des Altenheims umfassen.

Die allgemeine Qualität der Versorgung in Altenheimen wird zwar durch eine Heimaufsicht (z.B. durch ein Amt für Versorgung und Soziales) überwacht; auch sind die wesentlichen Aspekte, die für die Unterbringung von alten Menschen von Bedeutung sind, im sogenannten Heimgesetz

(HeimG) von 1990 geregelt. Zudem gibt es die "Verordnung über personelle Anforderungen für Heime (HeimPersV)" von 1993, mit der die Mindestanforderungen an den Heimleiter und die Fachkräfte, die betreuende Tätigkeiten durchführen dürfen, festgelegt sind. Trotz dieser vielfältigen Regelungen muß man aber wohl doch davon ausgehen, daß die Versorgung von Diabetikern in höherem Lebensalter, auch in Altenheimen, noch verbesserungsbedürftig ist.

Natürlich müssen bei der Versorgung von Diabetikern im höheren Lebensalter Besonderheiten bei der **Definition der Therapieziele** und bei der **Vermeidung von Therapienebenwirkungen** beachtet werden. Das vorrangige Therapieziel lautet Symptomfreiheit und Wohlbefinden, wobei nicht auf jeden Fall eine Normoglykämie anzustreben ist. Vielmehr sollten Hypoglykämien wenn möglich vermieden werden. Von besonderer Bedeutung ist die Prävention des diabetischen Fußes. Für das Pflegepersonal in Altenheimen ist es wichtig, die häufigsten Ursachen für eine Stoffwechselverschlechterung einerseits und für Hypoglykämien andererseits zu kennen; es sind Diätfehler, unregelmäßige Tabletteneinnahme oder unregelmäßige Insulininjektionen, Begleiterkrankungen und die Immobilität. Wichtigste Hypoglykämieursachen sind eine ungenügende Nahrungszufuhr, die unkorrekte Tabletteneinnahme oder falsche Insulindosierung, eine eingeschränkte Nierenfunktion, Interaktionen mit anderen Pharmaka oder eine überraschend vermehrte Bewegung (z.B. Seniorentanztee). Deshalb müssen die **Pflegekräfte im Altenheim** zur Erkennung von Hypoglykämien und zur sachgemäßen raschen Behandlung gesondert geschult werden. Weiterbildungsmaßnahmen werden in den meisten Altenheimen willkommen geheißen und gerne angenommen (6).

8.7. Diabetes und Führerschein

Die Teilnahme am öffentlichen Straßenverkehr ist gesetzlich und normativ geregelt. Mit der Teilnahme am Straßenverkehr unterwerfen sich Diabetiker wie Nichtdiabetiker den geltenden gesetzlichen Regelungen. Grundlagen des Straßenverkehrsrechts sind das **Straßenverkehrsgesetz** (StVG) als Rahmengesetz sowie die **Straßenverkehrsordnung** (StVO) und die **Straßenverkehrszulassungsordnung** (StVZO); letztere behandelt die Vorschriften und Voraussetzungen für die Teilnahme am öffentlichen Straßenverkehr (6).

In der Straßenverkehrszulassungsordnung sind die Einschränkung und die Entziehung der Zulassung zur Teilnahme am öffentlichen Straßenverkehr dargestellt:

***§ 2 StVZO**: "Wer sich infolge körperlicher oder geistiger Mängel nicht sicher im Verkehr bewegen kann, darf am Verkehr nur teilnehmen, wenn in geeigneter Weise Vorsorge getroffen ist, daß er andere nicht gefährdet. Die Pflicht zur Vorsorge obliegt dem Verkehrsteilnehmer selbst."*

***§ 3 Abs. 2 StVZO**: "Besteht Anlaß zur Annahme, daß der Führer eines Fahrzeugs zum Führen von Fahrzeugen ungeeignet ist, so kann die Verwaltungsbehörde zur Vorbereitung einer Entscheidung die Beibringung eines amts- oder fachärztlichen Gutachtens oder des Gutachtens einer amtlich anerkannten medizinisch-psychologischen Untersuchungsstelle oder des Gutachtens eines amtlich anerkannten Sachverständigen oder Prüfers für den Kraftfahrzeugverkehr über die geistige und körperliche Eignung anordnen und wenn nötig mehrere solcher Anordnungen treffen."*

Mit diesen gesetzlichen Regelungen und mit den in Deutschland zur Beurteilung der Fahrtauglichkeit bei Krankheiten geltenden "**Begutachtungs-Leitlinien zur Kraftfahrereignung**" (29) ist auch für Diabetiker eine Bewertung ihrer Fahrtauglichkeit und die Stellungnahme zu ihrer Teilnahme am Straßenverkehr möglich. Dabei kann man davon ausgehen, daß Diabetiker nicht gehäuft wegen ihres Diabetes Unfälle verursachen. Früher waren nur bei 0,005 - 0,2 % sämtlicher Verkehrsunfälle der Diabetes, seine Komplikationen oder die Folgen seiner Behandlung als Unfallursache anzusehen (siehe 3); neuere Untersuchungen (30) belegen auch für Deutschland, daß das Unfallrisiko von insulinbehandelten Diabetikern nicht über dem Durchschnitt liegt. Da es aber Nebenwirkungen der Therapie, d.h. Hypoglykämien, und diabetestypische Komplikationen geben kann, die vom Prinzip her die Fahrtüchtigkeit beeinträchtigen können, muß der Diabetes im Einzelfall als Unfallursache erkannt und bei der Begutachtung und Rechtsprechung gewürdigt werden.

8.7.1. Definition der Fahrbefähigung

Die Fahrbefähigung der Kraftfahrzeugfahrenden wird nach ihrer **Fahrfertigkeit**, ihrer **Fahrtauglichkeit** und ihrer **Verkehrszuverlässigkeit** beurteilt. Die drei Teilqualitäten werden als Fahrtüchtigkeit zusammengefaßt und können zur endgültigen Beurteilung des Kraftfahrzeugfahrers nur in einer gewissen Abstraktion voneinander getrennt werden (☞ Tab. 8.10). In Wirklichkeit greifen sie so ineinander, daß bei günstiger Konstellation Mängel in der einen Teilqualität durch Befähigungen in den anderen Teilqualitäten ausgeglichen werden können.

Definition der Fahrbefähigung
• Fahrtüchtigkeit - Fahrfertigkeit (Können durch Schulung, Übung und Erfahrung) - Fahrtauglichkeit (Psycho-physische Ausstattung) - Verkehrszuverlässigkeit (Konstante, ordnungsadäquate Lebenseinstellung) • Fahreignung • Verkehrsgefährdung (Verkehrsgefährdung durch akute, schwere, lebensbedrohliche Krankheiten, durch plötzlichen, unvorhersehbaren Leistungszusammenbruch, durch ständig unter dem erforderlichen Maß liegende Leistungsfähigkeit)

Tab. 8.10: Definition der Fahrbefähigung.

Die Beurteilung eines Kraftfahrzeugfahrers auf seine Fahrtüchtigkeit ist eine ärztliche Aufgabe, die nach verkehrsmedizinischen Gesichtspunkten erfolgen muß. Im Ergebnis kann ein Kraftfahrzeugfahrer fahrtüchtig oder aber partiell, situativ, temporär bzw. generell fahruntüchtig sein. Die verkehrsmedizinische Feststellung zur Fahrtüchtigkeit muß von der juristischen Feststellung zur Fahreignung getrennt werden, die nur durch die Zulassungsbehörde oder das Gericht festgestellt werden kann.

8.7.2. Einschränkung der Fahrtüchtigkeit

Eine Einschränkung der Fahrtüchtigkeit ist weder die Regel noch ist sie häufig bei Diabetikern. Es gibt aber eine Reihe diabetesspezifischer Komplikationen und therapiebedingter Nebenwirkungen, die vom Prinzip her die Fahrtauglichkeit mehr oder weniger stark beeinträchtigen können.

Für die Beurteilung solcher einschränkenden Bedingungen können die jeweils aktualisierten "Begutachtungs-Leitlinien zur Kraftfahrereignung" mit ihren Begutachtungsleitlinien zugrunde gelegt werden (29). Es richtet sich in der aktuellen 6. Auflage nach Vorlagen der **Zweiten EU-Führerscheinrichtlinie**, die "Mindestanforderungen hinsichtlich der körperlichen und geistigen Tauglichkeit für das Führen eines Kraftfahrzeuges" enthält; auch der Übergang von den alten Fahrerlaubnisklassen (Klassen 1 bis 5) zu den neuen Fahrerlaubnisklassen (Gruppen 1 und 2, Klassen A bis E) wird berücksichtigt (3).

Folgende **Krankheitskomplikationen und Therapienebenwirkungen können bei Diabetikern zu einer Beeinträchtigung der Fahrtauglichkeit führen**:

- Retinopathia diabetica
- Glaukom
- Nephropathia diabetica
- Kardiale und cerebrale Angiopathie
- Hypertonus
- periphere diabetische Neuropathie
- schwere akute Stoffwechselentgleisung
- labile Stoffwechsellage
- Hypoglykämien
- Refraktionsanomalien

Zur Bewertung der sich aus den Krankheitskomplikationen ergebenden Leistungseinschränkungen sind in den "Begutachtungs-Leitlinien zur Kraftfahrereignung" (29) Informationen und Hinweise gegeben.

Führerschein
54jähriger Fernfahrer (meistens Möbeltransporte in Europa), Typ 2-Diabetes seit 20 Jahren, jetzt Einleitung einer Insulintherapie.
Frage: "Kann ich meinen Lieblingsjob trotzdem behalten?"
Bei der Insulintherapie sind prinzipiell auch Hypoglykämien möglich. Nach den Begutachtungsleitlinien "Krankheit und Kraftverkehr" ist das Führen von Kraftfahrzeugen der Klasse 2 deshalb nicht möglich; Ausnahmen sind selten begründbar. Der Fragesteller ist jedoch in anderen Bereichen als Kraftfahrer einsetzbar und deshalb nicht berufsunfähig.

Als häufigste Ursache für eine Beeinträchtigung der Fahrtauglichkeit des Diabetikers muß die Hypoglykämie gelten. Diabetiker, die mit Insulin behandelt werden, können grundsätzlich auch **Hypoglykämien** erleben. Deshalb muß eine erhöhte Hypoglykämiegefährdung bei insulinbedürftigen Diabetikern angenommen werden, die nach den "Begutachtungs-Leitlinien zur Kraftfahrereignung" nicht geeignet sind, Kraftfahrzeuge der Klasse 2 und Fahrzeuge zur Fahrgastbeförderung (bzw. der Gruppe 2) zu führen. Die Fahrerlaubnis für Kraftfahrzeuge der übrigen Klassen kann von der Kooperationsbereitschaft der insulinbehandelten Diabetiker abhängig gemacht werden.

8.7.3. Aufklärung für kraftfahrzeugfahrende Diabetiker

Es gehört zur Betreuungspflicht des behandelnden Arztes, insulinspritzende kraftfahrzeugfahrende Diabetiker über diabetesbedingte Gefahren im Straßenverkehr und über die entsprechenden Verhaltensmaßregeln aufzuklären. Die intensive **Aufklärung** sollte aus haftungsrechtlichen Gründen auch schriftlich dokumentiert werden. Bei der Aufklärung kann der Diabetiker eine schriftliche Fassung der "**Richtlinien für insulinspritzende Kraftfahrer**" erhalten (3) (☞ Tab. 8.11).

Richtlinien für insulinspritzende Kraftfahrer
• Im Kraftfahrzeug müssen immer ausreichende Mengen an schnell verdaulichen, d.h. rasch wirksamen Kohlenhydraten (z.B. Würfel- oder Traubenzucker) griffbereit sein. Auch der Beifahrer sollte über den Aufbewahrungsort dieser Kohlenhydrate informiert sein
• Bei Verdacht auf eine beginnende oder abklingende Hypoglykämie darf eine Autofahrt nicht angetreten werden
• Beim geringsten Verdacht auf eine Hypoglykämie während der Fahrt muß sofort angehalten werden. Der Fahrer muß Kohlenhydrate zu sich nehmen und abwarten, bis die Hypoglykämie sicher überwunden ist
• Vor einer Fahrt darf der Diabetiker niemals mehr als die übliche Insulinmenge spritzen und muß die vorgeschriebene Tageszeit für die Injektion gewissenhaft einhalten
• Vor Antritt einer Fahrt dürfen niemals weniger Kohlenhyrate gegessen werden als sonst. Empfehlenswert ist daher eher ein geringer Mehrverbrauch an Kohlenhydraten
• Bei längeren Fahrten sollte der Diabetiker nach jeder Stunde eine Kleinigkeit essen und alle 2 Stunden eine bestimmte Menge an Kohlenhydraten zu sich nehmen
• Lange Nachtfahrten und andere lange Fahrten, die den üblichen Tagesrhythmus stören, sollten möglichst vermieden werden
• Eine Begrenzung der Fahrgeschwindigkeit aus eigenem Entschluß verhilft dem Diabetiker zu erhöhter Sicherheit
• Der Diabetiker sollte darauf verzichten, Fahrzeuge mit ihrer Höchtgeschwindigkeit auszufahren
• Jeglicher Alkoholgenuß vor und während der Fahrt ist besonders beim Diabetiker generell verboten
• Immer sollte der Diabetikerausweis mitgeführt werden
• Der Diabetiker sollte regelmäßig ärztliche Kontrollen durchführen lassen

Tab. 8.11: Richtlinien für insulinspritzende Kraftfahrer.

Gelegentlich stellt sich dem behandelnden Arzt die Frage, ob er einen fahruntüchtigen aber uneinsichtigen Diabetiker den Verkehrs- und Gesundheitsbehörden melden muß. In dieser Situation sollte der Arzt alle Möglichkeiten ausschöpfen, den Diabetiker von seinem gefährdenden Verhalten abzubringen. Die Mitteilung an die Straßenverkehrsbehörde stellt zugleich einen Bruch der ärztlichen Schweigepflicht dar, der von Seiten des Diabetikers beklagt werden könnte. Eine mit der **Meldung an die Straßenverkehrsbehörde** verbundene sogenannte befugte Offenbarung kann auf der Grundlage des § 34 StGB erfolgen, wenn damit ein höherwertiges Rechtsgut geschützt werden kann. Die Wertigkeit des Rechtsgutes der Unverletzlichkeit des persönlichen Geheimnisses wird in der neueren Literatur und in der Rechtssprechung allerdings (nach 6) so hoch eingeschätzt, daß die Offenbarung des Geheimnisses durch die Meldung an die Führerscheinstelle nur als Ultima ratio angesehen werden darf. Auf keinen Fall ist der Arzt zur Meldung und damit zum Geheimnisbruch nach § 202 StGB verpflichtet.

8.7.4. Führen anderer Verkehrsmittel

Die Eignung von Diabetikern zum Führen anderer Verkehrsmittel (z.B. Schiff, Eisenbahn, Flugzeug) muß unter Berücksichtigung von Richtlinien erfolgen, die von den einzelnen Verkehrsbetrieben und Berufsorganisationen im nationalen oder internationalen Rahmen aufgestellt wurden.

8.8. Begutachtung zum traumatischen Diabetes

Die seit langem diskutierte Möglichkeit eines traumatisch bedingten Diabetes mellitus hat zu Richtlinien für die Begutachtung des Zusammenhangs zwischen Trauma und Diabetes geführt, die nur selten Anwendung finden müssen.

Verschiedene Formen der exogenen Schädigung und der exogenen Verursachung eines Diabetes sind denkbar; prinzipiell können nur solche "Traumen" oder exogenen Einflüsse den Kohlenhydratstoffwechsel dauerhaft stören bzw. verschlechtern, die geeignet sind, entweder das antidiabetogene Prinzip Insulin ganz oder teilweise auszuschalten oder aber zu einer Mobilisation diabetogener Faktoren zu führen. Für die Entstehung eines traumatischen Diabetes wurden in diesem Sinne nur direkte Pankreastraumen, Schädel- und Hirntraumen, Operationen, psychische Traumen und Infekte diskutiert. Die **traumatische Entstehung eines Diabetes mellitus** ist ausschließlich über eine ausgedehnte Pankreaszerstörung mit Verlust von mehr als 9/10 der Drüse möglich; sie wird sehr selten nach schweren Pankreastraumen und nur gelegentlich nach organzerstörenden Tumoren, Tumormetastasen und Zysten sowie durch Pankreatitiden, Pankreasnekrosen, Pankreaszirrhosen und Pankreasfibrosen beobachtet. Die anderen exogenen Einflüsse sind nicht geeignet, eine direkte traumatische Entstehung des Diabetes zu begründen. In diesem Zusammenhang wird aber die Möglichkeit einer vorzeitigen Diabetesmanifestation und der Verschlechterung eines präexistenten Diabetes mellitus diskutiert.

In einer **medizinischen Bewertung des Zusammenhangs zwischen Trauma und Diabetes** sind 4 Möglichkeiten voneinander zu trennen:

- Das Trauma kann Ursache des Diabetes sein
- Das Trauma kann zur vorzeitigen Manifestation eines genetisch angelegten Diabetes führen
- Ein schon manifester Diabetes kann durch ein Trauma verschlimmert werden
- Am häufigsten ist die zufällige Koinzidenz von Trauma und Diabetes mellitus ohne kausalen Zusammenhang

In Zusammenfassung einer ausführlicheren Darstellung zur ärztlichen Begutachtung (3) können die in Tab. 8.12 folgenden Bedingungen zur Anerkennung eines Zusammenhangs zwischen Trauma und Diabetes genannt werden.

Nach der versicherungsrechtlichen Bewertung gilt beim **echten traumatischen Diabetes** das Trauma als alleinige Ursache des Diabetes. Es wird als voll entschädigungspflichtige Krankheitsursache, auch für alle später auftretenden Komplikationen, anerkannt. Das **Trauma als Ursache einer vorzeitigen Diabetesmanifestation** wird im Rahmen von Bundesentschädigungsverfahren nur dann als entschädigungspflichtige Krankheitsursache anerkannt, wenn es mindestens zu einem Viertel an dem Auftreten des Diabetes mellitus beteiligt war und damit die Zuckerkrankheit wesentlich mitverursacht hat. Im Bereich des Sozialversicherungswesens wird das Trauma als Ursache einer vorzeitigen Diabetesmanifestation als eine einmalige ab-

Bedingungen für einen echten traumatischen Diabetes
• Eine diabetische Erbanlage muß - soweit möglich - ausgeschlossen werden. Vor dem Trauma dürfen keine diabetischen Symptome bestanden haben • Das Trauma muß nach Schwere, Lokalisation und Auswirkungen geeignet sein, durch unmittelbare und ausgedehnte Schädigung des Pankreas die Insulinproduktion ganz oder fast vollständig auszuschalten (sogenanntes "geeignetes Trauma"). Diese Schädigung muß detailliert und eindeutig belegt werden • Zwischen Trauma und nachfolgendem Diabetes muß eine unmittelbare zeitliche Beziehung bestehen, die in den Richtlinien des ehemaligen Deutschen Diabetes-Komittees auf 3 Monate festgesetzt wurde • Nach dem Trauma muß ein permanenter Diabetes nachweisbar bleiben • Neben der Zuckerkrankheit muß eine Störung in der exokrinen Funktion des Pankreas erkennbar sein
Bedingungen für eine traumatisch bedingte vorzeitige Diabetesmanifestation
• Eine diabetische Erbanlage muß wahrscheinlich sein • Vor dem Trauma dürften keine diabetischen Symptome bestanden haben • Die besonderen Begleitumstände, die zu dem Trauma geführt haben, müssen "schwer" oder "außergewöhnlich" gewesen sein. Diese Kriterien sind erfüllt, wenn neben der diabetischen Stoffwechselstörung auch andere schwere Veränderungen (z.B. zentralnervöse Störungen bei Schädel-Hirn-Traumen) durch das Trauma verursacht wurden • Das Trauma muß geeignet sein, die Insulinproduktion wenigstens teilweise auszuschalten oder diabetogene Faktoren zu mobilisieren • Das Intervall zwischen Trauma und Diabetes darf nicht mehr als 3 Monate, bei einem psychischen Trauma nicht mehr als 6 Wochen betragen • Nach dem Trauma muß ein permanenter Diabetes bestehen bleiben
Bedingungen für eine traumatisch bedingte Verschlechterung eines manifesten Diabetes mellitus
• Vor dem Trauma müssen diabetische Symptome bestanden haben • Das Trauma muß geeignet sein, die ggf. teilweise noch vorhandene Insulinproduktion weiter einzuschränken bzw. auszuschalten oder diabetogene Faktoren zu mobilisieren • Das Intervall zwischen Trauma und Beginn der nachfolgenden Verschlechterung des Diabetes darf nicht mehr als 3 Monate betragen • Nach dem Trauma muß es zu einer anhaltenden Stoffwechselverschlechterung oder zu Krankheitskomplikationen kommen, die therapeutisch nicht mehr voll auszugleichen sind

Tab. 8.12: Traumatischer Diabetes.

gegrenzte Verschlimmerung angenommen und in der Regel ohne zeitliche Begrenzungen, aber auch ohne eine Erhöhung des GdB durch später auftretende Krankheitskomplikationen anerkannt. Für die **traumatisch bedingte Verschlimmerung eines vor dem Trauma schon bestehenden manifesten Diabetes** erfolgt die Bemessung des GdB einheitlich in beiden Rechtsbereichen; wenn der Zusammenhang gesichert ist, kann versicherungsrechtlich eine einmalige abgegrenzte oder eine richtungsgebende Verschlimmerung vorliegen.

Für den **Grad der Behinderung** (GdB) werden die Einstellbarkeit des Diabetes und die möglichen Diabeteskomplikationen berücksichtigt:

- Bei gut einstellbarem Diabetes ohne Komplikationen: GdB 0 %
- Bei gut einstellbarem Diabetes mit einer diabetischen Retinopathie 1. Grades: GdB 0 - 10 %
- Bei gut einstellbarem Diabetes mit einer diabetischen Retinopathie 2. Grades: GdB 10 - 40 %
- Bei gut einstellbarem Diabetes mit einer diabetischen Retinopathie 3. Grades: GdB 40 - 100 %

- Bei schlecht einstellbarem Diabetes (insbesondere "brittle diabetes") ohne Komplikationen: GdB 50 - 100 %
- Bei schlecht einstellbarem Diabetes (insbesondere "brittle diabetes") mit Gefäßkomplikationen: GdB bis 100 %

8.9. Forensische Fragen

In Strafverfahren kann es gelegentlich um die Frage der **Schuldunfähigkeit** oder der verminderten Schuldfähigkeit von Diabetikern gehen. Grundsätzlich handelt ohne Schuld (§ 20 StGB), wer unter anderem "wegen einer tiefgreifenden Bewußtseinsstörung... unfähig ist, das Unrecht der Tat einzusehen oder nach dieser Einsicht zu handeln". Im Strafrecht wird die Beurteilung der **Zurechnungsfähigkeit** nach den §§ 20 und 21 StGB, § 3 JGG und § 42 b StGB, im Zivilrecht durch die Beurteilung der **Deliktfähigkeit** nach § 87 und § 828 BGB geklärt.

Die Hypoglykämie kann sehr selten einmal zu solchen tiefgreifenden Bewußtseinsstörungen im Sinne dieser Bestimmungen führen. Als Folge der vorübergehenden psychopathologischen Veränderungen ist es - selten - zu auffälligen Verhaltensweisen und - sehr selten - zu Straftaten von Diabetikern mit Hypoglykämien gekommen. In diesem Zusammenhang wird auch das Problem der Kraftfahrtauglichkeit bzw. der Straßenverkehrsdelikte im hypoglykämischen Zustand viel diskutiert. Von Bedeutung sind schließlich die Beeinträchtigung der Verantwortlichkeit im zivilrechtlichen Bereich, z.B. die Frage der **Geschäftsfähigkeit**, der **Testierfähigkeit** oder der **Zeugnisfähigkeit** während hypoglykämischer Zustände.

Der Gutachter muß zunächst entscheiden, ob während der Tatzeit tatsächlich eine Hypoglykämie vorgelegen hat. Der Nachweis eines hypoglykämischen Zustandes zum Zeitpunkt der Straftat ist fast nie unmittelbar zu führen. Sodann muß gutachtlich festgestellt werden, ob ein im hypoglykämischen Zustand straffällig gewordener Diabetiker für das Auftreten der Hypoglykämie verantwortlich war. Es kommt dabei darauf an, ob der Patient beim Beginn seiner Tätigkeit die Gefahr hätte erkennen können (sogenannte "actio libera in causa"). Wenn dies so ist, dann ist der Patient auch für sein Verhalten im Straßenverkehr verantwortlich, Schuldunfähigkeit wegen Hypoglykämie kann ihm dann nicht mehr attestiert werden.

8.10. Zur Lebensführung mit Diabetes

Den sozialmedizinischen und ökonomischen Aspekten sind auch Fragen der Lebensführung von Diabetikern in ihrem Alltag zuzuordnen. Zu ganz unterschiedlichen Alltagsproblemen ist der behandelnde Arzt gelegentlich gefragt, er wird um Vermittlung und Hilfe gebeten.

Informationen
• Abteilung für Reha-Beratung am Arbeitsamt
• Beratungsstellen der Rentenversicherungsträger
• Deutscher Diabetiker-Bund
• Deutsche Diabetes-Gesellschaft: Ausschuß Soziales
• Rehabilitationsberater der Krankenkassen
• Sozialdienst der Gesundheitsämter
• Sozialdienst der Diabeteszentren

8.10.1. Finanzielle Mehrbelastung

Im Rahmen der Lohnsteuererklärung oder der Einkommensteuererklärung versuchen Diabetiker häufig, einen finanziellen Mehrbedarf für ihre Krankenkost geltend zu machen, oder sie beantragen auch eine **Krankenkostzulage** nach dem BSHG § 23 Abs. 4.

Tatsächlich mag die Kontrolle und Behandlung der Zuckerkrankheit und ihrer Komplikationen zu einer finanziellen Mehrbelastung führen, die das Maß der Belastung von nicht chronisch Kranken übersteigt. Eventuelle Mehrkosten für eine Ernährung sind aber nicht zu begründen, da die jedem geschulten Diabetiker nach modernen Grundsätzen empfohlene vernünftige Kost keine erhöhten Aufwendungen verursacht. Kosten für die Ernährung können also nicht geltend gemacht werden, es gibt keinen Ersatz dafür.

Finanzielle Hilfen sind durch einen **Steuerfreibetrag** bei gegebenen Voraussetzungen über das Schwerbehindertengesetz möglich. Dieses Gesetz erlaubt es auch den Eltern zuckerkranker Kinder, einen Steuerfreibetrag geltend zu machen.

8.10.2. Urlaubsgestaltung und Langstreckenflüge

Bei der Urlaubsplanung und bei seiner Urlaubsgestaltung sollte der Diabetiker darauf achten, daß er auch in dieser Zeit die Stoffwechselkontrollen und die notwendigen Therapiemaßnahmen einhalten kann. Gut geschulten Diabetikern sind spezielle Hotels oder Pensionen mit einer Diätküche nicht zu empfehlen. Für Diabetiker, die dies besonders wünschen, sind aber solche Angebote dann empfehlenswert, wenn die Angebote kritisch geprüft werden. Immer sollten Diabetiker eine richtig zusammengestellte Reiseapotheke mitführen (☞ Tab. 8.13).

Reiseapotheke des Diabetikers
• gewohnte Insulinsorten • evtl. zusätzlich rasch wirksames Insulin • Insulinspritzen, Insulinpen • Glucagon • evtl. blutzuckersenkende Tabletten • Zucker oder andere schnell wirksame Kohlenhydrate • etwas abgewogener Proviant • Diabetikerausweis (auch in Fremdsprachen) • Diabetikerarmband bzw. Diabetikerkette • Materialien für die Stoffwechselselbstkontrolle • Protokollheft und Vorsorgeprogramm

Tab. 8.13: Reiseapotheke des Diabetikers.

Bei interkontinentalen Flügen müssen insulinbehandelte Diabetiker die Insulinapplikation an die Zeitverschiebung anpassen. Dafür sind Richtlinien ausgearbeitet worden, nach denen sich Diabetiker individuell mit ihrer Insulintherapie richten können. Vor allem Diabetiker mit intensivierter Insulintherapie haben es leicht, solche "Verlängerungen oder Verkürzungen" des Tages durch eine zusätzliche Gabe von Normalinsulin oder durch Auslassen einer Insulininjektion auszugleichen. Auch zur Beurteilung der Flugtauglichkeit von Diabetikern sind Empfehlungen ausgearbeitet worden, auf die im Einzelfall zurückgegriffen werden kann.

8.10.3. Diabetiker im Strafvollzug

Für Diabetiker im Strafvollzug gibt es spezifische Behandlungsprobleme, die durch die dort häufig nicht optimale Diätführung, durch die mangelhafte Bewegung und durch die begrenzten Möglichkeiten der Blutglukoseselbstkontrolle bedingt sind. Auch die Behandlung zwischenzeitlich auftretender Hypoglykämien kann erschwert sein. Medizinisches Personal im **Strafvollzug** ist nicht immer mit den speziellen Problemen des Diabetes und seiner Behandlung vertraut. Möglicherweise veranlassen auch diabetische Strafgefangene eine Stoffwechseldekompensation, um damit erhoffte Begünstigungen zu erlangen (31).

Für Diabetiker im Strafvollzug ist besonderes sozialmedizinisches Engagement dann erforderlich, wenn unter den täglichen Bedingungen die Stoffwechselführung nicht gesichert ist und wenn die notwendigen Behandlungs- und Kontrollmaßnahmen infrage gestellt bleiben.

8.10.4. Alkohol und Nikotin

Der Alkohol hat vielfältige metabolische und angiologische Effekte, die partiell auch das "Leben mit Diabetes" beeinflussen können. So kann vorheriger Alkoholgenuß den Ablauf von Hypoglykämien durch **Hemmung der hepatischen Glukoneogenese** und der Glukoseproduktion beeinflussen. Eine verlängerte Neuroglykopenie bei schwerer Hypoglykämie kann Grund für hypoglykämiebedingte sozialmedizinische Probleme sein. Auch deshalb sollten Diabetiker sich nach Empfehlungen für den Alkoholgenuß richten, die begründet einen eher restriktiven Charakter haben (☞ Tab. 8.14).

Alkohol und Diabetes
• Alkohol ist ein "Gift" → Alkohol kann nicht empfohlen werden • Trinken Sie Alkohol nur, wenn dies ohne Gefahr für Ihre Gesundheit ist • Trinken Sie Alkohol nur in vernünftigen Mengen → höchstens 2 Portionen pro Tag (Auswahl von Getränken): - 40 ccm Branntwein - 125 ccm Wein - 100 ccm Sekt - 330 ccm Bier - 250 ccm Apfelwein • Trinken Sie nie alkoholische Getränke auf leeren Magen • Energiegehalt der alkoholischen Getränke beachten • kohlenhydrathaltige Nahrungsmittel auch bei Alkoholgenuß zu sich nehmen • Vermeiden Sie jeglichen Alkoholgenuß wenn folgende Probleme gegeben sind: - Krankheiten der Leber - Krankheiten der Bauchspeicheldrüse - Fettstoffwechselstörungen - Hypoglykämiegefahr - diabetische Neuropathie
Achtung: Nie kohlenhydrathaltige Nahrungsmittel als Ersatz für Alkohol weglassen. Wenn schon zuviel Alkohol getrunken wird, muß auch mehr als sonst an kohlenhydrathaltigen Nahrungsmitteln gegessen werden.

Tab. 8.14: Hinweise zum Alkoholgenuß für Diabetiker.

Nikotin ist ein unabhängiger Risikofaktor für die Arteriosklerose und steigert entscheidend das Risiko für kardiovaskuläre Erkrankungen. Nikotingenuß gilt auch als Risikofaktor für die diabetische Retinopathie und die diabetische Nephropathie. So sind insbesondere bei Diabetikern **Raucherentwöhnungsprogramme** zu unterstützen, um das überhöhte Morbiditäts- und Mortalitätsrisiko zu senken.

8.10.5. Diabetikerausweis

Zur eigenen Sicherheit sollten Diabetiker immer einen Diabetikerausweis oder andere Arten der Dokumentation ihres Diabetes mit sich führen. Der Diabetikerausweis sollte folgende Angaben enthalten: Name und Alter, aktuelle Therapiemaßnahmen, laufende Stoffwechsellage. Für Auslandsreisen gibt es einen in der entsprechenden Fremdsprache verfaßten Ausweis (33).

8.11. Gesundheits-Paß Diabetes

Mit dem Gesundheits-Paß Diabetes hat die Deutsche Diabetes-Gesellschaft ein Instrument geschaffen, das allen Diabetikern und ihren behandelnden Ärzten die Möglichkeit zur selbst gesteuerten und selbst überwachten Vorsorge in die Hand gibt. Der Gesundheits-Paß Diabetes ist ein von Diabetikern und ihren Ärzten gemeinsam nutzbares Instrument, um quartalsweise die Kontrollen und **Vorsorgeuntersuchungen** zu planen und um Therapieziele zu vereinbaren und zu kontrollieren. Der Paß enthält fünf Jahresübersichten, in denen die Art der notwendigen Kontrollen und ihre Häufigkeit vorgegeben sind (☞ Abb. 8.1).

Akzeptanz und Einsatz des Gesundheits-Paß Diabetes konnten durch Qualitätskontrollen gesichert werden.

Auch ein "**Gesundheits-Paß für Kinder und Jugendliche mit Diabetes**" ist verfügbar; hier ist die zusätzliche Dokumentation der speziellen Befunden von Kindern und Jugendlichen (z.B. für die Schule) möglich.

8.12. Literatur

1. Henrichs H.R.: Probleme der Arbeitsunfähigkeit bei Diabetes mellitus. Der medizinische Sachverständige 82 (1986) 122

2. Grüßer M., Jörgens V., Berger M.: Studie zur Beschäftigung von Diabetikern. Erste Ergebnisse, Projekt des Bundesministeriums für Forschung und Technologie: Qualitätskontrolle und -sicherung der Langzeittherapie des Typ 1-Diabetes mellitus. Kennzeichen 0706322. Düsseldorf 1989

3. Petzoldt R.: Sozialmedizinische Aspekte. In: Diabetologie in Klinik und Praxis (Hrsg.: H. Mehnert, E. Standl, K. H. Usadel), 4. Auflage, Thieme, Stuttgart-New York, 1999

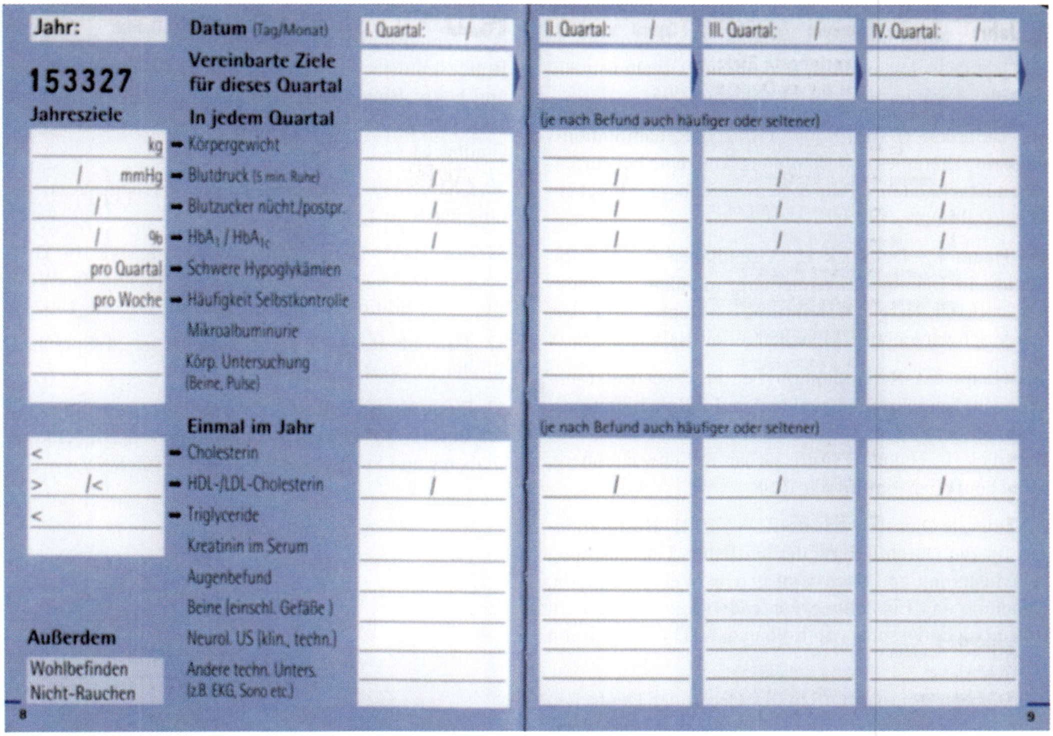

Abb. 8.1: Gesundheits-Paß Diabetes (☞ auch Abb. 2.5).

4. Bjorgaas M.S., Haugen G., Stene P. E., Haeried T.V.: Diabetes mellitus in children. Therapeutic control, social conditions and self care. Tidsskr. Nor. Laegeforen 17 (1994) 1930

5. Lloyd C. E., Wing R. R., Orchard T. J.: Psychosocial correlates of glycemic control: The Pittsburgh epidemiology of diabetes complications (EDC) study. Diabetes Res. Clin. Pract. 21 (1993) 187

6. Malcherczyk L., Finck H.: Diabetes und Soziales. 2. Auflage, Kirchheim, Mainz, 1999

7. Petersohn F.: Grundlagen der Beurteilung der Fahrtüchtigkeit und Entzug der Fahrerlaubnis aus der ärztlichen Sicht. In: Wagner K., H. J. Wagner: Handbuch der Verkehrsmedizin. Springer, Berlin, 1968

8. Krankheit und Kraftverkehr. Begutachtungsleitlinien des Gemeinsamen Beirates für Verkehrsmedizin beim Bundesminister für Verkehr und beim Bundesminister für Gesundheit, 5. Auflage, Bonn, 1996

9. Petrides P.: Empfehlungen zur Beratung über Berufswahl und Berufsausübung von Diabetikern. Dtsch. Med. Wschr. 109 (1984) 1499

10. Rinnert K.: Risikoreiche Berufe und Diabetes: Wo liegt die Grenze? Diabetes und Stoffwechsel 7 (1998) 204

11. Petermann F., Wendt A., Rölver K. M., Schidlmeier A., Hanke U.: Typ 1-Diabetiker in Beruf und Alltag. Konzeption und Materialien zur Patientenschulung. Quintessenz MMV Medizin Verlag, München, 1996

12. Petrides P.: Der Diabetiker im Erwerbsleben. In: Konietzko J. (Hrsg.): Handbuch der Arbeitsmedizin, Ecomed Verlag, Landsberg/Lech, 3. Auflage, 1990

13. Richtlinien der Deutschen Diabetes-Gesellschaft: Einstellung und Beschäftigung von Diabetikern im öffentlichen Dienst. Bundesminister des Inneren, D I 1/210 107/5 vom 31.08.1982

14. Bundesminister für Arbeit und Sozialordnung: Anhaltspunkte für die ärztliche Gutachtertätigkeit im sozialen Entschädigungsrecht und nach dem Schwerbehindertengesetz. Der Bundesminister für Arbeit und Sozialordnung, Bonn, 1983

15. Deutsche Bundesbahn (Hrsg.): Bestimmungen für Bahnärzte beim Feststellen der Tauglichkeit (Anhang 7 zur Druckschrift “Tauglichkeit feststellen”), Anlage 4: Erläuterungen zur Zuckerkrankheit, gültig ab 01.01.1993, D S 1070 007

16. Willms G., M. Berger: Prognose, Krankheitsaufenthalts- und Arbeitsplatzunfähigkeitszeiten bei Diabetes mellitus vom Typ I. Lebensversicherungsmedizin 39 (1987) 169

17. Petrides P.: Berufliche Diskriminierung von Diabetikern im internationalen Vergleich. In: Petermann F. (Hrsg.): Diabetes mellitus, sozial- und verhaltensmedizinische Ansätze, Hogrefe, Göttingen, 1995

18. Delbrück H., E. Haupt (Hrsg.): Rehabilitationsmedizin. Therapie- und Betreuungskonzepte bei chronischen Krankheiten. Urban & Schwarzenberg, München-Wien-Baltimore, 1996

19. Haupt E., Delbrück H.: Grundlagen der Rehabilitation. In: Rehabilitationsmedizin: ambulant, teilstationär, stationär. Hrsg.: H. Delbrück, E. Haupt. 2. Aufl. Urban & Schwarzenberg, München-Wien-Baltimore, 1998

20. Haupt E.: Rehabilitation bei Stoffwechselkrankheiten und endokrinen Krankheiten. In: Rehabilitationsmedizin: ambulant, teilstationär, stationär. Hrsg.: H. Delbrück, E. Haupt. 2. Aufl. Urban & Schwarzenberg, München-Wien-Baltimore, 1998

21. Zentrale Dienstvorschrift (ZDV) 46/1: "Bestimmungen für die Durchführung der ärztlichen Untersuchung bei Musterung und Diensteintritt von Wehrpflichtigen, Annahme und Einstellung von freiwilligen Bewerbern sowie bei Entlassung von Soldaten". ZDV 46/1. Bonn 1979

22. Diabetes-Journal. Offizielles Organ der Deutschen Diabetes-Gesellschaft, des Deutschen Diabetiker-Bundes und der Deutschen Diabetes-Union. Monatlich erscheinendes Periodikum, Verlag Kirchheim, Mainz

23. Danne Th., Weber B.: Kinder mit Diabetes im Kindergarten. Informationen für Erzieherinnen und Erzieher von Kindern mit insulinpflichtigem (Typ I) Diabetes mellitus (Zuckerkrankheit). Novo Nordisk Pharma GmbH, Mainz

24. Danne Th., Weber B.: Kinder mit Diabetes in der Schule. Informationen für Lehrerinnen und Lehrer von Kindern und Jugendlichen mit insulinpflichtigem (Typ I) Diabetes mellitus (Zuckerkrankheit). Novo Nordisk Pharma GmbH, Mainz

25. Runderlaß des Kultusministers des Landes Nordrhein-Westfalen: Diabetische Kinder und Jugendliche in Schulen. Vom 16.02.1987. II B 3. 36-32/4 Nr. 91/87

26. Diabetes-Kinder und -Jugendliche in Schulen. Diabetologie-Informationen 15 (1993) 89

27. Böhles H. J., Herwig J.: Klinik, Diagnose und Therapie des Typ 1-Diabetes im Kindes- und Jugendalter. In: Diabetologie in Klinik und Praxis (Hrsg.: H. Mehnert, E. Standl, K. H. Usadel), 4. Auflage, Thieme, Stuttgart-New York, 1999

28. Danne Th., Weber B.: Informationen für Arbeitgeber. Einschätzung einer Berufseignung von Jugendlichen und jungen Erwachsenen mit insulinpflichtigem (Typ I) Diabetes mellitus (Zuckerkrankheit). Novo Nordisk Pharma GmbH, Mainz

29. Begutachtungs-Leitlinien zur Kraftfahrereignung des Gemeinsamen Beirates für Verkehrsmedizin beim Bundesminister für Verkehr, Bau und Wohnungswesen und beim Bundesminister für Gesundheit. 6. Auflage 2000 (Hrsg. Bundesanstalt für Straßenwesen, Bergisch-Gladbach)

30. Chantelau E.: Diabetes und Führerschein. Versicherungsmedizin 43 (1993) 6

31. Frier B. M.: Diabetes mellitus and life style. In: Textbook of Diabetes, Vol. 2 (Editors: J. Pickup, G. Williams), 2nd Edition, Blackwell Science, Oxford, 1997

32. Petzoldt R.: Diabetiker-Ausweis in 24 Sprachen, Kirchheim-Verlag, Mainz

33. Finck H., Bretzel RG.: Empfehlungen zur Beratung bei Berufswahl und Berufsausübung von Diabetikern. Diabetes und Stoffwechsel 8 (1999) XXI-XXV

Diabetes und Schwangerschaft

E. Haupt

9. Diabetes und Schwangerschaft

Diabetes und Schwangerschaft stellen Internisten, Geburtshelfer und Neonatologen wegen der Schwierigkeiten der Stoffwechselführung und der Gefahren für Mutter und Kind während der Schwangerschaft und Geburt vor besondere Aufgaben (☞ Tab. 9.1).

für die Mutter	für das Kind
• Verschlechterung der diabetischen Stoffwechselsituation • Hypoglykämiegefahr bei Hyperemesis gravidarum • Harnwegsinfekte • schwangerschaftsinduzierte Hypertonie • Abortneigung (15 %)	• erhöhte Frühgeburtenrate • Makrosomie • Mißbildungen • Plazentainsuffizienz • Hydramnion • postnatales Atemnotsyndrom • neonatale Hypoglykämie • Hyperbilirubinämie • perinatale Mortalität (2 - 4 %)

Tab. 9.1: Die wichtigsten diabetesabhängigen Komplikationen

Dem Ziel, die Risiken für Mutter und Kind auf die bei Stoffwechselgesunden gefundenen Quoten zu senken, kommen spezialisierte Zentren, in denen die **interdisziplinäre Zusammenarbeit** gewährleistet ist, am nächsten. Dabei hat sich gezeigt, daß es sich weniger um ein medizinisches, als vielmehr um ein organisatorisches Problem handelt (3).

9.1. Diabetischer Stoffwechsel während der Schwangerschaft - Schwangerschaftsglukosurie

Die Schwangerschaft bewirkt tiefgreifende Veränderungen im mütterlichen Stoffwechsel. Hauptverantwortlich dafür sind die durch die Plazenta produzierten Hormone Humanes Plazentares Lactogen (HPL), das plazentare Östrogen sowie Progesteron. Diese Hormone wirken **insulinantagonistisch** und verursachen eine hormonale **Insulinresistenz**. Die Insulinresistenz stellt eine zusätzliche Belastung für den Stoffwechsel der Diabetikerin dar. Dies zeigt sich an dem **im Verlauf der Schwangerschaft ansteigenden Insulinbedarf.** Die Entwicklung beginnt mit dem zweiten Trimenon und endet abrupt unter der Geburt, wodurch es zu einem raschen Abfall des postpartalen Insulinbedarfs kommt.

Normalerweise liegt die Nierenschwelle bei einer Blutglukosekonzentration von 160 - 180 mg/dl. Das schon lange bekannte physiologische Phänomen der **Schwangerschaftsglukosurie** läßt sich am besten mit einer Erniedrigung der Nierenschwelle umschreiben. Ob sie auf einen Einfluß der hormonalen Veränderungen während der Schwangerschaft zurückzuführen ist, wird diskutiert. Offenbar tritt die Schwangerschaftsglukosurie, die keinesfalls mit dem Vorstadium einer Diabeteserkrankung verwechselt werden darf, intermittierend auf und läßt sich bei dem größten Teil aller Frauen nachweisen. Trotzdem sollte der **Glukosenachweis bei bisher gesunden Schwangeren zur sofortigen Untersuchung des Kohlenhydratstoffwechsels führen**, um einen beginnenden Diabetes mellitus, oder einen **Gestationsdiabetes** frühzeitig zu erfassen.

9.2. Gestationsdiabetes

Der Gestationsdiabetes ist eine eingreifende Störung der Kohlenhydratoleranz, die erstmals während der Schwangerschaft auftritt. Dieser Begriff ist also für Schwangere bestimmt, bei denen der Beginn eines Diabetes während einer Schwangerschaft beobachtet wird. Bei der Mehrzahl der Patientinnen mit Gestationsdiabetes kehrt die Glukosetoleranz jedoch post partum zunächst zur Norm zurück, so daß dann der Begriff "latenter Diabetes" zutreffend ist.

> Im Gegensatz zu Kindern von Patientinnen mit der physiologischen Schwangerschaftsglukosurie haben Kinder von Schwangeren mit Gestationsdiabetes ein erhöhtes Risiko für Makrosomie, Geburtstraumen sowie eine erhöhte perinatale Morbidität. Wird der Gestationsdiabetes nicht erkannt, so ist sowohl die Rate der kindlichen Morbidität wie auch die der Mortalität erheblich erhöht.

Der Qualität einer möglichst frühzeitigen Differentialdiagnose kommt demnach eine besondere Bedeutung zu.

Bei Verdacht auf einen Gestationsdiabetes gilt nach den Kriterien der Deutschen Diabetes Gesellschaft die Durchführung einer **oralen Belastung mit 75 g Glukose** als angezeigt, wobei Überschreitungen eines Blutglukosenüchternwertes von 90 mg/dl, von 190 mg/dl nach 60 Minuten und von 160 mg/dl nach 120 Minuten als pathologisch gelten müssen (1).

9.3. Klassifizierung der diabetischen Schwangeren

Die früher gebräuchliche Klassifikation nach White (4) basiert auf der Zuordnung schwangerer Diabetikerinnen nach Diabetesdauer und dem Fehlen oder Vorliegen vaskulärer, diabetischer Folgeerkrankungen für eine präzise Dokumentation und für die Bestimmung des Zeitpunktes der Geburtseinleitung (☞ Tab. 9.2). Sie hat auch heute noch immer eine gewisse praktische Bedeutung für die präzise Dokumentation und für die Bestimmung des Zeitplanes zur Geburtseinleitung.

Auch heute wird in enger Zusammenarbeit zwischen dem Diabetologen, dem mit diabetologischen Problemen vertrauten Gynäkologen, dem Neonatologen und dem konsiliarisch hinzugezogenen Ophthalmologen eine Klassifikation des Diabetes nach Dauer, Manifestationsalter und eventuellen diabetischen Folgeschäden vorgenommen und in einem Diabetikerbogen dokumentiert. Das individuelle Betreuungskonzept orientiert sich dann aber flexibler an den Erfordernissen des Schwangerschaftsverlaufs.

Hierzu ist anzumerken, daß es bisher keine eindeutigen Befunde über den Einfluß der Schwangerschaft auf das Bestehen oder Fortschreiten einer präexistenten Mikroangiopathie gibt. Bei einem Teil der diabetischen Schwangeren liegt bereits ein fortgeschrittenes Stadium der **Nephropathie** vor. Diese Situation kann sich durch einen Harnwegsinfekt im Verlauf der Schwangerschaft sowie durch die sogenannte **Pfropfgestose** drastisch verschlechtern. Eine bestehende Proteinurie kann sich

Gruppe	Kriterien (ab Gruppe B insulinbehandelte Diabetikerinnen)	Zeitpunkt der Geburtseinleitung (Schwangerschaftswoche)
A	Verminderte Glukosetoleranz	38.-40.
B	Auftreten des Diabetes mellitus nach dem 20. Lebensjahr oder Diabetesdauer unter 10 Jahren, keine vaskulären Läsionen	37.
C-1	Auftreten des Diabetes zwischen dem 10. und 19. Lebensjahr	37.
C-2	Diabetesdauer von 10-19 Jahren	
D-1	Auftreten des Diabetes vor dem 10. Lebensjahr	36.-37.
D-2	Diabetesdauer über 20 Jahre	
D-3	Diabetische Retinopathie leichten Grades	
D-4	Verkalkte Gefäße der unteren Extremitäten	
D-5	Hypertension	
E	Arteriosklerose der Beckenarterien (Einteilung überholt)	
F	Nephropathie	34.-36.
G	Mehrere Komplikationen	34.-36.
H	Kardiopathie	
R	Proliferative Retinopathie	
T	Nierentransplantation.	

Tab. 9.2: Klassifikation des Diabetes in der Schwangerschaft nach P. White (4).

zudem im dritten Trisemester erheblich steigern und post partum wieder auf frühere Wert zurück gehen. Bei bestehender Nephropathie ist auch die Gefahr der **Präeklampsie mit der Notwendigkeit der vorzeitigen Entbindung** gegeben. Eine Proteinrestriktion und eine strikte Kontrolle des Hypertonus können solche Verläufe erheblich beeinflussen.

9.4. Planung der Schwangerschaft und Therapie während der Schwangerschaft

Da die Mißbildungsrate von Kindern diabetischer Mütter der von Stoffwechselgesunden durch die Qualität der präkonzeptionellen Stoffwechseleinstellung angeglichen werden kann, geht man heute idealerweise von einer sorgfältigen Planung einer Schwangerschaft aus. Die besten Voraussetzungen dafür werden durch eine normoglykämische Stoffwechseleinstellung mit einer intensivierten Insulintherapie schon vor der Konzeption erreicht (☞Tab. 9.3). Typ 2-Diabetikerinnen, die mit oralen Antidiabetika eingestellt sind, müssen ca. 3 Monate vor einer geplanten Schwangerschaft auf Insulin umgestellt werden. Denn eine mögliche Teratogenität oraler Antidiabetika ist nicht auszuschließen.

Besteht eine behandlungsbedürftige diabetische Makulopathie, eine schwere nicht-proliferative oder eine bereits proliferative diabetische Retinopathie, so sollte möglichst schon vor der Kontrazeption die Lasertherapie abgeschlossen und die **Netzhautsituation stabil sein**. Dies gilt ganz besonders für aktive proliferative Fundusveränderungen, die das größte Risiko aufweisen, sich im Verlauf der Schwangerschaft progredient zu entwickeln und in eine nicht mehr behandelbare Sehverschlechterung einzumünden.

Präkonzeptionelles Management bei Diabetes mellitus
• Optimierung der Diabeteseinstelllung • Normalisierung des Blutdrucks • Kontrolle des Augenhintergrundes und Behandlung visusbedrohender Retinopathien • Kontrolle der Nierenfunktion • Intensive Schulung hinsichtlich - diabetischer Schwangerschaft - Ernährung sowie - Blutglukose-Selbstkontrolle und -korrektur

Tab. 9.3: Empfehlungen zum präkonzeptionellen Management.

Während der dann folgenden Schwangerschaft ist die richtige Stoffwechselführung wiederum die entscheidende Voraussetzung für die Geburt eines gesunden Kindes. Nach den Empfehlungen der European Diabetes Policy Group muß die Insulineinstellung mittels intensivierter Insulintherapie folgende Kriterien erfüllen (2):

- Nüchternglukose 65 - 100 mg/dl
- postprandial 90 - 145 mg/dl
- HbA1c im oberen Grenzbereich des Normalwertes

Die Betreuung bis etwa zur 20. Schwangerschaftswoche ist die Aufgabe des diabetologisch erfahrenen Arztes. Er muß entscheiden, ob die Therapieziele einer normoglykämischen Einstellung mit ambulanten Maßnahmen erreichbar sind, oder im Zweifelsfalle, insbesondere bei Patientinnen mit Gefäßkomplikationen und anderen Zweiterkrankungen bereits zu Beginn der Schwangerschaft eine stationäre Aufnahme erwägen. Eine zweite Aufnahme zur Diabeteseinstellung wird dann eventuell zwischen der 24. und 28. Woche notwendig werden, da sich dann meist der Insulinbedarf ändert. Die dritte stationäre Aufnahme zur geburtshilflichen und diabetologischen Überwachung je nach Klassifikation ist zwischen der 32. und 40. Woche geboten. Hier bestehen eine erhöhte Neigung zu Gestose und Plazentainsuffizienz, ganz besonders bei Frauen mit Nephropathien.

Die Rahmenbedingungen für die Betreuung schwangerer Diabetikerinnen sind in Tab. 9.4 dargestellt.

Maßnahme	Termin
Besuch beim Gynäkologen	**alle 2 Wochen; ab 6. Monat 1 x pro Woche**
Fehlbildungs-Sonographie	16. - 20 SSW
Ultraschall/Doppler	1 x pro Monat ab 24. SSW
CTG	1 x pro Woche ab 32. SSW
Besuch beim Diabetologen	**alle 2 Wochen**
HbA 1c	1 x pro Monat
Besuch beim Ophthalmologen	**1 x pro Trimenon**
stationäre Aufnahme im Zentrum	**ab 37./38. SSW**
Entbindung per Via naturalis	**möglichst zum Termin 40. SSW**

Tab. 9.4: Betreuungskonzept.

9.5. Hypoglykämiegefahr bei der Insulinbehandlung während der Schwangerschaft

In der Frühschwangerschaft bestehen eine **Neigung zur Stoffwechsellabilität** und eine **erhöhte Hypoglykämieneigung**. Ursächlich in Frage kommen die hormonellen Veränderungen in dieser Phase und eine oft zu beobachtende Verminderung der adrenergen Gegenregulation im Zuge der Stoffwechseloptimierung. Bei der in zahlreichen Studien nachgewiesenen dramatischen Häufung schwerer Hypoglykämien zwischen der 10. bis 17. Schwangerschaftswoche, ohne daß dadurch nachteilige Folgen für die Kinder nachgewiesen werden konnten, stellen solche Zustände aber eine große psychische Belastung für betroffene Mütter dar, die wiederum die Schwangerschaft nachteilig beeinflussen kann. Derzeit ist es äußerst schwierig, die Vorteile einer strikten Normoglykämie gegenüber dem erhöhten Hypoglykämierisiko zu gewichten.

Etwas entschärft wird die Forderung nach strikter Normoglykämie zumindest zum Zeitpunkt der Konzeption durch die Ergebnisse von während der DCCT-Studie schwanger gewordenen Frauen, die eine intensivierte Insulintherapie durchgeführt hatten (3). Sie hatten vor Beginn der Schwangerschaft einen HbAlc-Wert von 7,4 % (Normbereich 4- 6,50 %) und dann eine kindliche Mißbildungsrate von 0,7 % - ein Wert, der der Mißbildungsrate der Kinder von Nichtdiabetikerinnen entspricht. Bei konventioneller Insulinbehandlung und einem schlechteren HbAlc-Wert von durchschnittlich 8,1 % war die Mißbildungsrate von 5,9 % dagegen deutlich erhöht. Diese Daten unterstreichen zwar die Bedeutung der Stoffwechseleinstellung zu Beginn der Schwangerschaft, zeigen jedoch auch, daß es schwierig ist, den kritischen Schwellenwert der Blutzuckereinstellung zu definieren.

Wenn bei Schwangeren bereits in der Anamnese schwere Hypoglykämien eruierbar sind, sollte, wenn eine Stabilisierung durch eine Anpassung des intensivierten Insulinspritzregimes nicht ausreicht, an eine **Insulinpumpentherapie** gedacht werden.

9.6. Entbindung sowie Insulinbedarf während und nach der Geburt

Bei normoglykämisch geführten Diabetikerinnen ohne zusätzliche Risiken kann das **Spontaneinsetzen von Wehen abgewartet werden**. Die **vorzeitige Beendigung der Schwangerschaft** wird nur bei "fetal distress", Gestose, drohender Frühgeburt, vorzeitigem Blasensprung oder anderen Komplikationen erforderlich. Dennoch ist die Frequenz zur Sectio bei insulinabhängigen Diabetikerinnen erhöht - schon wegen der Makrosomie. Es besteht eine deutliche Beziehung zwischen der Notwendigkeit zur Schnittentbindung und der "alten" Stadieneinteilung nach White.

Am Tage der Geburtseinleitung hat sich die kontinuierliche intravenöse Zufuhr von Normalinsulin bewährt. Diese Art der Applikation kann bis zu 2 Tagen post partum beibehalten werden. Während der Wehen kommt es durch die vermehrte Muskelarbeit zu einem Absinken des Insulinbedarfs, so daß die Zufuhr von Kohlenhydraten zur Vermeidung von Hypoglykämien, am besten in Form von 5 %iger Glukoselösung angezeigt ist. Wie während der Schwangerschaft muß auch bei der Geburt eine längerdauernde Hyperglykämie der Mutter vermieden werden, um die vermehrte Inselzellaktivität des Fetus und damit die gefährliche neonatale Hypoglykämie des Kindes zu verhindern.

Nach der Geburt sind beim Kind in den ersten Stunden niedrige Blutzuckerwerte zu erwarten. Postpartal müssen deshalb die Blutzuckerwerte nach 1/2 Stunde, nach 1 und 2 Stunden und in den nächsten 2 Tagen die präprandialen Werte kontrolliert werden.

Eine Prophylaxe der Hypoglykämie ist die frühzeitige orale Zufuhr von Glukoselösung. Ein therapeutisches Eingreifen ist bei Blutzuckerwerten < 40 mg/dl erforderlich. Die beste Ernährungsform Neugeborener ist das Stillen. Wenn das nicht möglich ist, soll hypoallergene Nahrung gefüttert werden.

Im allgemeinen fällt der Insulinbedarf nach der Geburt weiter ab und steigt erst ab etwa 1 Woche post partum wieder auf die Ausgangsdosis an.

9.7. Kontrazeption bei Diabetes mellitus

Die Konsequenz aus der Forderung nach einem geplanten Eintreten in eine Schwangerschaft ist die **konsequente und sichere Kontrazeption der Diabetikerin**. Dies gelingt nur, wenn sichere Verhütungsmethoden angewendet werden. Eine Sterilisation kommt nur bei Paaren in Frage, die ihren Familienplan verwirklicht haben. In Ausnahmefällen wird man einer Diabetikerin wegen der Schwere der Erkrankung von einer weiteren Schwangerschaft abraten müssen und ihr eine Sterilisation nahelegen.

Niedrigdosierte orale Kontrazeptiva stellen vor allem für die jugendliche Diabetikerin ohne Spätsyndrom eine sichere Alternative dar ("Mikropille", 20-35 µg Ethinyl-Estradiol, Pearl-Index 0,2-0,5). Obwohl die neuere Literatur vorsichtig optimistisch über den Einsatz von Mikropillen beim Spätsyndrom ist, erscheint es klüger, in diesen Fällen reine Gestagenpräparationen oder IUP einzusetzen.

Barrieremethoden, chemische Methoden und Zeitwahlmethoden kommen wegen der geringeren Sicherheit und den Nachteilen bei der Anwendung nur für wenige Frauen in Frage.

9.8. Literatur

1. Deutsche Diabetes-Gesellschaft, Verlautbarung: Diagnostik und Therapie des Gestationsdiabetes, Diabetologie-Informationen 1992, Heft 3

2. European Diabetes Policy Group: A Desktop Guide to Typ 1 (Insulin dependent) Diabetes mellitus. Exp Clin Endocrinol Diabetes 106 (1998) 240 - 269

3. Kahkoner D., M. Moltick, B. Zinman: Outcome of pregnancies in the Diabetes Control and Complication Trial (DCCT). Diabetes 44 (1995) Suppl. 1) 41

4. White, R.: Pregnancy and diabetes. In: Joslin's Diabets mellitus, Marble A., P. White, R.F. Bradley (eds.) p 581, Lea & Febiger, Philadelphia 1971

Index

Index

E

F

G

H

Klinische Lehrbuchreihe

... Kompetenz und Didaktik!

UNI-MED